社会医学

主　编　王目君　刘　彩

副主编　李友卫　刘汝刚　徐俊芳

编　委（按姓氏笔画排序）

王　伟（天津中医药大学）　王　健（武汉大学）

王目君（山东第一医科大学）　刘　彩（天津中医药大学）

刘汝刚（南京医科大学）　刘盛鑫（天津中医药大学）

杜思瞳（天津中医药大学）　李　书（天津中医药大学）

李　园（山东第一医科大学）　李友卫（山东中医药大学）

杨　帆（南京医科大学）　冷安丽（山东大学）

周辰宇（南京医科大学）　郝洪英（山东第一医科大学）

袁　璟（滨州医学院）　徐俊芳（浙江大学）

焦　伟（山东第一医科大学第二附属医院）

科学出版社

北　京

内 容 简 介

本教材共十九章，分为三篇。第一篇为总论，系统地概述了社会医学的学科性质、研究内容和基本任务等，包括绪论、医学模式与健康观、社会医学基本理论 3 章；第二篇是方法论，系统地介绍了进行社会医学研究时所用到的方法和技术，尤其是一些具有社会医学学科特色的研究方法和评估技术，包括社会医学研究方法、健康危险因素及评价、生命质量评价等 8 章；第三篇是各论，论述了社会医学学科领域关注的重点，包括社会健康状况、健康保障制度、社会卫生政策分析、健康管理与治理、弱势群体的健康服务等 8 章。

本教材主要适用于公共事业管理（卫生事业管理方向）、预防医学本科生，公共管理硕士（MPA）和公共卫生硕士（MPH），也可作为医学院校临床医学等专业的通识课程教材，以及各级各类卫生管理人员的职业化培训教材和公共卫生、公共管理等领域的管理者与科研工作者的参考用书。

图书在版编目（CIP）数据

社会医学/王目君，刘彩主编. —北京：科学出版社，2024.6
ISBN 978-7-03-078652-4

Ⅰ. ①社… Ⅱ. ①王…②刘… Ⅲ. ①社会医学–医学院校–校材 Ⅳ. ① R1

中国国家版本馆 CIP 数据核字（2024）第 110618 号

责任编辑：周 园/责任校对：宁辉彩
责任印制：赵 博/封面设计：陈 敬

科学出版社 出版
北京东黄城根北街 16 号
邮政编码：100717
http://www.sciencep.com
三河市骏杰印刷有限公司印刷
科学出版社发行 各地新华书店经销
*
2024 年 6 月第 一 版 开本：787×1092 1/16
2025 年 1 月第二次印刷 印张：17 1/2
字数：505 000

定价：69.80 元

（如有印装质量问题，我社负责调换）

前　言

社会医学是从社会的角度，运用社会科学的理论和方法研究人类健康和疾病相关问题的医学学科，连接了自然科学和社会科学两大领域，综合了生物医学和社会科学的理论和方法，进而发展为具有自然科学和社会科学双重属性的交叉学科。社会医学的研究对象与内容会随着社会经济的发展而不断发生更迭，现如今在第三次卫生革命的环境下，社会医学的任务是通过社会调查，掌握社会健康状况，特别重视人群健康状况及其变动规律，发现主要社会健康问题及其影响因素，提出改善社会健康状况即保护人群健康状况、提升人群健康水平的策略与措施。

随着社会经济的发展及人们健康需求的变化，特别是国家医药卫生体制改革和健康中国建设的不断深化，大健康理念已经得到共识和完善，这也为社会医学学科发展提供了前所未有的发展机遇和时代素材。为顺应时代背景和国家战略，本教材以大健康理念和健康中国战略为指导，在继承传统社会医学经典基础知识、基本理论和基本技能的同时，融入国家健康领域的发展政策和各知识点的经典及前沿研究，保持原有内容的基础上，增加和修订了社会医学基本理论、社会健康状况、健康保障制度、弱势群体的健康服务、不同场景的健康服务、传染病与慢性非传染性疾病健康管理等内容，吸收社会医学研究领域的最新成果和经验，突出本教材对学科发展的引领作用。

本教材共 19 章，分为总论、方法论和各论三篇，主要介绍了社会医学基础理论、知识和方法。第一篇为总论，系统地概述了社会医学的学科性质、研究内容和基本任务等，提出社会医学是在现代医学模式与“大健康观”的指导下，掌握社会健康状况及其变动规律并提出改善社会健康状况的策略与措施，包括绪论、医学模式与健康观、社会医学基本理论 3 章；第二篇是方法论，系统地介绍了进行社会医学研究时所用到的方法和技术，尤其是一些具有社会医学学科特色的研究方法和评估技术，包括社会医学研究方法、健康危险因素及评价、生命质量评价等 8 章；第三篇是各论，结合当前医药卫生体制改革和《“健康中国 2030”规划纲要》等建设的焦点，论述了社会医学学科领域关注的重点，包括社会健康状况、健康保障制度、社会卫生政策分析、健康管理与治理、弱势群体的健康服务等 8 章。

本教材的编委会由来自全国近十所医药院校的中青年教师组成，各位编委多次召开会议，对教材的撰写和修改进行了讨论和审阅工作，提出了很多建议和意见，谨此深表感谢。

由于编者水平有限，缺点和疏漏在所难免，恳请业界同仁和广大读者批评指正。

编　者

2023 年 5 月

目　录

第一篇 总 论

第一章 绪 论

【学习目标】

1. 掌握社会医学的学科性质、研究内容和基本任务。
2. 熟悉社会医学与相关学科的联系和区别。
3. 了解社会医学的起源与发展。

人具有两重属性：生物属性和社会属性。人的健康与疾病的发生发展同样受到生物因素和社会因素的双重影响。作为预防与治疗疾病、维护与促进健康、提高人生命质量的科学，医学不仅仅应该关注人的生物属性和生物因素，更应该研究人的社会属性及与人的健康和疾病密切相关的社会因素。社会医学在此背景下应运而生。

第一节 社会医学的基本内容

一、社会医学的学科性质与特点

社会医学（social medicine）是从社会的角度，运用社会科学的理论和方法研究人类健康和疾病相关问题的医学学科。社会医学是在生物医学研究的基础之上，基于人的社会属性，从社会因素与健康的关系角度，研究人的健康和疾病相关问题的学科。在此以前，医学把自己的研究对象——人，更多的是作为一个生物的人来看待，而忽视了人的社会属性。社会医学则把人的健康和疾病的相关问题，从传统的生物医学领域拓展到了社会科学领域进行研究。

社会医学借鉴社会科学在研究理论和方法方面的成果，在人的社会属性、社会因素与健康的相互作用及其规律问题上，取得了一系列的重要成果。这些成果中包含的社会医学理论和观点，已经广泛渗透到从基础医学、临床医学到预防医学的各个领域，从而深刻地改变了医学及医疗卫生领域从业者的观念，推动了医学模式的转化与发展，并完善了医学科学体系。因此，社会医学在医学科学体系里占有十分重要的地位，是医学科学领域里的一次革命，是医学科学整体化发展的必然趋势。

首先，社会医学具有学科交叉性的特点。社会医学是一门医学与社会学相融合的交叉学科，其知识基础包括两个来源：一方面是医学科学，包括基础医学、临床医学、公共卫生与预防医学等，主要研究人群的健康和疾病现象、社会因素对人群健康的影响，探讨提高人群健康水平的社会策略和措施。所以，在医学学科分类中，社会医学一般归属于预防医学。从医学思维和观念来看，社会医学具有方法学的特点。另一方面是社会科学，包括社会学、管理学、政治学、经济学、心理学和伦理学等，社会医学研究中需要借鉴社会科学的理论和方法，所提出的社会健康策略与措施，也需要通过公共政策和公共管理活动来实行，因此，社会医学又属于一门管理学的应用学科。社会医学连接了自然科学和社会科学两大领域，综合了生物医学和社会科学的理论和方法，进而发展为具有自然科学和社会科学双重属性的交叉学科。

其次，社会医学的研究方法具有综合性。社会医学学科的交叉性，决定了其既可以运用医学领域的自然科学研究方法，采取流行病学、卫生统计学的研究方法，运用科学的抽样方法，进行严格的实验设计；同时又可以运用社会科学的方法，如社会调查方法、人类学和心理学等方法。但要注意在社会医学的研究中，要根据研究内容、研究对象的不同，选择适宜的方法，如在重点人群的行为和生活质量研究中，侧重于采用社会调查方法和心理学方法；而在研究卫生服务系统的效率时，则更多采用经济学和管理学的方法进行卫生经济学评价。一般而言，由于研究的综合性和研究内容的复杂性，通常需要将社会科学和自然科学的方法进行结合，从而使研究更具全面性和科学性。

最后，社会医学属于方法学和思维性学科。社会医学起源于人类社会发展中的实践问题，学科的基本任务也是为提高人群健康水平提供针对性的社会卫生策略和措施。目前本学科主要是运用所交叉的学科理论，针对卫生实践提出的问题进行综合性的分析和研判，指导人类社会健康和疾病相关实践的不断推进，研究结果可直接用于指导社会卫生实践。同时，从社会医学的研究内容来看，其为预防医学及其他医学学科的发展提供了从微观到宏观的方法学思维和范式。社会医学学科把人类健康的相关问题当作一个体系进行综合考虑：把人类健康的调控机制作为一个有机的整体来对待，包含了对整个卫生系统的宏观调控，并思考了预防、医疗和保健工作的有机结合。未来社会医学会在实践指导中，产生和提炼出更多本学科的独特理论，如健康公平理论、健康社会因素决定论等，逐步向理论与实践相统一的学科发展。

二、社会医学的研究内容

1847 年，社会医学创始人菲尔绍（Virchow）在调查了暴发于石勒苏益格地区的斑疹伤寒流行情况后指出：疾病的流行既有生物学因素，更有社会、经济和政治的原因。因此，疾病背后的宏观社会因素开始受到关注。社会医学是以社会人群的健康和疾病相关问题作为研究对象，为国家或地方各级健康和医疗卫生相关部门的决策与管理提供社会医学“诊断”和“病因分析”，并开具“处方”，通过全社会，包括健康和医疗卫生系统，以及居民等整个社会的共同行动，增进人群的整体健康水平。因此社会医学的核心主题是社会因素与健康的关系。具体来讲，社会医学的研究包括了以下内容。

1. 开展社会医学“诊断”即研究社会健康状况 主要是人群健康状况，以及与之相关的社会因素的现状。社会医学以人群作为研究对象，应用社会科学的理论和方法、流行病与卫生统计学相关知识、大数据资源等，通过收集信息，分析社会健康状况及其变化规律，定位主要的社会健康问题，发现高危人群和重点疾病，对社会健康问题做出社会医学的“诊断”。

2. 进行社会医学“病因分析”即研究影响健康的社会因素 聚焦于社会病因。在明确社会健康主要问题的基础上分析原因，进行社会病因学分析。社会医学应用社会科学的理论和技术，采用描述、比较、分析的方法，特别是社会卫生服务调查的方法，分析社会制度、经济状况、文化背景、人口发展、生活和劳动条件、医疗保障制度、行为生活方式和医疗卫生服务等众多社会因素对人群健康的影响，发现社会问题产生的原因，进行社会病因学分析，为制订社会健康政策和措施提供科学依据。

3. 开具社会医学“处方”即研究社会健康策略与措施 包括健康相关的综合性战略、策略及措施。社会医学不仅要通过“诊断”描述社会健康状况、通过“病因”研究来定位存在的主要社会健康问题及其原因。更重要的是，要提出改善社会健康状况、保护和提高人群健康水平的对策与措施，即开具社会医学“处方”。社会健康对策与措施的重点不是指医疗卫生技术措施，而是指社会健康战略及策略，包括健康领域发展的目标和重点，努力开发、合理分配、有效使用社会健康资源的政策，科学组织社会健康服务的策略，保护人群健康的经济、法律、教育及组织措施等方面。

社会医学的研究对象与内容会随着社会经济的发展以及各国的具体情况而有所差异。历史上，医疗卫生事业的发展经历了三次卫生革命，不同时期的研究对象与重点不同，目标与任务也各异。第一次卫生革命是以传染病、寄生虫病和地方病作为主要的防治对象。所以，此时的社会健康策略主要是通过制定国家卫生措施和环境卫生工程措施，为以上疾病的防治提供有效的疫苗和生物制品，推广免疫接种计划，开展消毒、杀虫、灭鼠计划等。通过综合性卫生措施，急慢性传染病发病率和死亡率大幅度下降，平均期望寿命显著延长，人类取得了第一次卫生革命的胜利。第二次卫生革命以慢性非传染性疾病为主攻目标，主要是心脑血管疾病、恶性肿瘤、糖尿病、精神疾病和意外伤害等。此时，通过发展早期诊断技术，提倡三级预防，及时发现、早期治疗，特别是控制与疾病发生、发展密切相关的危险因素，提倡健康的行为生活方式，控制吸烟、吸毒、酗酒，倡导合理膳食和体育锻炼，大力加强各种健康促进和健康教育计划，推行综合性社会干预措施，使防治慢性非传染性疾病的第二次卫生革命取得了显著成效。第三次卫生革命则是以提高生命质量、促进全人类健康长寿，实现世界卫生组织（WHO）倡导的“人人享有卫生保健”为目标。这反映了人类对健康改善的不断追求，在提高平均期望寿命的同时提高生活质量，不仅追求“活得长”，还要实现“活得好”，改善健康公平，使每个社会成员都在其所处的社会经济环境下最大限度地获得健康。

现代医学科学的发展，使临床医学中的诊断、医疗手段不断提高，而目前高死亡率的疾病治愈率却相当低。其原因是目前仅凭注射、服药所起到的医疗作用多为控制性而非治愈性，控制无效通常会让患者死亡，临床医生们亦无能为力。而根据疾病病因的综合因素进行干预，需要预防、医疗、保健、康复等各个阶段的合作和调控。如何调控这些行为，则需根据社会、经济的发展，人类健康的需要决定。根据系统的观念分析，疾病、健康、服务行为、管理手段具备连续统一性，系统中任何一个环节的变动都会影响其他环节的变动。所以要带动这个系统良性运转必须深入到系统中各个环节的每一个细节，而社会医学通过对健康综合因素的分析与研究，可对系统的运转起到有效的指导作用。

拓展阅读

社会性是人的本质属性。社会关系不是同单个人相脱离的抽象的一般力量，而是人在积极实现自己的本质过程中创造产生的。人以社会性的存在形式展开自己的自觉活动，并在这些活动过程中不断提高自己的社会化程度，形成了属于社会意识形态或社会观念体系的价值观念。但是，社会关系一旦形成之后，又对人的生产、生活、思想、文化发挥重要的作用。当某些人或人群的社会化程度水平不能很好适应其所赖以生存的社会环境时，社会以及个人的物质生活条件的变化、角色差距和角色冲突、价值观念的转变及其冲突等，都会引起人体心理、生理的变化。当这些变化超过一定的限度时，就会妨碍健康、引起疾病。

因此，社会因素的制约作用贯穿于疾病过程的始终。从疾病的发生、发展到转归，从病情的轻重、病程的长短、康复的快慢到预后的好坏等各个方面，社会因素都发挥着重要的作用。因此，疾病本身就是一个生物-心理-社会综合作用的过程，患者身份也是一种社会角色。社会医学就是研究这个过程中社会因素与健康和疾病的相互作用及其规律的科学。

三、社会医学的基本任务

从社会医学的由来可以看出，社会医学的发展是建立在不同时代的社会生产、科学和医学的基础之上。我国社会医学的研究任务不能脱离我国社会的基本状况和国民健康的现状，因此，其基本任务可以概括为：通过社会调查，掌握社会健康状况，特别重视人群健康状况及其变动规律，发现主要社会健康问题及其影响因素，提出改善社会健康状况即保护人群健康状况的策略与措施，为有关部门特别是卫生与健康管理及决策部门制定健康工作方针政策、确定卫生及健康领域的工作重点、编制卫生与健康事业发展规划、科学组织卫生与健康服务、加强卫生与健康工作的监督和评价，为卫生与健康事业决策提供科学依据。在我国，社会医学的主要任务是从中国的实际出发，研究并解决中国的社会医学问题，也要研究世界健康状况及其发展规律，了解世界各国面临的社会健康问题及全球健康策略，借鉴国外发展卫生与健康事业的经验。从学科的发展及医疗卫生工作实践的需要来看，目前我国社会医学的基本任务主要有以下几个方面。

（一）倡导积极的健康观和正确的医学模式

社会医学要倡导积极的健康观，保护和增进人群的身心健康水平和活动能力，保证人们积极全面地发展，提高人们的生活质量。WHO 提出健康是指人的身体、心理和社会方面的完好状态，这属于积极的健康观。而传统的“无病就是健康”的概念，则是一种消极的健康观。社会医学要通过医学教育和实践活动，使人们逐步树立积极的健康观，改变消极的健康观。例如，教育人们戒烟以减少肺癌，降低酒精摄入量以减少肝硬化，改变饮食习惯和加强锻炼以降低心血管疾病的发病率等。同时，社会医学不仅要研究医学模式，而且要研究促进医学模式转变的策略和措施。促进医学模式的实质性转变是一项社会系统工程，社会医学的主要任务是：加强医学模式的研究，完善现代医学模式理论体系，增强其在医疗卫生实践中的可操作性；以生物-心理-社会医学模式为指导，全方位改革医学教育体系，加强社会医学教学，造就新型医药卫生人才；注重卫生宣传和健康教育，积极营造现代医学模式氛围，逐步转变广大群众的健康观念和意识。

（二）改善社会健康状况，提高人群健康水平

社会医学通过系统分析社会健康状况的现状、特征、变化及发展趋势，明确影响人群健康的各种因素，以便采取及时有效的防治策略和措施，改善社会健康状况；采用评价技术，如健康危险因素评价、生命质量评价、卫生服务评价等，评价社会因素对疾病和健康的危害程度，发现卫生保健工作中存在的问题。事实上，在医疗卫生实践中，社会医学的理念已经得到了体现，如特殊人群的行为监测、重大疾病的防治、卫生技术评估等，其目的都是为制订及时有效的维护健康和防治疾病的措施、改善社会健康状况提供科学依据。因此，研究特殊人群（如妇女、儿童、老年人、残疾人和从事有害作业人群等）的卫生保健是社会医学的重要任务。在普通人群中，与社会因素关系密切的社会性疾病，涉及面大，对人群健康的危害严重。研究人群保健策略和措施，促进人群健康，是社会医学的使命。

（三）研究制定科学的社会卫生策略和措施

社会医学的研究内容和研究思路与制定健康政策和策略的程序具有一致性。发现健康问题—分析问题原因—提出问题解决的方法，这不仅是社会医学研究的基本步骤，也是制定健康政策的基本程序，而且二者皆以人群为主要研究目标。因此，社会医学不仅有广泛的健康政策研究命题，而且需要以医疗卫生部门，尤其是卫生行政部门的决策、计划和管理作为研究内容。同时，这也是社会医学学科与卫生工作实践相结合的重要途径。在社会医学理论指导下，以一个市、一个地区或一个县（乡）为单位，通过调查研究，找出存在的主要社会健康问题，然后通过研究该地区卫生服务的资源、需求与利用情况，从实际出发，进行疾病的社区诊断、预防和其他的医疗卫生和健康服务工作的设计与开展等综合性的社会健康措施，改善社区健康状况，使人人享有卫生保健，提高人群健康水平。

（四）注重弱势人群保健和常见病的社会防治

弱势人群是指围产儿、婴幼儿、围产期妇女、老年人、残疾人等对自然环境、社会环境适应能力相对弱，对致病因素的抵抗能力较差的人群。这部分人群的患病概率比普通人群要高，所以该人群的保健更加重要和必要。社会、行为因素是心血管疾病、恶性肿瘤的主要危险因素，也与艾滋病、结核病等重大传染病的传播密切相关，运用社会医学的基本理论、方法、观点制定社会

健康措施是这些重大疾病防治方案中不可缺少的部分。因此，注重弱势人群的保健、研究常见病的防治措施也属于社会医学的重要任务。

（五）推动社会医学学科发展，加强社会医学教育

社会医学学科起步较晚，需要在实践问题的研究中不断提炼总结学科发展的相关理论，并将理论和知识运用于实践进行检验，逐步扩大社会医学学科的影响力，促进学科发展。社会医学教育的目的在于宣传社会医学的新思想、新观点和新方法，主要包括两个方面的任务：一是在普通人群中倡导积极的健康观，促进有利于健康的行为；二是在医学生和医务人员中，加强社会医学教育，培养正确的医学观。医学教育的目的是培养促进全体人民健康的医生，即要求医学生必须获得不仅对个人，而且对人群的健康维护和疾病防治的能力。因此，医学生和医务人员学习社会医学的目的在于：树立正确的医学观及健康观，适应医学模式的转变；开拓思维，认识疾病和健康的本质，从以疾病为中心向以患者为中心转变；提高专业素质和技能，加强人文素养，努力为人民健康服务。

拓展阅读

乌干达：非洲控制艾滋病的典范

20世纪90年代，乌干达曾是艾滋病的重灾区，孕妇的人类免疫缺陷病毒（human immunodeficiency virus，HIV）测试阳性率高达30%。在2400万人口的国度里，从1982年发现第1例艾滋病以来已有100万人死于与艾滋病有关的疾病，现在还有100万人是艾滋病患者或病毒携带者。但目前乌干达成人HIV感染率已下降到6.1%，被誉为“非洲控制艾滋病的典范”。1998年，WHO为此向乌干达颁发了“为促进非洲健康做出突出贡献奖”。

乌干达是怎样迅速降低艾滋病病毒感染率的？乌干达艾滋病委员会总结了六点宝贵经验：一是积极动员，人人参战。乌干达政府一直强调乌干达人要人人参加到同艾滋病的战斗中去。二是正视现实，公开政策。政府公开宣布，预防艾滋病是乌干达的首要问题，这不仅是医疗卫生问题，而是国家发展的战略问题。三是加强管理，信息共享。乌干达政府1992年公布法令，宣布成立全国性的艾滋病委员会，以便协调各种力量，共同抗击HIV的蔓延。四是周密计划，联合作战。让各种抗击艾滋病的机构与组织制订联合计划，每5年制订一份全国防治艾滋病的战略框架规划。五是加强科研，研制新药。2001年乌干达完成了HIV疫苗用于临床的试验，这是第1个进行这项试验的非洲国家。六是建立网络，加强合作。乌干达重视同国内外有关机构和组织的合作，并在全国建立7个协调的机构，每个月召开一次协调会议，每年召开一次全国性的协调会议。在乌干达同艾滋病战斗的10年时间里，国家的经济也得到持续发展。乌干达贫困人口比例目前已降到1/3，这个比例在非洲国家中是比较低的。

第二节 社会医学的起源与发展

在医学领域，任何一门医学学科的产生和发展必须具备三个条件：第一，维护健康及防治疾病的需要；第二，学科先驱的作用、影响和贡献；第三，学科对医学发展和医疗卫生实践的作用及意义。社会医学思想的萌发、学科的创立与发展的过程均离不开这三个基本条件。社会医学的产生和发展也源于人类社会健康和疾病相关问题的实践需求，受到政治、经济、社会等各个方面及自然科学和社会科学等多种因素的影响，在人类健康需求和国家政策不断发展的背景下，诸多社会改革家和医学家为社会医学的创立和发展做出了不朽的贡献。

一、社会医学的萌芽时期

社会医学作为一门医学学科，产生于欧洲，至今只有150多年的历史。但是，社会因素在疾病发生、发展过程中的作用早就引起了古代先贤及医学家的关注。几千年前，自有人类历史和医学记载以来，医生对疾病与社会因素的关系就有了观察和反映，被誉为“西方医学之父”的古希腊医生希波克拉底（Hippocrates）就注意到人的生活环境与健康的关系，要求医生熟悉患者的生活环境和生活方式，他认为“知道什么样的人患病比知道这个人患的是什么病更重要”，“医生医治的不仅仅是病，更重要的是患者”。限于社会经济条件及医学科学技术，长期以来医学家们对人类健康、疾病与社会因素之间的关系缺乏深刻认识，医学活动基本上是医生与患者之间的个人医疗行为。

早期的社会医学思想往往是和哲学思想、伦理思想混在一起的，较少进行社会环境与疾病的现实状况分析。虽说社会医学思想古已有之，但就社会医学产生的历史条件而言，应属于英国产业革命和法国大革命的产物。从文艺复兴开始，欧洲进入了一个新的发展时期。产业革命后，手工业生产方式逐步被大工业生产所代替，生产社会化促进了医学的社会化进程。资本主义早期生产发展带来了社会卫生状况恶化，促进人们进一步认识到医学的社会性，人类健康及疾病流行与社会生活条件密切相关。一些进步医学家提出了国家和社会应对人民健康负责的观点，在当时具有启蒙作用。德国医学家、卫生学家弗兰克（Frank）提出了“居民的悲惨生活是疾病的温床”，认识到健康、疾病和社会因素密切相关，这在公共卫生和社会医学发展阶段具有里程碑的意义。资本主义进一步发展及人口城市化进程带来了一系列社会医学问题，如城市下水道、食品卫生及传染病流行等问题，此时的工人运动促进了社会卫生组织的建立和社会卫生措施的逐步完善。

二、西方社会医学的创立和发展时期

1848年法国医师盖林（Guerin）第一次提出社会医学概念，提倡医学界要把分散和不协调的医学监督、公共卫生、法医学等构成一个整体的学科，统称为“社会医学”。他把社会医学分为四个部分：社会生理学研究人群的身体和精神状态及其与社会制度、法律及风俗习惯的关系；社会病理学研究疾病发生、发展与社会问题的联系；社会卫生学研究各种增进健康、预防疾病的措施；社会治疗学研究各种社会卫生措施。

19世纪后半叶，细菌学的发展使有些医学家仅重视病原体的致病作用而忽视了社会因素对疾病和健康的影响。但是，不少医学家不同意夸大单纯病原体的致病作用。德国的格罗蒂扬（Grotjahn）提出了用社会学观点来研究人类疾病的一些原则，如疾病的社会意义取决于疾病发生的频率；社会状况恶化能直接引起疾病，影响病情的发展；疾病对社会发展具有反作用；医疗能否成功取决于社会因素；采用社会措施来控制疾病；注意患者的社会经济环境等。他还强调社会卫生调查中要应用统计学、人口学、经济学和社会学方法，主张将社会医学列入医学课程。1920年他首次在柏林大学开设社会卫生学课程。

20世纪中期，疾病谱发生了明显改变，以病原体为主的传染病逐渐减少，而心脑血管疾病、恶性肿瘤和精神系统疾病等与社会、心理、行为生活方式等危险因素密切相关的慢性非传染性疾病逐渐增加，已成为危害人类健康的主要疾病。维护和促进人群健康，改善社会卫生状况，必须深入研究社会因素对健康的作用，采取综合性社会卫生措施。这些观点已经成为广大卫生工作者的共识，从而促进了社会医学在各国进一步发展。

德国是社会医学的发源地。在第二次世界大战以前，社会医学与社会卫生学两个名词交替使用，以社会卫生学为主，战后逐步改用社会医学。目前，德国的医学院一般都设有社会医学系，其主要任务包括慢性病的防治研究，以及社会因素与健康、心理行为因素与健康、卫生政策与管理等方面的研究，同时，也负责对卫生机构的管理人员进行公共卫生培训。

英国19世纪末就开设了公共卫生学课程，20世纪40年代开设社会医学课程。牛津大学成立了社会医学研究院。在英国，社会医学是指有关人群的医学，泛指疾病的控制及有关增进或影响人群健康的科学。20世纪70年代，英国较多的大学设立社会医学系，社会医学学科得以快速发展。

在美国，卫生政策与管理学科（health policy and management）与我国的社会医学与卫生事业管理学科极为相似，社会医学独立作为一门学科始于20世纪70年代，哈佛大学、北卡罗来纳大学相继设立社会医学系，在机构渊源上与预防医学、医学人类学、医学伦理学等学科或系部有着密切的联系，其根本原因还是社会医学教学和研究发展的需要。

在日本，社会医学与基础医学及临床医学并列，包括公共卫生、卫生统计、法医学、环境医学及卫生管理学等，课程内涵与我国预防医学相似。

目前，各国社会医学的发展既有共性，也有特性。共性的一面主要体现在社会医学的基本研究内容是一致的，即注重社会因素与疾病和健康的关系及其相互作用的规律，并且深入到公共卫生及临床医学等领域。各国社会医学发展的特点主要体现在实践方面，美国的社会医学不仅注重有关卫生政策的研究，而且与卫生职能部门有密切联系，社会医学提供卫生保健决策和咨询服务已具有产业化的特点；德国社会医学较好地将大卫生的理念与卫生实践相结合，广泛的公共卫生管理培训使社会医学的实践性得到了充分体现；英国的社会医学强调社区的理念，在医学教育方面巩固了社会医学的地位，在社区卫生服务中展现了社会医学应用与实践的内涵。

三、我国社会医学的发展

我国古代医学家早就注意到了环境及精神因素对健康的影响，现存较早的医书《黄帝内经》中就有气候改变、饮食起居及精神因素等与疾病有关的论点。西周初期我国就建立了社会医事组织，以医师为“众医之长，故掌医之政令”，并制定了医师考核制度，根据医术高低定级俸给，要求医师治病有记录，患者死亡要报告。汉朝设立了为贫民看病的机构。南朝宋元嘉二十年（公元443年）设置医学院，院内设有太医博士及助教，是我国最早设置的医学学校。但在漫长的封建社会时期，我国的卫生设置和医事制度主要为封建统治者服务。广大人民的医疗事业主要靠民间医生，并没有建立完善的医事组织。

近代西洋医学从19世纪传入中国。1820年英国人马礼逊（Morrison）在澳门开办医院，1834年美国教会医师伯驾（Parker）在广州开设眼科医院，为我国早期建立的西医医院。1866年美国医学传教会在广州开办博济医学堂，是我国最早的西医学校。

1898年（光绪二十四年）上海公共租界工部局卫生处是我国最早成立的地方卫生行政机构。1905年清政府在警政部警保司下设卫生科，次年改属民政部，第三年改称卫生司，是我国最早建立的中央卫生行政机构。1910年东北鼠疫流行，伍连德医师在山海关设立检疫所实行卫生检疫，这是我国自己开办的卫生防疫机构。从1928年起，陆续在上海吴淞区、高桥区建立卫生示范区。1931年后又在河北定县、山东邹平县、南京晓庄乡、江苏江宁县等地建立乡村卫生实验区，在实验区里开展医疗、防疫、卫生宣教、学校卫生、助产与妇婴卫生、劳动卫生、生命统计和卫生人员培训等。1939年成立中央卫生设施实验处，1941年改为中央卫生实验院，并设立社会医事系，主要任务是负责社会医务人员登记及考试。1949年以前，一些医疗卫生专家曾倡导过“公医制度”，试图建立社会卫生组织，限于当时的政治经济条件，收效甚微。

1949年中华人民共和国成立后，建立了从中央到地方的全国性卫生行政组织和卫生服务机构，发展社会卫生事业，保障人民健康成为国家责任。在党和政府领导下，我国卫生事业迅速发展，社会卫生状况发生巨大变化，人民健康水平显著提高。

1949年，中国医科大学建立了公共卫生学院并开设了卫生行政学。1952年引进苏联的保健组织学，作为医学生的一门必修课。1954年起，一些医学院校先后举办卫生行政进修班、保健组织专修班及工农干部卫生系，培训卫生管理干部。1956年卫生部成立中央卫生干部进修学院，负责培训省市卫生管理干部，并于次年举办了第一届保健组织学师资讲习班，交流保健组织学的教学和研究工作经验，编写了《保健组织学》教材。1964 年在上海举行了全国保健组织学教学研究交流会，提出了加强学科建设的建议，但由于当时历史条件的限制并未发挥作用，1965 年起一度顺利发展的保健组织学科被迫中断。

党的十一届三中全会以后，我国社会经济发展进入了一个新时期，社会医学进入一个蓬勃发展的时期。1984 年出版的由钱信忠主编的《中国医学百科全书·社会医学与卫生管理学》，标志着社会医学作为一门正式学科得到承认。1980 年卫生部发布《关于加强社会医学与卫生管理学教学研究工作的意见》，要求有条件的医学院校成立社会医学与卫生管理学教研室。卫生部于 1981～1985 年，先后在全国共创建了 7 个社会医学与卫生管理干部培训中心，分别设在北京医学院（现北京大学医学部）、哈尔滨医科大学、北京中医学院（现北京中医药大学）、武汉医学院（现华中科技大学同济医学院）、上海医学院（现复旦大学上海医学院）、四川医学院（现四川大学华西医学中心）、西安医科大学（现西安交通大学医学部）。

20 世纪 80 年代初，《医学与哲学》等杂志开辟了“医学、健康与社会”“医学模式转变”及“卫生发展战略”专栏，探讨医学与社会发展的双向关系，对促进医学现代化与社会化发挥了重要作用。1984 年在成都召开了首届全国社会医学与卫生管理学、医学科技管理学术研讨会。《国外医学·社会医学分册》（1983 年）、《中国社会医学》（1985—1996）及《医学与社会》（1988 年）杂志先后创刊。2006 年，《国外医学·社会医学分册》更名为《中国社会医学杂志》。1985 年起部分医学院校开始招收社会医学硕士研究生，目前多所院校设有“社会医学与卫生事业管理”硕士点及博士点。1988 年 9 月在西安召开了全国社会医学学术会议，成立了中华社会医学学会，至今已经召开了多次全国性学术会议。目前社会医学已成为高等医药院校及中等卫生学校各专业各层次学生的必修课或选修课，有一大批专门从事社会医学的教学和研究工作的专业人员。

作为以研究健康相关社会因素，探讨社会卫生策略为特色的学科，社会医学历年来一直致力于参与国家相关的宏观卫生政策制定和医疗卫生服务调研。广大社会医学工作者积极参与初级卫生保健评价、城乡居民医疗保障、区域卫生规划、农村卫生和社区卫生服务、重大疾病防治、健康促进、行为生活方式干预等工作，不仅在传染病、慢性病防治工作中发挥了重要作用，而且在国家医改方案和一些重大卫生健康决策中起到了咨询和参谋作用。此外，一些由社会医学学科率先从国际引入并在国内积极倡导的卫生理念，如“生物-心理-社会医学模式”“全面健康观”“健康社会决定因素”等，已被绝大多数医药卫生健康界同行认可，并对我国医疗卫生健康实践产生了重大的影响。

但是，社会医学的发展仍然任重道远。巩固医学模式的转变和加强大健康观理念仍然是社会医学的核心任务；加强学科群体的研究实力是提高学科整体水平的关键；加强社会医学教学是巩固学科地位的重要措施；加强与卫生健康职能部门及卫生健康服务实践的联系是社会医学持续发展的基础。

第三节　社会医学与相关学科

一个学科必须有自身范畴的确定，何以划分范畴？一般而言，以研究对象、研究方法、学科的派生来源、研究目的来划分学科的关系，以此确定学科的核心，围绕核心形成范畴。社会医学从诞生到如今，已逐渐形成自身的学科内容和知识体系，具备自身的学科特点，与其他学科之间有一定的区别。但作为一门交叉学科，社会医学又与许多其他学科存在着普遍的联系，如与预防医学、流行病学、卫生管理学、社区医学、医学社会学、临床医学和健康管理学。

一、社会医学与预防医学

我国的社会医学是从预防医学（preventive medicine）中分化出来的一门学科，社会医学分会是中华预防医学会的一个二级学会。社会医学与预防医学是有区别的。以改善人的生存环境、预防疾病发生及流行、保护人群健康为内容的预防医学由来已久，是经济发展、社会进步的必然产物。19 世纪生物医学的发展，特别是病原微生物学及免疫学的发展，为预防医学提供了医学技术基础。环境卫生、食品卫生、职业卫生监控及传染病防治，大大改善了人们的生活条件，提高了社会卫生水平，急、慢性传染病得到了有效的控制，人类疾病谱发生了很大改变。心血管病、恶性肿瘤、意外伤害及精神病、性病等成了危害人群健康及生命的主要原因，而这些疾病的主要危险因素不是病原体，而是社会因素。社会医学在这种背景中从预防医学中分化、发展起来。这是人类疾病谱及健康危险因素改变的结果，也是预防医学深化发展的产物。社会医学以保护人群健康及提高人们的生活质量为基本任务，这与预防医学一致，但社会医学中保障人群健康的社会卫生服务等内容则超出了预防医学的范畴。社会医学的产生为预防医学注入了社会预防的思想，从传统的生物预防扩大到社会预防，使其更具有生命力。

二、社会医学与流行病学

关于社会医学与流行病学二者的关系，目前观点尚不统一。有人认为，应用流行病学属于社会医学的研究方法，而理论流行病学不在社会医学范围内。另外一种观点认为，流行病学虽然有它独特的方法，可以作为一门学科而存在，但由于它与社会医学的研究对象有共同之处，所以也可以把流行病学作为社会医学整体不可分割的核心部分来对待。应当看到，目前流行病学的研究方法是社会医学最主要的方法。流行病学研究不仅提供了社会医学的主攻目标（如通过调查分析疾病谱的变化），而且其常用的一些指标和研究手段（如死亡率、发病率、疾病的预测；回顾性、前瞻性调查等）也被社会医学所采用。所不同的是，流行病学多注重当前的多发病、常见病，而社会医学除此之外更注重对人群健康状况的研究。

以往各国的流行病学工作者往往偏重疾病和健康的生物学方面的影响因素，忽视社会因素的作用。随着流行病学的进一步发展，特别是社会医学的兴起，人们逐渐认识到：在描述居民的健康状况和探讨病因过程中，流行病学的研究对象是受着广泛的社会历史因素影响并具有各种生活特性差异的群居总体，因而单纯用生物学观点不能认识问题的全貌。在这方面，社会医学不仅扩充了流行病学的原有理论基础，而且提出了对流行病的新认识。

目前，许多国家的流行病学调查结果显示，传染病的流行基本上得到了控制，而慢性疾病（如心脏病、肿瘤等）的发病率有上升的趋势，这些疾病的产生和流行过程中，社会因素的影响占有很大比重，这就要求社会医学与流行病学密切合作。由此可见，社会医学与流行病学都属于群体医学，是实现医学模式转变的两支主力军，它们的发展相辅相成。

三、社会医学与卫生管理学

国内外都将社会医学与卫生管理学看作姊妹学科。20 世纪 80 年代初，我国在进行医学学科分类时，提出“社会医学与卫生管理学”这个学科，在国务院学位委员会规定的研究生招生目录中，“社会医学与卫生事业管理”是管理学中公共管理学的二级学科。但在 2023 年版的公共管理学一级学科下属二级学科指导性目录中将原来的“社会医学与卫生事业管理”调整为“卫生政策与管理”。在美国等国家，医学院或公共卫生学院设有“卫生政策与卫生管理系”，类似于我国的“社会医学与卫生管理学”。这两门学科的基本任务是一致的，即根据卫生服务需求，合理利用卫生资源，组织卫生服务，提高卫生事业的科学管理水平与卫生事业的社会经济效益。

社会医学研究社会因素的目的在于了解健康受社会因素影响的社会机制，是探索内在机制的解释。而卫生管理学是关于如何设计措施、优化方法以更好达成目标的应用学科。前者解释是什么、为什么，后者关注怎么做，两者目的截然不同。虽然社会医学在研究机制之后，可能会随即提出相应的解决思路，但这并非重点，这种“提议”应是治理上的一种技术思路。卫生管理学的措施设计则非常注意人财物的资源配置、步骤和可能的现实结果与人群反响，是实践导向的“实施方案”。

四、社会医学与社区医学

社区医学（community medicine）的重点是研究社区内卫生服务的供给和组织管理。社区是社会的基层组织，也是开展卫生服务的基本单位。社区医学强调卫生保健的开展以社区为中心，提供连续性、综合性的集预防、医疗、保健、康复、健康教育和生育技术指导为一体的服务。社会医学与社区医学均以人群为研究对象，以提供卫生服务和保障人群健康为目标。相比而言，社会医学研究内容比较宏观，比较广泛；社区医学研究内容比较具体，更注重实践。目前，开展社区卫生服务是我国卫生服务体系改革的重要方面，由于社会医学的研究内容、基本理论与理念等与社区卫生服务和全科医学有密切关系，有关社区卫生服务的研究和实践已成为我国社会医学的一个重要领域。

五、社会医学与医学社会学

医学社会学（medical sociology）是社会学的一个重要分支学科，主要从社会学角度研究社会环境、社会结构、社会变动及社会行为与医学的关系，研究医学职业、医疗组织和医疗卫生活动中的人际关系。社会医学与医学社会学是两门既有区别又有联系的相关学科。主要区别在于：第一，学科的性质不同，社会医学是医学的一个分支学科，属于医学的范畴；医学社会学属于社会学的范畴。第二，研究的侧重点不同，社会医学主要研究社会因素对健康和疾病的影响；医学社会学重点研究社会组织与卫生组织的关系及医疗保健活动中的人际关系。第三，学科队伍构成不同，从事社会医学研究的主要是以医学及公共管理学背景为主的专业人员；从事医学社会学研究的主要是以社会科学背景为主的专业人员。这两门学科又是相互联系的：都是以社会、人群为研究对象；都是以社会科学研究方法如社会调查和统计分析等为基本研究方法。

六、社会医学与临床医学

社会医学是医学的分支学科，它无论从理论上还是实践上都受到临床医学很大影响。社会医学为了准确掌握有关人群的健康状况，需要很好地了解、运用临床医学的相关基础知识；同时，社会医学又给临床医学带来了新的活力。具体来看：①社会医学扩展了旧有的诊疗观，使医生认识到，作为医学研究对象的人，不仅是由各种器官、组织构成的有机实体，而且是有着各种复杂心理活动的社会成员。因此，在诊断中，就应注意患者的职业、经济、文化背景等方面的特征，进行行为类型和心理分析。在治疗中，注意药物治疗同精神治疗相结合，同时配合特殊护理、行为矫正等措施。②社会医学向临床医学提出新课题并与临床医学结合创立新型的科室。例如，根据人口老龄化、老年病增多和由于工业发展带来的伤残问题，以及痴呆人群的生活指导、功能训练、残存功能的强化等问题，社会医学提出要加强康复医学和老年病学的研究，这也是临床医学的新任务。

社会医学认为，疾病是一个生物现象，也是一个社会现象。在临床医学各个学科和专业中存在着丰富的社会医学内涵。临床医生学习社会医学的意义主要在于：第一，理解人的社会属性，有利于医务工作者去掉“见病不见人”的传统习惯，在诊治疾病时，充分考虑患者的家庭、生活、工作背景，树立以人为中心的观念，尊重患者的人格，关心爱护患者，全心全意为人民服务。第二，认识致病因素的复杂性（如多因多果的观点），综合分析，立体思维，培养正确、全面、科学的医学思维方式。第三，重视社会因素在疾病发生、发展及转归过程中的重要作用，提倡生物-心理-社会“三维诊断”，提高诊治方案的准确性。第四，注重心理行为因素（包括遵医行为等）对疾病防治效果的作用，提高防治措施的有效性。另外，社会医学不能脱离生物医学科学技术的现状与发展，正因为癌症、心血管疾病、艾滋病等危害健康的主要疾病和重大疾病在生物医学方面未获得根本性的突破，社会医学才强调社会因素在疾病防治中的重要性，社会医学的基本观点才逐渐被医学界所接受。

七、社会医学与健康管理学

健康管理学（health management）主要任务是对人群的健康危险因素进行监测、分析、预测、评估，制订预防措施，维护人群健康。从内容上看，健康管理学与社会医学密切相关，甚至可以看作社会医学的分支学科。2005 年 10 月，人力资源和社会保障部正式命名“健康管理师”这一新的职业，其职责主要是规避疾病风险，维护健康。加强健康管理理论、方法和实践的研究，有利于增强社会医学学科的实用性。

综上所述，社会医学与预防医学、流行病学、卫生管理学、临床医学等学科的关系十分密切，但又有所区别。社会医学一方面借鉴了这些学科的知识、方法和经验，另一方面又为这些学科提供了新的、更加全面的知识，促进其进一步完善和发展。除了上述学科外，社会医学还同统计学、心理学、人口学等多种学科发生广泛的联系，限于篇幅不再一一赘述。

思 考 题

1. 社会医学的学科性质是什么？其学科的交叉性体现在哪些方面？

2. 社会医学的研究内容和基本任务有哪些？

第二章　医学模式与健康观

【学习目标】

1. 掌握医学模式的概念，生物-心理-社会医学模式的产生背景、内涵和影响。

2. 熟悉医学模式的演变过程、代表性医学模式的特点和成果、大健康观理念。

3. 了解医学模式的特征、生物-心理-社会医学模式的产生过程，以及其他代表性医学模式、大健康观的形成与现实意义。

第一节　医学模式概念与特征

一、医学模式的概念

模式（model）是指在一定的社会历史条件下，人们认识和解决问题的思想和行为方式，是对客观事物的内在机制、相互关系和发生发展的规律性概括和描述，从而对认识、分析和解决问题具有指导作用。模式包括了认识论和方法论两个重要组成部分：认识论是模式的核心，决定方法论；而方法论是模式的外在表现形式，体现认识论。不同事物的模式各具特点，因此，在不同的领域又会有针对性的模式，认识和理解这些模式，才能更好地认识该领域的各种现象、把握现象背后的规律，更好地解决该领域的相关问题。

医学模式（medical model）是指在不同历史阶段和科技发展水平条件下，人类与疾病作斗争和处理医学领域中各种问题的思想和方法，是人类对健康和疾病观察与处理方法的宏观概括，其核心是医学观。其中包括健康观、疾病观、诊断观和治疗观等，影响着某一时期整个医学工作的思维及行为方式。

由于医学包括认识和实践两个方面，所以医学模式也包括了医学认知模式和医学行为模式。前者是指一定历史时期人们对医学自身的认识，即医学认识论；后者是指一定历史时期人们的医药实践活动的行为范式，即医学方法论。医学模式是从实践中抽象出来的理论概念，常用语言文字或图像表示。医学模式一经形成，便会成为医学实践的指导。

二、医学模式的特征

（一）内涵的综合性

医学模式虽然来源于实践，但并不以具体的医学问题为关注对象。医学模式揭示了医学实践中的一般问题、普遍问题、宏观问题，反映了医学实践中的基本观点，所以囊括的内涵综合性非常强。

（二）实践的指导性

医学模式是对医学实践自觉反思的结果，这种结果一旦形成高度的概括和总结，便会对医学科学研究、医学教育方向和卫生实践起到广泛而重要的指导作用。

（三）影响的广泛性

作为指导整个人类社会健康与疾病问题的认识论和方法论，医学模式的影响是非常广泛的，健康和疾病领域的社会经济活动都会受其影响。无论是健康与医疗卫生领域的政策制订者，还是医疗卫生行业的医务工作者，抑或是健康与医疗卫生领域的教育与科研人员，均会在医学相关专业教育、健康与医疗实践从业活动中，逐渐形成和按照医学模式指导的思维方式与方法去观察、思考和解决健康与疾病的相关问题。

（四）时代继承性和发展性

医学模式不是一成不变的，而是随着人类健康需求、医学科学进步和人们认知能力提升而发展变化。实践是检验真理的唯一标准，科学的、适宜的医学模式可以对医学理论认识、医学实践行动和医学教育发展起到积极的推动作用，而落后的、不适合的医学模式则会阻碍整个医学的发展。因此，医学模式的发展也是为了更好地适应和指导人类健康与疾病的相关问题，需要在医学科学和医学实践中不断深入和完善。

医学模式演变的历史告诉我们，新的医学模式的发展并不是对旧的医学模式的彻底摒弃，而是从旧的医学模式中孕育新生，在顺应新时代的条件下，保留其精华，每一个新的医学模式都是对旧的医学模式的继承和发展。所以，社会医学的基本任务之一就是研究和发现适合时代需要、满足人类健康需求的医学模式。

第二节　医学模式的演变

医学模式要适应人类对健康的需求和医学科学的发展，不同的社会发展阶段会产生不同的医学模式，即使新的医学模式取得了支配地位，旧的医学模式也不会即刻消失，仍会继续产生影响。人类社会发展至今，医学模式依次经历的代表性阶段有神灵主义医学模式、自然哲学医学模式、机械论医学模式、生物医学模式和生物-心理-社会医学模式（图 2-1）。其演变过程分别是经验医学时代、实验医学时代和整体医学时代。

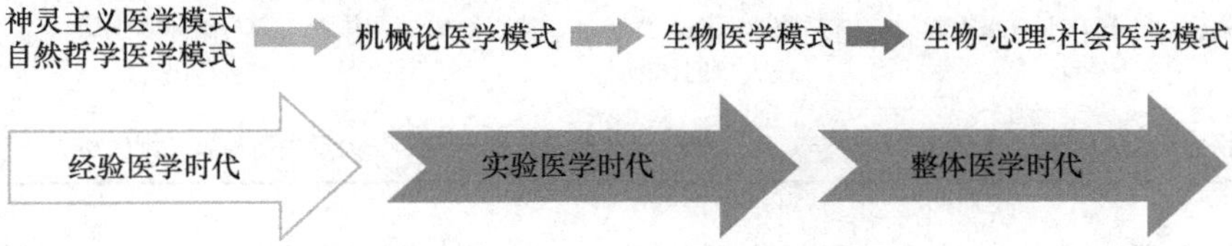

图 2-1　医学模式演变过程

一、神灵主义医学模式

神灵主义医学模式（spiritualism medical model）是把人类的健康与疾病、生与死都归之于无所不在的神灵的一种医学模式。在远古时代，由于生产力水平低下，原始人类的认识非常局限，无法对疾病、死亡等现象做出科学合理的解释。先民们认为，人类和自然万物一样都受超自然的神灵支配，人类的生命和健康是神灵赐予，疾病是神灵的惩罚或者是妖魔鬼怪附身，故把患病称为“得”病，对疾病的防治方式则依赖巫术驱凶辟邪，而死亡是灵魂与躯体分离，躯体死亡而灵魂不死。相对于科学的医学模式而言，神灵主义医学模式是荒诞的，它既未揭示人体疾病的本质，也未给人们提供医治疾病的科学方法，但是，我们并不能由此否认神灵主义医学模式在历史上的作用和地位。神灵主义医学模式是人类历史上第一个有结构的医术体系，它是人类形成科学医学模式过程中不可超越的一环；神灵主义医学模式保存和传播了原始人类的医药经验，并在一定程度上为古代医学的诞生创造了条件；神灵主义医学模式鼓舞和增强了先民们战胜疾病的勇气和力量。人们应当以唯物辩证法的观念，以历史主义的态度，对神灵主义医学模式的历史作用与局限性，做出全面而恰当的评价。

二、自然哲学医学模式

自然哲学医学模式（natural philosophical medical model）是运用朴素的辩证法和唯物主义观来解释健康和疾病的现象，以哲学思想和直观的自然因素来解释说明生理病理过程的一种医学模式。如古希腊的“四体液”学说、古印度的“三元素”学说和中国的“阴阳五行”学说等。“四体液”学说是古希腊名医、西方医学始祖希波克拉底提出的人的体质学说，认为人体中有四种性质不同的、来自不同器官的液体：黏液、血液、黑胆汁和黄胆汁。这四种体液以不同比例结合构成人的不同体质。古印度的“三元素”学说指的是气、胆、痰三种元素是由构成人体的四种元素地、水、火、风演化而成的，正常人体中的三元素保持平稳协调，偏盛偏衰均可导致疾病发生。我国的中医学理论建立了“阴阳”和“五行”（金、木、水、火、土）病理学说和内因“七情”（喜、怒、忧、思、悲、恐、惊）、外因“六淫”（风、寒、暑、湿、燥、火）等病因学说，认为疾病是由于内因和外因破坏了人体的阴阳平衡而导致的。这些思想把人的健康和疾病都与其所生活的自然环境和社会环境相联系，运用自然现象的客观存在和发展规律来认识健康和疾病的相关问题，具有辩证法和朴素唯物论的思想，有力地推动了医学的发展（表 2-1）。

表 2-1　自然哲学医学模式的代表性思想

国家	自然观	人体观	疾病观
古代中国	万物由金、木、水、火、土组成，阴阳对立于一体	经络、藏象与阴阳五行类比，人体是有机的衡动整体	病理学说：阴阳和五行（金、木、水、火、土） 病因学说：内因（喜、怒、忧、思、悲、恐、惊）和外因（风、寒、暑、湿、燥、火） 阴阳、五行失衡与破坏则生病
古希腊	万物由火、气、水、土组成	黏液、血液、黑胆汁、黄胆汁构成人体四体液	四体液失衡与破坏则生病
古印度	万物由地、水、火、风组成	气、胆、痰构成人体三元素	三元素失衡与破坏则生病

建立在与中国古代社会生产、科技水平相适应的朴素自然观、方法论与科学观基础上的中医学，以古代自然哲学的精气、阴阳、五行、运动、循环等概念和理论作为医学认识工具，制作了中医理论的基本框架，表现出基础理论伦理化、道德化的健康观、病因观、病机观，以及天人相应、内外一致的整体观，其研究过程常把人体的健康、疾病和社会看成一个富有伦理情感的统一体并作为直接对象进行体验；其运用是从总体上领悟和把握生命现象的存在和联系性，忽略生命物质的形态性及其个体内部结构的独立特征。认为疾病是饮食居处、劳逸忧患、先天不足等因素作用于机体，而引起内伤脏腑气血气机的过程，以社会与医学相结合的概念如阴阳虚实、正邪盛衰、气血失调、郁滞不畅、营卫不和、上下逆乱、平衡失调、神不守舍等作为各种疾病的共同病理病机。因而使得认识方法上的整体观、临床实践上的辨证论治尤为重要，体现出浓厚的哲学文化性。

中医的“天人合一”思想主张人与人、人与自然、人与自我处于一个和谐的动态体系之中。该思想形成于商周时代的阴阳五行概念，凭借着直观方法，以抽象的哲学原则为基础，从运动、发展变化和相互联系的观点出发，把天地人融为一体，从整体上对自然界进行思辨性研究。当时还不能以严格的实验作为依据来发展自身理论，对自然存在和发生的现象，只能近取诸身，远取诸物，以“气一元论”为核心内容的自然观去分析解释万事万物，重视个别一般的辩证关系，模糊了不同运动之间的区别，加之古代文化与哲学的发展未能分化，重人伦哲理、轻器物技术，因而一切自然现象的认识只能归属于哲学关系，这是中医文化发展过程的根本特点。

三、机械论医学模式

机械论医学模式（mechanistic medical model）是指基于机械唯物主义观点，以机械运动来解释一切生命现象的医学观和方法论，它否定唯心主义医学观，把医学引向实验医学时代，对医学进步发挥了重要作用。

14～16世纪，文艺复兴运动在欧洲兴起，打破了以神学为核心的经验哲学统一的局面，提倡科学方法和科学实验，对科学技术的进步起到了根本性的推动作用，为近代实验医学的兴起奠定了基础。这一时期的哲学实质上已是唯物主义哲学，其中杰出代表是英国自然科学家、哲学家培根（Bacon）。培根在其代表作《新工具》中提出“用实验方法研究自然”的观念，认为新时代的哲学必须建立在科学观察和实验基础上，只有观察和实验才是真正的科学方法。培根主张医生应放弃一切庸俗的观点，面向大自然，将医学任务分为三个方面，即保持健康、治疗疾病和延长寿命，倡导研究解剖学和病理解剖学，强调关注医学理论。在实验思想的影响下，机械学与物理学有了很大进步。当时盛行以机械运动来解释一切生命现象的观点，如把人体看成由许多零件组成的复杂机器，心脏是水泵、上肢活动是杠杆活动、饮食是补充燃料、大脑如操纵盘等。法国杰出的哲学家、生理学家和数学家笛卡尔（Descartes）曾有“动物是机器”的理论，将动物和人体看作具备多种生理功能的自动机器，心脏是一部制热机，肺脏是冷却器，并用机械的原理解释人体的功能。

在机械论唯物主义哲学观的影响下，医学取得了较大进步。英国医生哈维（Harvey）发现了血液循环；意大利病理解剖学家莫尔加尼（Morgagni）把疾病看作局部损伤，认为每一种疾病在某个器官内有它相应的病变部位；德国动物学家施万（Schwann）发现了动物细胞；德国病理学家菲尔绍（Virchow）提出了细胞病理学说。

机械论医学模式批判了唯心主义的生命观和医学观，将医学引入实验医学时代，对推动现代医学的发展起到了重要作用。但其观点局限在从机械论的角度来解释生命活动，简单地将人比作机器，患病是因机器失灵，需要医生对其修补，忽视了生命的复杂性，也忽视了人的社会性和生物学特性，对人体的认识存在片面性和机械性。

四、生物医学模式

生物医学模式（biomedical model）是基于生物科学认识健康与疾病，反映病因、宿主和自然环境三者内在规律和联系的医学观和方法论。18世纪下半叶到19世纪初，欧美国家进行了轰轰烈烈的工业革命，使社会面貌发生了翻天覆地的变化，大部分国家进入现代资本主义阶段。工业革命带来的巨大生产力，为科学研究提供了物质基础，有力地推动了自然科学的发展。自然科学的进步，促使人们的思维方式发生了根本性改变，逐步形成了辩证唯物主义哲学观，为医学发展提供了新的科学思维，同时奠定了现代医学发展的基础。

工业革命在推进城市化的同时，也带来了传染病的蔓延。19世纪40年代霍乱、伤寒大流行，促使了细菌学的开创性研究，使人们对疾病本质的认识深入到细胞水平，揭示了传染病的真正原因，奠定了疾病的细菌学病因理论。人们对健康与疾病有了新的认识：健康就是要维持宿主、环境和病原体三者之间的动态平衡，平衡破坏就会生病。这便是著名的“流行病学三角模式”。

生物医学推动了整个医学由经验时代迈向实验时代，为解决医学的一些重大难题提供了基础。在临床医学领域，相继攻克了外科手术的疼痛、感染和失血三大难关，使手术的成功率大大提高；在预防医学领域，采用杀菌灭虫、预防接种和抗菌药物三大武器，有效控制了急性传染病和寄生虫病，使急、慢性传染病和寄生虫病发病率大幅度下降，取得了第一次卫生革命的重大胜利。

生物医学模式产生的代表性基本理论观点有心身二元论和还原论。心身二元论认为躯体和精神存在相互分工，疾病的产生必然或最终可以在躯体上找到病理变化，医学应将注意力放在如何通过精密的技术来测量细胞生物化学的变化，解释患者的症状与体征，并通过干预这些变化来恢复患者的健康，但不关注患者的心理社会状况；还原论认为每一种疾病都可以用偏离正常的可测量的生物学变量来说明，并且可以在器官、细胞或分子水平找到可以测量的形态学或化学改变，可以确定生物或理化的特定原因，从而找到特异性的治疗手段或方法，疾病被当作一种静止的因果结局，而不是一个动态的变化过程。

在特定的历史阶段，生物医学模式对防治疾病、维护人类健康做出了巨大贡献。但随着疾病谱和死因谱的转变，慢性非传染性疾病成为危害人类健康的主要疾病，这些疾病的致病因素已不再是单纯的生物病因，还有许多社会因素、个人行为与生活方式因素。生物医学模式存在着诸多局限：仅从生物学的角度去研究人的健康和疾病，只注重人的生物属性，忽视人的社会属性；在临床上只注重人的生物功能，忽视人的心理功能及心理社会因素对疾病的发生、发展和转归的作用；在科学研究中较多地着眼于躯体的生物活动过程，很少注意行为和心理过程；思维方式往往是“不是病，就是健康”。生物医学模式对某些疾病的心理社会病因、疾病引起的各种身心不适以及生物学与行为科学的相关性已无法解释，对解决慢性病患者的心身疾病和生活质量降低等问题更是束手无策。传统的生物医学模式已难以适应医学的发展和人类健康观念的转变，医学发展期待着更完善的医学模式。

第三节　生物-心理-社会医学模式

一、生物-心理-社会医学模式的产生背景

（一）疾病谱和死因谱的变化：由传染病过渡到以心脑血管疾病、恶性肿瘤为代表的慢性非传染性疾病

疾病谱是指将疾病按其发病率的高低排列的顺序；死因谱是指各种死亡原因占总死亡原因的百分比由高到低的排列顺序。在生物医学模式指导下，传染病的防治技术取得了重大突破，人类采用杀菌灭虫、预防接种和抗菌药物三个主要武器，取得了人类第一次卫生革命的胜利，使急、慢性传染病和寄生虫病大幅度下降，平均期望寿命显著延长。20世纪50年代以来，世界许多国家在不同时期的疾病谱和死因谱发生了根本性变化，影响人群健康与生命的主要疾病已由传染病转变为慢性非传染性疾病。所以，与第一次卫生革命以传染病为主要防治对象不同，第二次卫生革命的主要任务为控制慢性非传染性疾病。在我国，城乡居民的疾病谱和死因谱也发生了重大变化，影响人群健康的主要疾病由烈性传染病转变为慢性非传染性疾病，目前，我国城乡卫生与健康工作的对策主要集中在慢性非传染性疾病的预防和控制方面（表2-2、表2-3）。

表2-2　我国部分城市前5位死因谱的变化情况（1957～2018年）

1957年				1985年				2018年			
顺位	死因	死亡率（1/10万）	构成比（%）	顺位	死因	死亡率（1/10万）	构成比（%）	顺位	死因	死亡率（1/10万）	构成比（%）
1	呼吸系统疾病	120.30	16.90	1	心血管疾病	131.00	23.30	1	恶性肿瘤	163.18	25.98
2	传染病	11.20	15.40	2	脑血管疾病	117.50	21.00	2	心脏病	146.34	23.29
3	消化系统疾病	52.10	7.30	3	恶性肿瘤	113.90	20.30	3	脑血管病	128.88	20.51
4	心血管疾病	47.20	6.60	4	呼吸系统疾病	50.90	9.10	4	呼吸系统疾病	68.02	10.83
5	脑血管疾病	39.00	5.50	5	消化系统疾病	23.30	4.20	5	损伤及中毒	35.63	5.67

表 2-3　我国农村居民前 5 位死因谱的变化情况（1990～2018 年）

1990 年				2000 年				2018 年			
顺位	死因	死亡率（1/10 万）	构成比（%）	顺位	死因	死亡率（1/10 万）	构成比（%）	顺位	死因	死亡率（1/10 万）	构成比（%）
1	呼吸系统疾病	159.67	24.82	1	呼吸系统疾病	142.16	23.11	1	心脏病	162.12	23.47
2	恶性肿瘤	112.36	17.47	2	脑血管病	115.20	18.73	2	脑血管病	160.19	23.19
3	脑血管疾病	103.93	16.16	3	恶性肿瘤	112.57	18.30	3	恶性肿瘤	158.61	22.96
4	心脏病	69.60	10.82	4	心脏病	73.43	11.94	4	呼吸系统疾病	77.67	11.24
5	损伤及中毒	68.48	10.65	5	损伤及中毒	64.89	10.55	5	损伤及中毒	51.48	7.54

疾病谱和死因谱向慢性非传染性疾病的转变，体现了心理、社会因素在现代医学中的重要作用。目前面临一些传染病，单一地在生物医学模式指导下过度依赖抗生素、疫苗的防治模式也是远远不够的，仍需要结合社会性措施，如对居民进行传染病防控知识的健康教育、加强对易感人群的心理健康教育等，从生物、心理和社会等角度采取综合性的社会防治策略，才能达到更有效的防控效果。

（二）健康影响因素多元化的客观性及人们对健康和疾病认识深化的主观性

在与疾病抗争的过程中，人们逐渐认识到无论是传染病，还是慢性病，与发病者有关的各种因素及其相互作用是较为复杂的。一种因素可以引起多种疾病，一种疾病也可与多种因素有关。健康的影响因素具体如下所示。

1. 生物遗传因素　是指人类在长期生物进化过程中所形成的遗传、成熟、老化及机体内部的复合因素。遗传是生物界存在的普遍现象，是实现人类和各种生物世代间种族延续的基本条件，是决定人体健康发展与变化的先天因素。遗传因素对健康的影响分为遗传性疾病和体质遗传两个方面。前者是指遗传缺陷性疾病，如血友病、白化病和有遗传倾向的疾病，如高血压、糖尿病及某些肿瘤等；后者是指体质机能，如体型、心脏功能天生低下等，是通过后天的营养和运动等能够加以改变的。有遗传倾向的疾病也可通过改良生活方式及行为达到预防或延缓发病年龄的目标。

2. 环境因素　包括自然环境、心理环境和社会环境。自然环境包括原生环境和次生环境。在自然环境中，存在大量影响健康的有益因素和有害因素，有些是自然存在的，有些是人的活动造成的，如水、空气、食物等污染，生产环境中的职业性危害等均对人体健康构成威胁。心理环境包括性格、应激和生活紧张因素、情绪等。心理因素不仅是某些疾病的诱因，而且在疾病的发展、持续的时间和预后方面起着重要作用。社会环境包括社会地位、经济收入、居住条件、营养状况、文化程度等，对健康有着重要影响。贫困者及文化程度低的人群所面临健康危险因素的损害较多。

3. 行为与生活方式因素　行为是人类在其主观因素影响下产生的外部活动，而生活方式是指人们在长期的民族习俗、规范和家庭影响下所形成的一系列生活意识及习惯。行为与生活方式的选择具有自主性，其造成的危害称为自创性危害。

4. 医疗卫生服务因素　医疗卫生服务是指促进及维护人类健康的各类医疗、卫生保健活动，是一种控制疾病的社会措施，对人群健康的影响作用巨大。医疗卫生服务既包括医疗机构所提供的诊断治疗服务，也包括卫生保健机构提供的各种预防保健服务。

拓展阅读

医疗卫生服务与疾病的发生发展

2000 年，十大死因中非传染性疾病占 4 个，WHO 发布的《2019 年全球卫生报告》中指出，2000～2009 年，全球十大死因中有 7 个变成了非传染性疾病，需要进一步重视全球预防和治疗心血管疾病、癌症、糖尿病和慢性呼吸道疾病工作以及在各区域处理伤害问题。20年来，心脏病一直是全球首要死因，占所有死因总数的16%，而糖尿病和痴呆进入前十名，阿尔茨海默病和其他形式的痴呆现已上升至全球十大死因之列，2019年在美洲和欧洲排名第三。其中妇女深受影响，全球65%的阿尔茨海默病和其他形式的痴呆死者是女性。2000～2019年，全球糖尿病死亡人数增加了70%，男性糖尿病死亡人数增加了80%。艾滋病是2000年第八大死因，到2019年降至第19位。这是20年来预防感染、检测人类免疫缺陷病毒和治疗艾滋病工作的结果。结核病也不再是全球前十大死因。这些人类死因发生的变化，反映了健康影响因素的多元化，也说明了人类对于疾病认识的深化必将促使人类防治疾病的模式发生变革。

（三）适应健康需求的提升和医学社会化的发展趋势：要求从卫生观到大健康观理念和模式的转变

随着社会生产力的发展和生活水平的提高，人们的健康需求已不再仅仅满足于疾病的防治，而是积极要求提高健康生活的品质，面对多样化的健康需求，医疗卫生工作必须扩大医疗卫生服务的范围，从治疗服务扩大到预防保健服务，从生理服务扩大到心理服务，从院内服务扩大到院外服务，从技术服务扩大到社会服务，以满足人们生理的、心理的和社会的健康需求。而这些需求的实现，已经无法仅仅依靠传统医疗卫生技术予以解决，只有动员全社会的力量，把卫生保健事业纳入社会大系统内，通过医学的社会化，才能较好地得到解决。如传染病的预防、慢性病的管理需要政府的主导和社会大众的参与；现代医学体系作用的有效发挥更是离不开正确的卫生政策、完善的卫生法规，以及与之规模相适应的卫生事业管理体制和管理机构。

基于以上时代背景和社会需求的转变，我国提出了“大健康观”的理念，倡导健康的生活方式，不仅是“治病”，更是“治未病”；消除亚健康、提高身体素质、减少痛苦，做好健康保障、健康管理、健康维护；引导和帮助居民从透支健康、对抗疾病的方式转向促进健康、预防疾病的新健康模式。

二、生物-心理-社会医学模式的内涵与产生

（一）内涵

生物-心理-社会医学模式（bio-psycho-social medical model）也称现代医学模式，是指从生物、心理、社会等方面来观察、分析、思考及处理健康与疾病相关问题的医学观和方法论。在以心脑血管疾病和恶性肿瘤为代表的慢性非传染性疾病成为人类健康主要威胁的背景下，生物-心理-社会医学模式在人类与疾病的斗争实践和经验中应运而生，并对人群疾病防治和健康水平的提高起到了非常重要的指导作用。

（二）产生过程

美国罗切斯特大学医学院精神病学和内科学教授恩格尔（Engel）1977年在*Science*杂志上发表了题为“The need for a new medical model：a challenge for biomedicine”（需要一种新的医学模式：对生物医学的挑战）的文章，批评了生物医学模式的局限性，指出生物医学模式仅关注导致疾病的生物化学因素，而忽视社会、心理的因素，该模式已不能解释并解决所有的医学问题。为此，恩格尔提出了一个新的医学模式，即生物-心理-社会医学模式，提出为了更全面地思考疾病的决定因素，得出更合理的治疗方案，建立更适宜的卫生保健系统，医学模式必须考虑患者自身、患者身处的环境及医疗卫生保健相关的社会体制，即医生和卫生保健制度的作用。这就是说，人们对健康和疾病的了解不仅包括对疾病的生理（生物医学）解释，还应包括了解患者（心理因素）、患者所处的环境（自然和社会因素）和帮助治疗疾病的医疗保健体系（社会体系）。生物-心理-社

会医学模式基于系统论的原则，认为健康或疾病是从原子、分子、细胞、组织器官到人的个体，以及由个体、家庭、社区、人类社会构成概念化相联系的自然系统。在这个系统中不再是心身二元论和还原论的线性因果模型，而是互为因果、协同制约的模型。健康反映为系统内、系统间高水平的协调。

三、其他代表性模式

生物-心理-社会医学模式在20世纪70年代被提出，其是同时期考虑健康影响因素多元化的代表性医学模式，除此之外，还有如下两个内涵相近、结构稍有差异的代表性模式。

1. 环境健康医学模式　1974年，布鲁姆（Blum）提出了环境健康医学模式，这是一种以环境因素作为核心的医学模式。他认为环境因素，特别是社会环境因素，对人们健康、精神和生理发育有重要影响，提出了包括环境、遗传、行为与生活方式和医疗卫生服务4个因素在内的环境健康医学模式。其中，环境因素包括了社会环境因素和自然环境因素，是影响健康的最重要因素（图2-2）。

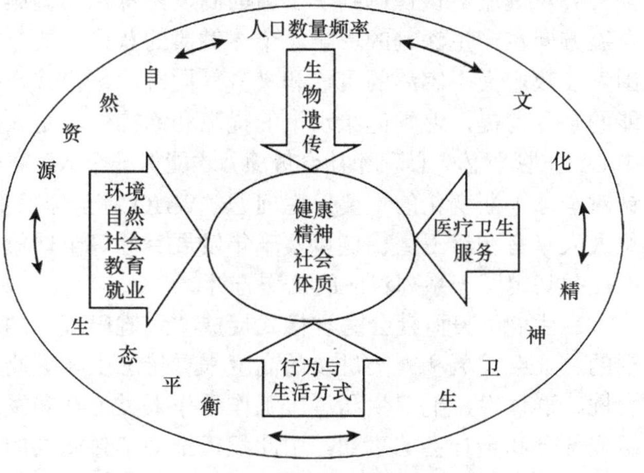

图2-2　环境健康医学模式

2. 综合健康医学模式　拉隆达（Lalonde）和德威尔（Dever）对环境健康医学模式加以修正和补充，在20世纪70年代末提出了卫生服务和政策分析相结合的综合健康医学模式，系统地论述了疾病流行和社会因素的相关性（图2-3）。按照综合健康医学模式，影响人类健康与疾病的主要因素包括了四大类：环境因素、生活方式及行为因素、生物遗传因素和医疗卫生服务因素。

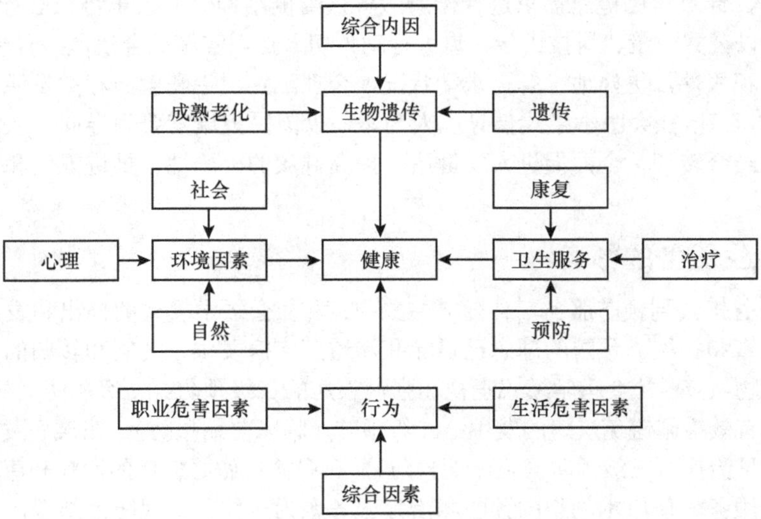

图2-3　综合健康医学模式

根据这一模式对全球的主要死因进行归类，2008年WHO报告显示：60%死因归因于生活方式及行为因素、17%为环境因素、15%为生物遗传因素、8%为医疗卫生服务因素。可见，与社会因素和心理因素紧密相关的行为生活方式已成为引起死亡的主要风险，成为新医学模式的客观佐证。

第四节 生物-心理-社会医学模式与健康观

一、生物-心理-社会医学模式的影响

（一）对卫生事业的影响

1. 生物-心理-社会医学模式把健康推到一个新的战略高度 在生物-心理-社会医学模式下，全社会对健康的认识达到一个新的高度，意识到健康是每个公民的一项基本人权，对卫生事业的发展方向也产生深刻的影响。个体健康的获得需要全社会共同努力，维护和促进个体健康是各个国家及政府义不容辞的责任和义务。同时，该模式也强调健康是个人、组织和社会充分发挥其功能的必要前提，追求健康水平的提高和幸福生活是人类社会经济发展的终极目标；强调以健康为中心，重视躯体、心理和社会健康，才能保证个人、家庭、社区和国家实现其社会发展目标。由此，针对全球不断变化的主要卫生问题，WHO 对全球卫生策略进行着不断调整和完善，提出了 21 世纪人人享有初级卫生保健以及千年发展目标等全球策略。我国也将健康推进到国家发展战略的高度，并制定了一系列对应的工作方针。

2. 生物-心理-社会医学模式促成“大健康观”的形成 生物-心理-社会医学模式使人们从宏观的、社会发展和人类进步的高度来看待卫生和健康相关工作，充分认识到卫生和健康工作的社会性、群体性，把卫生和健康工作看作人类生存和发展的基本要素，看作社会与经济发展的重要组成部分和全社会的事业。由此积极推动了封闭式的“小卫生观”向开放式的“大健康观”的改变。“大健康观”的基本思想是指导卫生系统从封闭变为开放的系统；卫生与社会发展同步；国家、社会各系统把健康和幸福作为共同的社会目标。“大健康观”提倡全方位全周期的健康，综合运用卫生和健康相关学科知识，协调社会各系统的力量，为人类提供最佳的健康服务。

3. 生物-心理-社会医学模式倡导需求端为导向的供给侧结构性改革 随着人民对于健康的需求越来越高，尤其对于健康维护和促进、养生保健及康复的需求不断增加，在生物-心理-社会医学模式的指导下，针对居民健康需求进行健康服务供给侧结构性的改革势在必行。生物-心理-社会医学模式倡导以公共政策、科技进步、重大行动为切入点，实施综合治理，有机协调部门职能，充分调动各方面积极性，更好地了解需求端状况，合理配置卫生和健康相关资源，进行供给侧结构性改革。生物-心理-社会医学模式倡导以人为本，以国民健康需要为导向，从注重疾病诊疗向预防为主、防治结合转变，全面促进人群健康，提高健康的公平性，推进卫生和健康事业向可持续发展模式转变。

（二）对卫生服务的影响

1. 从治疗服务扩大到预防服务 伴随着生物-心理-社会医学模式的提出和发展，预防的概念及内涵得到了丰富和扩展，预防的理念已贯穿和渗透到疾病发生、发展和转归的全过程。在疾病防治过程中，生物-心理-社会医学模式重视和强调疾病的三级预防：一级预防（病因预防），在疾病未发生时采取有效措施避免疾病的发生；二级预防（临床前期预防），在疾病发生早期，做到早发现、早诊断和早治疗；三级预防（临床期预防），在患病后做好疾病的治疗和康复工作。从治疗服务扩大到预防服务，使原本割裂的预防和治疗服务融为一体，实现防治结合，从以治疗为中心转为预防为主、防治结合。

2. 从生理服务扩大到心理服务 在生物医学模式下，主要关注人的生理因素和病理变化，提供生理服务；而生物-心理-社会医学模式在强调生理服务重要性前提下，特别强调了心理服务、社会服务的重要性，倡导扩大心理服务。在服务提供中，要了解影响患者的心理因素，积极开展心理卫生工作，调节和平衡心理刺激，缓解生活事件和工作紧张所带来的压力，加强心理护理和心理康复工作，不断丰富心理服务的内容和措施，与生理服务相结合，突出卫生服务的整体性。

3. 从医院内服务扩大到医院外服务　生物-心理-社会医学模式主要针对影响健康的多维因素，包括心理因素和社会因素提供卫生服务，所以要求卫生服务由传统的封闭式院内服务，逐步向院外扩大，适应卫生服务的社会化要求。医生应从在医院内被动等待患者的服务方式向主动走出医院，进入社区和家庭，为社区人群提供综合性照顾转变。生物-心理-社会医学模式提倡开展以人为中心、以家庭为单位、以社区为范围的全面、综合、连续、人性化的健康服务。如开展社区卫生服务，大力培养以全科医生、健康管理师为重点的社区卫生服务人员，深入社区开展预防、医疗、保健、康复、健康教育、生育指导“六位一体”的社区卫生服务，向居民提供适宜、方便、快捷的全科性基本卫生保健服务。

4. 从技术服务扩大到社会服务　生物-心理-社会医学模式是从人的社会属性角度研究健康和疾病的社会性，人群的健康服务需求是多层次的，所以传统的技术服务已无法满足疾病和健康的需求，从技术服务扩大到社会服务是卫生和健康服务发展的必然趋势，是医学社会化趋势的体现。在生物-心理-社会医学模式下，卫生与健康服务提供过程中，医疗人员除诊治疾病外，还应该通过社会医学诊断发现健康的危险因素，及时提供健康教育和健康促进，指导人们改变不良的行为生活方式，降低由社会因素和心理因素所致疾病的发生率；同时，开展人群健康调查，发现影响健康的社会因素，提出切实可行的政策建议，才能更好地提供全方位全周期的健康服务。

（三）对医学教育的影响

生物医学模式指导下的传统医学教育，主要认识生物体的结构、功能及疾病的机制，而忽视影响机体健康的心理、环境和社会等因素。而在生物-心理-社会医学模式框架下成为一名合格的医生，不仅需要包括医学在内的自然科学知识，也需要人文社会科学、心理科学等方面的知识。因此，在重视传统医学教育的基础上，还应开展心理学、社会学、人文学等诸多学科的教学，注重培养医学生的研究性学习能力、优化学生知识结构、提高社会实践能力。新的医学模式对医学教育的影响主要体现在以下方面：①要求医学生树立正确的职业态度，要有社会责任感和科学献身精神；②现代型的医学人才既要有自然科学方面的知识，又要有社会科学、人文科学方面的知识；③在学习专业技能的同时，还应加强社会实践。1988 年 8 月举行的世界医学教育会议上所通过的爱丁堡宣言指出“医学教育的目的是培养促进全体人民健康的医生”。1995 年 WHO 提出现代医学教育培养的专业人才，要在态度、知识、能力三个方面适应医学模式的转变。

拓展阅读

WHO 提出的医学教育改革

WHO 提出的医学教育改革包括三个方面：第一，提出了医疗卫生服务体系必须进行改革以适应 21 世纪的需要，医学教育的改革必须与卫生服务体系的改革同步进行，否则改革就收不到预期的效果。第二，提出了现代医生必须是“五星级”的医生，即①医疗保健提供者（care provider），希望医生能根据患者对预防治疗和康复的总体需要来提供医疗保健服务；②决策者（decision maker），从伦理、费用与患者需要等多方面情况综合考虑各种治疗技术的使用；③健康教育者（health educator），主动有效地进行健康教育，促进健康生活方式，增进个体和群体的健康保护意识；④社区领导者（community leader），平衡协调个人、社区和社会的关系以满足卫生保健需求；⑤卫生服务管理者（service manager），在卫生部门内部及卫生领域外其他社会机构之间协同工作。第三，医学教育自身必须进行改革。通过学科建设和调整，加强医学人才全面素质的培养，加强医学生人文科学素养、综合能力以及创新能力的培养，树立终身教育的观点。很多医学本科教育忽略了全科医生基础培训而偏向于专科医生培养，应将专科医生和全科医生的培养放在同等重要的位置。医学教育的评价标准必须是社会效益。

（四）对临床医学的影响

长期以来，受生物医学模式的影响，临床医学对病因的分析，只重视生物因素，忽视社会心理因素。在医疗服务实践中，临床工作者多“看病不看人”，过分迷信和依赖实验室和仪器设备的检查，偏重对器质性病变的治疗，忽视心理和社会方面的考虑，在一定程度上阻碍了临床医学的进步。这些现象的产生，与临床医生本身缺乏群体、预防、心理、道德和人文方面的知识有着密切的关系。

生物-心理-社会医学模式对临床医学提出了新的要求。要求在临床工作中，从观念到实践都要进行变革：由以医疗为导向向以预防为导向转变；由以疾病为中心向以患者为中心转变；由偏重个体诊治向更加重视群体健康防护转变；由着眼于分析影响健康的生物因素向综合性多因素分析转变；由单纯性治疗向兼顾健康教育、心理咨询、社会支持等转变。临床医生、护士等既是医务人员也是社会工作者，其角色集医者、健康监护人、咨询者、教育者、医疗保险守门人等于一身。因此，为适应现代医学的发展，未来的临床工作者在熟练掌握医学专业知识的基础上，应努力学习社会医学、卫生管理学、卫生经济学等医学人文学科知识，强化人文科学和社会科学素养的培养，逐渐成为优秀的临床专家和社会工作者。

（五）对预防医学的影响

预防医学的主要任务是对致病因素采取措施以预防疾病的发生。生物-心理-社会医学模式对预防医学理论的拓展起到了积极作用，推进预防医学对健康影响因素的研究从生物因素扩展到生物、心理和社会因素，把生物学预防和医学预防扩大到社会预防和心理预防。预防保健工作不仅需要重视生物、物理、化学等自然环境因素的作用，更应关注行为生活方式、心理以及社会因素对人群健康的影响。

在生物-心理-社会医学模式的指导下，预防医学形成了“高危”的观点，产生了三个非常重要的概念：高危环境、高危因素、高危人群。对高危环境、高危因素、高危人群进行有效控制和管理，可降低人群发病和死亡水平，提高人群健康水平和改善生命质量。加强高危环境、高危因素、高危人群的研究对预防医学探索病因和制订防治措施有重要的理论和实践意义。在生物-心理-社会医学模式的推动下，预防医学从生物病因为主导的防治模式拓展到生物、心理、社会的综合防治模式，将预防策略按等级分类，提出并形成了现代三级预防策略，强调以人群为对象，以健康为核心，以促进健康、保护健康、恢复健康为目的的公共卫生策略与措施，是现代预防医学为人们提供的健康保障。

二、生物-心理-社会医学模式下的大健康观

（一）生物-心理-社会医学模式下的大健康概述

原有的医疗服务体系更多关注疾病人群，而忽视健康风险因素对80%的健康人群带来的危害，这会导致疾病人群不断扩大，随之而来的是医疗系统的不堪重负。而从治疗疾病到关注健康不仅仅涉及政策的改变，更重要的是全人群全社会健康观念的转变。大健康观是在生物-心理-社会医学模式背景下提出的一种全局的健康理念，围绕着人的衣食住行以及生老病死，关注各类影响健康的危险因素，提倡自我健康管理，从注重疾病转变为管理健康，倡导健康的生活方式，不仅是“治病”，更是“治未病”；消除亚健康、提高身体素质、减少痛苦，做好健康保障、健康管理、健康维护，使得健康观战略目标由管理疾病转变为关注健康维护和健康促进。

（二）大健康观的涵义

党的二十大报告指出，推进健康中国建设。人民健康是民族昌盛和国家强盛的重要标志。把

保障人民健康放在优先发展的战略位置，完善人民健康促进政策。全方位全周期的健康服务是从社会、行业与个人三个层次，着眼于衣食住行各个方面，为每个人提供从“摇篮”到“坟墓”，涵盖预防、治疗、保健、康复和养老等公平可及、系统连续的健康服务。

（三）大健康观的现实意义

1. 引导居民重视健康管理　大健康观的提出意味着医学的对象不仅包括患者，也包含健康群体。通过健康教育增强健康群体的防病能力，预防疾病的发生，面对病症能早发现早治疗，提高生命质量。而对患者的健康管理，使其掌握必要的疾病治疗和康复知识，正确认识疾病，更好地配合治疗，从而提高其医疗依从性。以糖尿病为例，其疾病严重程度与患者自我健康管理能力密切相关。做好健康教育、发挥社会家庭系统化的支持和指导，使糖尿病患者可以科学合理用药，提高患者的遵医行为和自我疾病管理能力，可提高患者生活质量。

2. 缓解“看病难、看病贵”，和谐医患关系　解决“看病难、看病贵”问题是大健康观提出的背景之一，这意味着大健康观将为分级诊疗政策提供支持，使得医疗卫生行业形成“健康进家庭、小病在基层、大病到医院、康复回基层”的新格局。社区医疗卫生机构和社区医生将成为基层首诊、术后恢复治疗的重要防线。卫生管理部门应更加关注社区医疗队伍的建设。在医疗保障方面，健康体检以及相应的运动保健支出可以相应在医疗保障体系中覆盖，使预防疾病可以从制度上得到更加全面的支持与保障。健康教育使得患者及其家属明白疾病是基因、生活习惯、生活环境等多种因素经过时间的累积形成的，从卫生服务体系中获得心理和社会服务，加强医患沟通，改善医患关系，减少医疗纠纷的发生。

3. 推进供给侧和需求侧改革，提高老百姓健康水平　大健康观包括了整个卫生与健康系统的升级和改革，对我国卫生与健康事业的内涵发展提出了更高的要求。在供给侧方面，加快推动分级诊疗制度和医联体的建立，对现代医院管理制度进行改革，使医生角色定位发生多维度的转变，辅之以配套的薪酬制度改革，调动了医疗工作者的积极性。同时完善医疗保障制度，将预防、治疗、康复等多个环节都纳入到健康新战略中。在需求侧方面，提出一系列提高民众健康素养的措施，强化个体健康主体责任，倡导健康生活行为方式，共同营造“共建共享”的健康社会氛围，推动全民健康的实现。

思　考　题

1. 医学模式的发展经历了哪几个具有代表性的阶段？
2. 有人说生物医学模式已经过时了，你同意这种说法吗？为什么？
3. 生物-心理-社会医学模式的产生背景和影响是什么？
4. 请阐述大健康观与生物-心理-社会医学模式的契合之处。

第三章　社会医学基本理论

【学习目标】

1. 掌握健康的概念、健康的社会性、健康社会决定因素的概念与理论框架、健康状况的公平性、卫生服务的公平性。

2. 熟悉健康融入所有政策的理念、全生命周期健康管理的概念及内容。

3. 了解社会资本对健康的作用、健康融入所有政策的行动框架、社会生态学理论。

社会医学在发展过程中，逐渐形成了本学科的一些特色理论和观点。这些理论和观点是社会医学基础研究与社会实践的科学总结，同时也借鉴了其他相关学科的成果和经验。它明确了社会医学的研究方向和任务，是社会医学赖以生存的依据，已广泛渗透到疾病防治以及卫生事业发展的全过程。社会医学的基本理论不仅对社会医学的发展具有指导作用，也在一定程度上影响着整个医学科学的发展，指导着医疗卫生工作的实践，对卫生政策的制定及其卫生服务的理念有着重要影响。

社会医学基本理论具有以下主要特点。①创新性：社会医学的基本理论和观点源于医学思维与实践的创新，因此具有创新性。②预见性：社会医学的基本理论是对医学本质的看法，对卫生事业的发展有一定的预见性。③实践性：社会医学是一门应用科学，社会医学理论和观点来源于医疗卫生实践，又用于指导实践，并在实践中不断丰富和发展。④政策性：社会医学基本理论是对医学发展规律的认识，而卫生政策是为实现卫生战略目标所制定的行动纲领。因此，社会医学基本理论的内涵与卫生政策密切相关。

第一节　健康与疾病的社会性

一、健康与疾病的概念

（一）健康

健康是一个发展着的动态的概念，不同时期有不同的观点。在生物医学模式的影响下，通常认为健康就是没有疾病或没有生理功能失调，反之，就是不健康的。这个观点从躯体性和生物性角度界定健康的内涵，侧重人的生物学属性，割裂了生理、心理、社会三个维度之间的联系，尤其没有认识到心理和社会环境因素的重要作用，属于消极的健康观。后来，随着医学模式的转变以及时代发展、技术进步、外部环境等的变化，人们对健康的认识也发生了相应的变化，认为健康不仅是没有生理疾病，而且是有能力完成个体日常活动，或者说健康是已社会化的个体完成角色和任务的能力处于最适当的状态。这一健康观强调人的社会属性，而不仅仅是没有躯体疾病，但它依然没有准确说明人们的生理、心理与社会之间的关系。20 世纪中期以来，健康的内涵不断发展。1948 年 WHO 一成立即提出健康的定义：健康（health）是指身体（或称生理）、心理（或称精神）和社会适应的完好状态，而不仅仅是没有疾病或虚弱。具体包括三个层面：①躯体健康，又称生理健康，指躯体结构完好、功能正常，与环境之间保持相对平衡；②心理健康，又称精神健康，指人的心理处于完好状态，包括正确认识自我、正确认识环境、及时适应环境；③社会适应性良好，指个体的能力在社会系统内得到充分发挥，个体能够有效地扮演与其身份相适应的角色，个体行为与社会规范一致，和谐融合。这一新的健康观从生理学、心理学和社会学的三维角度去诠释健康的内涵，从而使人们对健康的认识扩展到一个新的境界。它从现代医学模式出发，倡导了生理健康、心理健康及良好的社会适应性，尤其强调了三者之间的紧密关系，既肯定了人的自然属性，同时又强调了人的社会属性，是人们对健康认识的一大突破，被认为是积极的健康观，1978 年 WHO 在《阿拉木图宣言》中重申了这一概念。

拓展阅读

世界卫生组织对健康的定义细则

1. 有足够充沛的精力，能从容不迫地应对日常生活和工作的压力而不感到过分紧张。
2. 处事乐观，态度积极，乐于承担责任，事无巨细不挑剔。
3. 善于休息，睡眠良好。
4. 应变能力强，能适应外界环境的各种变化。
5. 能抵抗一般性感冒和传染病。
6. 体重适当，身材均匀，站立时，头、肩、臂位置协调。
7. 眼睛明亮，反应敏锐，眼睑不易发炎。
8. 牙齿清洁，无空洞，无痛感，齿龈颜色正常，无出血现象。
9. 头发有光泽、无头屑。
10. 肌肉、皮肤有弹性。

世界卫生组织“五快三良”健康标准

1. 食得快：进食时有很好的胃口，能快速吃完一餐饭而不挑剔食物，说明内脏功能正常。
2. 便得快：一旦有便意时，能很快排泄大小便，且感觉轻松自如，在精神上有一种良好的感觉，说明胃肠功能良好。
3. 睡得快：上床能很快入睡，且睡得深，醒后精神饱满，头脑清醒。
4. 说得快：语言表达正确，说话流利。表示头脑清楚，思维敏捷，中气充足，心、肺功能正常。
5. 走得快：行动自如、转变敏捷。表明精力充沛旺盛。
6. 良好的个性：性格温和，意志坚强，感情丰富，具有坦荡胸怀与达观心境。
7. 良好的处事能力：看问题客观现实，具有自我控制能力，适应复杂的社会环境，对事物的变迁能始终保持良好的情绪，能保持对社会外环境与机体内环境的平衡。
8. 良好的人际关系：待人接物能大度和善，不过分计较，能助人为乐，与人为善。

（二）疾病

历史上，人们对疾病本质的认识，也曾经有不同的观点。西方医学的奠基人希波克拉底认为，人体内有血液、黏液、黄胆汁和黑胆汁，四种体液在数量、比例、作用上一旦失调就产生了疾病；中医经典著作《黄帝内经》则认为，“阴阳失衡则病……阴胜则阳病，阳胜则阴病”。疾病的本质在于人体的阴阳失衡。在近代，病理解剖学的创始人之一莫尔加尼（Morgagni）提出，疾病是器官形态学的改变；而德国病理学家菲尔绍（Virchow）则提出了细胞病理学理论，认为“疾病的本质在于特定细胞的损伤”“一切疾病都是局部的”。随着现代分子生物学的发展，有学者提出：疾病源于基因病变；也有学者认为疾病就是在一定病因的作用下，神经-内分泌-免疫网络自稳调节紊乱导致的异常生命活动过程。这些定义的一个共同点是，它们都是基于细胞病理和基因病理提出的，还没形成与生物-心理-社会医学模式相适应的疾病观。由于疾病可以直接观察到，比健康更直观、更具体，因此疾病常被作为参照体系用于界定健康。关于健康和疾病概念的界定，1997 年进行的医学目标研究计划（goals of medicine，GOM）所得出的结论，因具有一定的创新性而产生了较大的影响。GOM 研究项目对几个与疾病相关的概念进行了界定，如疾病（disease）是指身体上或精神上的异常，偏离统计学意义上的标准，可通过体检、化验、检查等确定，是一种易找到客观事实依据的健康负向状态，是一种生物学尺度。病灾（malady）是指除疾病以外其他有损健康的状态，包括损伤、创伤和缺陷。疾患（illness）是个体对自身健康状况的自我感觉和判断，即对生理、心理、社会三方面失调的判断，这是一种感觉尺度，是个体对疾病的主观感受。个体对自身健康状况的评判包括对当前健康状况的判断和对未来健康变化趋势的预测。判断的依据主要是健康状况对个人、家庭、工作、学习等方面的影响大小，也受个体对疾病的认知水平影响，因此判断结果与医学诊断并不完全一致。病态（sickness）是指患者的社会角色被削弱，使其社会功能不能充分发挥，这是一种角色判断，也是一种社会尺度或行动尺度，反映一个人在健康状况方面所处的社会地位，即被他人认为处于不健康状态。评判主要依据健康状况对个体社交能力、劳动能力等的影响，缺勤、休工、休学等正是这种判断的结果。

拓展阅读

国际疾病分类

国际疾病分类（International Classification of Diseases，ICD），是由世界卫生组织制定，供临床医疗、卫生事业管理、卫生资源分配、医保付费及教学科研等工作中使用的疾病分类的国际标准。ICD 根据疾病的病因、病理、临床表现和解剖位置等特性，将疾病分门别类，使其成为一个有序的组合，并用编码的方法来表示，是卫生信息标准体系的重要组成部分。

第一版 ICD 诞生于 1893 年，距今已有 100 多年的历史，在世界卫生组织和各国的关注、支持下得以不断补充、完善，目前，已更新到第 11 版，并于 2021 年 1 月 1 日正式推行使用。ICD-11 首次将起源于中医药的传统医学纳入到分类系统，形成第 26 章“传统医学病证模块”，该模块的内容主要基于我国中医学理论及《中医病证分类与代码》（GB/T 15657—1995）的分类体系。

完整的 ICD 统计范畴涵盖了死因、疾病、伤害、症状、就诊原因、疾病的外部原因等方面，提供了世界范围内通用的医疗信息语言，通过 ICD 代码，不同地区、医院之间、医院和保险公司之间，可以进行对等的数据共享和比较，这对医疗信息和费用的管理起到了积极的推动作用。ICD 代码包含了关于流行病学、健康损害和治疗情况的重要信息，医院用它来记录和确认健康状况；保险公司的理赔人员使用它对疾病进行分类，并确定这些疾病是否符合理赔条件；精算师还可以使用 ICD 分析健康趋势，追踪发病率和死亡率。

中医病症分类

在中医基础理论中，有三个基本概念——病、症、证。“病”，即疾病，是在各种致病因素影响下，导致机体阴阳失调、脏腑组织损伤、生理功能失常或心理活动障碍的一个完整的异常生命过程。“症”，是症状、体征，是指患病后出现的背离正常生理范围的异常现象，如发热、恶寒等，这是人体出现疾病的反映。所谓“证”，是机体在疾病发展过程中某一阶段的病理概括，包括病因（如内伤、外感等）、病位（如表、里、脏、腑等）、病性（如寒、热等）、病机、病势（如邪正盛衰、疾病发展趋势等）、患者体质以及患病时季节气候与周围环境等，能够反映疾病发展过程中某一阶段病理变化的本质，它比症状能更全面、更准确地揭示疾病的发展过程。

中医病证分类是将中医的各种病、证按照某些既定的原则归入类目及系统的方法。国家标准《中医病证分类与代码》（GB/T 15657—1995）由国家技术监督局审定批准并颁布，于 1996 年 1 月 1 日在全国实施。它是我国首个对中医疾病进行系统分类的标准，将中医的各种病、证按照一定的原则归类细分并编码，是中医诊断规范化与标准化的基础。

2021 年 10 月 11 日，国家市场监督管理总局和国家标准化管理委员会批准发布了《中医病证分类与代码》(GB/T 15657—2021) 国家标准，代替 GB/T 15657—1995 国家标准。新版标准完善了中医疾病、中医证候相关的术语和分类体系，并在附录中增加了中医治法相关的术语和分类体系，完全兼容 ICD-11 传统医学章节，更加符合国际标准规范，更加合乎中医的临床诊断思维，便于临床使用和学术交流。该标准对中医临床诊断、卫生统计、病历书写、病案首页填报、医保结算、医疗机构绩效考核、质量控制与评价等具有不可或缺的作用，于 2021 年 1 月 1 日在各中医医疗机构启用。

二、健康的社会性

健康的社会性是由作为构成社会基本要素的人的社会属性决定的。人的社会属性是指在实践活动的基础上人与人之间发生的各种关系，包括人类共生中的相互依存性、人际关系中的社会交往性、人在伦理关系中表现出来的道德性以及生产关系中的劳动合作性等。人的社会属性决定了每个人都处在特定的社会关系之中。人与人、人与群体、人与社会、人与环境的和谐统一是保证人群健康的基本条件，破坏这种协调关系就会对人群健康造成不良影响。健康的社会性主要体现在如下几个方面。

（一）健康是社会发展的根本资源

人类社会的发展归根到底取决于社会生产力的发展。生产力包括劳动资料、劳动对象和劳动者三要素，其中物质因素是生产力中的基础因素，而人的因素则是推动生产力发展的决定性因素，是社会经济建设与发展的重要保证。柏拉图曾说过："第一财富是健康。"健康是劳动者发展个人技能的基础，是促进人的全面发展的必然要求。同时，健康不仅是个人资源，更是重要的社会资源，是经济社会发展的基础条件，是社会发展的根本资源。各种疾病、伤残不仅造成人民大众的疾苦，同时也会带来严重的经济负担，甚至会影响社会稳定。如果人民没有健康的身体，国家就不能拥有繁荣、可持续的未来。健康是对整个社会经济增长和长远经济发展的关键投入，健康投资能减少疾病与残障，有效延长劳动力的工作时间，为社会创造更多的财富。根据 WHO 宏观经济与卫生委员会的研究，660 亿健康投资可带来 5.5 倍的经济效益，即约 3600 亿的回报。

（二）健康是社会发展的重要标志

健康是人的基本权利。人类健康是社会发展、物质与精神文明丰富的重要体现，是民族昌盛和国家富强的重要标志。国民健康水平是一个国家经济社会发展水平的综合反映，已成为国际社会的共识。20 世纪 90 年代，联合国开发计划署提出了"人类发展指数"，将健康列为优先领域，并发表了首份《人类发展报告》。2000 年 9 月，在联合国召开的千年峰会上，189 个国家联合签署了《联合国千年宣言》，提出了八项千年发展目标。其中，有三项是健康指标（降低儿童死亡率，改善妇幼卫生状况，防治艾滋病、疟疾及其他疾病）。美国社会卫生协会（American Social Health Association，ASHA）也曾指出：一个国家国民生产率的高低与健康水平密切相关。该组织提出了一个衡量社会发展的综合评价指标——ASHA 指数，主要用来反映一个国家，尤其是发展中国家的社会经济发展水平以及在满足人民基本需要方面所取得的成就。ASHA 指数由成人识字率、就业率、平均期望寿命、人均国民生产总值增长率、人口出生率和婴儿死亡率六项指标组成，其中，有三项是健康相关指标。

$$\text{ASHA}=\frac{\text{成人识字率}\times\text{就业率}\times\text{人均国民生产总值增长率}\times\text{平均期望寿命}}{\text{人口出生率}\times\text{婴儿死亡率}}$$

（三）健康是社会经济发展的重要目标

社会可持续发展的核心是人的全面发展，健康作为人的全面发展的基础，既是实现经济社会发展的基本条件和强大动力，也是经济发展和社会进步的重要目标。保护和增进居民健康，维持和促进人的创造力和生产力，不仅是推动经济社会协调可持续发展的基本条件，也是广大人民群众的共同追求和迫切愿望，是社会的基本责任和义务，日益成为国际社会的广泛共识和明智选择。我国作为一个有着 14 亿人口的发展中国家，政府坚持以人为本、全面协调可持续的科学发展观，把人民健康作为社会和经济发展的重要战略投资，提出了医疗卫生事业与经济社会协调发展的目标。

三、疾病的社会性

疾病本身是生物学现象，但又与人的社会地位、社会关系和社会活动息息相关。各种社会因素既可直接致病，也可以通过生物因素而起作用间接致病。此外，诸如乙肝、艾滋病等疾病的流行也主要与社会因素有关，因此疾病也是一种社会现象。

（一）疾病病因的社会性

疾病的发生、发展往往是多种因素共同作用的结果，只有运用多因多果的观点才能深入揭示疾病发生的本质。现代病因学认为，行为与生活方式、环境、生物遗传学和卫生服务是影响健康的四大类危险因素，疾病是这些因素通过各种社会因素协同作用而形成的，而且社会因素在疾病的发生、发展中起主导性作用。如慢性非传染性疾病的发生、发展与社会经济条件、行为生活方式等多种危险因素密切相关。据美国前十位死因研究结果表明，社会因素占死亡影响因素的 77%。因此，只有从社会角度来分析疾病产生的原因以及发展的规律性，才能制订科学有效的防治措施，达到促进人群健康的目的。

（二）疾病结果的社会性

疾病的结果是使劳动力的健康受到损害，一方面，劳动生产能力降低，物质生产减少；另一方面疾病导致的早死也减少了劳动力的工作时间。治疗疾病又要消耗大量的卫生资源，给患者、家庭乃至社会造成直接或间接的经济负担。可见，每个个体的健康是社会发展的基础，而社会的健康发展则是个体健康的前提与保障。2013 年，第五次国家卫生服务总调查显示，慢性非传染性疾病已经成为威胁我国城乡居民健康的主要疾病，高血压、糖尿病和脑血管病已经成为城市居民的常见病和多发病。随着我国工业化、城镇化和人口老龄化进程加快，我国居民医疗卫生服务需要量明显增加，尤其是慢性疾病持续上升，疾病负担日益加重。2022 年 7 月 12 日，国家卫生健康委员会发布《2021 年我国卫生健康事业发展统计公报》，2021 年全国卫生总费用支出逾 75 500 亿元，占国内生产总值的比例为 6.5%，人均卫生总费用 5348.1 元。此外，某些严重疾病的流行（如伤寒、霍乱、艾滋病等）和健康问题的存在还会破坏社会的安定，其影响远远超出了生物医学的范畴。

（三）疾病防治策略的社会性

卫生工作涉及社会的各个方面，关系到社会中的每一个人。而传统的卫生观只重视生物医学方法防治疾病，而且由卫生部门独立完成，把卫生工作看作孤立、单纯的技术性工作。疾病防治工作实践证明，医疗卫生机构和医务人员的核心作用固然重要，但忽视社会各部门以及居民的作用，卫生工作将难以取得理想的效果。疾病防治工作是一项社会性很强的工作，这要求在医疗卫生工作中必须树立“大卫生观”，即强调卫生系统由封闭转为开放，与其他部门通力协作，动员全社会各行各业的力量，使卫生工作成为社会发展的一个重要组成部分。

为了提高公众的健康意识，WHO 和我国卫生部门确定了每年的公众健康日，以各种不同的主题唤起公众对各种健康问题的关注。从全国爱眼日、全国爱牙日、全国爱耳日到世界心脏日、世界无烟日、世界哮喘日、世界阿尔茨海默病日、世界孤独症日、世界关节炎日、世界精神卫生日、世界糖尿病日、世界男性健康日，几乎每个月都有与健康有关的公众日，这充分体现了健康与公众的密切关系。每一个健康公众日都是健康科普的大好时机，在提高公众健康水平中发挥了重要的桥梁和纽带作用。

拓展阅读

世界卫生日

1948 年 6 月，联合国第一届世界卫生大会上正式成立了世界卫生组织，并决定将每年的 4 月 7 日定为世界卫生日，倡议各国举行各种纪念活动。

确定世界卫生日的宗旨是希望引起世界各国对卫生问题的重视，并动员世界各国人民普遍关心和改善当前的卫生状况，提高人类健康水平。在世界卫生日期间，包括中国在内的所有世界卫生组织会员国都举行庆祝活动，宣传普及有关健康知识，提高人民健康水平。

从 1950 年起，世界卫生组织每年为世界卫生日选择一个主题，突出世界卫生组织关注的优先领域。2022 年世界卫生日的主题是“我们的地球，我们的健康”（our planet，our health），旨在使全球注重维护人类和地球健康所需的紧急行动，并通过积极行动，创建以福祉为重点的社会。2022 年也是中国开展爱国卫生运动 70 周年，国家卫生健康委将世界卫生日中国主题定为“健康家园，健康中国”，旨在新时代继续传承爱国卫生运动的优良传统。

第二节　健康社会决定因素的理论

一、健康社会决定因素的概念

WHO 对健康社会决定因素（social determinants of health，SDH）的定义如下：除了直接导致疾病的因素外，由人们的社会地位和所拥有的资源决定的生活、工作环境及其他对健康产生影响的因素。健康社会决定因素被认为是决定人们健康和疾病的根本原因，包括人们从出生、成长、生活、工作到衰老的全部社会环境特征，如收入状况、教育水平、居住条件、饮水和卫生设施等，它也反映了人们在社会结构中的阶层、权力和财富的不同地位。

二、健康社会决定因素的发展

在传统健康观的影响下，疾病往往被认为是由生物或物理、化学的病因引起的，从这些病因入手可以防治疾病、恢复健康，而解决健康问题主要是医务人员、医院和卫生部门的事情。随着生物医学模式向生物-心理-社会医学模式的转变，在医学实践、医学教育、医学研究和卫生服务中，人们逐渐认识到社会因素对于人类健康的重要影响。

人类社会的疾病谱和死因谱正在发生着转变，很多疾病的产生和发展不仅仅受到生物学因素的影响，还受到环境因素、个体生活方式和行为因素、心理因素等的影响。特别是恶性肿瘤、心脑血管疾病、意外事故死亡等增多，以及各种社会病的出现，使人们意识到必须重视导致疾病和伤害的社会环境原因。人们对健康有了更全面的认识，健康并不仅仅是身体上没有疾病，还包括心理健康和社会适应良好。健康与疾病被视为一个连续的动态过程。在现代工业社会，由于生活节奏加快和生存压力增大，个体身心疾病发生增多，其原因往往在于复杂的社会环境。人们的健康水平取决于他们所生存的社会环境，因此，解决健康问题，应从社会环境因素入手。对健康产生影响的社会环境是由个体所处社会地位和所能支配的社会资源决定的。在一个社会中，处于社会上层的人群拥有财富或社会地位，掌握丰富的优势社会资源，他们所处的社会环境对其健康具有积极作用；而社会经济状况差的阶层人群常年生活在资源匮乏的境地，其营养状况、居住环境、工作条件和心理环境常常是消极负面的，这对其健康会起到负面影响。

20 世纪 80 年代中期，健康社会决定因素思想开始在健康促进领域显现。1986 年 11 月，第一届国际健康促进大会发布了《渥太华宪章》，列出了 8 个健康的关键决定因素：安全、社会保障、教育、食品安全、收入、生态环境、可持续资源和社会公正。大会认为健康目标的取得不能仅靠卫生部门的努力，而是需要各政府部门、非政府组织、志愿组织和私人团体的共同努力。

2003 年，WHO 成立了宏观经济与卫生委员会，提出宏观经济发展与卫生之间的关系，其核心思想是，社会全面发展和减贫的核心策略之一就是健康投资，投资健康就是投资发展。WHO 明确从健康社会决定因素方面采取行动以促进健康公平。

2005 年，WHO 成立了健康社会决定因素委员会（Commission on Social Determinants of Health，CSDH），旨在通过分析研究导致健康不公平的社会机制和因素，提出政策建议，改善全球范围的健康状况，减少健康不公平性。CSDH 组织了一批实践经验丰富的专家，在促进健康公平方面采取了一系列行动措施，包括在全球范围内搜集证据支持各个国家决策、建立全球知识网络、推动国家行动和国际合作等。2008 年，WHO 宣布 CSDH 圆满完成任务，并发布最终报告《用一代人时间弥合差距》。在健康社会决定因素理论框架形成后，在 WHO 倡导下，许多国家开始在健康社会决定因素方面采取行动以减少健康不公平。

三、健康社会决定因素的理论模型

学者们对社会因素如何影响健康进行了研究，并提出了一些理论模型。其中，达尔格伦（Dahlgren）和怀特黑德（Whitehead）于 1991 年提出的健康社会影响因素的分层模型（图 3-1）被认为是一个经典模型。该模型由内向外的每一层分别代表影响个体健康的不同因素，以及这些因素背后的“影响因素”。其中，第一层代表个人生物学特征、遗传因素对个体健康的影响；第二层代表可能对健康带来不同影响的个体行为和生活方式，如人们可以选择吸烟或不吸烟；第三层代表的是社会和社区网络的影响，社会支持对个体健康可能产生积极或消极的影响；第四层是社会结构因素，如住房、水和卫生设施、工作环境、卫生服务等；第五层代表社会经济、文化和环境因素，处于内层的因素均会受到外层因素的影响。

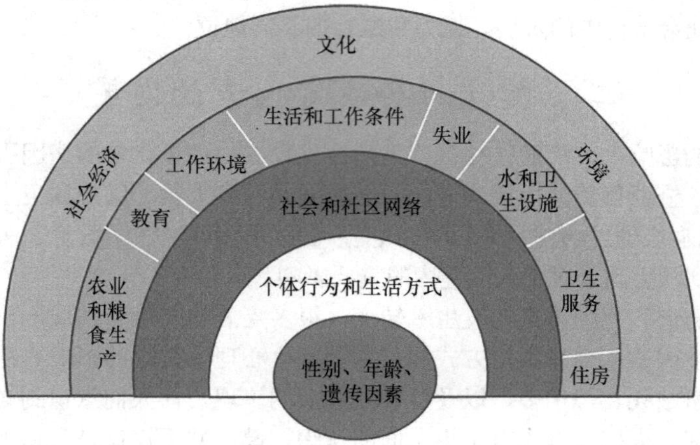

图 3-1 健康社会影响因素的分层模型

四、健康社会决定因素的行动框架

健康社会决定因素委员会在报告《用一代人时间弥合差距》中提出了健康社会决定因素的

行动框架（图 3-2），对各种健康社会决定因素进行了整合，并讨论了如何利用健康社会决定因素的理论来解决全球健康问题。该框架将影响健康的社会决定因素分为日常生活环境和社会结构性因素。

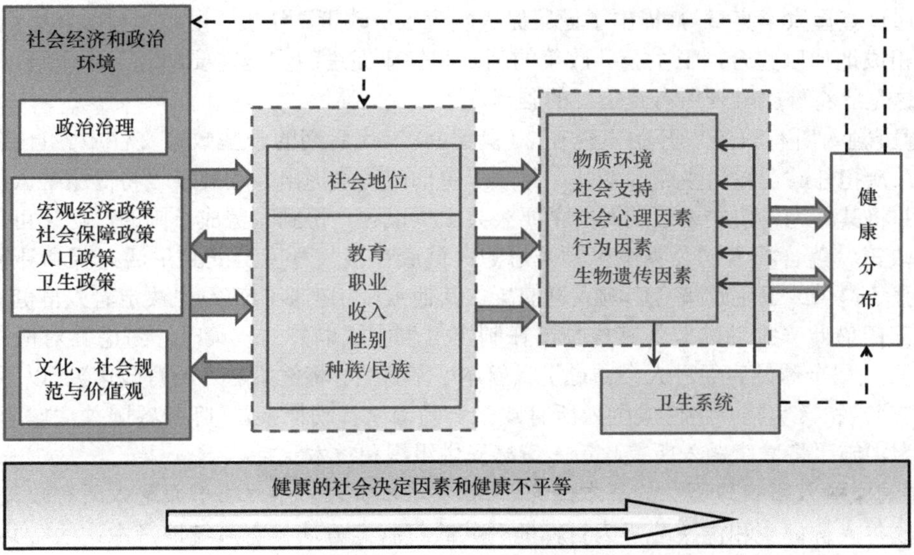

图 3-2　健康社会决定因素的行动框架

（一）日常生活环境

日常生活环境指人在其中出生、成长、生活、工作以及养老的环境。包括物质环境、社会支持、社会心理因素、行为因素和生物遗传因素，卫生服务体系独立于上述因素之外，但同样也是日常生活环境的组成部分之一。

（二）社会结构性因素

社会结构性因素指决定日常生活环境的社会结构性因素，反映权力、财富和资源的不同分配方式。由两部分组成，在图 3-2 中，中间一栏是个体层面的社会结构性因素，包括社会地位、职业、教育、收入、性别、种族/民族；最左边一栏是宏观社会层面的社会结构性因素，是指社会经济和政治环境，主要包括政治治理，社会政策，文化、社会规范与价值观三个方面。个体层面与宏观层面的社会结构性因素相互影响、密切相关。在上述两大类社会因素的内部，不同社会因素之间存在相互作用，可能互为因果，对健康产生影响。

该行动框架分析社会决定因素影响健康和健康公平的路径是：社会结构性因素决定人们的日常生活环境，而国家和政府所采取的不同社会资源分配制度（包括卫生体系和其他社会福利制度）可以影响社会结构性因素和日常生活环境。在该行动框架下，WHO 建议各国从以下三方面针对社会决定因素采取行动：①改善日常生活环境。WHO 特别提出，需要改善妇女和女童的生活环境和儿童的出生环境，重视儿童早期的成长和教育，改善生活和工作环境，制定社会保护政策，关注老年人健康。②全球、各国和地方各级特别注意影响日常生活环境的社会结构性因素，解决权力、财富和社会资源分配不均的问题。③注重测量和收集证据，评估行动效果，不断夯实在健康社会决定因素领域的知识基础，并通过宣传教育，提高公众对健康社会决定因素的认识。

五、"将健康融入所有政策"的理念与实践

（一）"将健康融入所有政策"的理念

1."将健康融入所有政策"的产生与发展　"将健康融入所有政策"（health in all policies,

HiAP）的理念起源可以追溯到公共卫生发展的早期。1978 年，WHO 在《阿拉木图宣言》中提出“2000 年人人享有卫生保健”的目标，并明确要求，为了增进居民健康，除卫生部门外，还需要食品、农业、工业、教育、住房、交通等部门及社会组织的共同协作。1986 年，第一届全球健康促进大会通过《渥太华宪章》，提出了健康促进政策应从政策、法规、财政、税收和组织变革等多方面相辅相成地加以整合，卫生公共政策的制定和健康促进的实施需要超越卫生系统，多部门协调配合。这是“将健康融入所有政策”的雏形。

“将健康融入所有政策”开始出现在 20 世纪 90 年代后期的一些政策文件中。直到 2006 年，在芬兰第二次担任欧盟轮值主席国期间，芬兰卫生部门明确提出并发展了“将健康融入所有政策”的概念，并将其作为轮值主席国期间的主要公共卫生议题，得到欧盟成员国的广泛认可。“将健康融入所有政策”蕴含朴素的公共卫生预防思想：健康在很大程度上受到生活方式和环境的影响，不仅卫生服务提供或卫生政策会影响人群健康，其他领域相当多的政策也决定着人群健康。因此，芬兰卫生部门借此来推动欧盟及其成员国在制定卫生领域以外的政策时，考虑其对健康的影响。2013 年，第八届全球健康促进大会通过了《赫尔辛基宣言：将健康融入所有政策》（以下简称《赫尔辛基宣言》）和《实施“将健康融入所有政策”的国家行动框架》，呼吁各国关注健康社会决定因素，并为实施“将健康融入所有政策”策略提供组织和技术支持。

2.“将健康融入所有政策”的基本理念 《赫尔辛基宣言》中“将健康融入所有政策”被定义为一种以改善人群健康和健康公平为目标的公共政策制定方法，它系统地考虑这些公共政策（包括财政、教育、科技、就业、社会保障、环境保护、卫生事业管理等）可能对健康造成的影响，并寻求部门间协调配合，以避免政策对健康造成不良后果。“将健康融入所有政策”的提出基于健康相关的权利和义务，重点关注的是公共政策对健康决定因素的后续影响，目的在于加强各级政策制定者对健康的责任。从基本理念层面来看，“将健康融入所有政策”的基础是把健康作为基本人权，体现的是社会公平、公正及人格尊严等价值观。因此，“将健康融入所有政策”对于人权的强调具有国际法基础，在国际社会和国家层面都获得了合法性。在公共卫生实践层面，随着健康社会决定因素理论日益流行，全球社会日益达成基本共识：健康与贫困、教育、环境、就业等多种社会决定因素相关，一个国家的总体健康水平离不开其医疗、药品管理、社会保障、就业、财政、教育、科技、民政和环境等各部门的共同努力。只有将“将健康融入所有政策”理念纳入所有政策中综合考虑，树立维护健康是政府各部门共同责任的观念，才能有效保障居民可持续的健康水平。这是应对非传染性疾病、健康不公平和不平等、气候变化以及卫生费用快速增长等严峻全球卫生挑战的最根本途径。

（二）“将健康融入所有政策”的实践

1.“将健康融入所有政策”的行动框架 第八届全球健康促进大会后，WHO 确定了将“将健康融入所有政策”付诸实践的 6 项行动任务及其主要行动内容。各国可以根据自身的社会经济状况和政治体系确定行动任务的优先顺序和实施范围。

（1）确定需求和优先领域：①启动战略规划并确定优先解决的问题；②评估对健康、公平性以及卫生体系有影响的相关政策；③了解影响（促进或限制）“将健康融入所有政策”实施的国情和政府机构的能力；④概述短期、中期、长期的优先活动；⑤评估政策的政治背景；⑥确定监督和执行能力以及所需的人力、财力和技术资源。

（2）制订行动计划：①确定“将健康融入所有政策”的实施背景，确定哪些实施策略是可行的；②确定规划、监督和评价的数据、分析方法和证据；③确定支持“将健康融入所有政策”执行所需的结构和程序；④考虑执行规划所需的人力、资金和责任问题。

（3）确定支持性的组织机构和程序：①确定管理、负责某一个议题的牵头单位（如卫生、环境、社会保障部门）；②考虑建立自上而下、自下而上或横向组织机构来支持“将健康融入所有政策”；③促进部门间对话和行动，以现有议程和规范性框架为基础，整合部门间的健康决定因素；④建立适用于不同部门的问责机制。

（4）促进评估和参与：①评估政策对健康的影响；②确定可能受现有或潜在政策影响的关键目标群体和社区；③找出有助于政策制定和执行的人，并听取其意见和建议；④做好社会倡导，推动“将健康融入所有政策”的策略纳入党政机关的议事日程。

（5）确保监测、评价和报告：①尽早开始监测和评估计划，开发评估框架，并将监测和评估贯穿于整个“将健康融入所有政策”过程；②识别在政府范围内外的与关键合伙人合作的机会；③确定具体的核心领域，制订一致的时间表，确定基线信息，构建适当的目标和评价指标；④按照达成的时间进度表，开展原定的监测和评估活动；⑤分享经验教训，为以后的政策方法提供借鉴。

（6）能力建设：①培训专业卫生人员，使其获得必需的知识和技能；②组织能力建设，包括机构员工能力建设；③通过强化公共卫生机构和跨学科研究机构的科研能力，提高对人群健康的研究能力；④加强不同部门间的教学、研究合作；⑤加强其他部门能力建设；⑥通过支持社区成员充分参与“将健康融入所有政策”过程来构建社区能力。

2.“将健康融入所有政策”的各国实践

（1）芬兰：健康干预跨部门合作。芬兰作为“将健康融入所有政策”的国际领跑者，为其他国家提供了借鉴。芬兰是心血管病、冠心病等慢性病的高发国家，在慢性病的困扰下，基于《阿拉木图宣言》和《渥太华宪章》提供的健康跨部门合作理论框架，芬兰尝试建立跨部门合作机制。

首先选择在北卡累利阿区（以下简称北卡区）进行试点，针对慢性病的特点，将核心行动理念定位在“以社区为基础，引导居民形成更健康、更可持续的生活方式”。相关专家从多元健康决定因素的角度，调查分析了影响慢性病发生、发展的关键因素，随后将与健康有关的卫生、食品、教育、工商等多个部门联合起来，共同加强健康干预。试点实施以后，“健康”元素开始频频出现在北卡区的各项政策法规中，食品生产法规要求牛奶的脂肪含量不能超过1%，商标法要求标明食品的含盐量，低脂奶制品开始获得价格补贴，酒类、烟草制品的税收大幅提高，可乐定价逐渐高于非碳酸饮料。试点后，该地区心血管疾病发生率大幅降低，健康饮食生活方式逐步形成，居民健康水平不断提高。在北卡区试点成功的基础上，芬兰进一步将“将健康融入所有政策”推广到全国，并在国家顶层设计上建立了永久性跨部门委员会，接受总理办公室的直接监督，将所有政府部委机构以及部分非政府组织和科研机构等纳入委员会名单，自上而下地推动战略实施。

（2）泰国：由独立于政府的自主机构推动。泰国“将健康融入所有政策”的实施依赖一个独立于政府各部门的自主机构——泰国健康促进基金会。尽管泰国健康促进基金会由总理担任委员会主席，卫生部部长任第一副主席，其他部委代表任组成成员，也无法保障“将健康融入所有政策”顺利实施。于是泰国转而寻求法律的帮助，利用一系列系统、明确的法律法规，保障泰国健康促进基金会的运行。比如《泰国健康促进法》就明确规定，泰国健康促进基金会有权将每年该国征收的烟草和酒精消费税的2%用于健康促进活动；第十一项规定，必须确保公众能够获悉政府相关项目对个人或社区健康产生的影响，并有权发表自己的意见。

（3）挪威：颁布法案。挪威2011年颁布了《公共卫生法案》，通过立法手段推行“将健康融入所有政策”。挪威政府在《公共卫生法案》中提出，使用“卫生工作概述”的方法作为促进多部门间合作最重要的手段。“卫生工作概述”的方法通过数据收集、分析和总结地方政府各部门健康情况形成文件，为规划和发展提供参考，最后进行评估，其工作原理与健康影响评估机制类似。

（4）澳大利亚：开展“健康棱镜分析”。南澳大利亚州实施“将健康融入所有政策”的核心机制是“健康棱镜分析”，顾名思义，就是要利用“棱镜结构”分析政策产出后的发散性影响。在实际应用中，南澳大利亚州政府对于与健康相关的战略和政策，都会组织相关部门和专家进行“健康棱镜分析”，全方位考虑政策对于个体、群体和社会健康的影响，从而为健康政策出台提供决策依据，其本质上仍然是一种健康影响评估。同时南澳大利亚州政府积极推动“将健康融入所有政策”融入南澳大利亚州战略规划，使其成为当地政府总体战略规划中的重要一环。

（5）美国：专责小组推进目标落实。美国加利福尼亚州（简称加州）在2010年2月发布了S-04-10号行政命令，成立“将健康融入所有政策”专责小组。该小组是美国第一个在州级层面成立的“将健康融入所有政策”实施机构，由加州公共卫生管理局作为专责小组的牵头单位，成员涵盖了健康和人类服务署、自然资源局等22个政府部门。专责小组要求每个指定机构确定一名熟悉其业务并具有良好专业技能的人员参加小组工作，该成员须得到派出机构的授权，具有充分的发言权和决定权。在成立之初，专责小组主要侧重于推进各政府部门建立共同的愿景和目标，形成对健康问题的共识，明确各部门的目标和职责。2012年后，“将健康融入所有政策”专责小组工作进入新的阶段，通过建立具体项目组的形式，推进政策项目中健康目标的落实。

（6）中国：以人为本，“将健康融入所有政策”，全面推进健康中国建设。中国在2013年第八届全球健康促进大会后正式引入“将健康融入所有政策”的理念和策略，在此前多年的卫生实践中，尽管没有明确提出或使用“将健康融入所有政策”的概念，但却不乏体现其核心理念的成功案例，如爱国卫生运动、艾滋病防控等。

确定健康优先战略领域和评估影响健康的主要因素是推动“将健康融入所有政策”的关键。实施健康中国战略，必须切实树立“将健康融入所有政策”的理念，采取有效措施，使“将健康融入所有政策”这一理念得到全方位的贯彻。推进“健康中国”建设，充分发挥卫生健康部门的主体作用，组织协调宣传、环保、国土资源、农业、林业、食品药品等相关职能部门密切配合，立足于基层社区、群团组织、人民大众，织牢织密防护网，形成合力。具体措施包括：一是各部门率先坚持健康优先的发展理念，自觉进行健康规划前置、健康政策统筹、健康信息共享，协调推进健康事业与经济社会协调发展。二是构建“将健康融入所有政策”工作网络，确定卫生健康主体地位的多部门协同机制，重点研究解决损害公众健康的生物安全、环境污染、食品安全、饮用水安全、传染病防治等问题。三是开展形式多样的健康主题教育活动，努力提高全民健康素养水平。组织实施健康学校、健康医院、健康机关、健康社区的评比评估工作，逐步形成“将健康融入所有政策”的长效机制。

第三节 健康公平理论

公平是社会文明的尺度，是社会制度的重要价值，也是社会和谐的基本条件。健康公平是社会公平的一个重要方面，健康的概念强调健康是人的基本权利，其实质就是对健康公平的追求。“21世纪人人享有卫生保健”策略的总目标：①使全体人民增加期望寿命、提高生活质量；②在国家之间以及国家内部改进卫生公平性；③使全体人民利用可持续的卫生系统和服务，尽可能减少个体与不同群体间存在的不公正的健康状况，促使全体居民有同等的机会享受可达到的最高水准的健康。保证社会全体成员得到公平有效的卫生服务是政府在卫生领域的重要目标之一。21世纪以来，国际组织和各国政府都把追求健康公平作为政策目标，而把消除健康的不公平性作为各国卫生改革与发展的重点目标。我国卫生事业的社会公益性决定了公平在我国卫生政策中的重要性。健康公平主要体现为健康状况的公平和卫生服务的公平。

一、健康状况的公平性

健康状况的公平性是指在生物学范围内，一个社会的所有成员都有同等的机会达到尽可能高的健康水平，即身体、精神和社会生活的完好状态，意味着不同收入、种族、性别、年龄的人群应当获得同样或类似的健康水平。因此，反映人群健康状况的指标也由早期的平均期望寿命、孕产妇死亡率、婴儿死亡率、5 岁以下儿童死亡率和人群患病率等指标向近年来的伤残调整期望寿命（DALE）、伤残调整生命年（DALY）、质量调整生命年（QALY）等指标转变。对这些指标的分析显示，由于世界各国经济水平的差异及国家卫生保健制度、卫生政策的不同，健康状况呈现出明显的差异，而且有随着贫富差距的扩大而进一步增加的趋势。贫困人口的健康问题，已成为制约经济社会发展的严重阻碍，并对社会的安定和谐构成威胁。在许多国家，贫穷是造成健康不公平的最深层次原因。

经济和社会发展是影响国民健康的重要因素，更是实现人人享有卫生保健的基础。为此，联合国“千年发展目标”不仅关注健康指标的改善，同时包含了消除贫困、改善公平等与健康相关的社会发展指标。中国政府正致力于建立一个能使人人享有的、体现社会公平的、政府和个人能够负担的、与社会经济发展水平相适应的基本卫生服务体系，使全体人民享有公平、可及、适宜和可持续的卫生服务。2016 年 8 月，习近平总书记在全国卫生与健康大会的讲话中提出我国卫生与健康工作 38 字方针：“以基层为重点，以改革创新为动力，预防为主，中西医并重，将健康融入所有政策，人民共建共享。”“以基层为重点”表明了我国卫生事业发展的方向是服务大众、服务基层、服务城乡居民，通过“保基本、强基层、建机制”，将基本医疗卫生制度作为公共产品向全民提供，推动医疗卫生工作重心下移、医疗卫生资源下沉，努力提高全人群的健康水平。

二、卫生服务的公平性

卫生服务的公平性是指每个具有不同卫生服务需要的人，都有同等机会享受到相对应的基本的预防和（或）医疗和（或）保健和（或）康复服务的原则和属性。这意味着合理的卫生服务应具有广泛的、同等的可及性，在不同个体或群体之间进行公平的资源分配，并且在不同收入群体之间对卫生筹资的负担进行公平分配。

在一些国家，社会各个阶层得到卫生资源或享有卫生服务的机会是有差距的，如果人与人之间、各个不同特征的群体之间、各个阶层之间这种差距越小，表明其卫生服务的公平性越高。卫生服务的公平性包括卫生服务筹资中的公平性和卫生服务利用中的公平性。

（一）卫生服务筹资中的公平性

所谓筹资就是指为购买某一产品或服务而筹集资金，卫生筹资（health financing）是指筹集、配置和使用卫生部门各种活动经费的所有机制。而卫生服务筹资中的公平性是卫生服务公平性的一个重要方面。卫生服务筹资水平应根据人们的卫生服务需要水平决定，它涉及一个重要的筹资原则——支付能力，也就是根据每个社会公民的支付能力筹集卫生服务经费的原则。卫生服务筹资中的公平性包括两个方面：水平公平与垂直公平。其中，水平公平又称为横向公平，是指具有同等支付能力的个人或家庭应对卫生服务提供同等的支付数额；垂直公平，也称为纵向公平，是指卫生费用支付数额应当与支付能力呈正相关，即支付能力高的人应当支付更多的卫生费用，而支付能力低的人支付较少的费用，实现风险从支付能力低的人向支付能力高的人转移的目的。近年来，WHO 认为筹资的公平性主要表现在两个层面：一是不同经济收入水平人群之间的风险分担，即每个人的贡献不一定相同，贡献的多少应根据经济状况或收入来确定，经济状况越好，其贡献应越大；二是风险在健康人群与非健康人群之间的分担，如实行强制性社会医疗保险等措施，使风险从患病人群向健康人群转移，如此，患病人群可免受疾病和经济损失的双重打击，实现不同健康状况人群的风险共担。可见，筹资公平性的本质就是避免因病致贫和因病返贫，拓宽了卫生服务公平性的内涵。卫生筹资包括卫生资源的来源、渠道和用途三个环节，每个环节均可影响筹资的公平性。

（二）卫生服务利用中的公平性

卫生服务利用中的公平性是指在一个卫生系统中，具有相同卫生服务需要的人可以得到并同等地利用基本医疗卫生服务，而不论其性别、年龄、种族、收入、地理位置等方面的差异。卫生服务利用中的公平性也包含以下两个方面：①水平公平，指具有同等卫生服务需要的人应享受同样的服务。然而在现实生活中，通常卫生服务利用最少的人群恰恰是健康需要最大的人群。②垂直公平，是指具有不同卫生服务需要者享受的服务不同，即对卫生服务需要大的人应得到较多的服务。卫生服务利用少受到诸多因素的影响，贫困人群由于支付能力弱，对卫生服务的利用往往低于非贫困人群。卫生服务利用中公平性的提高除了应特别关注和切实改善贫困人群、妇女等脆弱人群对卫生服务的利用以外，还可以通过提高卫生服务筹资的公平性及卫生服务提供的公平性进行改善。在卫生领域，医疗卫生服务的宗旨就是让每一位社会成员都享有健康，而健康是人们生存和发展最基本的条件。卫生服务中各个环节体现的公平性，归根结底都是以健康状况的改善来衡量的。WHO 提出的“2000 年人人享有卫生保健”，其实质可理解为对健康公平的追求。WHO 早在 1984 年制定健康指标时，其 38 个具体指标中第一个便是健康公平。因此，保障不同人群最基本的健康是实现社会公平的必要条件。同一个国家内，不同种族和不同民族之间，整体健康水平有很大的差别。健康公平的目标不是消灭所有的健康差别，而是减少和消灭可避免引起不公平健康差别的因素，尽量使每一个人都拥有同等的、公平的健康水平和生活质量，以达到每一个社会成员、家庭及人群应有的健康水平。

总之，在对公平性的理解中，卫生领域更强调卫生筹资中的垂直公平和卫生服务利用中的水平公平，即一个公平的卫生系统应当是在一定的经济水平下，根据人们的支付能力进行卫生筹资，按照人们的需要提供卫生服务，同时应达到理想的满意度。

第四节 健康社会资本理论

20 世纪 90 年代以来，社会资本理论已成为社会学、经济学、政治学和医学等诸多学科观察和分析问题的重要视角。社会资本在促进经济增长和社会发展方面发挥着重要推动作用，并提供了科学的理论解释范式。探讨社会资本理论及其对人群健康和卫生服务的影响，对促进卫生事业发展、改善人类健康水平具有重要的现实指导意义。

一、社会资本的概念

社会资本（social capital）的概念最初是由经济学中的“资本”演变而来。马克思在《资本论》中提到，社会资本是与“个人资本”相对的无数个体资本的总和，即“社会总资本”。随着研究的深入，社会资本的研究领域也逐渐扩大，政治学、社会学等不同领域的学者都从不同角度对社会资本问题进行了研究。1980 年，法国社会学家布尔迪厄（Bourdieu）在《社会科学研究》杂志上发表了题为“社会资本随笔”的短文，正式提出了“社会资本”这一概念。自“社会资本”概念被引入学术研究以来，其强大的解释力受到越来越多研究者的青睐。随着社会资本理论的不断发展，它已被广泛用于解释许多社会经济现象。越来越多的专家学者深刻认识到，社会资本不仅会影响人力资本和智力资本的发展，更会影响企业和地区的知识创造、技术创新和经营绩效，甚至影响一个国家或地区的经济繁荣、社会稳定和发展。

与物质资本和人力资本相比，社会资本是指社会结构的一些特征，主要包括三个基本方面：社会信任、社会规范和社会组织网络。它们能够通过协调和行动来提高社会效率，具有生产性、不完全替代性和公共品的特性。其含义包括三个层次：第一层次是“传统”的社会资本定义，即认为社会资本是在某一社会网络中固有的、基于互惠的共有的信念，共享的信息及相互的信任；

第二层次具有较广的含义，认为社会资本包括在社区居民中的横向和纵向的组织机构及机构之间的关系，其中横向关系更能反映社区的可识别性；第三层次具有最广泛的含义，它将社会资本放入一个社会的政治制度中考察，使其与集体行动和公共政策联系起来，反映的是政府、企业和民间社会三方合作的程度。

二、社会资本的构成要素及其测量

社会资本在公共卫生领域得到了广泛的应用。尽管社会资本是一个多维的概念，其测量方法也各不相同，但用于卫生领域的社会资本主要集中在信任和结构两个维度。常用于测量影响健康的社会资本的指标如下：

①信任（trust）程度，包括对他人（包括家庭成员、邻里、朋友和社区中的其他人）和制度（包括政府、警察、政治家和记者等）的信任。②社会参与（social participation），包括社会活动参与和政治生活的参与。前者如邻里间的互动、参与志愿组织、民主组织等活动；后者如参与选举或签名请愿等。③社会网络（social network），包括直接网络和附加网络。前者是指围绕个人形成的网络，这种社会支持与健康直接相关；后者是指通过个人所建立的各种联系而形成的网络，它反映了人们所拥有的关系的频率和质量。④社会整合（social integration），是指社会不同的因素、部分整合为一个统一的、协调整体的过程和结果，即社会化。⑤社会凝聚力（social cohesion），是指能使人们在相互信赖和信任的基础上，建立起共同的价值观、共同面对挑战和平等共享机会，从而实现邻里之间的相互信任、关系融洽与和谐。

三、社会资本对健康的影响

根据社会资本各部分所起的作用，可分为纽带型和桥梁型两种。纽带型社会资本反映社区内成员之间的联结关系，通过这种关系可以将共同的行为准则传递给家庭成员或朋友，对建立共同的健康准则、控制反常社会行为等具有重要作用；桥梁型社会资本是通过不同社区、不同族群等的联系而建立起来的，通过这种关系为社会成员提供了参与由不同阶层的人组成的各种不同组织的机会。理论上，两种社会资本都应与更好的健康状况相关，但有研究发现，纽带型社会资本与较差的精神健康相关联，而桥梁型社会资本与较高的精神健康相关联。可见，不同类型的社会资本对健康影响的途径是不同的。

社会资本对健康影响的相关研究表明，高社会资本和社会凝聚力能够改善健康状况。社会资本对健康的作用主要体现如下。

（一）提高健康教育的效果

社会组织网络能够提高健康教育的效果。通过建立居民与各种正式、非正式组织之间的信任关系，能够促进居民接触并获取健康教育的知识和信息。在良好的社会网络中，居民之间的相互信任程度高，医务人员开展健康教育工作，较易得到居民的理解、信任和支持。同时，群体之间的互动也会产生巨大的正效应，从而提高健康教育的效果。

（二）保证卫生服务质量

社会资本能够提升卫生服务的供给质量。这是因为卫生服务的提供者与其所服务的社区居民之间的社会资本在很大程度上影响了卫生服务提供者的工作责任感。例如，在一个偏远的农村地区，政府的代理机构很难监督和规范卫生服务提供者是否坚守岗位、是否尽职尽责、能否保障医疗质量等。事实上，监管机构也不可能在任何时间、任何地点、以任何方式对这些卫生服务提供者进行监管。这时，家庭医生、社区护士与社区居民之间建立的信任关系，就可能成为家庭医生和社区护士工作的基本动力，而这种动力的作用是卫生监督和卫生行政管理很难达到的。

（三）提高卫生服务的公平性和可及性

在社会资本存量较低的社会，由于经济分配的不平等、健康观念的落后等，相当大比例的人群难以获得卫生服务。相反，社会资本存量较高的社会，对全人群的关注程度相对均衡，国家和社会群体会采取有效措施提高卫生服务的公平性和可及性。例如，我国从2002年开始发展社区卫生服务，就是利用社会资本相对集中的社区开展卫生工作，充分利用社区的地理优势、人际关系，为居民提供全面的卫生服务，使人民群众享有高效、经济、便捷、人性化的卫生服务。

（四）有利于疾病预防控制

疾病预防控制是保证国家和社区健康水平的重要内容，只有得到正式组织和非正式组织的支持，预防控制措施才会卓有成效。通过这些社会组织和社会网络，人们可以获得更多的信息和技术支持，如预防接种、行为干预等。此外，还能通过改变社会卫生规范来改善人们的健康状况，如吸烟、环境卫生等与社会规范密切相关。社会规范和社会网络有助于促进人们有意识地采取健康的行为和生活方式。

四、利用健康相关社会资本的途径和方法

健康相关社会资本包括社会规范、社会组织网络和社会凝聚力三个基本要素。这三个基本要素内容丰富，如社会规范包括社会制度、法律、道德、信仰与习俗等；社会组织网络则包括卫生行政部门、医疗机构、公共卫生服务机构、医药卫生企业与家庭等；而社会规范又是社会凝聚力的主要影响因素。因此，社会资本的培育和利用需要多部门的共同参与。

（一）重视政府的作用

健康相关的社会资本，不仅能够促进卫生事业的发展，而且也维护着社会稳定。因此，一方面，政府应致力于采取专门措施来推动社会资本的建立；另一方面也要与其他政策领域相协调，以协助促进社会资本的发展。

（二）发挥非政府和非营利组织的作用

非政府和非营利组织与机构主要包括志愿者组织、慈善机构、群众自治组织及非正式组织等，有学者将其统称为第三部门。政府与第三部门之间的关系无疑是一个国家或地区公共管理模式的一个重要层面。在中国香港，第三部门在整个公共服务体系中占有不可替代的地位，特区政府一直与非政府组织保持密切联系，并通过与第三部门的合作，有力推动当地社会资本的发展，如在社会福利方面，目前政府支持的社会福利服务约90%都是由第三方组织提供的。

（三）推动义务服务工作

积极推动社区居民参与义务工作，贡献自己的力量，也是发展社会资本的一项重要途径。例如，1998年，香港特区政府社会福利署正式开展“义工运动”，并成立了推广义工服务督导委员会，鼓励市民参与义务工作，使之成为社区居民生活的重要组成部分。推行20余年，目前全香港登记的义工人数突破130万，参与义工运动的机构超过3200家。

（四）动员人人参与

正如世界银行指出的，社会资本不仅是各社会组织机构的总和，而且是把它们凝聚在一起的“黏合剂”，因此，社区的积极参与，对公共卫生的关注以及由此建立的合作信任关系，是构建社会资本的关键。尽管社会资本是一个抽象的概念，但其所代表的行动，如信任、沟通、互助、关怀和参与等却都是真实的，是每个人都有能力付诸行动的。

和谐的社会关系、良好的社会秩序和社会规范是卫生部门可以利用的社会资本，提高社会资本的利用率，是开创卫生工作新局面、促进卫生事业可持续发展的重要方面。

第五节 健康全生命周期理论

生命周期（life cycle）是起源于生物学领域的概念，是指生物体从出生、成长、成熟、衰退到死亡所经历的全部过程。之后又被不断延伸和发展，广泛应用于心理、政治、经济、社会、环境、技术、管理等诸多领域，适用于模拟反映各种客观事物的阶段性变化过程及其变化规律。

一、全生命周期健康

（一）基本概念

从受孕形成胚胎到生命终结是一个连续不断、完整的生命周期，是个体从出生、成长、成熟、衰退到死亡的全过程，全生命周期健康是指包括婴儿时期、儿童、青少年、成年、老年等人生各个阶段的健康。每个生命阶段，都有其特定的生理、心理与社会方面的健康问题，做好前一个周期的工作，可以为后一个阶段奠定健康基础。

（二）生命周期各阶段的健康

WHO西太平洋地区曾在20世纪末期提出将人的生命过程分为三个阶段：人生准备阶段、人生保护阶段和晚年生活质量阶段，应针对不同生命阶段的特点开展健康管理，以满足不同阶段人群的不同健康需求。

1. 人生准备阶段（preparation for life） 是从胎儿到青年期（0～18岁或20岁），在此阶段机体生长发育、心理发展和社会化过程都很迅速，但是心理和生理都较为稚嫩和脆弱。因此，对于这个阶段的人群，如儿童和青少年，要注意预防近视和肥胖，保持心理健康。

2. 人生保护阶段（protection of life） 是从成年开始到老年之前，尤其以中年人（35～60岁）为重点对象，中年人是社会的栋梁和财富的主要创造者，承受着繁重的工作和家庭负担，较多暴露于各种危险因素之中，而老年期的许多慢性病往往在中年期开始发展，中年保健是保护生命的重要环节。因此，对于成年人，要养成健康的生活方式，同时进行必要的心理健康管理，对易患慢性非传染性疾病的高危人群进行健康管理，做到未病先防。冠心病、脑卒中、慢性阻塞性肺疾病、糖尿病等慢性非传染性疾病，通常起病隐匿，早期往往不易察觉，且病程较长，易反复发作，严重危害健康。容易患此类疾病的高危人群，可通过改变生活习惯，如进行体重管理、戒烟限酒、保持健康饮食、坚持运动和控制情绪等多个方面进行健康管理，从而预防高血压、高血糖、高血脂等，以及工作、生活压力诱发的疾病。

3. 晚年生活质量阶段（quality of life in later years） 60岁以上老年人在衰老进程中日常生活、医疗保健和社会服务等方面出现许多健康需要。各种慢性病相继出现，造成身心痛苦，社会角色和地位的变换也往往带来许多问题。因此，对于这个阶段的人群，主要通过科学用药、营养和运动指导，进行慢性病康复及减缓衰老。比如，患有心脑血管疾病、恶性肿瘤等重大疾病的人群，不仅本人遭受很大的痛苦，也会对家庭和社会造成负担，对这类人群进行规范有效的治疗及健康生活方式管理，可以减少并发症，防止疾病复发和恶化，做到已病防变。

二、全生命周期健康管理

当前，全生命周期健康管理理念已逐渐被更多人接受。不同的生命阶段，健康管理的侧重点不同，应根据每个生命阶段的健康特点采取针对性的健康管理方式。

（一）基本概念及内涵

全生命周期健康管理，强调从健康影响因素的广泛性、社会性与整体性着手，以人的生命周期为主线，旨在提供覆盖胎儿期、婴儿期、幼儿期、儿童期、少年期、青年期、成年期、老年期不同生命阶段的、连续系统的健康服务。

全生命周期健康管理实现从胎儿到生命终点的全程健康服务和健康保障，其主要强调 3 个方面的内容：①强调贯彻以人为本的思想，尤其强调促进全民健康长寿，推动工作重心的关口前移，由疾病治疗转变到健康危险因素的防控，由以临床为重心转移到以健康促进为重心，以期全民在生命各个阶段都能最大限度地发挥健康潜能，最终实现全民健康期望寿命的提高，完成覆盖全体人民全生命周期健康的目标。②特别强调预防要从生命早期阶段开始，着眼于实施面向生命各个阶段、系统连续的健康服务，全面促进人民健康。不同的生命阶段会面临不同的健康问题和影响因素，要有针对性地确定优先领域并强化干预，实现为全民提供覆盖全生命周期健康服务的目标。③促进健康需要国家、社会、家庭与个人一同努力。

（二）基本特点

全生命周期健康管理具有以下特点。

1. 服务对象的广泛性与服务过程的全周期 全生命周期的服务对象由老年群体转变为所有人群，服务过程由治疗为主转变为关注健康服务的全流程，不同阶段的人口健康状况不同，因此健康服务在不同阶段有差异与重点。在全球老龄化社会背景下的全生命周期健康管理，应综合考虑生命周期的整个过程，构建不同阶段不同人群的健康支持与促进体系，推动全龄公民健康发展。

2. 服务理念由以治病为主转变为以人民健康为中心 随着生活方式的转变，我国人口所患疾病及主要死因从急性传染病转变为慢性非传染性疾病，且呈现慢性病年轻化的特征。全生命周期健康管理不同于传统的医疗模式，已经从以治病为中心转变为以社区健康管理为中心，不断促进人民群众生命健康，形成慢性病预防、治疗、保健于一体的整合型服务体系。

3. 实施路径由碎片化行动转变为推动社会资源“共建共享”的协同治理格局 全生命周期健康管理体系涉及民政、医疗、教育等多部门，老龄化社会需要不同行政部门协同共治。同时需要不断更新和重构健康公共政策，坚持共建共享为基本原则，做到“人人尽责、人人享有”“将健康融入所有政策”，让全体人民在共建共享发展中有更多获得感。

（三）主要内容

1. 收集健康信息 医院、基层卫生机构可通过调查、健康体检、周期性健康检查等方法，收集个人和群体在生活环境、专业特点、个人行为等方面可能存在的健康危险因素，并建立全流程的、完整的健康档案。

2. 评估健康风险因素 医院、基层卫生机构根据收集的个人和单位的健康信息，对个人或群体的健康状况进行专业的量化评估，发现疾病、损伤发生的可能性和规律，提出预防疾病、恢复健康的指导意见。

3. 制订健康计划，实施健康指导 医疗卫生机构根据健康档案数据，预估个人可能存在的疾病危险因素，制订改善个人健康的行动计划，实施个性化的健康指导。个性化的健康管理计划应根据人群的年龄、生活习惯，制订综合体检方案、综合保健方案、健康教育处方、饮食及运动处方等。

三、全生命周期健康与健康中国战略

当前，我国加强全生命周期健康管理面临重要机遇。比如，经济保持中高速增长为维护人民健康奠定了坚实基础，消费结构升级为发展健康服务拓展了广阔空间，科技创新为提高人民健康水平提供了有力支撑，各方面制度更加成熟、更加定型为健康领域可持续发展提供了坚强保障。

健康中国战略要求构建全方位、全周期的健康管理体系，可从以下四个方面入手加强全生命周期健康管理，全面维护人民健康。

第一，坚持预防为主。预防是最经济最有效的健康策略，这要求健康管理从以“治”为主向以“防”为主转变，推动关口前移，做到早预防、早管理。一方面，加强对全生命周期的健康干预。比如，针对婴幼儿，注重预防儿童常见病、培养健康生活习惯等；针对青少年，注重保持青春期身心健康；针对成年人，加强对职业病危害的防控；针对中老年人，着重开展健康教育普及、健全老年健康服务体系等。另一方面，完善癌症、高血压、糖尿病等重大疾病防治服务保障机制。

第二，加大投入力度。全生命周期健康管理涉及公共卫生和疾控体系、医疗服务体系等诸多方面，具有较强公益性，需要健全相关投入机制，调整优化财政支出结构，加大投入力度。这要求科学合理界定中央和地方支出责任，中央财政在安排相关转移支付时可对经济欠发达地区予以倾斜。建立结果导向的健康投入机制，开展健康投入绩效监测和评价。充分调动社会组织、企业等的积极性，形成多元筹资格局。鼓励金融机构创新产品和服务，完善扶持措施。大力发展慈善事业，鼓励社会和个人捐赠与互助。充分利用互联网医疗、大数据、可穿戴设备和 5G 等新技术，探索精准便捷的全方位全生命周期健康管理新模式。

第三，完善制度体系。全生命周期健康管理环节多、领域广、周期长。这要求我们深化医疗卫生体制改革，加快健全现代医院管理制度、药品供应保障制度、综合监管制度等；健全统筹城乡的基本养老保险制度、基本医疗保险制度；完善统一的城乡居民医保和大病保险制度，落实异地就医结算制度；稳步建立长期护理保险制度。同时，还可推进县域医共体建设，加快建设分级诊疗体系，加强医疗健康服务体系建设。

第四，营造良好氛围。加强全生命周期健康管理，需要全社会共同努力。要采取多种形式加大宣传力度，营造良好社会氛围。可编制人们喜闻乐见的解读材料和文艺作品，引导人们了解和掌握健康知识；深入开展爱国卫生运动，促进全民养成文明健康的生活方式；加大健康教育力度，普及预防疾病、紧急救援等维护健康的知识与技能，提高大众自我健康管理能力。此外，还可完善全民健身公共服务体系，推动群众体育、竞技体育协调发展。

第六节　社会生态学理论

一、社会生态学理论的产生和发展

生态学起源于生物科学，研究的是生物体和所处环境之间的相互作用关系。环境是包括了生物体之外的一切因素。社会生态学（social ecology）是一门从多个层面分析和干预事物的理论学科，最初起源于心理学领域，1979 年美国著名学者布伦纳（Brenner）首次将社会生态学引入人类发展的探索中，并在 20 世纪 80 年代确立了正式的理论框架——生态系统理论，其核心思想是强调个体行为与周围所处生态环境紧密相关，生态环境对人类行为产生重大影响。他将生态环境划分为 4 个环境成分：微观系统、中间系统、外在系统和宏观系统。

1988 年，麦克莱罗伊（McLeroy）将社会生态学模型修订为一个动态式的嵌套结构，认为健康行为的影响因素可划分为个体水平、人际水平、组织水平、社区水平、公共政策 5 个层面，McLeroy 的社会生态学健康行为模型能够清晰地从多个层面分析对个体健康行为产生的影响。1992 年斯托克斯（Stokols）提出健康促进的社会生态学模型，确立了核心假设，即个体的行为会受到自然环境和社会环境多个层面的影响，改变人类行为最有效的方式是多个层面的共同干预，进一步支撑了社会生态模型的发展。之后，2000 年埃蒙斯（Emmons）阐述并补充了上游社会结构（政策、制度、组织结构等）对下游个人健康行为产生的影响，对健康促进的社会生态学模型进行更加深度的改进。现在，社会生态学理论已被广泛应用于医疗卫生、体育、社会学等领域。

二、社会生态学理论模型及其在健康领域的应用与拓展

（一）社会生态学理论模型

社会生态学理论将人们所生存的社会环境（如家庭、团体、社区等）看作一种社会的生态系统，强调生态环境对于分析和理解个人行为的重要性，注重人与环境各系统的相互作用及其对个人行为的影响。

社会生态学理论将行为决定因素分为5个层次：由内向外依次是个体水平、人际关系水平、组织水平、社区水平和政策水平。外层对个体行为的影响更加广泛。若将社区整体看作一个社会生态系统，其中个体健康水平是框架的中心，个体与各层次的因素发生互动，使得个体的认知、信念、行为受系统其他层次的影响；人际关系水平是指个体和其他个体的关系，如家庭关系、亲友关系等社会支持；组织水平可以理解为个体为提高健康水平与不同群体之间产生的关系，如健康保险组织、卫生服务组织等；社区水平是关注群体和组织间的关系，如社区健康活动中心、媒体等；政策水平是指政府通过立法等方式影响社会的健康文化、行为规范等（图3-3）。

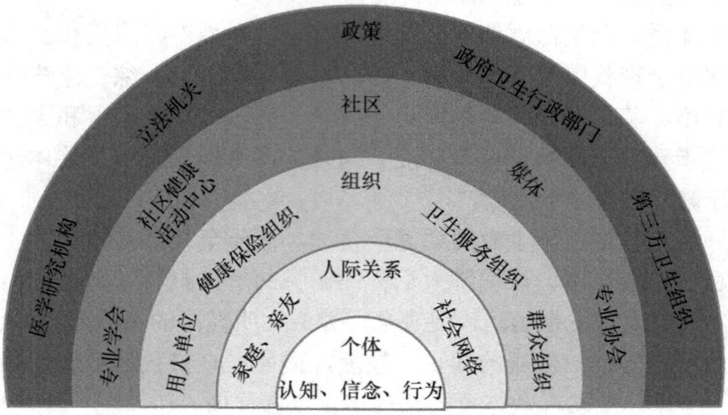

图3-3 社会生态学理论模型

（二）社会生态学理论模型在健康领域的应用与拓展

社会生态学理论可以解释多个层次的社会环境因素如何影响个体的健康水平，在疾病筛查、慢性病管理、艾滋病防治等健康相关领域得到成功的应用。

社会生态学理论被运用在健康相关行为的健康教育项目和活动中产生了诸多著名的新理论和健康相关行为解释的模式，其中包括在健康教育中最受欢迎的PRECEDE-PROCEED模式理论，该模式是由加拿大英属哥伦比亚大学健康促进研究所的教授格林（Green）所创立的健康教育模式，其中，PRECEDE是predisposing，reinforcing and enabling causes in educational diagnosis and evaluation（教育诊断评价中的倾向、强化及促成因素）的缩写；而PROCEED是policy，regulatory and organizational constructs in educational/ environmental development（教育/环境发展中政策、法规及组织因素）的缩写，该模式提供了一个系统的框架。在该框架指导下，各种健康理论模式及干预措施可被恰当地应用于健康干预活动的不同阶段。PRECEDE-PROCEED模式提供了全面系统、持续动态的指导，对促进健康教育、科研及临床工作都起着至关重要的作用。健康相关行为的社会生态学模式认为，健康相关行为的影响因素可分为个人的、人际的（家庭的、社会组织和工作单位的），社会层面的社区和文化的，国家或国际层面的经济和政策的。对环境的划分方法，不同的学者可根据研究课题的需要对环境进行具体的划分，根据不同的行为和行为场合，可以定义多种具体模型。

另外，还有慢性病管理扩展模型（the expanded chronic care model，ECCM），也是在社会生态学理论的基础上发展而来，ECCM 是一种多策略相结合的慢性病防治模型，它将人群健康促进与慢性病保健模型进行有机整合，更强调安全、激励、满意和愉悦的生活和工作环境，以及社区组织合作的慢性病管理的重要性。该模型在认识到社会、经济和文化对个人健康的重要影响的基础上将慢性病管理上升到公共卫生层面，建立政策性、支撑性的环境，动员整个医疗系统和社区，进行全面的资源整合和有效的多方合作来发挥它们在健康促进中的合力作用。

思　考　题

1. 简述健康与疾病的社会性。

2. 谈谈你对健康状况公平性与卫生服务公平性的理解。

3. 论述健康社会决定因素的概念与 WHO 健康社会决定因素的理论框架。

4. 简述“将健康融入所有社会政策”的基本理念。

5. 材料分析题

在 2000 年同一天出生的三个儿童

在《2006 年世界发展报告：公平与发展》中有这样一段摘录：2000 年，黑人女孩恩塔比森出生在南非东部农村的一个贫困家庭，距离立法首都开普敦大约 700 千米，其母亲没有受过正规教育；而就在同一天，白人男孩彼得出生在开普敦的一个富裕家庭，母亲毕业于开普敦附近的一所著名大学。

他们无法选择自己的性别、种族、出生地、家庭状况、父母的收入和受教育水平，然而这些天生的背景因素将会对他们未来的人生产生重大影响。彼得在 1 岁前死亡的概率为 3%，而恩塔比森则为 7.2%；彼得的预期寿命是 68 岁，恩塔比森则是 50 岁，由于恩塔比森母亲在妊娠期间营养状况较差，其出生时的健康状况可能也较差。彼得预计能接受 12 年的正规教育，而恩塔比森则不超过 1 年。她的一生可能要比彼得贫困得多，长大后她用上安全饮用水、卫生设施的可能性都小于彼得。因此，这两个孩子充分发挥人类潜能的机会从一出生就存在巨大差别，这并不是孩子本身的过错。而这种机会上的不平等，导致他们为南非经济社会的发展做出贡献的能力也不同。同在南非的这两个孩子之间的机会存在如此惊人的差异，但是这个差距与南非普通民众和更发达国家公民之间的差距相比，却又是相形见绌。以同一天出生在一个普通瑞典家庭的孩子斯万为例，看看他出生时握着一把什么样的牌：他在一岁以内死亡的可能性仅为 0.3%，预期寿命为 80 岁，比彼得多 12 岁，比恩塔比森多 30 岁；他可能接受 11.4 年的教育，比南非的平均水平多 5 年。

讨论：出生在同一天的 3 个孩子为何健康状况差别如此之大？如何理解社会因素对他们健康状况和健康公平带来的影响？如何用社会医学的基本理论来解决这个问题？

第二篇 方 法 论

第四章 社会医学研究方法

【学习目标】

1. 掌握并能够运用社会医学定性研究和定量研究的方法。
2. 理解社会医学研究的类型及基本程序。
3. 具备问卷设计、定性访谈、现场调查、实验设计等基本能力。

第一节 社会医学研究方法概述

一、社会医学研究的类型

按照不同的分类标准，社会医学研究有不同的类型。一般来说，按照研究手段的不同，分为定性研究和定量研究；按照研究过程中是否进行干预，分为调查研究和实验研究；按资料获取的途径分类，分为文献研究、调查研究和实验研究。

（一）按照研究手段的不同进行分类

根据研究手段的不同，社会医学研究分为定性研究和定量研究。

1. 定性研究 是一种质性研究，是在自然情境下，从整体的角度深入探讨和阐述被研究事物的特点及其发生和发展规律，以揭示事物内在本质的一类研究方法。它的用途主要是了解目标人群有关态度、信念、动机和行为等内容，有助于完整地把握社会现实、深入了解社会现象和行为等方面。

2. 定量研究 指通过定量调查收集人群发生某种事件的数量指标，或者探讨各种因素与疾病和健康的依存关系，并对数据进行量化处理、检验和分析，从而获得有意义的研究结论。

（二）按照研究过程中是否施加干预进行分类

1. 调查研究 是在某一特定现场的人群中，采用问卷或者访谈等形式，收集被调查者的观点、态度和行为等信息并进行分析，来认识社会现象及其规律的研究。该研究一般以收集资料为主，不会对研究对象进行干预。

若进一步按照收集资料的方法划分，可以将调查研究分为观察法、访谈法、信访法等；若根据设计原理划分，又可分为横断面研究、病例对照研究和队列研究；根据研究目的不同又可分为描述性研究、分析性研究及典型调查；根据调查对象的范围不同可分为普查和抽样调查；根据调查事件的时间序列划分，可分为回顾性调查和前瞻性调查。

2. 实验研究 是指运用科学实验原理和方法，以特定理论及假设为指导，有目的地操纵某些因素或观察变量之间的因果关系，从中探索理论规律的方法，该研究往往会有目的性地对研究对象进行干预。

根据研究对象的不同，可以将实验研究分为动物实验和人群试验；根据研究场所的不同，又可以将人群试验分为临床试验和现场试验。

社会医学所做的实验研究主要是现场试验研究，又称为社区干预试验，具体是在干预的人群中，施行某种社会卫生措施，与对照人群进行比较，观察该措施对人们的行为和健康状况的影响，以确定某些危险因素与健康的因果关系及社会卫生措施的有效性。比如糖尿病现场干预试验研究、农村健康保险试验研究等。

拓展阅读

现场干预试验包括标准试验、自然试验及模拟试验三种形式。

1. 标准试验　通过人为地控制和改变某些条件，探索某些社会因素与疾病和健康的因果关系。标准试验的优势在于通过人为控制处理因素以及随机分配处理组和对照组，使得因果关系易于探索。进行该试验需要注意的是，研究人员必须保证所采取的处理措施不得损害研究对象的健康，且需要研究对象自愿配合，否则会造成道德及法律问题。

2. 自然试验　在日常生活中，常常有些人由于种种原因自行接受某种与健康有关的“处理”，通过观察比较这些人群及其对照人群便可以研究该处理因素对人群健康的影响。虽然研究人员无法完全控制这类处理因素，研究对象往往是自行接受处理或未接受处理，但是这一特点也自然而然地避免了道德及法律问题。

3. 模拟试验　最初仅用于建立疾病的动物模型，现在已经发展到在志愿者身上进行人体试验以研究疾病的发生和发展、机体的生理和病理变化以及药物作用机制等。由于模拟试验方法具有省时、经济、科学等优势，所以在研究工作中受到越来越多的关注。但是，要想达到较为理想的效果，就需要保证模型与原型在质上的相似性以及相似理论的可靠性。

（三）按照资料获取的途径分类

1. 文献研究　是根据一定目的，通过搜集和分析文献资料而进行的研究。具体可以通过查找国内外官方的人口普查、生命统计、国民经济统计、疾病统计等资料；有关组织、团体、研究机构的各种统计年报、调查报告、记录、案卷等资料；有关期刊、杂志、报纸、通信、专著等收集到文献研究所必需的资料。但是，由于社会经济、文化的差异，以及各种不同的文献编撰目的，文献资料常常带有浓厚的主观色彩，有些可能存在偏误。所以，对于文献法收集的资料，也应该同其他方法一样，分析其信度和效度。

文献研究的具体方法包括系统评价、Meta 分析和文献计量分析等。其中，系统评价是根据某一个具体问题，采用系统、明确的方法收集、选择和评估相关的原始研究，筛选出合格者，并从中提取和分析数据；而当系统评价采用定量合成的方法对资料进行统计学处理时，该文献研究方法即为 Meta 分析，常用于在多中心研究中，对不同分中心的研究结果进行评价、汇总分析和质量控制；另外，文献计量分析是指采用定量或半定量的方法，对文献在数量、质量以及著者等方面的性质及相互关系进行分析研究，专门适用于文献数量高达数百篇及以上的较大的研究领域。

文献研究的应用很广泛，从广义上讲，任何研究都离不开文献，只是使用文献资料的程度和范围不同而已。文献研究主要有两种应用情形：其一，某些课题主要通过文献研究来完成，通过研究文献，从文献资料中获得新论据，找到新视角，发现新问题，提出新观点，形成新认识。其二，文献研究在整个课题研究中可作为辅助性的研究方法之一。

2. 调查研究　内容同“按照研究过程中是否施加干预进行分类”项下。

3. 实验研究　内容同“按照研究过程中是否施加干预进行分类”项下。

二、社会医学研究的基本程序

社会医学研究的基本程序包括五个阶段，分别是选择课题、设计研究方案、实施研究方案与收集资料、整理分析资料与解释结果，以及结果总结与分发（图 4-1）。

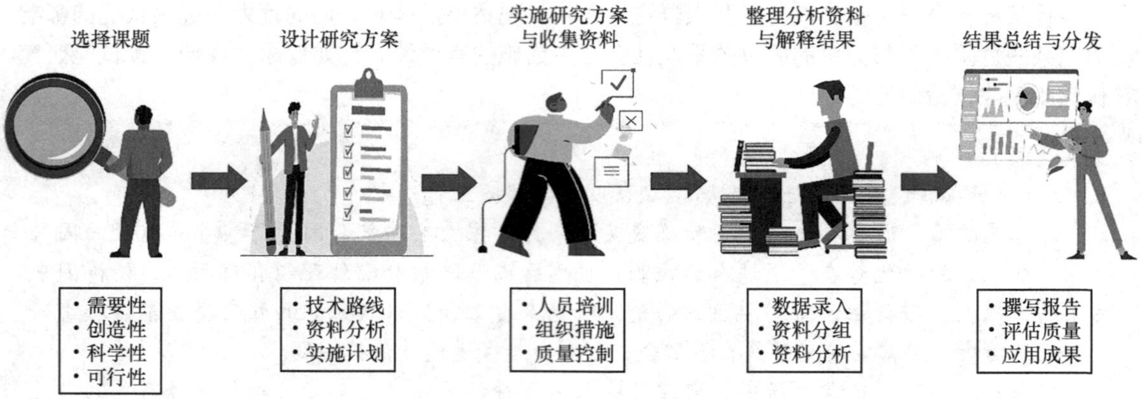

图 4-1　社会医学研究的基本程序

（一）选择课题

通过查阅资料、实地调查、学术交流等方式，可以从现实社会中存在的大量现象中选择出一个恰当的调查问题，也可以将比较含糊或宽泛的社会医学问题具体化和精确化。但是，并非所有发现的问题都值得并且能够进行研究，这涉及对课题的评价和可行性论证。

1. 课题评价　可根据 3 个原则来评价一个课题是否值得研究。

（1）需要性原则：课题必须能解决社会医学实践中迫切需要解决的实际问题，满足实践的需要，或是解决一些事实与现有理论之间的矛盾问题，满足科学发展的需要。

（2）创造性原则：课题应是前人未曾解决或者尚未完全解决的问题。要充分了解所要研究课题在当前国内外已达到的水平和已取得的成果，从中寻找空白点及薄弱环节，发现新的问题，并在原有研究成果的基础上有所突破和创新。

（3）科学性原则：课题必须以客观事实和科学理论为依据，规范选题的方向和水平，减少选题的盲目性。

2. 可行性论证　即论证课题的选择是否立足于实际具备和经过努力可以具备的条件。具体要看我们是否具备该课题研究所需的主客观条件。

（二）设计研究方案

研究方案设计是指行动之前预先拟定的具体内容和步骤。研究方案设计包含的内容可归纳为技术路线、资料整理与分析计划、实施计划这三个方面。其中，技术路线是对研究方案做出的统筹安排，使研究按计划、分步骤进行；资料整理与分析计划包括设计分组、设计调查表、归组方法等；实施计划包括确定研究对象与范围、抽样方法及样本大小、研究工具的设计、质量控制措施等。

抽样方法一般被分为两类——概率抽样和非概率抽样。概率抽样是在抽样过程中每一个个体都有已知的或可以计算的非零概率被随机抽中，然后根据样本信息来推断总体特征；非概率抽样是不遵循随机化原则的抽样，研究者以自己的方便或主观判断选择研究对象，这类抽样一般不能估计抽样误差的大小，不能准确地说明样本的统计值在多大程度上适用于总体。因此，社会医学定量调查一般采用概率抽样，具体方法包括单纯随机抽样、分层抽样、系统抽样和整群抽样等。

社会医学定性调查常采用非概率抽样，常用方法包括方便抽样、立意抽样和滚雪球抽样等。方便抽样是指仅选择总体中易于抽到的一部分样本的抽样方式，该方法能够节省时间和费用，但是样本代表性因受到偶然因素的影响而得不到保证；立意抽样又称为目的抽样或判断抽样，由研究者根据研究目的，通过主观判断选择研究对象，该方法目的性较强，但是多应用于研究者对研究总体比较了解、总体边界无法确定以及研究者的时间与人力、物力有限等特殊情况；滚雪球抽样是选择并调查几个具有研究目的所需要的特征的人，并依靠他们再选择合乎研究需要的人，通过后者又可选择更多合乎研究需要的人，以此类推，样本就像滚雪球一样越来越大，该方法可以解决总体单位信息不足的难题，但是如果有些个体最后仍无法找到或者被提供者漏而不提，两者都可能产生偏误，不能保证样本的代表性。

（三）实施研究方案与收集资料

实施阶段也称作收集资料阶段或研究方案的执行阶段，包括以下三个部分。

1. 挑选和培训调查员　应当选用具备以下条件的调查员：第一，具有诚实认真、勤奋负责、谦虚耐心等基本条件；第二，具备一定的受教育水平；第三，有能力确保调查工作的有效性和可靠性。另外，还应根据调查研究的具体情况考虑，调查员和受访者具有的共同特征越多，调查越容易顺利完成。

在培训调查员方面，要制订出切实可行的培训方案，其内容包括如何向调查对象解释调查的目的、意义、要求配合的原因以及预调查。关键要统一调查员认知，统一每个项目的标准，特殊项目还需统一语言（方言）、询问语气及技巧等。

2.调查的组织措施　调查研究是一项社会性很强的研究工作，调查的组织措施是调查研究得以顺利实施的重要保证。其内容包括组织领导、宣传发动、时间进度、分工协调、经费预算、现场安排、试点调查、全面实施和调查表回收等。

3. 调查的质量控制　首先，设计阶段的质量控制应当包括严密设计总体方案、正确划分调查范围、正确选择调查指标、明确调查问题、选择恰当的调查方式、广泛听取专家的意见等方面。调查初步完成后，由质量控制人员认定调研质量是否合格，若发现有质量问题，应采取适当的补救措施，甚至要推倒重来，以避免有质量问题的问卷进入数据处理阶段。

（四）整理分析资料与解释结果

这一阶段的具体过程如下。

1. 数据的计算机录入　可使用数据库软件 Epidata、Access 等录入调查表数据。为了保证资料的录入质量，可规定同一份资料由两人分别输入，然后通过软件比较检查输入的差错；也可根据调查项目间的逻辑关系编写程序进行逻辑查错。另外，可以通过频数表发现异常值，或通过散点图发现异常分布点等。

2. 资料的分组　分组的原则是把同质的事物（观察单位）结合在一起，把不同质的事物分离出去，以便显示组内的共性和组间的差异，最后揭露事物内部的规律性。分组前先区别资料的类型：定量资料按量的大小分组，定性资料按性质或类别分组。

3. 资料的分析　根据研究目的、资料的类型、适用条件选用合适的分析方法，使用公认的统计软件计算分析。

（五）结果总结与分发

总结阶段的任务主要是：撰写研究报告，评估研究质量，应用研究成果。研究报告是以文字和图表的形式将调查工作的全部结果系统、集中、规范地反映出来。同时，还要将社会医学科研成果通过期刊、互联网、政策报告等形式分发，促进其以不同的形式进行传播，真正发挥社会医学对改善人群健康的巨大作用。

第二节　社会医学定性研究

一、定性研究定义

定性研究（qualitative research）是一种质性研究，是在自然情境下，从整体的角度深入探讨和阐述被研究事物的特点及其发生和发展规律，以揭示事物内在本质的一类研究方法。

二、定性研究特点

定性研究注重事物的过程，而不是事物的结果。定性研究关注由原因导致结果的中间过程，要了解事件发生过程中的许多细节。

定性研究需要与研究对象保持较长时间的密切接触。通过与研究对象深入的接触，建立相互信任的关系，强调在一种轻松自然的环境中收集资料，了解人们在普通状况下的态度、信念、行为，因而收集资料的手段往往较灵活，缺乏固定的模式。

定性研究的结果很少用概率统计分析。定性研究一般是对某一事件进行具体描述，或用分类的方法对收集的资料进行总结。例如，将人们对某件事物的态度设为分类变量，也可用流程图来表示某件事物的发生过程。

定性研究的局限性在于，它是依据典型或少量个案的资料得出的结论，这种结论不能外推。此外，由于对这种主观性的分析或结论缺乏客观的评价标准而无法对不同的研究结论进行检验。

三、常用定性研究的方法

（一）深入访谈法

1. 定义 深入访谈法包括正式和非正式访谈。其并不依据事先设计好的问卷和固定的程序，而是由访谈员和受访者围绕一个访谈的主题或范围进行自由交谈，获得丰富生动的定性资料，为研究结论的归纳总结提供依据。

2. 实施步骤

（1）准备工作：包括研究设计、确定访谈对象、准备现场等。

（2）调查对象的选择：由于深入访谈是对知情人进行深入细致的交谈，因此一般只能在小样本人群中进行。主要采用非概率抽样方法，比如立意抽样。

（3）设计访谈提纲：访谈提纲是围绕研究目的将假设概念化后提出的一系列调查者和知情者交谈的话题或问题，有开放型与封闭型、具体型与抽象型、清晰型与含混型之分。

（4）访谈员选择与培训：深入访谈的成功很大程度上取决于访谈者本身的素质。培训的内容包括：研究的目的、如何引导访谈深入进行、访谈时如何记录、提出访谈时可能遇到的问题等，必要时还应通过角色扮演进行预试验。

（5）现场访谈：首先介绍访谈目的，强调受访者意见的重要性和保证访谈的保密性，目的是和受访者建立友善的关系。然后进入实质性访谈，即在提纲的指导下进行正式访谈。同时注意非语言信息，注意时间的掌握，并采用一些访谈技巧。最后检查记录、纠正错误、补充完善，表示感谢。

（6）访谈结果分析和撰写报告：按访谈提纲归类整理，并据此写出报告。

3. 优缺点

（1）优点：方便易行，通过深入交谈可获得真实有效的资料。

（2）缺点：样本小，需要较多的人力、物力和时间；受访谈员自身因素的影响较大。因此，访谈法一般在调查对象较少的情况下采用，且常与问卷调查等结合使用。

（二）专题小组讨论法

1. 定义 专题小组讨论，又称焦点组讨论或焦点组访谈，通过召集背景相似的同类人员组成若干小组，对某一研究议题进行讨论，得出结论的定性研究方法。与深入访谈一样，一般也采取非概率抽样方法来选择调查对象。每个小组的人数应便于参与者之间相互交流，以 8～10 人为宜。

2. 实施步骤

（1）制订专题小组讨论计划。

（2）确定小组的数量及类型：根据研究目的确定专题小组的数量，一般需要 2 组以上。每个专题小组的参与者应有共同特征或共同兴趣，从而保证每个讨论者都能自由、开放地参与讨论。

（3）依研究目的和访谈组的类型制订调查提纲，通常包括 3 类问题：普通问题，即开始调查和让参与者表达一般观点与态度的问题；特殊问题，即那些发现关键信息和表达参加者的感情与态度的问题；深度问题，即那些揭示较深层信息的问题。专题小组的议题不宜太多。

（4）培训调查人员并且进行预试验。

（5）进行专题小组讨论。

（6）结果分析：专题小组讨论所获得的资料为定性资料，可根据讨论提纲设计的问题及讨论信息阐述观点、归纳结果。常用方法包括分析树、表格等。

3. 特点及用途　运用专题小组讨论会的方式可以快速、有效地收集定性资料，节省时间和费用。专题小组讨论以座谈为主，不歧视文化程度低的人；在讨论的气氛中，人们更容易畅所欲言，而研究者恰好能深入了解人们是怎么想的以及为什么这么想。基于上述特点，专题小组讨论被广泛应用于对某个项目的快速评估、对新研究领域的探索、在大规模定量调查前制订计划和设计问卷等方面。

但专题小组讨论在收集资料时的环境不是实际的、自然的，而是人为的。因此，在涉及行为方面的信息时可能会偏离实际情况。另外，记录员或观察员进行现场记录和录音，小组人员在讨论中也会因为团体压力，得到“趋同”的回答。

（三）选题小组讨论法

1. 定义　选题小组讨论是一种程序化的小组讨论过程，在一个由具有各种不同既得利益、不同思想意识和不同专业水平的人组成的小组中，发掘问题并将其按重要程度排列出来。该方法属于一致性研究方法，既属于定性研究方法，但又具有定量研究的一些特征。在卫生领域的研究中，该方法被用来发现运作过程中的问题、确定优先领域、筛选评价指标等。

2. 实施步骤

（1）列出与陈述问题：主持人给出要研究或解决的问题，小组成员把认为必要的问题写在卡片（或纸片）上，时间 10～15 分钟。此阶段不能讨论，每个人独立完成。然后把每一个人的问题依次列到大图纸上或黑板上，并向大家解释自己写的每一项。

（2）讨论所列问题：每个人都可以就列出的问题提问与解释；还可以合并相同的问题、剔除某些问题等。

（3）重要性评判：此阶段不再讨论，由小组的每一个成员独立对所列出的问题进行重要性排序打分。收集每个人的评分结果，汇总计算所列问题的得分情况。按每一个问题的得分情况进行排序，排序结果基本上代表了小组成员的共同意见。

3. 优缺点

（1）优点：每位讨论参加者都有平等、独立表达自己意见的机会，受他人的影响较小，并且每次讨论都有一个肯定的结果。

（2）缺点：要求讨论参加者具备一定的文化知识，讨论内容受参与者文化水平的制约。

（四）观察法

1. 定义　观察法是研究者通过对事件或研究对象的行为进行直接的、系统的观察来收集数据的方法，是一种收集非言语行为资料的主要技术。观察法根据观察者的角色不同，可以分为非参与性观察和参与性观察。非参与性观察是指观察者不参与观察对象的群组活动，仅仅是一个旁观者。而在参与性观察中，观察者要深入到观察对象所在社区的日常生活中，将自己视为社区的成员之一，在与研究对象互动的同时，通过仔细地体验和观察，获取第一手的资料。社会医学研究更多采用的是非参与性观察法。

2. 实施步骤

（1）准备工作需要估计在现场居住的时间及现场工作量，应尽可能地了解社区的基本情况，还需准备足够的研究设备和技术支持。

（2）观察者进入现场时应持有足够的工作和身份证明材料，巧妙、合理地向接触者进行自我介绍，减少观察对象反应性行为的改变。

（3）在现场观察时，对观察对象行为进行录像、录音，一般应该是隐蔽的。必要时可与观察对象进行一些非正式面谈，但最好不要当面记录，尽量默记，结束后再回忆记录。记录形式包括日记、工作日志、观察记录、编码记录等。

（4）结果分析可以在现场进行，有利于及时补充观察过程中遗漏的资料。如果设计周密，资料完备，也可在离开现场后再进行资料分析工作。

3. 优缺点

（1）优点：能通过观察直接获得资料，不需其他中间环节，观察的资料比较真实；在自然状态下的观察能获得生动的资料；观察具有及时性的优点，能捕捉到正在发生的现象；观察能搜集到一些无法言表的材料。

（2）缺点：受时间的限制，某些事件的发生是有时限的，过了这段时间就不会再发生；受观察对象限制，如研究青少年吸毒、同性恋问题，一般是团伙活动，组织秘密，拒绝他人观察；受观察者本身限制，一方面人的感官都有生理限制，超出这个限度就很难直接观察，另一方面观察结果也会受到主观意识的影响；观察者只能观察外表现象和某些物质结构，难以观察事物的本质和人们的思想意识；只适用于小范围调查。

（五）德尔菲法

1. 定义 德尔菲法又称专家意见法，是依据系统的程序，采用匿名发表意见的方式，即团队成员之间不得互相讨论，不发生横向联系，只能与调查人员联系，以反复地填写问卷、集结问卷填写人的共识及搜集各方意见，可用来构造团队沟通流程，是应对复杂任务难题的管理技术。

德尔菲法具有以下特征：吸收专家参与预测，充分利用专家的经验和学识；采用匿名或背靠背的方式，能使每位专家独立自由地进行判断；预测过程几轮反馈，使专家的意见逐渐趋同。

2. 实施步骤

（1）按照课题所需要的知识范围确定专家。专家人数的多少可根据预测课题的大小和涉及面的宽窄而定，以 15～20 人为宜，但对于一些重大问题，专家人数可适当多些。

（2）提供有关这个问题的所有背景材料，指出问题和相关要求，同时请专家提出其他需要的材料。

（3）由专家做书面答复。

（4）各位专家意见汇总，列成图表进行对比。

（5）将上述材料再分发给各位专家，让专家比较自己同他人的不同意见，修改自己的意见和判断。收集意见和信息反馈这一过程重复进行，一般要经过三至四轮，直到每一个专家不再改变自己的意见为止。逐轮收集意见并向专家反馈信息是德尔菲法的主要环节。

3. 优缺点

（1）优点：能充分发挥各位专家的作用，集思广益，准确性高。能把各位专家意见的分歧点表达出来，取各家之长，避各家之短。

（2）缺点：过程比较复杂，花费时间较长。

（六）专家会议法

1. 定义 专家一般指具有专业知识、精通业务、在某些方面经验丰富、富有创造性和分析判断能力的人（无论有无名望）。而专家会议法是指根据规定的原则选定一定数量的专家，按照一定的方式组织专家会议，发挥专家集体的智能结构效应，对预测对象未来的发展趋势及状况做出判断的方法。

2. 具体形式

（1）专家会议调查法：根据社会医学研究的目的和要求，向一组经过挑选的有关专家提供一定的背景资料，通过会议的形式对预测对象及其前景进行评价，在综合专家分析判断的基础上，对研究问题进行推断。实际上与专题组讨论类似，但是这一方法的讨论者都为相关问题的专家。

（2）头脑风暴法：组织各类专家相互交流，无拘无束地畅谈自己的意见和想法，在头脑中进行智力碰撞，产生新的思想火花，使预测观点不断集中和深化，从而提炼出符合实际的预测方案。该方法与普通会议的根本区别在于：不批评别人的意见；提倡自由奔放的思考；提出的方案越多越好；提倡在别人方案的基础上进行改进或与之结合。

（3）个人判断法：依靠专家对政策问题及其所处环境的现状和发展趋势、政策方案及其可能结果等，做出自己判断的一种创造性政策研究方法。其最大优点是能够最大限度地发挥出专家的微观智能效应，充分利用个人的知识能力；同时能够保证专家在不受外界影响的条件下，充分发挥个人的判断和创造能力。但是，该方法也会受专家知识面和知识深度、信息来源及其可靠性、对预测对象兴趣的大小乃至偏见等因素的影响。

（4）集体判断法：在个人判断法的基础上，通过会议进行集体的分析判断，将专家个人的见解综合起来，寻求较为一致的结论的预测方法。这种方法的参加人数多，所拥有的信息量远远大于个人拥有的信息量，因而能凝聚众多专家的智慧，避免个人判断法的不足。但是，集体判断的参与人员也可能受到感情、个性、时间及利益等因素的影响，不能充分或真实地表明自己的判断。

3. 专家人选原则

（1）参加者的专业应尽量与所研究的问题一致。

（2）如果参加者相互认识，要从同一职位（职称或级别）的人员中选取，领导人员不应参加，否则可能对参加者造成某种压力。

（3）如果参加者互不认识，可从不同职位（职称或级别）的人员中选取。这时不论成员的职称或级别的高低，都应同等对待。

四、定性研究的实际应用

（一）辅助问卷设计，估计问卷调查的非抽样误差

在实际的问卷调查工作中，最终收集到的问卷结果大多是“言语”资料，即依据被调查者的言语答复而形成的资料，因此，容易受到人群文化程度的差异、调查人员的权威性以及文化习俗等各种限制，而导致与事实有一定的出入。若研究人员对定量调查问卷的研究对象并不是很了解，或对需要调查的内容并不能很确定，则可以采用定性调查的方法了解情况，从而避免问卷中有些内容或提法使得研究对象失去兴趣甚至产生反感。定性研究可以及时了解人们所处的状态、与他人之间的关系以及各方面的顾虑，从而估计这些非抽样误差。

（二）验证因果关系，探讨发生机制

定量研究确定的因果关系，有时可能掩盖真正的原因，定性研究可以揭露这种虚假联系。例如，许多定量研究均发现“母乳不足”是母亲在婴儿 3 个月之内停止哺乳的最主要因素，但是经定性研究验证，“母乳不足”现象仅仅是由母亲乳房正常生理变化或婴儿行为变化所引发的误解，

或者出于多种社会心理原因而找的借口。另外，定性研究还可以用来探讨因果关系发生的机制。

（三）分析定量研究出现矛盾结果的原因

定量研究有时会发现人的知识和态度与其行为不一致，这到底是应归因于报告行为与实际行为的不一致，还是人们未按照所具备的知识和态度发生行为，这类问题还可以用定性研究的方法加以识别。

（四）了解危险因素的变化情况

一些危险因素可能随时间发生变化，这对于那些非纵向追踪性的定量研究有较大的影响。例如，病例对照研究，当发现病例组和对照组间某行为有差异时，这种行为是否是疾病的危险因素，危险强度有多大，应对发病前后一段时间的行为进行动态的了解后，才能下结论。所以，开展定性研究，了解危险因素的动态变化情况，对正确理解和解释定量研究的结果是有益的。

（五）为其他研究提供信息

当时间和财力不足时，小范围内的定性研究可以快速提供大量信息为进一步研究提供依据。例如，在秘鲁和尼日利亚进行过一项关于儿童腹泻的试验研究，在试验开始前借助定性方法分别仅用 2 个样本就收集到儿童喂养知识储备、行为方式等基础资料，为设计可行的干预措施提供依据，最终取得了试验的成功。

第三节　社会医学定量研究

一、定量研究的定义

定量研究（quantitative research）是指通过收集人群发生某种事件的数量指标，对数据进行量化处理、检验和分析，探讨各种因素与疾病和健康的依存关系，从而获得有意义的研究结论。其资料的收集过程称为定量调查。

二、定量研究的特点

定量研究的特点包括：①研究的重点在于“验证假设”，注重事物的结果，逻辑推理比较严谨，可检验性强；②标准化和精确化程度较高，能够促进现象之间普遍的因果关系的精确分析；③定量研究结果一般由样本到总体，可用具体统计指标表达；④具有较好的客观性和科学性，有较强的说服力；⑤研究者与调查对象接触时间较短。

三、常用定量研究的方法

定量研究主要是通过问卷调查被调查者，主要采用以下调查方法。①访谈法：当面访谈法和电话访谈。②自填法：个别发送法、现场自填法、信访法和网络自填法。

四、问卷设计

（一）问卷的主要类型

根据收集资料方法的不同，问卷可分为自填问卷和访谈问卷。由于两种问卷直接面向的对象不同，所以在设计要求、形式等方面各异。

1. 自填问卷　直接面向被调查者，一般采取邮寄、网络、手机或发送的方式，将问卷交到被调查者手中自行填写。一般要求有详细的填表说明，问题不宜太复杂。

2. 访谈问卷　由调查者将问题读给被调查者听，再由调查者根据被调查者的回答进行填写。因此，填表说明可不列入调查表，由调查者掌握，调查的问题也可以比较复杂。

（二）问卷的一般结构

问卷作为社会医学的一种测量工具，须具备统一性、稳定性和实用性的特点。在长期的调查实践中，人们逐渐形成一套较为固定的问卷结构。问卷一般包括以下几个部分：封面信、指导语、问题及答案、编码等。

1. 封面信　是一封致被调查者的短信，通常放在问卷的最前面。封面信须说明调查者的身份、调查目的、调查的意义和主要内容。封面信是取得被调查者信任和合作的一个重要环节。自填问卷的封面信通常要比访谈问卷复杂些，还需要把填表的要求、方法以及寄回的时间等内容写进信中。

2. 指导语　是对填写问卷的说明，即对如何回答问题或选择答案做出明确的说明，对问题中的一些概念和名词给予通俗易懂的解释，有时甚至可以举例说明答卷方法。指导语依问卷形式而异，自填问卷是对被调查者的指导语，而访谈问卷是对调查员的指导语，所以在语气、方式等方面均有所差异。由于调查员在调查前一般要经过培训，一些访谈问卷并不把指导语放在问卷中，而是放在调查手册中。

3. 问题及答案　是问卷的主体。问卷中的封面信、指导语等都是为问题和答案服务的。从问题测量的内容上，可以将问题分为特征问题、行为问题和态度问题三类。特征问题用以测量被调查者的基本情况，如年龄、性别、职业、文化程度、婚姻状况等，通常是各种问卷必不可少的一部分。行为问题测量的是被调查者过去发生的或正在进行的某些行为和事件，如吸烟、饮酒、患病、就医等。行为问题是了解各种社会现象、社会事件、社会过程的重要内容。通过这类问题，可以掌握某些事物或人们某类行为的历史、现状、程度、范围和特点等情况。特征问题与行为问题统称为事实问题，它们是有关被调查者的客观事实。态度问题用以测量被调查者对某一事物的看法、认识、意愿等主观因素，是许多问卷中极为重要的测量内容。对社会现象不仅是描述，更重要的是解释和说明其产生的原因。由于态度问题往往涉及个人内心深处的东西，而任何人都具有一种本能的自我防卫心理，或者不愿发表意见，所以在调查中态度问题的调研要比事实问题难度更大。一个问卷中不一定必须同时包含三种类型的问题。根据是否对问题提供备选答案，也可以将问题分为开放式问题和封闭式问题两种。提供了被选答案的问题被称为封闭式问题，不提供任何答案的问题被称为开放式问题。

4. 编码　数据的编码指将问卷的问题及答案转化为计算机可以识别的数字或符号。通过编码，方便录入，适宜计算机进行处理。编码有事前编码与事后编码。事前编码是指在设计问卷时就给每一个变量和可能答案分配代码，适用于封闭式问卷，事后编码是在数据收集完成以后对调查问题的可能答案所进行的编码。对开放式问题，只能采取事后编码的方式。

（三）问卷设计的原则

1. 目的性　问卷必须按照研究者提出的目的来设计。问卷中的每一个问题都应该与研究目的相关，通常不应该包括无关的问题。但有时候某些研究只有在被测者不注意或不知道研究的真正目的的情况下才能得到真实的答案，这时可以有意在问卷中安排一些掩盖真正目的的问题。

在实际工作中，问题是依据研究目标提出来的。研究目标是指根据研究目的拟出的可以衡量的一系列项目。从研究目的到研究目标，到最后列出各个具体问题，是抽象概念操作化的过程。

2. 反向性　问卷的设计与研究步骤恰好相反，问卷中的问题是在考虑了最终想要得到的结果的基础上反推出来的。这种反向原则能够保证问卷中的每一个问题都不偏离研究者的目的，而且在提出问题时，已充分考虑了问题的统计分析方法，避免出现无法分析和处理或使处理过程复杂化的问题和答案。

3. 实用性 问卷的提问用词必须得当，容易被理解。要求所用词句必须简单清楚，具体而不抽象，尽量避免使用专业术语。要考虑应答人的背景和兴趣、知识和能力等，鼓励应答者尽其最大的能力来回答问卷。

（四）问卷设计的步骤

1. 明确研究的目的和手段 在设计问卷之前，必须首先明确：研究的目的是什么？采用问卷调查的方式能否提供研究所需的信息？问卷调查要达到的目的是预测将来发生的结局，还是辨别不同的研究对象某些特征的差异，或是评价研究对象的现况？不同的测量目的对问卷提出的要求是不同的，大多数问卷通常只适用于一个目的，如果目的过多，势必要增加问卷的复杂性，对问卷的设计提出更高的要求。

2. 建立问题库 问题的来源主要有两个途径。

（1）头脑风暴法：主要适用于首次涉及的测量领域，或对已有的问卷进行修改，以适用于测量人群或测量目的改变的情况。可以由与调查有关的人员，如被调查者及其家属、医生、护士、社会学家等组成研究小组，让他们围绕研究目的和基本内容，自由发表意见，提出各种可能的问题。由于不同的意见在提出问题时考虑的角度不同，被调查者依据的多是自己的亲身体验或感受，而医生、护士、社会学家等则主要依据理论、经验积累或研究发现，所以问题跨度很大，内容也很丰富，但其中有许多无关或重复的问题，需要进一步筛检。至于问题库是否全面，则需要视所选择的参加提问人员的代表性和样本量而定。

（2）借用其他问卷的条目：从已有的问卷中筛选符合研究目的的条目是一种常用的方法，由于大多数问卷已经过反复应用和检验，借来的条目一般有较好的信度和效度。在我国，引用外文问卷非常普遍，其最大的优点是便于与国外同类研究相比较，然而，译文的规范化及其信度和效度问题必须引起研究人员的重视。一般要求译文至少包括翻译和回译两个步骤，而且翻译者和回译者应该是不同的人，这样才能保证译文的准确性。

3. 设计问卷初稿 包括从问题库中筛选合适的条目，并进行适当的归类和合并处理；将问题的描述标准化、规范化；进行初步的量化处理；合理安排问题顺序；合理组成结构完整的问卷等。

4. 试用和修改 问卷初稿完成后，要在研究对象中进行预调查，发现与研究目的关系不大或描述不清楚的问题，以及遗漏的重点问题。预调查是非常重要的一个环节。参加预调查的人群不一定要通过随机抽样确定，但是，如果预调查人群与研究对象差异过大，则可能达不到检验问卷质量的目的。预调查结果也可以进行统计分析，以决定条目的取舍。

5. 信度和效度的检验 问卷的最终质量要通过信度和效度检验来评价，经过信效度检验后才能确定问卷的正式应用版本。

（五）问题的设计

问卷中的各种问题都可以归为开放式问题和封闭式问题两种，在具体应用时需根据它们各自的优缺点进行选择。

1. 开放式问题

（1）优点：可用于问题的答案并不明确或太过冗长的情况。开放式问题可让被调查者自由发挥，能收集到生动的资料，被调查者之间的一些较细微的差异也可能反映出来，甚至得到意外的发现。同时，问题和答案太长，容易使人感到厌倦，此时用开放式问题为好。

（2）缺点：开放式问题要求被调查者有较高的知识水平和语言表达能力，能够正确理解题意，思考答案，并表达出来，因而适用范围有限，自填问卷通常不用开放式问题。被调查者回答此类问题需花费较多的时间和精力，加之许多人不习惯或不乐意用文字表达自己的看法，导致回答率低。

2. 封闭式问题

（1）优点：从调查实施的难易程度来看，封闭式问题容易回答，节省时间，文化程度较低的被调查者也能完成，被调查者比较乐于接受这种方式，因而问卷的回收率较高。从测量的层次看，封闭式问题在测量级别、程度、频率等方面有独特优势，这类问题一般必须列出一系列不同等级的答案，供被调查者选择。例如，“您认为您的健康状态如何？①很好；②好；③一般；④差；⑤很差”。从资料的整理和分析方面看，封闭式问题列出答案种类，可以将不相干的回答减少到最低限度，收集到的资料略去了被调查者间的某些差异，统一归为几类，便于分析和比较。

（2）缺点：某些问题的答案不易列全，被调查者如果不同意问卷列出的任何答案，没有表明自己意见的可能，而调查者也无法发现。对于有些无主见或不知怎样回答的人，答案给他们提供了猜答和随便选答的机会，因此，资料有时不能反映真实情况。封闭式问题还容易发生笔误，例如，本来想选答案2，结果却选了答案3，这类错误无法区分。

3. 封闭式问题和开放式问题的实际应用 问卷调查的结果通常需要统计分析，从中发现问题。鉴于开放式问题在适用范围和统计分析等方面的缺陷，目前的问卷调查多采用封闭式问题，但在少数几个答案不能包括大多数情况的提问中、问卷设计者不能肯定问题的所有答案，或者要了解一些新情况时也可以用开放式问题。为了保证封闭式问题包括全部答案，可以在主要答案后加上“其他”这一答案，以作为补充，避免强迫被调查者选择不真实的答案，例如，“您的职业是？①工人；②农民；③商人；④教师；⑤科技人员；⑥公务员；⑦其他（请注明________）”。

（六）答案的设计

问题答案格式在一定程度上是由问题的特性决定的。例如，“您是否参加了医疗保险？”这样的问题只能是有“是”或“否”两种答案。“您为什么参加医疗保险？”就不能用“是”或“否”来回答了。一般来说，常用的答案格式有五种。

1. 填空式 这种形式常用于一些事实性的能定量的问题。例如，“您家有几口人？______人”。

2. 二项选择式 二项选择式在问题后给出“是”和“否”两个答案，或者两个相互排斥的答案，它测量的是统计学中所说的二分类变量，由于这种答案格式对研究者和被调查者双方而言均简便易行，故应用非常广泛。然而，值得一提的是，将一些本来比较复杂的答案简化成二项选择后，就意味着研究者人为地合并了许多虽然相关但有程度差异的答案，在调查时，被调查者之间以及被调查者与研究者之间可能对这种合并有不同的标准，还有一些人可能觉得无所适从，不知如何应答。此外，减少答案的种类后，测量的信度明显下降。

3. 多项选择式 答案格式与二项选择式类似，只是答案的种类超过两个，可认为是若干二项选择式组合成的一种答案格式。该格式在问卷设计中应用最广，无论测量的尺度如何，在设计问卷时均可采用多项选择式的答案格式。对具有连续性特征的变量的测量也可采用多项选择式的答案设计，但在这种情况下，常常碰到这样的问题：到底设计几个答案供被调查者选择为宜？答案数量太少，信度便会下降，问卷测量太多，不仅造成问卷篇幅的增加，而且被调查者可能不耐烦，从而不认真答卷。根据一些研究人员的报道，答案数量为7个时，测量信度与答案数量为10个时也没有太大差异，而答案数量减少到5个时，信度下降12%，当采用二项选择式答案时，信度则降低35%。故一般认为，对于多项选择式测量的连续性变量，给出5～7个答案是比较适宜的。当然，必要时增加答案的数量也是允许的，但最多不宜超过15个。在排列答案时，对于没有顺序关系的答案，无论怎样排列答案都行。但对于有一定顺序关系的答案，应按顺序排列，以免逻辑混乱影响选择答案。

4. 图表式 有的问题答案可以用图表的方式列出，被调查者在图表上表达自己的意见，常见的有脸谱、线性尺度、梯形、表格等，其中，表格与线性尺度用得最多。要求被调查者对某些问题做出多次反复的填答，如多次患病、住院等，或多个问题具有相同的答案设置时，最好将这类问题排列在一起，并且以列表的方式为宜，如此不仅可以给被调查者留出回答的空间，而且可以节约问卷版面，表达也清楚明了。

5. 排序式 有的提问是为了了解被调查者对某些事情重要性的看法，其答案是列出要考虑的有关事情，让被调查者排序。例如，“您认为下列问题中哪些对社会影响最大？请按对社会影响的重要程度从1（最重要）排到5（最不重要）。_____ 环境污染问题；______ 交通秩序问题；_______ 人口问题；_______ 治安问题；_______ 物价问题”。近年来排序式答案的应用减少，许多问卷倾向于用多选答案，根据选择各答案人数的多少来决定事情的重要性。

（七）问卷的评价——信度和效度

问卷的质量直接影响结果的质量，关系到调查目的是否能够实现，因此，问卷设计完成以后需要对其质量进行评价。问卷的信度和效度评价尤其关键。

1. 信度 又称可靠性、重复性、稳定性或精密度，用以反映相同条件下重复测定结果的一致程度。信度主要受随机因素的影响，测量结果发生的偏差往往不具有方向性。重复测定的可靠性说明的是重复测定结果彼此间的相似性，并不涉及真实值的大小，也不与真实值相比较。常用的信度指标有重测信度、半分信度和内部一致性信度。

（1）重测信度：是在一定时间间隔中运用同一量表对同一组被调查者进行重复测量所得的信度系数。重复测量要求对同一对象测定两次，在实施中有一定的困难。另外，被调查者的情况可能随时间发生变化，那么两次测量的差异就不单纯由随机误差造成。受前一次测定的影响，被调查者在接受第二次调查时会记忆前一次调查时填写的答案，因而第二次测定的结果不一定能反映被调查者的真实情况。因此，重复测定的间隔时间不宜太长，也不宜太短，视具体研究情况而定。

（2）半分信度：用的方法是将调查的条目分成两半，计算这两半得分的相关系数 r（又称半分信度系数），以此为标准来衡量整个量表的信度。衡量的方法很多，不同的方法可能得出不同的信度系数。例如，一个10条目的问卷就有126种组合方法。实际操作中，最常用的折半法是将问卷分为奇数和偶数条目的问卷。

（3）内部一致性信度：是指用来测量同一个概念的多个计量指标的异质性程度。目前普遍使用克龙巴赫 α 系数来检验量表的内部一致性信度。值得注意的是，许多问卷测量的内容包括几个领域，宜分别对其估算 α 系数，否则整个问卷的内部一致性较低。

2. 效度 又称为真实性或准确性，用以反映测量结果与“真实值”的接近程度。例如，智商测验是否真正测量了智力的高低，生存质量量表是否真正反映了人们的生存质量，抑郁量表是否真实测量了抑郁的程度，这些都是关于测量工具效度的问题。影响效度的因素多为系统误差，偏倚具有方向性。国内目前常用的效度评价如下。

（1）表面效度：指的是从表面上看，问卷能否测量研究者想要了解的问题。这是一个由专家评价的主观指标。实际上，绝大多数问卷条目从形式上看都与测量目的相关，但实测结果不一定能达到预期目的。

（2）内容效度：评价问卷所涉及的内容，能在多大程度上覆盖研究目的所要求达到的各个方面和领域。内容效度和表面效度一样，同属于主观指标。在实际工作中，只能由专家根据自身的经验，判断问卷表达内容的完整性。

（3）结构效度：用两个相关的可以相互取代的测量尺度对同一概念交互测量，如能取得同样结果，可认为有结构效度，一般可用相关分析、因子分析等方法评价结构效度。

（4）准则效度：评价问卷测量结果与标准测量（即准则）之间的接近程度，常用统计方法为相关分析，相关系数被称为效度系数。

一般情况下，用量表进行的调查研究应该进行各种相关的信效度评价，而普通的问卷调查主要通过表面效度、内容效度等主观评价问卷是否具有有效性；用重测信度判断问卷调查收集资料的可靠性。

3. 信度和效度的关系 分为以下四点展开。

（1）不可信的测量一定是无效的。即信度不高，效度也不会高。

（2）可信的测量既可能有效，也可能无效。即信度高，效度不一定也高。

（3）无效的测量不一定是不可信的。即效度不高，信度可能高，也可能不高。

（4）有效的测量一定是可信的测量。即效度高，信度一定也高。

（八）敏感性问题的调查方法

在调查研究中还经常涉及敏感性问题的调查，比如个人收入、家庭财产、性关系、性取向或性行为等。敏感性问题的调查比较困难，一些被调查者要么拒绝回答，要么提供不真实的答案。对于敏感性问题的处理，可采用匿名和保密等措施来消除被调查者的顾虑，也可在敏感性问题的设计中采用一些技巧。在问题设计时，采用“假定法”或“对象转移法”有助于减轻被调查者的心理负担以便其如实回答问题，也可采用附有保密协议的问卷或封闭式不记名自填问卷进行调查等。此外，随机应答技术可以做到匿名和保密，有效保护被调查者的隐私。

随机应答技术（randomized response technique，RRT）是指在调查过程中使用特定的设计，使被调查者以一个预定的基础概率 p 从两个或两个以上的问题中选择一个问题进行回答，被调查者本人以外的所有其他人（包括调查者）均不知道被调查者对问题的选择或作答，然后再计算出敏感性问题特征在人群中的真实分布情况。在实际应用时应根据不同的研究目的、不同的调查对象、不同类型的敏感性问题选择适宜的敏感性问题调查方法。随机应答技术的步骤如下。

1. 向被调查者提出一对问题 设计一对问题，使两个问题的答案种数和编码完全一致，被调查者随机选取一个问题，将答案编码选出，在答卷上做出相应的记号。由于在答卷上没有问题的编号，只有一套答案编码，人们无从知晓被调查者回答的是哪一个问题，因而起到保密作用。

问题的设计方法有两种，如下：

设计两个相对立的陈述，即“我属于 A 类”和“我不属于 A 类”。每个陈述要求回答“是”或者“否”。例如，“问题 1：你曾经吸过毒吗？（1）是（2）否”“问题 2：你从未吸过毒吗？（1）是（2）否”。

第一陈述为敏感性问题，第二陈述是与第一陈述无关的非敏感性问题，可以得到确切的答案。例如：“问题 1：你曾经吸过毒吗？（1）是（2）否”“问题 2：你是工人吗？（1）是（2）否”。

2. 设置一个随机装置进行调查 使用一个内装许多黑色、白色小球的匣子，黑、白球的比例接近 1∶1，但不等于 1∶1，例如，可以是 60% 和 40%。混合均匀后，被调查者从匣子中随机摸取一个球，摸取的是黑球还是白球只有被调查者知道。若摸取的是黑球，则回答第一个问题，否则，回答第二个问题。答卷上只有答案选择，没有问题，可以按照以下的格式进行设计，“请将你的回答在相应的标号处做上记号 √：（1）是（2）否”。

3. 根据概率理论进行计算 以前述问题为例。

“问题 1：你曾经吸过毒吗？（1）是（2）否”。

“问题 2：你从未吸过毒吗？（1）是（2）否”。

假设黑球所占的比例为 P，白球所占的比例为 $1-P$，被调查者中回答“是”的总比例为 r，那么对于第一个问题回答“是”的比例 R_A 可以由下式推算：

$$r = PR_A + (1-P)(1-R_A)$$

$$R_A = \frac{r-(1-P)}{2P-1} \quad (1>P>0.50)$$

“问题 1：你曾经吸过毒吗？（1）是（2）否”。

“问题 2：你是工人吗？（1）是（2）否”。

假设被调查者中工人所占的比例为 R_U，则 r 与 R_A 的关系为

$$r = PR_{A} + (1-P)R_{U}$$

$$R_{A} = \frac{r-(1-P)R_{U}}{P}$$

五、实验设计

（一）实验研究的概述

1. 实验研究的概念 实验研究也称为实验性研究，是收集直接数据的一种方法。选择适当的群体，通过不同手段，控制有关因素，检验群体间反应差别。研究者运用科学实验的原理和方法，主要目的是建立变量之间的因果关系，一般做法是研究者预先提出一种因果关系尝试性假设，然后通过实验操作来检验，是一种受控制的研究方法，通过一个或多个变量的变化来评估它对一个或多个变量产生的效应。

2. 实验研究的类型 实验研究按照实验的场所可以分为实验室实验和田野实验两种。此外根据是否可以进行误差分析，可以分为正式实验调查和非正式实验调查。实验研究的过程中，必然也会使用到现场观察法、访问调查法或问卷调查法等多种方式方法，以便更全面地搜集资料。

3. 实验研究的优缺点

（1）优点：调查结果比较客观、实用、具有较强的说服力；调查方法的运用具有可控性和主动性；可以探明某些现象之间的因果关系。

（2）缺点：实验中管理控制较难；保密性差；实验费用较高；实验花费的时间较长。

（二）实验室实验的设计步骤

实验研究是特意设计某些特殊的系统和特殊的环境，通过控制和观察操作变量之间的因果关系以得到具有明确意义的结论。某些研究需要在一个人造环境中进行实验，这类研究称为实验室实验，实验室并不仅仅是简单的研究环境，而是可以构造多种研究环境的媒体。

1. 控制外部变量 在实验里可以对外部变量进行控制。参与研究的人员被从现实社会中隔离开来，不会因其他活动分散注意力或受其他外部事件的影响。这有助于在研究中排除和减少其他因素的影响，提高统计结论的有效性和研究结论的准确性。

2. 控制自变量 实验室的研究环境为对自变量进行操作控制提供了方便。在实验室里，可以更容易地按照实验设计的需要控制自变量，将自变量设置成不同的水平，使随机分组的研究参与者接受不同水平的刺激，以观察他们的反应。

3. 设置所需要的研究环境 在实验室里可以根据不同的研究目标，采用适当的方法设置有利于研究的各种环境目标。例如，如果研究的课题是群体的行为，就需要有一个环境让受试者在群体中交流。如果研究的目标要求对于所观察的行为做不引人注意的记录，可以在实验室里装一台隐蔽的摄像机或单反射镜，观察者可以透过镜子来观察。

（三）田野实验的设计步骤

田野实验（或称为实地实验、现场实验）结合了田野调查和实验研究两种社会科学研究的传统，在社会科学一系列领域中得到了广泛的应用。其中，田野调查方法通常被定义为观察者对研究对象进行一段时间的专注观察，甚至在观察对象的生活环境中进行互动。在之前的研究中，政治学家多利用田野调查法对政治行为、政治过程、政治制度等展开事实性的研究，而实验研究主要关注个人的态度与行为，也是重要的研究方法之一。田野实验结合了两种研究方法的优点，成为社会科学研究新兴的研究方法。

田野实验是通过人为设计的实验，来观察各个变量之间的关系。因此，对于一项田野实验研究而言，最为关键的就是实验的设计和操作，包括确定实验对象、进行随机分组、实施干预措施、收集结果信息。由于田野实验研究对象“人”和环境的复杂性，实验的设计不仅仅要考虑自变量与因变量，更应该注意设置需要控制不变的控制变量，才能更有效地检测出自变量与因变量之间的关系。最常见的设计是进行干预组（随机指定一些实验对象来接受专门的处理）和控制组（没有接受过处理的实验对象）的划分和对照。

此外，对实验组和控制组的均匀分配也是实验研究成功的重要保证。如果样本足够大，一般采用随机分配的方法对实验对象进行分组，以确保干预组与控制组之间不存在显著差别。

其主要的优点是对因果关系的分析。首先，在数据搜集的层面，田野实验是在对实验对象进行人为干预后，观察、询问以获取相关变量的信息，提供了分析因果关系的一手数据。因此，与二手数据相比，田野实验的数据具有创新性，往往有着更为重要的地位。其次，相比其他方法，田野实验对理论的检验，即证实或证伪具有特殊的作用。最后，田野实验的主题很多时候集中于当下的社会问题，比较具有现实的研究意义。

田野实验也有着相比于其他研究类型较为突出的弱点，主要体现在成本、技术以及一系列伦理问题。首先，田野实验较少被采用，主要是因为它在时间和经济上的过多花销，即成本高昂。从实验场所和实验对象的选取、实验设计，到实验的操作，再到最后数据的处理，都需要耗费研究者大量的精力。其次，田野实验技术复杂。再次，田野实验是在特定场域、针对特定人群进行的，具有特殊适用性。最后，田野实验往往存在伦理学的争议。

（四）实验调查法

实验调查法是指从影响问题的许多因素中选出一个或两个因素，将它们置于一定条件下进行小规模的实验，然后对实验结果做出分析，研究是否值得大规模推广的一种实地调查法。实验调查法的应用范围很广，如改变商品包装、改变产品价格、改进商品陈列以及进行新产品试验等，均可以用到实验法。其应用形式主要有如下三种：无控制组的事前事后对比实验、有控制组的事后实验、有控制组的事前事后对比实验。

六、定量研究的实际应用

在卫生领域传统的研究方法主要是定量研究，除了临床病案报道、实验室研究，更多的是通过人群的问卷调查获得相关数据，并通过统计描述与统计推断技术定量展示研究结果，希望用数据说话。近年来，随着实验研究方法被认为是一种最佳的分析因果关系的社会科学研究方法，田野实验的方法被越来越广泛地应用。

拓展阅读

实验研究在社会医学领域的应用

有一家食品公司生产一种婴儿奶糕。公司声称食用该奶糕可使婴儿体重加快增长。为了找到科学根据，使公司的广告更有说服力，公司招募到一些孩子，让他们每天早餐都食用该奶糕。两个月后，这些孩子的平均体重增加了3500克。效果似乎不错，公司鼓吹所有的孩子都应食用该奶糕。但是有一位研究者表示异议，说何以见得是奶糕起了作用，或许是午餐或晚餐的食品富有营养也未可知。公司认为言之有理，于是又招募了两组孩子。让一组孩子早餐吃奶糕，外加鸡蛋羹和香蕉，另一组孩子早餐则食用果汁和米糊，午餐和晚餐则完全相同。又过去两个月，吃奶糕的孩子体重平均增加3500克，而未食用奶糕的孩子体重则只增加了3000克。公司欣喜异常，告知那位研究者新的证据再次证明奶糕有效。然而那位研究者仍不以为然，说奶糕固然可能是体重增加的原因，但蛋羹和香蕉未必不是。

公司只好承认实验有欠缺。于是做了第三次努力。这次他们让实验组的孩子早餐吃奶糕、蛋羹和香蕉，而控制组的孩子早餐只吃蛋羹和香蕉。午餐和晚餐完全相同。两个月后，实验组和控制组孩子的体重增加一样，并无不同。

上述第三次实验需要验证的假设是：吃该奶糕能促使孩子的体重更快增长。为了检验这个假设，公司招募到两组孩子，这些孩子用实验的术语叫作受试对象。一组给喂奶糕，被称为实验组；另一组不给，被称为控制组或参照组。控制组和实验组除了喂不喂奶糕这一点以外，其余条件完全相同，目的是证实孩子的体重如果更快增长，唯一的原因是奶糕，并非其他任何食物。

在实验中，由实验者操纵的变量是自变量，也就是实验干预，即喂或不喂奶糕。而受自变量影响的事物是因变量，即体重。该食品公司认为婴儿食用该奶糕能促进体重更快增长。当我们怀疑产生作用的不仅是自变量，可能还有其他因素时，实验的真实性即效度就存在严重的问题。例如，在第二次实验中，控制组未食用香蕉和蛋羹，这可能也是导致平均体重增长缓慢的原因之一。当出现两种可能的解释时，实验者未选择的那个因素叫作干扰变量，上述第二次实验中，香蕉和蛋羹是干扰变量。此外，为了确定有关因变量在实验后是否发生了的变化，必须在实验干预前后对其进行测量，实验干预前的测量被称为前测，干预后的测量被称为后测。例如，在奶糕实验中，用普通的磅秤称量孩子们的体重。在干预前的体重被称为前测，干预后的体重被称为后测。

思 考 题

1. 社会医学研究的基本步骤有哪些？

2. 在进行社会医学研究时选用定性研究方法的优势有哪些？

3. 如何保证定量调查的质量？

4. 简述定性研究和定量研究的区别，以及这两种方法如何结合使用。

5. 材料分析题

早在2004年，淮河流域水污染问题就引起了全社会的关注。该流域水污染主要来自企业生产带来的“三废”（废水、废气、固体废弃物）排放。监测数据显示，淮河流域污染的主要指标为氨氮/非离子氨、生化需氧量、化学需氧量等。而在2013年，比对淮河流域地区人群30年死亡模式的变化趋势时，结果显示淮河污染最严重、持续时间最长地区——洪河、沙颍河、涡河以及奎河等支流地区，恰恰是消化道肿瘤死亡上升幅度最高的地区，其上升幅度是全国肿瘤死亡平均上升幅度的3～10倍。

分析：站在社会医学的角度，你认为应该如何开展淮河流域水污染与消化道肿瘤关系的研究？如何根据研究结果提出相应的建议？

6. 设计题：试设计一份评价人群综合健康状况的问卷，条目在20条以内，应该包括身体、心理、社会功能三个领域的内容。

（1）用此问卷调查20人。

（2）分析问卷条目的适当性。

（3）分析问卷的信度和效度。

第五章 社会经济因素与健康

【学习目标】

1. 掌握社会经济与人群健康的关系。
2. 熟悉衡量社会经济与健康的指标。
3. 了解卫生服务、卫生费用与健康投资的内涵。

众所周知，社会经济发展是人类进步的重要依据，更是人类赖以生存和保持健康体魄必备的物质条件。缺乏社会经济基础，人类的健康将失去保障；没有人类的健康做后盾，社会和经济发展也将失去动力。

第一节 基本内涵及衡量指标

一、经济发展的内涵及衡量指标

经济发展（economic development）是人类通过不断的技术经济组织和社会经济制度创新，逐步摆脱贫困落后状态、提高生活质量和社会经济福利的过程。经济发展的最终目的是提升人类福祉，提高生活质量和幸福感。健康作为人们享受幸福生活的基础，是社会经济发展的重要目标之一。

常用来衡量经济发展的指标包括国内生产总值（gross domestic product，GDP）或国民生产总值（gross national product，GNP），以及人均国内生产总值或人均国民生产总值等。国内生产总值是指以货币形式表现的一个国家（或地区）所有常住单位在一定时期内（通常是 1 年）生产活动的最终成果，也就是国家（或地区）各个经营主体生产出来的产品或服务的价值总和。国民生产总值是一个与国内生产总值非常近似的经济测量指标。国民生产总值是指一国公民在一定时期内（通常是 1 年）所生产的所有最终产品和劳务的市场价值的总和。

尽管国内生产总值与国民生产总值十分相似，但其是两个不同的测量指标。国内生产总值测定的是在一个国家的实际范围内所生产的商品和劳务，而不管这些商品和劳务是由谁生产的。但国民生产总值测定的是由一国公民所生产的商品和劳务，而不管这些公民居住在世界的哪个地方。

随着各国经济的不断发展，传统的唯国内生产总值论的发展模式受到一定的挑战。特别是我国社会主要矛盾已经转化为“人民日益增长的美好生活需要和不平衡不充分的发展之间的矛盾”，21 世纪的进步不能再用 20 世纪的统计方法来衡量。因此在衡量社会经济发展时，要充分考虑人们改善生活水平的长期能力，以更好地反映经济繁荣和人民富裕的程度。因此，越来越多的学者主张采用综合的指标来评价经济发展，比如人类发展指数（human development index，HDI），用以衡量联合国各成员国的经济社会发展水平；多维的人类贫困指数（multidimensional poverty index，MPI）用来衡量经济贫困状况，并综合考虑收入、预期寿命、教育、医疗服务、营养等因素；真实发展指标（genuine progress indicator，GPI）、物质生活质量指数（physical quality of life index，PQLI）、全球幸福指数（global happiness index，GHI）、不平等系数调整后的人类发展指数（inequality-adjusted human development index，IHDI）、性别发展指数（gender-related development index，GDI）和性别不平等指数（gender inequality index，GII）也相继被用来评价综合的社会经济发展程度。

拓展阅读

举例GDP和GNP区别

例如，如果有一名A国公民生活在B国并且生产冰箱，那么这些冰箱的市场价值总和将被算进B国的GDP里，因为这个A国公民是在B国生产冰箱的。但是，这些冰箱却不能被算进B国的GNP里，因为他不是B国的公民。相反，如果有一名B国公民在C国生产冰箱，那么这些冰箱产品将不被算进B国的GDP里，因为冰箱不是在B国生产的。但是，它们会被算进B国的GNP里，因为它们是由B国的公民所生产的。

二、健康的内涵及衡量指标

（一）健康的内涵

随着医学模式的转变，人们对健康的认识也在不断变化。1946年，WHO发布了健康（health）的定义，即“健康不仅仅是没有疾病或虚弱，而是生理、心理和社会的完好状态”。1978年《阿拉木图宣言》重申了这一定义，并指出健康是一项基本人权，达到尽可能高的健康水平是世界范围的一项最重要的社会目标，而这一目标的实现需要卫生部门及其他多种社会及经济部门的共同行动。这一定义从生物-心理-社会医学模式的角度全面地对健康进行了解释，同时强调了人的自然属性和社会属性，认为健康应该包括生理健康、心理健康以及良好的社会适应性。

（二）健康的衡量指标

1. 传统健康评价指标 为了监测和评价全球卫生目标的实现程度，以促进实现“2000年人人享有卫生保健”的目标，1981年第三十四届世界卫生大会通过了12项人群健康评价指标，包括期望寿命、婴儿死亡率、儿童死亡率和孕产妇死亡率等。这些传统指标数据便于收集和计算，结果直观，但其结构单一，难以综合评价人群健康状况。

（1）人口统计指标：包括人口数量、人口密度、人口结构、出生率、生育率、人口自然增长率、死亡率、标化死亡率、婴幼儿死亡率、孕产妇死亡率、人均期望寿命等。

（2）疾病统计指标：包括发病率、患病率、病死率、治愈率、生存率、疾病构成比例和排序、因病休工（学）天数、因病卧床天数等。

（3）生长发育统计指标：包括新生儿低体重百分比、儿童低体重百分比、儿童低身高百分比等。

2. 综合健康评价指标 随着对人群健康评价的要求不断提高，人群健康的评价指标得到不断完善和发展，越来越多的综合性指标被认可和应用。

（1）潜在寿命损失年/减寿人年数（potential years of life lost，PYLL）：是指某一人群在一定时间内，未生存至目标年龄而死亡使寿命损失的总人年数。目标年龄通常用人均期望寿命估算。可以用于估计某种死因对人群寿命的损害程度，以及不同死因之间损害程度的比较。

（2）质量调整生命年（quality-adjusted life years，QALY）：是同时评价生命数量和质量的综合性指标，它将患者非完全健康状态下的生命年数换算成完全健康状态下的生命年数。

（3）伤残调整生命年（disability-adjusted life years，DALY）：指因疾病死亡损失的健康生命年和因疾病伤残损失的健康生命年相结合的综合指标，包括死亡损失健康生命年（years of life lost，YLL）和伤残损失健康生命年（years lived with disability，YLD）两部分。

（4）健康期望寿命（healthy life expectancy，HLE）：指人在完全健康状态下的期望寿命，扣除了伤残和疾病对健康的影响。一般是以生活自理能力丧失为基础进行计算。

（5）无残疾期望寿命（life expectancy free of disability，LEFD）：是指以残疾代替死亡作为观察终点，扣除残疾状态下的生命年数计算出的期望寿命。

（6）健康相关生活质量（health-related quality of life，HRQL）：指人们对于健康状态的主观体验，这些体验与个人的目标和期望、社会环境、经济文化背景、价值取向等相关。常用的生命质量评价量表有 SF-36 和 EQ-5D。

（7）物质生活质量指数（physical quality of life index，PQLI）：是衡量一个国家或地区社会发展状况的综合指标，该指标结合了婴儿死亡率、1 岁的期望寿命和人口识字率，PQLI 越大说明人口素质越高。

（8）国民幸福指数（gross national happiness，GNH/national happiness index，NHI）：该指标关注人们对自身生存和发展状况的感受和体验，即人们的幸福感。

第二节　经济发展与健康

经济发展与人群健康水平的提高具有双向作用关系，二者之间是相互关联、相辅相成、互为因果的。一方面，经济发展可以为人类战胜疾病提供必要的物质基础，促进人群健康水平的提高；另一方面，人群健康水平的提高可以为社会物质与精神财富的创造提供保障，促进社会经济的发展。

一、经济发展对健康的作用

研究表明，经济发展在一定程度上对人群健康存在着决定影响。但是如果处理不当也会给健康带来危害（图 5-1）。

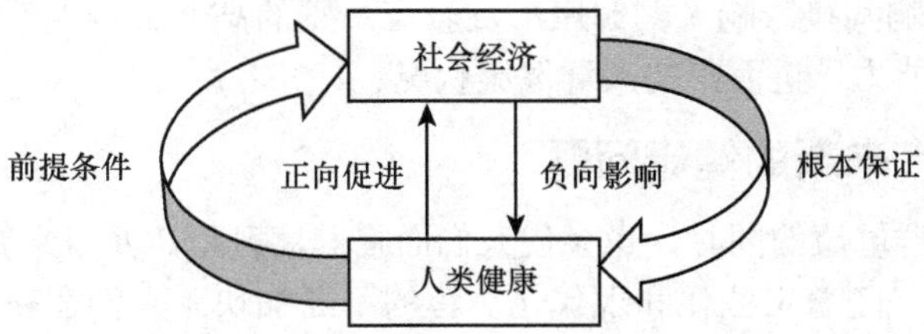

图 5-1　社会经济与人类健康的关系

（一）经济发展促进健康水平的提高

20 世纪以来，随着世界经济的快速发展，科学技术获得大幅度进步，物质生活变得更为丰富，人们的生活条件、卫生状况也得到明显改善。全球人均期望寿命也从 1950 年的不到 50 岁提高到 2020 年的 71 岁。但不同经济水平地区的人群健康水平仍然存在明显的差异。在经济发达的地区，生活条件、工作条件、卫生条件明显要好，相应的传染病、寄生虫病等发病率较低，人群的死亡率也较低。而在经济比较落后的地区，由于经济资源有限，衣、食、住、行和医疗卫生方面投入较少，技术落后等原因，各种传染病和营养不良相关疾病频发，成为健康的重要威胁。因此，不同经济水平的国家之间国民健康水平也有明显的差异（表 5-1）。

表 5-1　2019 年不同收入群组国家的国民健康状况

组别	国家	人均国民收入（美元）	出生期望寿命（岁）	出生健康期望寿命（岁）	孕产妇死亡率（/10 万）	婴儿死亡率（‰）
高收入群组	美国	65760	78.5	66.1	19	4
	德国	48520	81.7	70.9	7	2
	日本	41690	84.3	74.1	5	1
中高收入群组	马来西亚	11200	74.7	65.7	29	5
	中国	10410	77.4	68.5	29	4
	巴西	9130	75.9	65.4	60	8

续表

组别	国家	人均国民收入（美元）	出生期望寿命（岁）	出生健康期望寿命（岁）	孕产妇死亡率（/10万）	婴儿死亡率（‰）
中低收入群组	埃及	2690	71.8	63.0	37	11
	印度	2130	70.8	60.3	145	22
	肯尼亚	1750	66.1	57.7	342	21
低收入群组	也门	940	66.6	57.5	164	27
	埃塞俄比亚	850	68.7	59.9	401	28
	利比里亚	580	64.1	54.9	661	32

资料来源：WHO《2021 年世界卫生统计》。

经济发展促进健康水平的提高是多渠道综合作用的结果，具体体现在：

1. 提供物质生活基础 经济发展为人们的物质生活提供衣服、食物、住房等基本生活资源，改善了人们的生活条件，有利于提高居民的物质生活水平，促进人群健康水平的提高。

2. 增加健康投资 健康投资是指社会为保护和增进全体成员的健康，在一定时期内所投入或消耗的经济资源。经济发展可以增加健康投资，健康投资水平影响人们卫生服务的利用水平和健康状况。随着社会经济的发展，目前我国的医疗卫生体系已形成了一个包括预防保健、疾病治疗、护理康复、心理咨询和健康教育在内的全方位健康保障网络。

3. 通过对教育的影响间接影响人群健康 受教育水平的高低影响人群接受的卫生保健知识以及开展自我保健活动的能力，进而影响人群健康状况。

（二）经济发展带来新的健康问题

经济发展在促进人群健康的同时，也会使人们面临健康风险，并带来新的健康问题。

1. 环境污染与破坏 随着工业化和现代化进程的不断加快，人们在获取财富的同时也因为对经济活动缺乏科学规划与管理造成资源的过度开发利用，使得生态环境遭到严重污染和破坏，如滥伐森林造成水土流失、土地沙漠化；二氧化碳排放过多导致全球气温持续升高；工业中废水、废气、废渣的“三废”问题给人们赖以生存和发展的大气、土壤和水资源带来严重污染等。

2. 生活方式改变 社会经济的快速发展以及物质文化生活的极大丰富使得人们的生活方式发生了很大变化。吸烟、酗酒、不安全性行为、不规律的作息和饮食等不良生活方式和行为带来的负面健康问题日益突出，成为导致疾病和死亡的主要原因。

3. 现代社会病的产生 社会现代化的发展虽然改善了人们的物质生活条件，提高了人们的生活舒适度，但也给人们带来了一些“富裕病”，如高血压、糖尿病、冠心病等，同时也带来了空调综合征、电脑综合征、手机依赖等现代“文明病”。

4. 心理健康问题凸显 随着人们工作和生活节奏的不断加快，社会竞争越来越激烈，人们比以往承受更多的压力。长久处于高度紧张和压力状态下的人们更容易出现情绪消极、焦虑抑郁、人格障碍、变态心理等心理精神问题，导致心理健康问题成为现代社会突出的健康问题。

5. 负性社会事件增多 经济发展造成交通堵塞，因交通事故而导致的伤亡率不断增加，给家庭和社会带来沉重的疾病负担；经济发展不平衡、贫富差距增大等因素增加了暴力犯罪事件的发生率；家庭关系紧张、教育功能失调等引发了家庭暴力、青少年犯罪等问题，这些都直接或间接影响了人们的健康。

6. 人口特征的剧烈变化 老龄化进程的加快、流动人口的增加等一系列人口特征的剧烈变化加大了计划免疫、传染病预防与控制等工作的难度，不利于卫生保健工作的开展，会对人群的健康产生负面影响。

二、健康对经济发展的促进作用

经济发展的本质就是社会生产力的发展，而生产力的诸多要素中最重要的就是具有一定体力、智力和劳动技能的人。健康是人力资本的载体，是促进生产力发展的重要因素。人群健康水平的提高对经济发展起着积极的推进作用，具体表现如下。

1. 提高劳动生产率　人群健康水平的提高会减少人们的伤病时间、降低死亡率，保障出勤，延长有效工作时间，提高劳动生产率，创造更多的社会财富，促进经济的发展。苏联学者研究认为国民收入 20% 是依靠降低发病率、死亡率和缺勤率获得的；据世界银行测算，世界经济增长的 8%～10% 源于人群健康水平的提高。

2. 减少疾病损失和资源耗费　人群健康水平的提高有利于减少因失能、残疾、过早死亡带来的疾病损失，有利于减少因防治疾病而投入的卫生资源，从而促进社会经济的快速发展。有研究表明，疾病带来的损耗会使经济增长率减少。从 2010 年起，未来 30 年内，如果每年能使我国心血管疾病的死亡率降低 1%，其总体净经济效益相当于 2010 年中国实际国内生产总值的 68%，或 10.7 万亿美金。可见，做好疾病预防与控制工作对减少疾病损失和资源耗费、推动经济发展具有重要的意义。

3. 促进实现教育收益　经济发展离不开教育的普及和教育质量的提高，而健康水平的提高有利于扩大教育对经济发展的影响。具体来说，健康水平的提高，增加受教育的机会，提高学习能力，提高受教育者的文化素质和技术水平，提升劳动生产率，从而促进经济的发展。

4. 促进自然资源利用　自然界存在着许多人们因怕患病而未充分或完全未开发利用的自然资源。通过采取消灭、控制、减轻疾病和增进健康的社会措施，改善当地居民的健康水平，可以促进对自然资源的合理开发和利用。

第三节　经济发展与卫生服务

一、经济发展与卫生服务需要

（一）卫生服务需要的概念及测量

卫生服务需要（health care need）指在不考虑实际支付能力的情况下，依据人们的实际健康状况与“理想健康水平”之间存在差距而提出的对医疗、预防、保健、康复等服务的客观需要，包括个人察觉到的需要（perceived need），由专业人员判定的需要，以及个人未察觉到的需要（potential need），是居民实际健康状况的客观反映。

人们可以通过测量和分析人群健康状况来判断人群的卫生服务需要，包括需要量的水平、范围和类型等。在健康评价指标中常用疾病指标和死亡指标来反映人群的卫生服务需要，其中常用婴儿死亡率、孕产妇死亡率和人均期望寿命 3 项指标反映一个国家或地区居民的卫生服务需要量水平。此外，死因顺位及构成也是反映人群卫生服务需要量的重要指标。通过分析死因顺位及其构成，可以找出危害居民健康的主要疾病和卫生问题，确定居民的主要卫生服务需要。

死亡指标较疾病指标更稳定、可靠，也更容易通过常规登记报告或死因监测系统收集资料。但是，死亡指标反映人群健康问题时并不敏感，尤其是在了解人群卫生服务需要中消耗资源最多的医疗服务需要时，需要结合疾病指标进行分析。反映居民医疗服务需要量和疾病负担的指标主要由疾病发生的频率（度）指标和严重程度两类指标组成，通常需通过调查得到，如家庭健康询问抽样调查等。

（二）经济发展对卫生服务需要的影响

经济发展在促进健康水平的提高，使人口结构和疾病模式产生变化的同时，也影响了居民的卫生服务需要。

1. 人口结构变化 随着经济的发展，人们的物质生活和精神世界得到了极大的满足，人群健康水平也随之提高，出生率、死亡率降低，平均期望寿命延长，60 岁以上易受疾病侵害的老年人群绝对数量和相对人口所占比例日益增加。据第七次全国人口普查结果显示，我国 60 岁及以上人口已达 2.64 亿人，“十四五”时期，全国 60 岁及以上老年人口预计将超过 3 亿，占总人口比例将超过 20%。老年人各组织器官生理代谢功能和免疫功能的衰退使其慢性病患病率远远高于其他年龄组，对卫生服务需要也明显增加。同时老年人因失能、残疾产生的特殊护理需要，也导致卫生服务需要的结构类型发生重要的改变。

2. 疾病模式变化 随着社会经济的发展、科学技术的进步以及人们生活方式的改变，以心脑血管疾病、恶性肿瘤、糖尿病和精神疾病为代表的慢性非传染性疾病成为影响人群健康的主要疾病。人口老龄化和慢性病相互交叠，使得卫生服务需要数量增长、卫生服务需要类型发生变化。据世界卫生统计报告，2019 年全球因癌症、心血管疾病、糖尿病和慢性呼吸系统疾病的死亡人数达 3320 万，比 2000 年增加 28%，慢性病已经成为威胁居民健康的重要因素，对卫生服务需要数量和类型变化具有深远影响。

二、经济发展与卫生服务需求

卫生服务需求（health service demand）指人们愿意并能够支付得起的卫生服务数量与质量，或实际利用的卫生服务数量与质量，即有支付能力的需要。通常可分为由需要转化而来的需求和没有需要的需求。

经济发展可以从不同方面促进卫生服务的消费意愿和消费水平的提高，为卫生服务需要转化为卫生服务需求创造了条件，从而使卫生服务需求不断增加。首先，随着社会经济的发展，人们的物质生活条件和精神状态不断改善，人们越来越意识到健康的重要性，将更多时间、精力、物力和财力投入到增进健康的活动中，不断增加对各种形式的卫生服务需求。其次，经济的快速发展使得人们受教育的程度不断提高，生活方式和人生价值观也得到了改变；互联网时代更是拓宽了居民获得健康知识与信息的方式和途径，加快了获得的速度，使得卫生服务需要更易转化为卫生服务需求。最后，社会财富积累也随着社会经济的发展不断增加，全社会可以将更多的卫生资源投入到卫生事业建设中，卫生服务能力得到提高，促进了卫生服务需求的增加。

拓展阅读

卫生服务需要、需求与利用之间的联系

1. 由需要转化而来的需求 人们的卫生服务需要只有转化为需求，才有可能去利用医疗卫生服务。但在现实生活中，并不是人们所有的卫生服务需要都能转化为需求。需要能否转化为需求，除了与居民本身是否觉察到卫生服务需要外，还与其收入水平、社会地位、健康保障、交通便利程度、风俗习惯、健康意识，以及卫生机构提供的服务类型和质量等多种因素有关。例如，某个人由于未觉察到自己已存在异常或患病，就不会有求医的行为发生，需要不可能转化为需求；或者一个患者由于收入低、支付不起医药费用而看不起病，或者虽有支付能力，但由于交通不便、医疗卫生人员服务态度差、技术质量差等原因不愿意去看病而得不到所需的服务，需要难以转化为需求。

2. 没有需要的需求 通常是由不良的就医行为和行医行为所造成。一方面，有时居民提出的一些卫生服务需求，可能经医学专家按服务规范判定后认为是不必要的或是过分的需求。例如，有些患者就医时要求医生多开药、开高价药、延长住院时间等，这就过度利用了卫生服务。另一方面，在不规范的卫生服务市场条件下，由医疗卫生服务人员诱导出来的需求。例如，受经济利益驱动给患者做了一些不必要的检查、治疗和开大处方等。上述“求非所需”和“供非所求”的情况均可导致没有需要的需求量增加，这类没有需要的需求者又常常与真正需要卫生服务的人竞争有限的卫生资源，造成卫生资源的浪费和短缺。

3. 卫生服务利用（health services utilization） 需求者实际利用卫生服务的数量（即有效需求量），是人群卫生服务需要量和卫生资源供给量相互制约的结果，直接反映了卫生系统为居民健康提供卫生服务的数量和工作效率，间接反映了卫生系统通过卫生服务对居民健康状况的影响，但不能直接用于评价卫生服务的效果。

4. 卫生服务需要、需求与利用之间的联系 卫生服务需求是由需要转化而来。理论上讲，如果人们的卫生服务需要都能转化为需求，需求就有可能通过对卫生服务的实际利用得到满足，但现实情况并非总是如此。一方面，人们可能由于前述的种种主观和客观的原因，不能或没能使需要转化为需求而未去寻求卫生服务利用；另一方面，由于卫生资源有限、配置不合理，以及存在服务质量差、效率低的现象，导致卫生服务需求难以得到完全满足，实际满足与否及其满足程度取决于卫生服务的供给量。当供给量大于需求量（供大于求）时，需求将会得到满足。但供大于求时，往往会导致卫生资源利用不足，如人员、床位、仪器设备等的闲置造成的利用效率低下。当供给量小于需求量（供不应求）时，需求不可能得到全部满足，就会出现等待就诊、等待住院以及得不到规范服务的现象。为了改善广大居民卫生服务利用的能力和公平性，需要政府及有关职能部门在发展整个社会经济的同时，通过建立适宜的健康保障制度、合理配置卫生资源、控制医疗卫生服务价格、提高服务效率和质量、杜绝不良的就医和行医行为、开展公众健康教育和健康促进活动等措施和方法，使人们合理的卫生服务需要能更多地转化为需求，才能在卫生资源投入不变的前提下最大限度地满足人们的需求。

三、经济发展与卫生费用

卫生费用（health expenditure）是指促进健康的各项活动所花费的资金，包括健康促进与预防、诊断、护理、治疗、康复及医学教育和科研等花费的资金。我国卫生费用主要来源于国家、社会和个人。例如，各级政府预算拨款的卫生事业费主要来源于国家；医保机构支付的医疗保险费主要来源于社会；患者就诊自付部分的医药费主要来源于个人等。

近年来，受通货膨胀、人口老龄化、疾病慢病化、卫生服务质量和数量变化等因素的影响，世界各国的卫生费用都处于不断上涨的状态。在经济发展的条件下，卫生费用上涨是一种客观经济规律，是卫生事业发展的必然结果。一般在经济发展的初始阶段，卫生费用上涨的速度与经济发展是同步的，当经济发展达到一定程度时，卫生费用的上涨速度会高于经济发展速度。但这种上涨必须同经济发展相协调，不能超出经济发展所能承受的范围，否则就有可能影响经济的可持续发展、降低人群卫生服务的需求。卫生费用上升的主要原因如下。

1. 一般性原因 主要包括生活水平的提高和医疗技术的进步。同时疾病谱的变化，即由原来的传染病为主转变为以慢性非传染性疾病为主，而慢性非传染性疾病病程长、不易治愈，也是促成卫生总费用增长的重要因素之一。医疗设备、药品、医用材料以及能源等各项生产要素价格的上涨也直接造成卫生总费用的增长。另外，居民的健康意识越来越强，人们对卫生服务的需求越来越高，在医疗供给一定的情况下，这些因素可以通过影响医疗服务需求推高价格，从而增加费用支出。

2. 制度性原因 主要包括医疗保障制度、医疗供给体系等。制度性因素影响卫生费用的路径是多方面的，既可以通过需求又可以通过影响供给进而影响医疗费用。

卫生费用在政府支出、个人支出之间的比例分配直接影响卫生资源利用的公平和效率问题。政府卫生支出主要通过财政预算的方式，主动控制卫生费用投入规模，其年增长率一般具有刚性的特征，个人卫生支出通常表现为被动的无序增长，二者之间的内生动力存在很大差别。因此，在抑制卫生费用过快上涨的同时，如何分配政府与个人之间的卫生费用比例，成为推动卫生服务合理利用，促进社会经济可持续发展的重要主题。

拓展阅读

卫生服务弹性系数

卫生服务弹性系数是指卫生总费用增长率同国内生产总值增长率之间的比值。常用来评价卫生投入与国民经济增长是否协调。

第四节 经济发展与健康投资

一、健康投资的内涵

健康投资（health investment）是指人们为了获得良好的健康而消费的食品、闲暇时间和卫生服务等资源，尤其是在卫生服务方面的投入不仅仅是单纯的消费，更是对健康的投资、对人力资本的投资、对社会经济发展的基础性投资。

投资于健康不但可以减轻潜在疾病给人群带来的经济负担，提高居民的健康水平，还可以保障劳动力供给，提高生产效率，促进经济的发展，对个人、社会乃至整个国家都至关重要。不仅居民、个人重视健康投资，国家层面也应高度关注。

二、健康投资效益分析

健康投资的目的是使健康存量得到增加。在对健康投资效益进行分析之前，需先了解健康存量的概念。著名经济学家格罗斯曼（Grossman）构建出“健康资本需求模型”，将健康看作一种耐久资本，每个人出生时都会由于遗传获得一定的初始健康存量，该存量随着年龄的增长而不断折旧，但同时也可以借助投资得到维持或获得增加。在经济学概念中，健康存量是一个动态的积累过程，既可以因为新的投入而增值，也可以因为不断使用而折旧、损耗和减少。

（一）健康投资的经济效益

对于健康投资经济效益，可以从微观和宏观两个层次进行分析。微观层次是对个体健康水平的变化进行分析，通常通过工作时间损失、无病时间、劳动生产率变化、自我健康评价、生命质量改变等指标来分析健康投资的收益。宏观层次是将国家或地区的总体健康水平作为观察单位，一般采用出生率、死亡率、发病率、平均期望寿命、婴儿死亡率等指标来分析健康投资的收益。其中，平均期望寿命是反映健康投资经济效益的重要质量指标。

（二）健康投资的社会效益

健康投资不仅会产生经济效益，同时还会带来相应的社会效益。自我国进入人口老龄化社会以来，老年人口数量不断增加，同时劳动力供给不足，社会养老负担日益加重。进行健康投资不仅可以使我国老年人的健康人力资本得到恢复和积累，促进老年人再次进行劳动力生产，有效缓解当前劳动力短缺的现状，降低人口老龄化带来的负面影响，还可以改善人群健康状况，提高人群健康水平，延长人口平均期望寿命，使劳动力效率得到提高，促进经济的高质量发展。

经济发展为社会进步提供物质基础，健康水平的提高又是经济发展的目的。在大力进行经济建设的同时，要做到与卫生事业发展相统一，提高人群健康水平。投资人群健康就是投资社会经济发展，拥有健康就拥有了创造财富的资本。

（三）健康投资与健康的相互作用机制

健康投资与健康的相互作用机制具体表现为：

（1）通过健康投资形成健康劳动力，健康劳动力创造更多利润，进而推动经济健康增长。

（2）健康投资形成更具创造力的健康劳动力，劳动力的创新性活动推动技术进步，间接推动经济健康增长。

（3）健康投资促使健康劳动力可持续发展，从而推动经济可持续的健康增长。

（4）健康投资在形成健康劳动力或健康人力资本的同时，也会影响物质资本，使之更加有利于人类健康的发展，减少劳动者在劳动过程中遭受的环境污染，从而避免影响健康。

但是健康投资对于健康经济增长并不是单纯的促进作用，也具有双重效应，具体表现为：①健康投资对健康经济增长具有短期抑制效应，即当我们增加对健康资本的投入时，必然会挤占其他的物质资本投入，影响生产规模，短期内经济可能无法保证持续有效的增长。②健康投资对健康经济增长具有长期的促进效应，主要表现为健康的劳动力可以提高劳动效率，延长劳动时间，增强劳动强度，并提高劳动者收入，从而增加国民收入。从整个社会来看，健康投资也会降低各类疾病的发病率，改善劳动者及其家庭子女的生活状况，同时降低死亡率，延长人均寿命，保证劳动力的长期可持续发展。

思　考　题

1. 简述经济发展和人群健康的衡量指标。

2. 简述经济发展与人群健康的关系。

第六章　社会环境因素与健康

【学习目标】

1. 掌握社会保障、人口、社会关系和工作生活环境因素与健康的关系。
2. 理解社会保障、人口、社会关系和工作生活环境因素的含义。
3. 了解社会保障、人口、社会关系和工作生活环境中的各构成要素。

人类生存的环境可以分为自然环境和社会环境。社会环境是人类在自然环境的基础上，进行长期有意识的社会劳动，对自然物质进行加工和改造，创造物质生产体系和积累物质文化等所形成的环境体系。社会环境因素包括一切与生产力和生产关系有关的因素。随着生物-心理-社会医学模式的发展，社会环境因素对健康的影响越来越受到人们的重视。从宏观来看，影响人类健康的社会环境因素包括政治因素、经济因素、法律因素、文化因素、技术因素等；从微观来看，社会保障、人口、工作生活环境、社会关系等因素均会对人类的健康产生影响。本章重点介绍其他章节未介绍且处于当前研究热点领域的社会保障、人口、社会关系、工作生活环境因素。

第一节　社会保障与健康

一、社会保障的定义

社会保障（social security），也称社会安全网（social safety net），美国1935年颁布的《社会保障法》最早公开使用该词，后逐渐得到各国认可和应用。我国在“九五”计划中首次使用该词，泛指由政府主导形成的社会保障体系，旨在保护妇女、儿童、失业人口、残疾人和老年人等弱势群体。因此，社会保障是影响人们健康的重要因素。国内外组织机构和研究者从不同角度对其进行了定义，目前尚未统一，本书中将社会保障的含义概括如下：国家、政府或社会，通过立法对公民收入分配和再分配，为那些因各种原因而面临生活困难的人提供物质帮助和社会服务，保障其最基本生活需求。

二、社会保障的基本内容

在1952年国际劳工组织大会通过的《社会保障最低标准公约》规定中，社会保障主要包括九项内容，即医疗津贴、疾病津贴、失业津贴、老龄津贴、工伤津贴、家庭津贴、生育津贴、残疾津贴和遗属津贴。由于各国国情和历史条件差异，实践中社会保障内容及其具体范围的界定不尽相同。从理论上来看，社会保障至少包含以下四个方面内容。

1. 社会保险　是社会保障的核心内容，是以立法形式，由国家、集体和个人三方共同筹集基金，确保公民在遇到生、老、病、死、伤、残、失业等风险时能获得基本生活需要和健康保障的一种社会保障制度。按照我国法律规定，社会保险项目分为社会养老保险、社会失业保险、社会医疗保险、工伤保险、女工生育保险等。社会保险与其他社会保障的根本区别在于筹资机制不同，即社会保险基金由国家、集体和个人三方共同筹集，而其他社会保障的资金来源主要是国家财政拨款。

2. 社会福利　广义的社会福利，是指国家为改善和提高全体社会成员的物质生活和精神生活所提供的福利津贴、福利设施和社会服务的总称，它既包括社会保障制度，又包括政府举办的文化教育和医疗卫生事业、城市建筑（特别是住房）事业，以及各种服务事业等；狭义的社会福利，是指国家向老人、儿童、残疾人等社会中需要特殊照顾的人群提供必要的物质帮助或服务的一种社会制度，主要包括国家、企业和集体兴办的老人院、幼儿园、福利企业等。

3. 社会救济　是指国家和社会对收入在贫困线以下的公民或者因遭受灾害而致暂时生活困难的公民提供无偿物质帮助的一种社会保障制度。从其性质来说，它包括救济和救灾；从其形式来说，它包括现金救济和实物救济。其资金主要来源于国家财政拨款和社会捐赠，维持最低水平的基本生活是社会救济制度的基本特征。从历史发展看，社会救济先于社会保险。

4. 社会优抚和安置　是国家和社会对从事特殊工作者及其家属，如军人及其亲属予以优待、抚恤、安置。在我国，优抚安置的对象主要是烈军属、复员退伍军人、残疾军人及其家属；优抚安置的内容主要包括提供抚恤金、优待金、补助金，举办军人疗养院、光荣院，以安置复员退伍军人等。其资金来源主要是国家预算拨款。

另外，社会互助是指在政府鼓励和支持下，社会团体和社会成员自愿组织和参与的扶弱济困活动。社会互助具有自愿和非营利的特征，其资金主要来源于社会捐赠和成员自愿交费，政府往往从税收等方面给予支持。社会互助主要形式包括：工会、妇联等群众团体组织的群众性互助互济；民间公益事业团体组织的慈善救助；城乡居民自发组成的各种形式的互助组织等。

三、医疗保障制度与健康

医疗保障制度（health care system）指一个国家或地区为解决居民的防病、治病问题，筹集、支付医疗卫生费用以及提供卫生服务的综合性制度，是现代社会保障制度的重要组成部分。它直接关系到人群是否能得到足够的医疗卫生服务，是决定“人人享有卫生保健”目标能否实现的关键。医疗保障制度的最主要功能之一是分担公众因疾病和意外伤害等带来的风险。

1. 医疗保障制度的基本类型　根据世界银行和 WHO 提出的分类方法，医疗保障制度主要包括国家医疗保险模式、社会医疗保险模式、商业医疗保险模式、自费医疗模式等。医疗保障制度由于受到社会经济、文化、卫生保健发展以及传统价值观等因素的影响，在世界各国中往往呈现以某一种为主体，多种并存的状态。不同的医疗保障制度由于卫生经费的筹集和补偿方式的不同，对医疗卫生服务组织、管理和实施的影响及保护人群健康的效果也存在着明显的差别，具体见第十三章。

2. 我国的医疗保障制度　1949 年以来，我国卫生事业取得举世瞩目的成绩，医疗保障制度不断完善，居民健康水平显著提升。为适应社会经济水平的发展，满足人民日益增长的健康需求，我国政府对医疗保障制度进行了深入的改革和发展。我国目前实施的医疗保障制度包括公费医疗制度、城镇职工基本医疗保险、城镇居民基本医疗保险、新型农村合作医疗制度、补充医疗保险制度，从 2016 年国务院印发《国务院关于整合城乡居民基本医疗保险制度的意见》，城镇居民基本医疗保险和新型农村合作医疗制度逐步过渡合并为城乡居民基本医疗保险。截至 2021 年年底，我国基本医疗保险参保人数达到 13.63 亿人，参保率稳定在 95% 以上。我国已经形成世界上覆盖范围最广、保障最全面的医疗保障网，基本实现了全人群覆盖，有力地保障和提高了居民的抗风险能力和健康水平，具体见第十三章。

第二节　人口与健康

人口（population）既是人群健康水平的重要衡量指标之一，也影响着人类健康和发展。在一定的生产力发展水平下，人口的数量、质量、结构、流动和发展速度，以及人口与资源的平衡状况，都会影响人们的生活条件和健康状况。

一、人口数量与健康

人口和经济的协调发展是社会可持续发展的重要前提，否则会给双方都带来不利影响。人口总量和人口增长速度是与人类健康息息相关的两大主要因素。

1. 人口总量 因为资源的有限性，人口数量过多势必导致人均资源占有量的减少。据综合估计，地球可承载人口上限大约为100亿。2022年，全球人口已突破80亿，据联合国预测，2037年将达到90亿，2080年将突破百亿。人口总量过载可能会导致自然资源枯竭、环境破坏、社会保障难以覆盖等问题，进而影响人群的健康。

2. 人口增长速度

（1）人口增长过快：人口数量增长过快会导致人类对自然的干预空前增大，自然环境受人为影响而改变，自然资源过度消耗甚至面临枯竭。人类生产生活的代谢产物排入自然系统，导致环境质量下降，影响了人类的健康，同时也阻碍了人类社会的可持续发展。

（2）人口负增长：随着社会经济的发展，人们的生育观念发生转变，生育意愿降低，导致人口数量出现不增长或负增长，这一现象在西方发达国家尤为严重。人口负增长将导致劳动力短缺、老年人口比例升高、社会保障负担加重等问题。

二、人口结构与健康

人口结构包括人口的性别、年龄、婚姻、职业等特征分布，当前面临的主要问题是人口老龄化和性别比例失调。

1. 年龄结构 是指各年龄组人口在总人口中所占的比例。随着社会经济水平的提高和科学技术的进步，人均期望寿命显著提高，生育意愿下降，老年人口的比例逐渐上升，少年儿童比例下降。联合国将老年型社会的标准定为60岁及以上人口超过10%或者65岁及以上人口超过7%。在其发布的《世界人口展望2022》中预测，全球65岁以上老年人的比例将由2020年的10%增长到2050年的16%。人口老龄化会使劳动人口短缺，养老、医疗等社会保障负担加重。少年儿童比例的下降，会导致未来人口数量的下降、劳动力短缺等问题，影响人群健康水平和社会经济的发展。

2. 性别比例 人口的性别结构是指男性、女性人口在总人口中所占的比例。通常用性别比来评价人口性别结构是否平衡，即以女性人口数为100或1时的男性人口数（男性人口数÷女性人口数×100）。由于女性平均期望寿命略高于男性，出生性别比一般略大于100，国际公认的正常范围为103～107。我国第七次全国人口普查全国人口性别比稳定在105左右。性别价值观（如重男轻女）、战争等因素都可能导致性别比例失调。性别比例失调势必造成男女其中一方不能结婚或晚结婚，婚配率和生育率下降，影响人口再生产。性别比例失调也是影响社会安定的重要因素。例如，男性比例过高，造成婚姻挤压，会引起买卖婚姻、妇女拐卖、婚外恋等问题，破坏家庭和社会的稳定。

三、人口素质与健康

人口素质也称“人口质量”，是总人口身体素质、科技文化素质和思想道德素质的综合体现。人口素质的提高能够有效促进健康水平的提升，公民素质已经成为综合国力和国际竞争力的核心要素。

1. 身体素质 是指人的身体状况与健康水平，是人口素质的基础，通常用人均期望寿命、婴幼儿死亡率、青少年身高体重等指标评价。身体素质由遗传和环境两方面因素决定，在遗传上可以通过优生优育政策获得提高，如禁止近亲结婚、唐氏筛查等，在环境因素方面，营养、医疗、教育等对身体素质都可以产生影响。

2. 科学文化素质　包括人们的科技和人文知识水平，以及与这些知识相适应的能力、行为和情感等方面综合发展的质量、水平和个性特点。科学文化素质的提升，有利于人们对资源的获取和利用，同时科学文化素质较高的人群，其健康意识更强，更有可能选择健康的生活行为方式，从而享有更高的健康水平。文盲率、不同文化程度人群占总人口比例等指标通常被用于评价人群科学文化素质水平。

3. 思想道德素质　包括政治思想、道德品质、精神信仰、行为规范等。公民思想道德素质的提高有利于良好社会风气和公序良俗的建立，有利于提高社会凝聚力和信任关系，有利于社会合作互助网络的形成和社会资源的共享，有利于社会整体身心健康发展。

四、人口流动与健康

1. 人口流动的含义　人口流动（population movement）主要是指人口在地理空间位置上的变动，通常也包含社会阶层、职业等方面的变动，是社会发展过程中经常发生和普遍存在的一种现象。在人口统计中，通常将人口户籍登记地与现居住地不一致且离开户籍登记地半年以上的现象统称为“人户分离”。伴随改革开放的深入开展，我国人口流动发生频率增加，2020 年第七次全国人口普查中，全国流动人口已经超过 3.7 亿，较 2010 年第六次全国人口普查增长 69.73%。

2. 人口流动产生的影响　人口流动可促进经济繁荣，给人群健康带来有利影响。但人口流动打破了原有人口分布与资源和环境的动态平衡，会带来一系列卫生健康问题。人口流动给人口流入地区教育、卫生、人口管理、传染病防控等工作带来了新的挑战。如果跟随父母流动儿童的教育、营养、医疗等通常难以得到保障，他们的身心健康发展将会受到影响；流动人口老年人的比例增加，对养老和医疗服务利用等产生影响；人口流动的增加给传染病控制、慢性病管理、妇幼保健等公共卫生工作的开展也增加了难度。

拓展阅读

我国的人口特征

中华人民共和国成立后，我国分别在 1953 年、1964 年、1982 年、1990 年、2000 年、2010 年和 2020 年进行过七次全国性人口普查。2020 年进行的第七次全国人口普查对我国人口的数量、结构、分布等进行了全面的调查，主要结果如下：

（1）人口总量：2020 年全国人口共 141 178 万人，与 2010 年第六次全国人口普查数据的 133 972 万人相比，增加 7206 万人，增长 5.38%，年平均增长率为 0.53%，比 2000 年到 2010 年的年平均增长率 0.57% 下降 0.04 个百分点。我国人口 10 年来继续保持低速增长态势。

（2）人口地区分布：东部地区人口占 39.93%，中部地区占 25.83%，西部地区占 27.12%，东北地区占 6.98%。与 2010 年相比，东部地区人口所占比重上升 2.15 个百分点，中部地区下降 0.79 个百分点，西部地区上升 0.22 个百分点，东北地区下降 1.20 个百分点。人口向经济发达区域、城市群进一步集聚。

（3）性别构成：男性人口为 72 334 万人，占 51.24%；女性人口为 68 844 万人，占 48.76%。总人口男女性别比为 105.07∶100，与 2010 年相比略有降低。我国人口的性别结构持续改善。

（4）年龄构成：0～14 岁人口为 25 338 万人，占 17.95%；15～59 岁人口为 89 438 万人，占 63.35%；60 岁及以上人口为 26 402 万人，占 18.70%（其中，65 岁及以上人口为 19 064 万人，占 13.50%）。与 2010 年相比，60 岁及以上人口的比上升 5.44 个百分点，人口老龄化程度进一步加深。

（5）受教育程度：具有大学文化程度的人口为 21 836 万人。与 2010 年相比，每 10 万人中具有大学文化程度的由8930人上升为15 467人，15岁及以上人口的平均受教育年限由9.08年提高至9.91年，文盲率由4.08%下降为2.67%。受教育状况的持续改善，人口素质不断提高。

（6）城乡人口：城镇人口90 199万人，占63.89%；乡村人口为50 979万人，占36.11%。与2010年相比，城镇人口增加23 642万人，乡村人口减少16 436万人，城镇人口比重上升14.21个百分点。随着我国新型工业化、信息化和农业现代化的深入发展和农业转移人口市民化政策落实落地，新型城镇化进程稳步推进，城镇化建设取得了历史性成就。

（7）流动人口：人户分离人口为49 276万人，其中，市辖区内人户分离人口为11 694万人，流动人口为37 582万人，其中，跨省流动人口为12 484万人。与2010年相比，人户分离人口增长88.52%，市辖区内人户分离人口增长192.66%，流动人口增长69.73%。我国经济社会持续发展，为人口的迁移流动创造了条件，人口流动趋势更加明显，流动人口规模进一步扩大。

第三节 社会关系与健康

社会关系是指人们在共同的物质和精神活动中所形成的相互关系的总称，包括人与人、人与群体或组织之间的一切关系。个体总是生活在由一定社会关系连接而成的社会群体之中，其中包括家庭、社区、学校或工作单位等，这些基本社会群体共同构成社会网络，个体在其中的社会关系是否和谐，是决定个体是否健康的重要因素。本节重点介绍社会支持、家庭状况、职业状态与健康的关系。

一、社会支持与健康

社会支持（social support）是指个体从社会网络中所能获得的情感、物质和生活上的帮助。从性质上可以分为两类：一是客观支持，包括物质上的直接援助和社会网络、团体关系的直接存在和参与；二是主观支持，即个体所体验到的情感上的支持，也就是个体在社会中受尊重、被支持、被理解因而产生的情感体验和满意程度，与个体的主观感受密切相关。关于社会支持与健康及寿命关系的研究，最初是美国学者伯克于1979年对4700人进行的长达9年的追踪调查，比较分析人们社会关系的广度和质量及其与寿命的联系后发现：不论性别和年龄，社会关系越广泛，死亡率则越低。研究表明，社会支持系统对不安、忧郁、孤独感、无力感和工作紧张感及各种精神疾病、慢性病等的患病率和死亡率有直接或间接的影响，与幸福感生存价值、生活质量等有密切关系，尤其对重病患者或严重精神忧郁的患者，社会支持系统本身就是治疗手段，对临床治疗效果有显著促进作用。社会支持系统主要由人际关系、社会网络和社会凝聚力等要素构成。

1. 人际关系 指在人际交往基础上结成的人与人之间的相互关系，主要表现为心理上的关系和距离，如亲近、友好或疏远、敌对等。不同的人际关系会影响个体获得社会支持的水平以及个体的情绪体验，进而影响个体的身心健康。良好的人际关系可以让人心情轻松愉快，同时也有更多机会获得社会支持；相反，不良的人际关系会导致情绪低落和较差的心理状态，甚至会引起神经系统、内分泌系统和免疫系统反应，导致疾病的发生。所以说，人际关系的好坏不仅关系到工作的成败，也会影响个体的身心健康。

2. 社会网络 指社会个体成员之间因互动而形成的关系网络。社会网络的内涵十分广泛，涵盖了个体与个体、个体与组织之间的相互关系。人们在相互交往中形成各自的社会网络，并且成为获得社会支持的主要途径和来源。处于网络中的个体受社会网络影响的大小主要取决于网络的规模、网络的紧密程度和同质性、个体在社会网络中的地位等。社会网络影响个体的途径主要是，首先社会网络为个体提供信息和决策建议，其次个体的决策受到社会网络的影响，如家庭、朋友或同事网络都会影响个体的决定。研究表明，社会成员如能从社会网络中获得情感、物质和生活上的帮助，在一定程度上对身心健康尤其是对心理健康非常有利。

3. 社会凝聚力　是把社会成员紧密聚合在一起的某种吸引力，表现为社会成员观念行动方面展现出一致性和协同性。它既是社会公众趋同的精神心理过程，又是社会建制进行社会动员与社会整合的一项基本功能。社会凝聚力虽然比较抽象，但在社会生活中，它是社会支持的决定力量。

二、家庭状况与健康

家庭是社会的细胞，是以婚姻和血缘关系为基础建立起来的具有情感纽带的一种社会生活的基本单位。家庭的结构、家庭功能、家庭关系、家庭社会地位等均会对家庭成员的健康产生影响。

1. 家庭结构与健康　家庭结构主要是指家庭的人口构成。在我国，随着都市化和工业化的发展，大家庭日趋稀少，以父母和未成年子女所组成的核心家庭成为城乡家庭的主要形式，但由于离婚、丧偶及丧失亲人造成家庭结构的破坏以及代际分离和家庭观念的变化，现代社会还出现了诸如单亲家庭、空巢家庭、同居或丁克家庭、独居家庭等多种家庭形式。家庭规模的缩小和家庭结构的缺陷都给健康带来不利影响，主要是造成资源缺乏使得家庭为其成员提供躯体和精神照顾的能力下降，削弱了家庭成员应对紧张事件的能力，尤其是儿童和老年人。

2. 家庭功能与健康　健康的家庭具备生育与教育、生产与消费、赡养、休息和娱乐等社会功能。尤其是对子代的孕育和社会化是家庭最显著的功能，任何机构都无法取代。家庭功能健全对其成员健康有着广泛的益处：如履行优生优育，提高人口质量；奠定经济基础，合理安排闲暇和物质消费，减少疾病等；悉心关怀与照料老幼等脆弱人群，维护其身心健康。家庭功能失调通过破坏提供物质及文化生活的微环境对人们健康产生不良影响。例如，在我国的城市化进程中，由于来自双亲原有照护功能的减弱或消失，农村留守儿童的生存与发展引起社会广泛关注；而伴随着老龄化，由于传统大家庭所具有某些重要功能的丧失，使一些依靠家庭养老的老年人由于缺乏物质和精神支持，出现了诸多健康问题。

3. 家庭关系与健康　每个人都隶属于其家庭，家庭成员之间的关系是一个人最基本的社会关系，如夫妻关系、亲子关系、兄弟姐妹关系等。家庭关系对其中每一成员都有重大影响。家庭关系良好，家庭氛围和谐，有利于其成员生理、心理调节控制处于稳定状态，成为保障人们身心健康的强大动力。家庭关系的失调常与争吵、谩骂、家庭暴力、虐待老人等恶劣的家庭生活环境相伴，主要表现为夫妻失和、亲子关系紧张等，其中夫妻关系是支撑婚姻和一切家庭关系的基础，夫妻关系一旦失调，将会对自身及其他家庭成员，特别是子女的身心健康造成严重后果甚至形成人格障碍。国家统计局数据显示，我国粗离婚率已经从2000年的不足1‰增长到2020年的3‰以上。

三、职业状态与健康

1. 职业压力（occupational stress）　是指职业要求使工作者做出偏离常态机能的改变而引起的压力。职业压力会引起工作者生理、心理、社会的健康状态改变甚至损害。职业压力可能来源于环境、组织、个人等多个方面，如技术的不确定性、任务要求、角色要求、人际关系要求、个人特征等。适度的压力可以成为个体和组织的发展动力，有利于提高员工的工作绩效和工作满意度，促进职工健康。但职业压力过大或持续时间较长时，会使员工的心理、生理、行为与社会关系产生一系列的异常反应。例如，心理上的紧张、忧郁、焦虑、苦恼、敏感、多疑、焦躁等；生理上的头疼、失眠、暴饮暴食或厌食、消化不良、疲劳乏力等；行为上的过度兴奋、酗酒或过度抽烟等。积极应对方式，如寻求社会支持、积极合理化的解释等，可以提高个体心理适应能力，树立现实的期望和目标，有利于个体身心健康。

2. 失业　是指在一定年龄范围内个体愿意并有能力为获取报酬而工作，但未找到工作的情况。失业是当今社会的一种常见现象，也是各国面临的一个突出社会问题。社会整体失业率的高低与经济发展情况、政府政策等有关。失业切断人们的经济来源，同时失业剥夺了人们的社会角色和功能，会导致物质生活条件的恶化，不能满足家庭的要求和需求，使人丧失尊严和自信，对人们的躯体和心理产生消极的影响。

3. 退休 是人生旅程中的重要转折点，退休意味着离开工作岗位开始享受生活，理论上健康应该得到改善。但退休意味着地位和权力的丧失、自我价值感的降低，很多人难以适应这种重大角色的变换，有可能出现心理的不适应等健康问题。研究表明，晚退休有助于推迟阿尔茨海默病的发病，延长寿命；退休后又重返工作的人会获得愉快和满足感，尤其是高阶层人群，因为职业对他们来说不仅是谋生手段，更是获取生活乐趣、实现人生价值的重要途径。男性干部、工人年满60周岁，女干部年满55周岁，女工人年满50周岁，连续工龄或工作年限满10年是法定退休年龄。2021年，《中华人民共和国国民经济和社会发展第十四个五年规划和2035年远景目标纲要》（简称“十四五”规划）提出，按照“小步调整、弹性实施、分类推进、统筹兼顾”等原则，逐步延迟法定退休年龄。

第四节 工作生活环境与健康

一、营养不良与健康

1. 营养不良的含义 营养不良是指营养摄入不足、过剩或比例失调引起的疾病。营养不良既包括因摄入不足、吸收不良、过度损耗营养素所引起的营养不足，也包括因暴饮暴食、过度摄入某类营养素导致的营养过剩。

2. 营养不足 人体营养素摄入不足会引发多种疾病，如缺碘会导致甲状腺肿、缺硒会导致克山病、缺维生素D会导致佝偻病等。引起营养不足的因素有很多，其中摄入不足是主要原因之一，主要发生在经济欠发达的国家和地区，目前集中在非洲等地区。其他引起营养不足的因素包括过多食用精加工的食物、挑食偏食、肠胃消化吸收不良等。此外，在人体生长发育、妊娠、哺乳、剧烈运动等情况下，营养素需要量明显增加，此时如营养素摄入不足，也容易发生营养不足。因此，孕妇和儿童尤其需要注意补充人体必需的营养素，否则容易引起婴幼儿体质下降、智商降低，甚至导致夭折，因此，孕妇需及时补充叶酸、儿童需要补钙等。

3. 营养过剩 目前营养过剩的主要问题是能量摄入过剩，而能量过剩与“三高一低”（高能量、高脂肪、高糖、低纤维素）的膳食结构存在直接的关系。当体内营养过剩，摄入的能量超过了人体活动消耗量，会导致超重乃至肥胖。近年来，超重和肥胖在发达国家和一些发展中国家均呈现上升趋势。国家国民体质监测中心发布《第五次国民体质监测公报》显示，2020年，我国成年人超重率、肥胖率分别为35.0%和14.6%，较2014年分别增长了2.3和4.1个百分点；2020年老年人超重率、肥胖率分别为41.7%和16.7%，较2014年分别增加了0.1和2.8个百分点。《中国居民营养与慢性病状况报告（2020年）》显示，我国6～17岁儿童青少年超重率和肥胖率分别为11.1%和7.9%，6岁以下儿童超重率和肥胖率分别为6.8%和3.6%。预计到2030年，中国成人（中国标准）、7～17岁儿童青少年（中国标准）和≤6岁儿童（WHO诊断标准）的超重肥胖率可能分别达到65.3%、31.8%和15.6%，而超重和肥胖的人数可能分别达到78 995万、5892万和1819万。

大量研究表明，肥胖与冠心病、高血压、脑卒中、某些癌症、1型糖尿病、血脂异常、骨关节炎和痛风，以及包括睡眠呼吸暂停在内的肺部疾病有关，还造成劳动生产力的降低和卫生服务费用的增加。2019年中国归因于高体重指数（body mass index，BMI）的心血管病死亡人数为54.95万，归因于高BMI的心血管病年龄标化死亡率为38.64/10万，11.98%的心血管病死亡归因于高BMI。中国超重和肥胖导致的直接医疗费用为84亿～239亿美元，间接医疗费用为626亿美元。据估计，2030年归因于超重肥胖的医疗费用预计为4180亿元人民币，约占全国医疗费用总额的22%。

肥胖程度的衡量有多种指标，包括腰围或腰围臀围比、BMI、体脂含量等。BMI 是最为常用的指标，计算公式：BMI=体重÷身高^2（体重单位：千克；身高单位：米）。WHO 提出的成年人 BMI 正常范围为 18.5≤BMI＜25，25≤BMI＜30 为超重，BMI≥30 为肥胖。由于该标准是根据欧美人群数据制订的，而亚洲人骨骼大小、肌肉发达程度以及身高均与欧美人有相当大差异，WHO 西太平洋办事处、国际肥胖研究协会和国际肥胖专家组根据亚太人种的特殊性和流行病学调查，重新划分了亚太区的肥胖界值：正常范围为 18.5≤BMI＜23，23≤BMI＜25 为超重，BMI≥25 为肥胖。体脂含量可以通过 CT、MRI 或生物电阻抗测定法等方法测量。

拓展阅读

中国居民平衡膳食宝塔（2022）

膳食指南是健康教育和公共政策的基础性文件，是国家推动食物合理消费、提升国民科学素质、实施健康中国合理膳食行动的重要措施。2022 年 4 月 26 日，中国营养学会修订完成了《中国居民膳食指南（2022）》，提炼出了平衡膳食八准则：①食物多样，合理搭配；②吃动平衡，健康体重；③多吃蔬果、奶类、全谷、大豆；④适量吃鱼、禽、蛋、瘦肉；⑤少盐少油，控糖限酒；⑥规律进餐，足量饮水；⑦会烹会选，会看标签；⑧公筷分餐，杜绝浪费。

如右图所示。

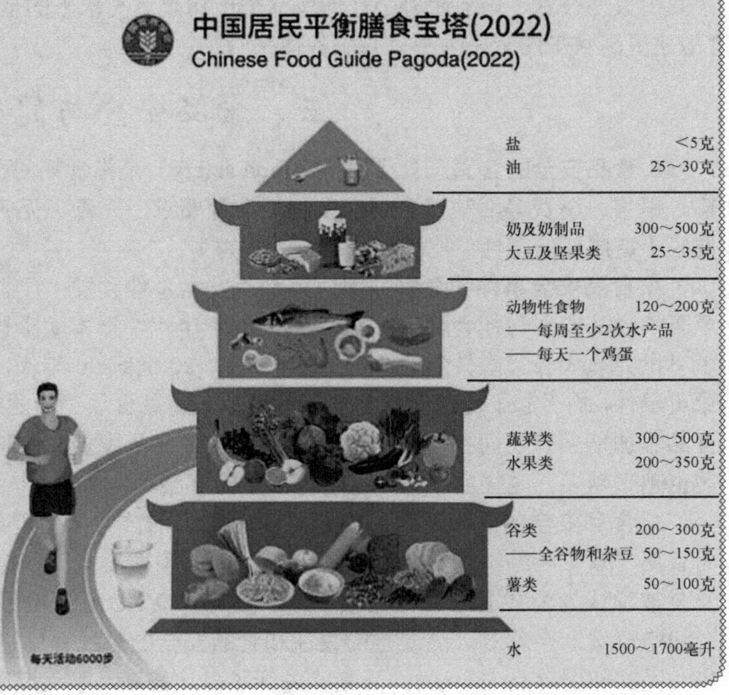

二、体力活动与健康

1. 体力活动的含义　体力活动（physical activity）不仅是狭义上的体育锻炼，而是指所有引起人体肌肉骨骼活动而产生能量消耗的身体活动。人们日常的体力活动通常可以分为职业性体力活动、交通行程性体力活动、家务性体力活动和闲暇时间体力活动等。

2. 体力活动与健康　大规模队列研究的证据表明：体力活动不足是很多疾病的重要原因，如体力活动与心血管疾病、冠心病、糖尿病、心肌梗死、痴呆、脑卒中、癌症等均存在统计学相关性。增加体力活动不仅可以预防疾病，而且可以治疗疾病。研究表明，体力活动充足的人群冠心病危险性只有静坐人群的一半，规律体力活动还可以降低糖尿病、肥胖、骨质疏松、结肠癌风险，促进精神健康。据 WHO 报告，体力活动不足或静坐生活方式是全世界死亡和残疾的前十项原因之一。据推测，每年有 200 多万死亡是由体力活动不足造成的。体力活动不足是影响全球疾病负担的一个重要的健康危险因素，是影响世界范围内大多数人健康的主要问题。WHO 资料显示，60%～85% 的成年人日常生活方式为静坐或近似静坐。因此，应该采取积极有效的措施促进各人群体力活动的参与程度和科学化程度。

随着大量体力活动与健康关系的研究的开展，人们逐渐认识到体力活动对健康的重要性，各国也相继出台了一系列措施促进国民参与体力活动。1978 年美国运动医学会第一次发布以提高心血管功能水平为目的的体力活动指南：每周进行不少于 3 天，每天不少于 20 分钟的重度体力活动。20 世纪 90 年代初，美国、英国、澳大利亚以及 WHO 先后发表了一系列强调中等强度体力活动的公共卫生体力活动推荐量。这些建议的发表很大程度上增强了公众对加强体力活动的重视，并推动了体力活动促进的开展。1995 年我国颁布了《全民健身计划纲要》，提出全面提高中华民族的体质和健康水平，基本建成具有中国特色的全民健身体系。在此基础上，国务院先后颁布了《全民健身计划纲要》第二期工程（2001～2010 年）《全民健身计划》（2011～2015 年）和《全民健身计划》（2016～2020 年）等连续性文件，保证全民健身工作可持续开展，基本形成了覆盖城乡、比较健全的全民健身公共服务体系，成为健康中国建设的有力支撑。2009 年，国务院公布《全民健身条例》，以“促进全民健身活动的开展，保障公民在全民健身活动中的合法权益”。2022 年，中共中央办公厅、国务院办公厅印发《关于构建更高水平的全民健身公共服务体系的意见》，要求“构建更高水平的全民健身公共服务体系”。

三、食品安全与健康

1. 食品安全的含义 食品安全（food safety）是指食物的种植、养殖、加工、包装、储藏、运输、销售、消费等活动符合国家强制标准和要求，无毒、无害，符合应当有的营养要求，对人体健康不造成任何急性、亚急性或者慢性危害。

2. 食品安全事件的危害 国内外食品安全事件频发，严重威胁着人们的健康与生命安全，甚至影响经济发展与社会稳定。20 世纪四五十年代，日本随意排放工业废弃物造成食品污染，引发了“世界八大公害事件”之一的“水俣病”。20 世纪 90 年代，英国“疯牛病”事件与比利时的二噁英事件，均引起了全球对食品安全的恐慌。随着食品工业的发展，直接用于食品的化学物质（如食品添加剂）以及间接与食品接触的化学物质日益增多，违禁违规使用添加剂导致的食品安全问题也越来越多。这些事件都严重危害了居民健康和生命安全。

3. 食品安全的防治 食品安全是一个重大的公共卫生问题，不仅直接关系人类的健康生存，而且还严重影响经济和社会的发展，甚至威胁国家安全和社会稳定。2000 年 WHO 大会上，食品安全被确认为公共卫生的优先领域。2001 年，WHO 召开食品安全战略会议，起草了全球食品安全战略草案，全球对食品安全的关注和食品安全的重视程度进一步提升。2009 年我国颁布了《中华人民共和国食品安全法》，后续又进行了多次修订，引入风险评估，坚持预防为主，实行全程监管，强调生产经营者是食品安全的第一责任人，确立了食品安全风险监测和评估、食品安全标准统一制定、食品经营、食品检验、食品进出口、监督管理等一系列制度，为保证食品安全，保障公众身体健康和生命安全提供了有力保障。

四、城市化与健康

1. 城市化的含义 简单来说，城市化（urbanization）是指城市数量和规模扩大的过程，其主要表现为城市人口比例增加。但城市化是一个多维概念，其更深层次的内涵包括农村人口向城镇人口转化、地理区域的转变、经济模式和生产方式的转变、社会关系和组织变迁等。城市化是社会发展的重要趋势，据联合国估计，2050 年世界发达国家城市化率将达到 86%。截至 2021 年年底，我国城市化率已达到 64.72%，预计 2050 年将超过 70%。城市化对居民健康的影响具有两面性。

2. 城市化对健康的积极影响 城市化促进经济模式和生产方式的提升，从而促进整体经济水平的提高，经济发展水平是影响健康的重要因素之一，一般来说经济发展水平越高，居民健康水平越高；城市化水平提升后居住环境及卫生状况的改善可以减少传染病传播等；城市卫生资源更加集中，有利于提高医疗水平和居民卫生服务利用的可及性；城市设施、教育等资源更加完善，也有利于人的全面健康发展。

3. 城市化对健康的消极影响 环境污染加重，工业污染、汽车尾气等导致城市空气污染严重，造成心血管疾病和呼吸系统疾病发病率上升；精神障碍增加，城市化带来的生活节奏加快，社会竞争加剧，导致心理健康问题增多；交通危害增多，城市化过程中机动车辆的数量增多，道路交通伤害的数量逐渐增多，道路交通伤害已经成为全球第九大死因。

五、职业环境与健康

1. 职业病

（1）职业病的定义：职业病是指国家法律规定的由于职业环境等因素引发的疾病。在我国，根据《中华人民共和国职业病防治法》规定：职业病是指企业、事业单位和个体经济组织等用人单位的劳动者在职业活动中，因接触粉尘、放射性物质和其他有毒、有害物质等因素而引起的疾病。根据职业病的定义，职业病必须具备以下四个条件：患病主体是企业、事业单位或个体经济组织的劳动者；必须是在从事职业活动的过程中产生的；必须是因接触粉尘、放射性物质，以及其他有毒、有害物质等职业病危害因素引起的；必须是国家公布的职业病分类和目录所列的职业病。职业病的诊断是由省级卫生行政部门批准的医疗卫生机构承担，确诊为职业病则需要向卫生主管部门报告。确诊为职业病的患者，按照国家规定享受工伤保险待遇或相关职业病待遇。

（2）职业病的分类：职业环境中的健康危害因素包括粉尘类，如硅尘导致硅肺病；物理因素，如高温导致中暑；生物因素，如炭疽杆菌、森林脑炎等；化学类，如汞及其化合物引起中毒；放射性类，电离辐射等。2013 年 12 月，国家卫生计生委、人力资源社会保障部、安全监管总局、全国总工会共同印发了《职业病分类和目录》，将职业病分成 10 大类。其中，尘肺病 13 种和其他呼吸系统疾病 6 种，如硅肺、煤工尘肺等；职业性放射性疾病 11 种，如外照射急性放射病、外照射亚急性放射病、外照射慢性放射病、内照射放射病等；职业性化学中毒 60 种，如铅及其化合物中毒、汞及其化合物中毒等；物理因素所致职业病 7 种，如中暑、减压病等；职业性传染病 5 种，如炭疽、森林脑炎等；职业性皮肤病 9 种，如接触性皮炎、光敏性皮炎等；职业性眼病 3 种，如化学性眼部烧伤、电光性眼炎等；职业性耳鼻喉口腔疾病 4 种，如噪声聋、铬鼻病等；职业性肿瘤 11 种，如石棉所致肺癌、间皮瘤，联苯胺所致膀胱癌等；其他职业病 3 种，如职业性哮喘、金属烟热等。

2. 与职业有关的疾病 职业病一般是由国家法律规定的，确诊须经过严格的流程，而与职业有关的疾病较职业病的定义则更为宽泛。本教材中泛指职业病之外的一些与职业有关的疾病。一般来说，与职业有关的疾病诱因很多，职业因素只是其中之一，也可能是职业因素影响健康，使潜在的健康问题显露或已有的疾病加重。常见的与职业有关的疾病包括长时间伏案工作、使用计算机等导致的腰椎颈椎疾病；加班、夜班工作引起精神神经衰弱、焦虑、忧郁等；工作性质所致的饮食失调、过量饮酒易导致消化性溃疡等肠胃疾病。通常来说，与职业有关的疾病通过改善工作条件，病情可以得到控制或缓解。因此，在职业卫生工作中，应该把这类疾病作为预防和控制的重要任务，从而提升从业人群的身心健康水平。

思 考 题

1. 人口老龄化已经成为全球很多国家和地区正在面临的难题，请探讨人口老龄化产生的原因、产生的后果，以及改善人口老龄化的建议。

2. 在我国的社会背景下，社会关系是如何影响人群健康的？社会关系对人群健康的影响有何特殊性？

第七章　社会文化因素与健康

【学习目标】

1. 掌握智能文化、规范文化和思想文化等对健康的影响。
2. 熟悉文化的定义、构成和文化分型对健康的影响。
3. 了解文化与文明的区别。

社会文化渗透到生活的各个领域，对人们的社会生活以及整个社会的运转产生深刻的影响。《史记》有言："仓廪实而知礼节，衣食足而知荣辱。"人们在衣食温饱之后就会有更高的文化需求。伴随着生活水平的提高，人们的文化需求也会日益增长，社会文化因素对健康的作用也就越来越重要。

第一节　文化概述

一、文化的定义

文化是一种人类社会现象，涉及物质、制度、观念等诸多方面，不同学科对于文化的定义不尽相同。从语源学角度看，"文化"（culture）的本义是栽培、耕作，是相对于自然（nature）而言，凡是经过人的加工创造的事物都属于文化。因此，文化作为一种人类社会现象，关于它的一个最广泛的定义是"文化即人化"，也就是指人类的一切活动及其成果。英国文化人类学家泰勒（Tylor）在《原始文化》一书中提出，"文化或文明，就其广泛的民族学意义来说，乃是包括知识、信仰、艺术、道德、法律、习俗和任何人作为一名社会成员而获得的能力和习惯在内的复杂整体"。泰勒将"文化"与"文明"看作同义语，指作为人类活动的整体成果。

广义的文化是指人类在其生产和生活活动中所创造的一切社会物质财富和精神财富的总和。人类生产活动的一切产物，如人类新的发明、创造、制造都属于物质文化，而语言、文字、制度、习俗、观念、理论及艺术等是人类智慧的产品，可以称为精神文化。按照这一定义，文化是一个包罗万象的大范畴概念。

狭义的文化，特指精神文化，指人类的精神活动及成果，即人类一切精神财富的总和，包括思想意识、宗教信仰、文学艺术、道德规范、法律、伦理、习俗、美学、科学技术和知识等。马克思主义认为，"一定的文化是一定社会的政治和经济在观念形态上的反映"，将文化视为一定的观念形态，即属于狭义的理解。

拓展阅读

文化与文明

在人文社科领域，"文化"与"文明"的出现频率很高，时常通用或混用，其实，二者同中有异，各有所指。文明（civilization）一词源于古拉丁文"civis"和"civilis"，其本义是城市居民，引申为罗马人的公民身份，含有较之当时的外乡人特别是蛮族的生活状态更为优越之意，因此"文明"是相对于"野蛮"（savage）或"原始"（primitive）而言的。文化发展基于人的行为，有了人，便有了自觉或不自觉的文化创造，却并非是有了人就有了文明。

关于文明产生的标志或标准，学术界至今还在探讨，尚未达成一致，主要观点集中于政治上，要有城市类型的大型聚居地，有宏伟的公共建筑，居民有明显的阶级分化，形成了国家；经济上，有较为发达的社会分工和商品交换；意识形态上，有全民族比较统一的宗教信仰，包括崇拜对象和祭祀仪式等；精神文化上，有文字的产生和科学技术的发展。只有在文化上具备了以上标志和特征的社会，才算进入了文明社会。也就是说，文明社会的形成需要文化的积淀和升华，文明是人类改造自然、社会及自身达到一定程度的成果，是文化发展的高级阶段。

恩格斯（Engels）说："国家是文明社会的概括。"日本近代启蒙思想家福泽谕吉谈论文明："文明的含义，既可以作广义讲，又可以作狭义解释。若按狭义来说，就是单纯地以人力增加人类的物质需要或增多衣食住的外表装饰。若按广义解释，那就不仅在于追求衣食住的享受，而且要励志修德，把人类提高到高尚的境界。"在福泽谕吉的理解中，狭义的文明限于物质领域的发展，广义的文明包括物质领域的发展和精神领域的进步。人是追求生命意义的高级生命，自然不应满足于一时温饱，文明是动态的，觉醒、独立和开化是一个民族臻于文明之境的不二法门。中国语境中也多对"文明"一词取其广义理解，如《中国大百科全书·哲学卷》中将文明解释为"人类改造世界的物质成果和精神成果的总和"，袁行霈等主编的《中华文明史》在其总绪论中将文明分为物质文明、政治文明、精神文明三个方面。英国著名历史学家汤因比（Toynbee）研究了世界上21个文明体后指出：中国是世界历史上唯一一个有着5000多年文明发展且没有出现间断的国家。中华文明是世界古代四大文明中唯一硕果仅存并延续至今的。

文化与文明，本为客观存在，起初并不带有价值判断的色彩，但在实际运用中又常被人为地主观化，于是有了"文化中心论""文明优越论""文明冲突论"等种种提法。世界各地的人们因自然禀赋差异和不同的发展进程而创造了多样文化、多元文明，这些文化和文明既有相通之处，又各具特色，更无优劣之分，因此，我们对于所谓的"文化中心论""文明优越论""文明冲突论"要清醒认识，理性看待，提倡文明交流互鉴。

二、文化的构成

无论是何种文化都有其内在结构，一般而言，文化可以分成3个组成部分。

1. 认知部分 包括知识和信仰，知识是人们在顺应和改造自然、社会的过程中获得认识和经验的总和。信仰是人们对于自然和社会的主观认识，并将其转化为信奉和敬仰。

2. 规范部分 包括价值观和社会规则、规范。文化发展通常要经历一个漫长的过程，价值观和社会规则、规范也是逐渐形成的。

3. 符号部分 语言文字是最重要的文化符号。

三、文化分型对健康的影响

按照不同的划分标准，文化可被划分为多种类型。如果以文化在社会中所起的作用来看，可分为智能文化、规范文化和思想文化三种类型。不同类型的文化通过不同的途径影响着人们的健康。

1. 智能文化及对健康的影响 智能文化是指人类进入文明时代后，在社会实践中形成的一系列知识、技术与经验总结，包括科学技术、生产生活知识等，主要通过生活环境和劳动条件作用于人们健康。

2. 规范文化及对健康的影响 规范文化是指影响或规范人类行为的文化，包括社会制度、教育、法律、风俗习惯、伦理道德等，主要通过支配行为生活方式来影响人群健康。

3. 思想文化及对健康的影响 思想文化是指以精神形态存在的文化，包括文学艺术、宗教信仰、思想意识等，主要通过心理过程和精神生活作用于健康。

第二节　科学技术对健康的影响

一、科学技术的含义

科学技术是科学与技术的合成词，简称科技，是智能文化的重要组成部分。科学是人类世代积累的关于自然、社会、思维的知识体系。技术泛指依据自然科学原理、生产实践经验，为实现某一实际目的而协同的各种工具、设备、技艺和工艺体系。

二、科学技术对健康的积极影响和消极影响

科学技术的进步，一方面促进了生产力的发展，对人类健康具有积极作用，另一方面也会对健康产生消极影响。

（一）科学技术对健康的积极影响

科学技术进步促进生产效率的提升，使生产、生活资料更加丰富和充足，例如农业领域的科学技术进步可提升粮食产量，减少了饥荒、营养不良等健康问题；科学技术进步促进生产方式的转变，降低了人们的体力劳动强度，减少了过度劳动对健康的影响。科学技术进步为医学发展提供了理论基础和先进技术手段，医学影像、医学检验化验、基因检测、可穿戴设备等新技术、新设备的应用，提供了便捷、可靠的诊断依据，生命科学技术（如基因工程、生殖工程技术）和纳米技术等在医学中的应用，也势必对疾病的早预防、早诊治和早康复以及提高生命质量起到不可估量的作用。

“互联网+”背景下的新一代互联网信息技术正在变革着健康服务的业态和模式，引入物联网、大数据、云计算、虚拟场景等新技术和新服务方法，不仅为人类健康提供大数据支持，还可以提供个性化电子健康服务。新一代信息技术与生命科学技术进步相结合，赋予了传统健康服务新的内涵，如可视化数据分析、静脉可视眼镜、病房自动匹配等新模式，对于提升传统医疗效率、辅助医疗决策、降低医疗成本具有重要意义。

（二）科学技术对健康的消极影响

科学技术是一把双刃剑，在促进人类健康发展的同时，也产生了许多消极影响。科学技术的应用使人们过多地干预自然造成生存环境失调，带来新的有害因素，如农药的使用提高了农作物的产量，但其分解缓慢，对人类形成了慢性毒害；核能源的利用在解决能源危机的同时，产生的核污染又成为威胁人类健康的祸根；抗生素的广泛使用和研发为疾病治疗提供了更多选择，而抗生素的滥用则导致病原菌耐药性增强，造成更多超级细菌的产生。抗生素的滥用也造成了患者机体损伤、药物不良反应的增加，影响患者身心健康。大量抗生素研发费用的投入，一定程度上影响了其他药品的研发，造成了医疗资源的浪费。

在医疗卫生领域，高科技应用于诊疗活动，一定程度上阻隔了医患间的直接交流，物化了医患关系，导致医患关系紧张；高新技术的应用提高了收费标准，但却未能满足患者的康复预期；过多使用高新技术造成过度诊疗，增加了患者的经济负担。

第三节　规范文化对健康的影响

一、社会制度对健康的影响

（一）社会制度的定义

社会制度是指在特定的社会关系和社会活动中形成的持续而稳定的规范体系。通常有三层含义：第一层，指社会形态或社会发展阶段，如封建主义制度、资本主义制度、社会主义制度等；第二层，社会特定领域的具体制度，如政治制度、经济制度、法律制度等；第三层，指社会组织的行为准则和办事程序，如财务制度、考勤制度、奖惩制度等。

（二）社会制度影响健康的方式

社会制度主要通过社会分配制度、卫生政策、行为规范等方式影响人群健康。

1. 社会分配制度　是指劳动产品在社会主体中分割、配给制度的总称，包括按劳分配、按资分配、按需分配以及多种分配方式并存等类型。如果社会分配制度与社会发展阶段不适应，会导致社会贫富差距增大，进而造成不同社会阶层人群的健康水平存在差异；反之，在分配制度相对公平、收入差距较小的社会，不同社会阶层人群的健康水平差异也更小，社会整体健康水平也更高。

2. 卫生政策　是国家或政府为保障公民健康和实现特定的卫生保健目标而采取的决策方案或制定的行动计划。卫生政策是国家和政党政策体系的重要组成部分，对卫生组织、卫生人员和人民群众等开展的卫生活动起到指导、控制、调节的作用。1949 年以来，我国政府制定了正确的卫生工作方针，使国民健康水平显著提高，后根据社会发展状况适时调整，新时代形成了“以基层为重点，以改革创新为动力，预防为主，中西医并重，将健康融入所有政策，人民共建共享”的健康与卫生工作方针。

3. 行为规范　是社会活动所遵循的规则、准则的总称，是社会认可和人们普遍接受的具有一般约束力的行为标准。社会制度作为一种社会规范体系对人们的行为具有广泛的导向和调适作用。社会成员间价值观、理想、利益和性格特征的差异使人们在行为上难免发生冲突。但是，社会生活的正常运转需要人们有一定的生活秩序，而这种秩序要基于一定的社会规范才能形成，社会规范通过提倡文明健康的行为和禁止、减少不良行为，保持和促进着社会的和谐稳定的同时，提高了人群的健康水平。

（三）社会制度影响健康的特性

1. 普遍性和稳定性　普遍性是指每个国家、民族或地区均各有其社会制度，这些制度直接或间接地影响着其中生存的每一个人的健康。稳定性是指社会制度一经建立在一定时期内就具有一定的稳定性，其对人群健康的影响是缓慢而持久的。

2. 变迁性　一种社会制度建立后虽然在一定时期内具有稳定性，但社会制度会随着社会的发展而处于不断的动态变化过程中。不同社会发展时期的卫生工作的重点、策略方针和政策等方面会存在差异，进而影响人群健康。

3. 强制性　社会制度会不同程度地对社会成员产生约束要求社会成员共同遵守，社会制度的这种强制性体现在对健康的影响方面如国家的传染病防治法、计划生育政策、禁止酒后驾车、强制性戒毒等。

二、教育对健康的影响

“十年树木，百年树人”，教育是国之大计，关乎国运荣辱兴衰，也与国民的健康水平息息相关。一个人的健康意识、自理能力、生产生活行为、求医问药等与其所受教育水平密不可分。

最先对教育与健康之间的关系进行研究的是国外学者。国外大量研究证明：教育与健康作为人力资本的两个最重要组成部分，具有正向相关和互为补充的关系。目前，西方学界对此主要有3种解释：其一，教育对健康产生了因果性影响，即更高的教育水平。导致了更好的健康状况；其二，健康水平反向影响了个体的教育水平，即更优的健康状况带来了更优的教育成就；其三，教育与健康之间表现出的正相关是一种“伪相关”，因为二者同时与第三方因素正相关，从而呈现出一种正向共变关系。有学者以中国健康与营养调查（China Health and Nutrition Survey，CHNS）为实证数据，对教育影响健康的效应进行了分析。具体的分析步骤：以自评健康得分为因变量，以受教育年限为核心自变量，以生活方式、膳食知识、抗压能力为习得性能力中介因素，以生活条件、医疗保险投入情况为经济地位能力中介因素，探究教育通过哪些中介因素影响健康，并对各个中介因素的中介效应占比进行评估。发现的结果：第一，教育会通过习得性能力和经济地位能力这两种中介渠道影响健康，具体的中介因素包括生活方式（体育锻炼行为）、膳食知识认知、抗压能力、生活条件（家用电器和卫生环境）、医疗保险的投入。第二，总体上看，习得性能力相比经济地位能力发挥着更大的中介效应。这意味着，相比于那些经济地位因素，教育的习得性会更强烈地影响人们的健康。另有研究表明，教育对健康的确有显著的正向影响，即受教育年限越久，健康水平越高。在初、中等教育样本中，教育对健康也存在显著的正向影响；而在高等教育样本中，教育对健康正向影响的显著性降低，教育主要通过改善人们的心理调节能力从而提升人们的健康水平。

三、风俗习惯对健康的影响

风俗是特定社会文化区域内历代族人共同遵守的行为模式或规范。习惯是指由于重复或多次练习而巩固下来的，并变成约定俗成的行动方式。风俗习惯是指由于历代沿袭而在人们生活中程式化的行动方式，是薪火相传的规范文化，与人们的日常生活联系极为密切，贯穿于人们的衣食住行娱乐体育卫生等各个环节。主要包括民族风俗、节日习俗、传统礼仪等。

（一）民族风俗与健康

不同民族的人会有不同的风俗习惯，这些风俗习惯会对人群的健康水平产生不同的影响。我国民间流行在端午节期间挂艾叶、佩香囊、沐药浴以祛病驱邪、强身健体。穆斯林禁止食用某些动物，禁食自死动物，禁食血液和动物脑髓、淋巴结等，同时还禁止饮酒；在处理屠宰后的牛羊肉时，他们都要将其中的淋巴结逐一剔除掉，这与现代医学将淋巴结视为体内致病微生物的“吞噬器”的认识是一致的。韩国人依照其民族传统会给月子里的产妇每餐提供海带汤和裙带菜汤，他们认为海带汤含有丰富的微量元素，对身体十分有益，也认为海带汤对子宫的收缩和恢复也很有帮助。而日本产妇饮食几乎顿顿都会有冰水果和冰牛奶。

（二）地区风俗与健康

不同地区风俗背景下的生活行为方式会对健康产生影响。如地中海饮食（Mediterranean diet）泛指希腊、意大利、法国、西班牙等处于地中海沿岸的各国以蔬果鱼类、五谷杂粮、豆类和橄榄油为主的饮食风格。WHO曾将地中海饮食结构作为健康饮食模式向全球推荐。大量的研究证据表明，地中海饮食在预防一些慢性病和退行性疾病、防治心脑血管疾病方面是有益的。地中海饮食还能够降低外周动脉疾病和骨关节炎的发生率、改善呼吸功能、提高免疫力等。海鲜在相当长的时间内被认为是稀有、营养丰富且鲜美的食物，近年来，许多调查研究发现，居住在海边、喜食海鲜的人比同纬度其他地区的人更容易患高尿酸血症、痛风、风湿病等疾病。

四、道德对健康的影响

道德是指正确处理人与人之间关系的行为规范或准则，它用善恶荣辱等观念评价人们的行为，调整人与人之间的关系。道德通过调节个体的人际关系和情绪变化而影响人身心健康的。高尚的道德情操，是心理健康的重要标志。柏拉图（Plato）在其《理想国》中提到，“美德就是灵魂的健康、美丽和幸福。罪恶就是灵魂的疾病，软弱和缺陷人的灵魂与美德之间是相互联系、相互促进的，美德是精神健康的基石”。孔子提出“仁者寿”的理论，他认为有“大德必得其寿”。善良、平和、诚实、博爱的道德品质有助于人保持良好的心理状态，能促进人类健康长寿；而有悖于社会道德准则的人，其胡作非为必然导致紧张、恐惧、内疚等种种心态，食不香、睡不安，惶惶不可终日。这种精神负担，必然引起神经中枢、内分泌系统的功能失调，干扰其各种器官组织的正常生理代谢过程，削弱其免疫系统的防御能力。例如，吸毒行为会导致脑膜炎、神经炎、失眠等疾病，吸食的剂量过大会导致脑部水肿、脑血栓、睡眠障碍等疾病；酗酒行为容易引发中枢神经疾病、肝病、心脏病、呼吸道疾病、肠胃病等多种疾病；吸烟行为会引起人的上呼吸道感染，诱发喉头炎、气管炎、肺气肿和癌症等多种疾病。

生老病死是自然规律，如果一个国家将老人视作负担加以嫌弃，这将不利于该国国人的道德发展与健康维持，反之，则会使社会和谐、人民康泰。“百善孝为先”，尊老、敬老、优老，一直是中华民族传统美德的重要组成部分。古时候，人们常在农作物丰收之时祭祀天地、祖先，因“九”是单数中的最大数，又谐音“久”，重阳节逐渐具有了长长久久、长寿尊贵的敬老寓意，具有了传承尊老美德的社会功能。

第四节　思想文化对健康的影响

一、宗教对健康的影响

宗教因自然和社会压迫而产生，是支配人们日常生活的自然力量和社会力量在人们头脑中的主观反映，是以神的崇拜和神的旨意为核心的信仰和行为准则的总和。佛教、伊斯兰教、基督教是当今社会的三大世界性宗教。许多国家还有自己的民族宗教，如中国的道教、日本的神道教、印度的印度教等。宗教伦理及教义以意识观念注入人的思想，影响人的心理过程及行为。宗教对健康的影响具有双面性。

（一）宗教的发展推动了医学的发展

基督教、伊斯兰教和佛教等世界性宗教在其传播与发展的进程中，一定程度上促进了医学的发展。

自东汉以来，我国佛学界翻译和编著的佛教著作中，专论医理或涉及医理的经书有400多部；洛阳龙门石窟第二十窟（俗称“药方洞”）的石壁上即镌刻着药方，至今保存完整的药方仍有203剂，涉及病证72种。佛教文化宣传大慈大悲、普度众生，提倡不违现实而行佛事，强调将“利他”、“济世”作为学佛的根本，通过修行来实现世俗苦恼解脱和心灵创伤疗慰，这从医德和心理治疗两个方面推动了医学的发展。

伊斯兰教认为穆斯林保持健康的体魄是必修善功，饮食一定要洁净，不得食不洁食物，以防“病从口入”，一定程度上阻止肠道传染病的发生和流行；鼓励有病求医用药，反对用咒符、扶乩或巫术迷信手段治病，延误治疗。在以伊斯兰教为国教的伊朗，各级宗教领袖在讲经布道时还会加入计划生育和卫生保健的内容来实现优生优育和国民身体素质的提升。

基督教在向外扩展传播的过程中，传教士扮演了重要角色。1693年，康熙皇帝身患疟疾，久治不愈，传教士洪若翰、刘应献上从西南亚寄来的金鸡纳霜。康熙皇帝服药后痊愈，随即重赏这批传教士，并把北京城西安门外的一座楼，御题“救世堂”——北堂，赏赐给他们。1820年，英国传教士马礼逊在澳门创办了一家诊所，聘请中西医师对当地民众进行免费医疗服务，并以此作为传教媒介。1827年，他又与郭雷枢在澳门增设了一家眼科医院。1828年，传教士郭雷枢独立在广州开设了眼科医院和附属药房。现代医学传入中国的过程中，传教士们在很大程度上充当了开拓者和先锋队的角色。

道教是中国土生土长的宗教。东汉中后期，太平道、五斗米道的出现标志着道教的形成。“得道成仙、长生不老”是道教信仰者的信仰起点和追求的人生终极目标，顺应了人们对生存的追求和战胜死亡的渴望。道教自创立之日起，以讲求积德行善为己任，与传统中医重视养生的理念相辅相成，道门中普遍肯定现世人生的生命价值，弘扬“生为第一”的思想。道教出于习医自救、济世利人之目的和宗教情怀，自创立之日起就重视医药方剂研究，形成了崇尚医德医术的传统；以济世利人、积德行善为己任。道家济世利人的宗教思想对医药文化的发展发挥了重要的推动作用。

（二）宗教对行为的影响

宗教可以通过教规、教令和教徒的信仰来实现对人的行为的影响。教规是教徒的行为规范和行动导向，教徒对教规的执行具有高度的自觉性。许多教规对人们的健康有益。例如，佛教戒杀、戒淫、戒酒的戒条；道教“百八十戒”中关于社会公德、处世为人、爱护自然的价值观念和行为准则。但另一方面，教徒的盲目信仰有时会带来严重危害。此外，某些邪教经常披着宗教的外衣，利用教徒信众的虔诚做伤害信徒身心健康和破坏社会安定的祸事。

二、古典哲学思想对健康的影响

哲学，英文为philosoghy，来源于古希腊文的“philein”和“soghia”两词，前者意为“爱”，后者意为“智慧”，合起来就是“爱智慧”“探求智慧”，这大概就是哲学一词最早的、最原始的含义了。今天，人们认为哲学是对世界基本和普遍问题研究的学科，是对人类精神生活的反思，包含着人类生存、延续的智慧。哲学和宗教都是人对自然界、社会和人生的一种认识、体悟和理解，都是人对安身立命之根本的寻求。哲学和宗教都力求对世界的本原和人类生存的终极意义等问题做出回答。哲学与宗教有着密不可分的联系，也存在显著差别：哲学的基本问题是思维与存在的关系问题，而宗教的基本问题则是人与神的关系。宗教依赖信仰的启示，唯权威是从；哲学相信理性的力量，追求独立反思精神，不仅不承认权威，甚至拒绝任何现存的答案。

古希腊时期的自然派哲学家被认为是西方最早的哲学家，涌现出毕达哥拉斯（Pythagoras）、亚里士多德（Aristotle）、柏拉图（Plato）、赫拉克利特（Heraclitus）、德谟克利特（Democritus）、希波克拉底（Hippocrates）等一大批先贤智者，其中希波克拉底对西方医学产生了巨大而深远的影响，被尊为“西方医学之父”。自然哲学追寻物质本原、探究整体与部分的关系、归纳总结宇宙背后的普遍规律和自然法则，以及对和谐的追求，这些都成为希波克拉底探索疾病成因和保持身体健康的重要思考方式。在自然哲学“元素”学说的理论基础上，希波克拉底提出，水、火、土、气四种元素构成了人的血肉之躯，并且分别与冷、热、干、湿四种习性相对应，由此形成了人体的四种体液：血液、黏液、黄胆汁和黑胆汁。这四种体液的不同配合使人们有不同的体质。希波克拉底的理论奠定了西方医学追求科学、理性的基调。

古典哲学的繁荣推动了医学的进步与发展，促进了人类的生存与健康。西方古典哲学与东方古典哲学既有相通之处，也存有差异。正如西方医学的形成与发展离不开西方哲学那样，中国传统医学（中医）的形成与发展也离不开中国古典哲学。

“天人合一”是东方古典哲学思想的一大标签。何为“天”、何为“人”，浩如烟海的古代典籍对其含义的解释复杂多样，而天人关系也是中国传统哲学经久不衰的核心命题。先秦时期，诸子百家竞相著书立说，各家各派言论不同，立场各异，却近乎一致地主张“天人合一”理念。孔子说，“夫大人者，与天地合其德，与日月合其明，与四时合其序”；庄子说，“天地与我并生，而万物与我为一”；孟子说，“亲亲而仁民、仁民而爱物”……冯友兰在《中国哲学史》中总结了“天”的五种含义：物质之天，主宰之天，命运之天，自然之天，义理之天。“天”在中国传统文化中既指自然界的天，也指自然规律，更囊括经过哲学阐释之后的天人关系。

人是思想与肉体双重维度的统一体。中华文明历来崇尚天人合一，道法自然，追求人与自然的和谐共生。“天人合一”理念在中国传统医学、建筑、艺术等领域无不有所体现。《黄帝内经》是中国最早的医学典籍，其主张将人的生命活动放在自然和社会的生态环境中来考察，确立疾病形成的原因、诊断、防治原理和思路，“天人合一”思想贯穿全书。例如，《黄帝内经》中言“人与天地相参”，就是说人与自然界是一个整体，在观察人体生理、病理变化的同时，不能只考虑人体本身，还要考虑自然生态环境对人体的影响和作用。《素问·至真要大论》指出，“夫百病之生也，皆生于风寒暑湿燥火”“天有四时五行以生长收藏，以生寒暑燥湿风天之邪气感则害五脏”。另一方面，以自然界中的一些自然现象来解释人体的一些解剖生理及病理等，认为人体是一个小天地，与自然息息相关，即“人以天地之气生，四时之法成”。人是万物之灵，但也受自然界正常变化规律所支配，并顺应四时变化的规律而完成生命活动过程。如果自然气候反常，出现太过或不及，必然导致人体不相适应而产生疾病。

“天人合一”思想在中国传统建筑领域中的体现是“风水”理论。“风水”，古称“堪舆”，晋代郭璞在其著作《葬书》中言：“葬者，乘生气也，气乘风则散，界水则止，古人聚之使不散，行之使有止，故谓之风水，风水之法，得水为上，藏风次之。”这是中国古代先民们对住址和葬地进行选择时，关于山川、河流、地势、土质的一系列理论。例如，中国传统建筑择址讲究“依山傍水”，我国地处亚欧大陆东部，冬季寒风凛冽，夏季高温多雨，建筑周围如有山作屏障，水作通渠，的确可为居住者提供安全和便利，进而益于健康。“风水”并不是迷信，它更多地反映了先民们对于住地选择的理想追求和人丁兴旺、延年益寿的美好期盼。

思考题

1. 如何理解科学技术进步对人类健康既有积极影响，也有消极影响。

2. 简述中华优秀传统文化对人类健康的积极影响。

3. 简述宗教与古典哲学思想在其发展进程中对人类健康产生的重要影响。

第八章　行为心理因素与健康

【学习目标】

1. 掌握心理健康的基本含义，健康相关行为的概念，行为心理因素干预的方法。
2. 熟悉人格、情绪、心理压力与健康。
3. 了解健康相关行为和生活方式及其对健康的影响。

1977年，恩格尔（Engel）医生提出了生物-心理-社会医学模式，将健康看作生物、心理因素与外在社会因素相互影响的结果。大量实证研究也发现，人格、情绪等心理因素，吸烟、运动等行为因素，对健康和疾病的产生有着重要影响。社会医学关注人群健康，通过在社会层面上展开研究，对社区人群的心理和行为问题进行干预，以控制、减少甚至消除危害健康的行为心理因素。2016年中共中央 国务院印发的《“健康中国2030”规划纲要》，以及2019年健康中国行动推进委员会制定印发的《健康中国行动（2019—2030年）》中，均将促进心理健康、普及健康生活方式、塑造自主自律的健康行为，作为提高人民健康水平、改善健康公平的重要手段。

第一节　心理因素与健康

一、概　　述

1. 心理（mind） 是人脑对外界客观现实的反映。心理现象包括了心理过程和人格特征两类。心理过程包括认知、情感和意志过程，即知、情、意三个环节。认知是人获取、加工、储存和使用信息的过程，人脑通过感觉、知觉、记忆、思维、想象等形式形成对客观事物的认知。人对不同的客观事物产生不同的态度和体验，形成喜悦、忧伤、愤怒等复杂多样的情绪或情感，并通过面部表情、身体表情和声音表情表现出来，这就是情感过程。人还会根据对客观事物的认知和感受，有意识地通过行动改造世界，这种根据自己的认知确定行动目标、克服困难力求实现目标的心理过程就是意志过程。人脑对客观现实的反映不是机械被动的反映，而是一种主观反映，在心理过程中会表现出各自独特的特点。这些特点受先天因素及生活环境的影响，形成了包括气质、性格、能力等在内的人格特征，反过来又会影响心理过程，调节个体对客观现实的反应，使人的心理表现出主观性的特点。

2. 心理健康 对于心理健康，学术界有不同的论述和认定标准。第三届国际心理大会将心理健康认定为：“身体、智力、情绪十分协调；适应环境，人际交往彼此能谦让；有幸福感；在工作和职业中能充分发挥自己的能力，生活有效率。”WHO提出了7条心理健康的标准：“①智力正常；②情绪控制能力；③人际关系和谐；④良好的适应和改造客观环境的能力；⑤意志坚强；⑥完整和健康的人格；⑦心理行为符合年龄特征。”美国心理学家马斯洛（Maslow）提出了心理健康的10条标准：“①充分的安全感；②充分了解自己，并能恰当地评估自己的能力；③生活的目标切合实际；④能与现实环境保持良好接触；⑤能保持人格的完整与和谐；⑥具有从经验中学习的能力；⑦能保持良好的人际关系；⑧适当的情绪表达及控制；⑨在不违背社会规范的前提下，有限度地发挥自己的个性；⑩在不违背社会规范的前提下，恰当地满足个人的需要。”我国有学者认为，心理健康是一种持续的心理状态，在这种状态下，个体具有生命的活力、积极的内心体验、良好的社会适应，能有效地发挥个人的身心潜力与积极的社会功能。

总的来说，心理健康是一种有利于个体身心发展，工作、学习有效率，维持良好生活质量的适宜的心理状态。心理健康包括两层含义：一是没有心理疾病，心理疾病包括各种心理与行为异常的情形，这是心理健康最基本的条件；二是具有积极发展的心理状态，即能够维持自己的心理健康，主动减少问题行为和解决心理困扰。

二、人格与健康

人格（personality）是稳定的表现于个体的心理特质，包括气质、性格和能力等。人格由遗传因素和环境因素共同决定，代表着人长期存在、经常表现的一部分心理特征。

人格特征与健康关系密切。一般认为，具有消极性人格的人常呈现出较低的健康水平，而具有刚性人格特征的人健康水平较高。消极性人格主要表现为抑郁、愤怒、敌意与焦虑，通常与哮喘、关节炎、溃疡和心血管疾病相关。刚性人格主要表现为责任感、控制感和挑战性的特征，具备刚性人格的人能够正视面临的问题，控制局面，并具备解决问题的勇气，通常能够成功面对和处理压力事件，因而负性情感较少，健康状况较好。

1. 气质与健康 气质（temperament），即通常所说的脾气、性情，是表现在心理活动的强度、速度、灵活性、指向性等方面的一种稳定的心理特征。气质是与生俱来的心理和行为特征，主要由遗传因素决定。人在孩童期就表现出不同的气质，有的孩子对新环境、新事物表现积极，喜欢探索；有的孩子反应消极，容易退缩；有的孩子则很难适应新环境，情绪反应强烈。

古希腊医生希波克拉底提出了四体液学说，认为人体有血液、黑胆汁、黄胆汁、黏液四种不同性质的体液，四种体液在人体内的不同比例形成了不同的体质。古罗马医生盖伦在体液学说的基础上创立了气质学说。现代心理学沿用了气质这一概念，形成了四种经典的气质类型：多血质、胆汁质、黏液质、抑郁质（表 8-1）。

表 8-1 气质的分类及其主要特征表现

气质类型	主要特征表现
多血质	反应迅速，活泼好动，情感丰富外露、喜欢与人交往，易受环境影响，兴趣情绪容易转变，具有外向性
胆汁质	反应迅速强烈，精力旺盛、雄心勃勃，情绪体验强烈，脾气暴躁、易冲动，反应迅速，行为外向
黏液质	反应速度慢，行动迟缓，沉默寡言，具有内向性，情绪稳定，头脑清醒，思考问题细致周到
抑郁质	感情细腻、行为内向，敏感、孤僻、腼腆、怯懦，善于觉察他人不易觉察的细节，多疑多虑，优柔寡断

气质本身无好坏之分，任何一种气质都有积极和消极的一面。但不同气质类型的人，由于其情绪兴奋性强度不同，对环境的适应能力不同，也会对身心健康带来不同的影响。一般来说，气质类型极端的人，情绪兴奋性太强或太弱，对环境的适应能力也较差，更容易影响到身体的健康。多血质的人血气方刚，被认为更容易出现与心脏有关的问题，而胆汁质的人被认为患脂肪肝的风险更高。

2. 性格与健康 性格（character）是个体对现实的稳定的态度及与之相适应的习惯性的行为方式。性格是人格特征的重要组成部分，个体之间的人格差异的核心就是性格的差异。性格是后天的，受后天社会环境因素的影响逐渐形成。性格一经形成便比较稳定，但并非一成不变，当生活环境发生重大变化，一个人的性格也会受到影响而产生显著的变化。

根据人的心理特质和人际关系的状态可以将性格划分为 A、B、C、D 型（表 8-2）。不同性格的人其态度和行为方式特征不同，也给健康带来一定影响。研究发现，A 型性格的人易患冠心病，C 型性格的人易患恶性肿瘤，D 型性格的人也被认为易发生心血管事件。

表 8-2 性格的分类及其主要特征表现

性格类型	主要特征表现
A 型性格	雄心勃勃，富有进取精神，争强好胜，容易激动，攻击性强，性情急躁，急于求成，有时间紧迫感，行动匆忙，生活紧张忙乱
B 型性格	情绪稳定，温顺随和，安于现状，不好竞争，缺乏进取精神，生活悠闲，对工作和生活的满足感强，做事不慌不忙，有耐心
C 型性格	过分地顺从、忍让、自我克制，情绪压抑，爱生闷气，不善于表达自己的愤怒情绪，回避矛盾，容易感到绝望和无助，缺乏信心
D 型性格	忧伤，焦虑，紧张，不安，性格孤僻、不合群，喜欢独来独往

拓展阅读

性格与健康

性格与健康密切相关。研究人员在研究心脏病时，把人的性格分为 A 型和 B 型。研究发现冠心病患者大多具有雄心勃勃、做事认真、争强好胜、易激动、缺乏耐心、常感时间紧迫、醉心于工作、力争尽善尽美、行为匆忙等特征。研究人员将这种性格特征命名为 A 型性格，认为 A 型性格是冠心病发病的主要高危因素。也有研究发现，A 型性格与高血压、糖尿病、抑郁症等疾病相关。

C 型性格也被称为“癌症性格”。有学者将 C 型性格总结为：①童年时期生活不顺，对内心痛苦过分克制，形成不向外表达的性格；②行为上过分合作，过于谦虚，缺乏自我意识，忍耐、屈服和容忍，回避矛盾，压抑自己的情绪，不向外发泄；③情感上易于愤怒但不能正确和适当地表达自己的愤怒情绪，经常有焦虑或抑郁的表现。由于 C 型性格人群内心的负性情绪长期压抑得不到宣泄，外加负性生活事件、不良生活习惯等的影响，会使神经内分泌和免疫系统紊乱，易诱发肿瘤。研究发现，C 型性格与肺癌、乳腺癌、食管癌、前列腺癌、黑色素瘤、卵巢癌、胃癌等的发生有相关关系。

有学者在研究人格特征与冠心病关系时提出了“D 型性格”这一概念。D 型性格，又被称为“忧伤性格”。大量的研究结果发现，慢性的心理忧伤是真正对心脏病起作用的心理因素。D 型性格具有消极情感和社会压抑的特征，具备 D 型性格的人往往忧虑、对生活感到悲观、容易紧张和不快乐，也不愿同他人分担这些消极情感。研究发现，D 型性格与心血管疾病的发生有相关关系，也与强迫症、抑郁症、焦虑障碍有关系。

三、情绪与健康

情绪（emotion）是人对客观事物是否符合自身需要而产生的态度体验。情绪是由客观现实的刺激引起的，当外界刺激物作用于人的时候，个体会根据其是否符合主观需要而采取肯定或否定的态度，产生喜、怒、忧、思、悲、恐、惊等不同的态度体验。情绪可以通过外部表情、体态表现、言语表现等形式向外表现出来，也可以隐藏于内心感受，不对外表达出来。

情绪直接关系到人的身心健康，积极的情绪能够增进人的健康，消极的情绪则有害健康。情绪变化可导致大脑内部相应的自主神经活动的变化，身体器官会产生一系列的生理、生化的变化，一旦作用在相应的特殊器官和具有易感素质的患者，将产生器质性病理变化或心身疾病。因而，情绪既可作为疾病发作或复发的诱发因素，也可直接作为致病因素或疾病的促发因素。情绪的急剧变化被认为是诱发心肌梗死、脑出血、精神病发作的重要因素。长期的消极情绪也会带来多种疾病危险性的升高。例如，愤怒和敌意与冠心病风险有关，情绪紧张能引起胃酸分泌过多而导致溃疡病。也有研究发现，在哮喘患者中存在较高的焦虑和抑郁发病率。因此，保持积极、乐观的正性情绪可以对人体机能起到良好的调节作用，使各器官系统活动协调一致，整个内分泌系统和体内化学物质处于平衡状态，有利于人体健康。

四、心理压力与健康

压力（stress）的概念源于物理学的研究，是描述系统负载的一种概念。在我国，不同学科对“stress”的表述有所差别，在生物学和心理学中一般称其为“应激”，社会医学将其理解为“心理压力”。

心理压力是指由于人们在生产生活过程中所发生的各种刺激事件和内在要求导致心理方面的困惑或威胁，从而出现心身紧张或者不适。适当的心理压力可以动员机体非特异性适应系统，产生对疾病的抵抗，增强体质和适应能力。但当心理压力过大并且持久长期存在时，由于适应机制失效而导致不同程度的心理、行为和躯体障碍，使人产生焦虑、恐惧、抑郁等情绪，引起高血压、偏头痛、癌症、溃疡、关节炎、心血管疾病等健康问题。

（一）压力基本理论

1. 生物应激理论　源于物理学对弹性定律的研究，用于分析弹性物体在外力作用下发生变形的规律，阐释力与变化之间的关系。此后，压力和紧张的概念被引入了生物学、心理学和医学，用于表述生物体对于某些情境自动的或激素反应，称为应激反应。法国生理学家贝尔纳（Bernard）将压力定义为机体对外界刺激所做出的适应性反应，这与物理学中压力的概念相一致。这类研究主要寻求建立刺激因素与紧张反应之间的数量化关系。

2. 社会事件刺激理论　坎农（Cannon）将压力定义为外部压力事件的刺激作用。霍姆斯（Holmes）和拉厄（Rahe）提出了应用生活事件来评估压力的思路和方法。这一理论揭示了生活事件和躯体疾病及心理异常之间的关系，指出一些日常生活中的刺激，如个人关系、工作状况、经济状况的变化都会对个体造成压力，引起不良身心反应。根据生活事件预测患病的可能性并进行及时的预防和干预，对缓解心理压力、促进身心健康具有重要意义。

3. 心理认知理论　美国心理学家拉札勒斯（Lazarus）从个体对环境的认知、评价出发，提出了心理认知理论。拉札勒斯认为认知评价在外部刺激事件和机体应激反应之间起着决定作用。个人对外部刺激事件的不同认知会产生不同的心理感受，进而采取不同的应对行为。这种不同的认知评价决定了一个事件具有应激性或不具有应激性。比如，对于失业这样的事件，有的人认为无所谓，有的人则将失业与自尊心联系起来，进而产生失败感，导致心情忧郁和不安紧张。

4. 现代应激理论　加拿大病理学家谢耶（Selye）被称为应激理论之父。谢耶首次使用“stress”这个术语，并系统提出了应激的概念，将应激看作机体对环境刺激的一种反应。现代应激理论认为，应激是个体面临或察觉到环境变化对机体有威胁或挑战时做出的适应和应对的过程。

（1）应激源（stressor）：是引起应激的刺激，即应激的原因。应激源包括了人们在社会和自然环境所经历的各种生活事件、突然的创伤性体验、慢性紧张等，它可以是生物的、心理的和社会文化因素的。生物性应激源主要包括了强烈的噪声、过高或过低的温度、饥饿、躯体创伤和疾病等；心理性应激源主要包括冲突、挫折等各种原因导致的自尊感降低等；社会性应激源包括重大的社会政治、经济的变动，生活中重大的变化，以及日常生活的困扰等。

（2）应激反应（stress reaction）：是指机体对应激源的刺激的反应，表现为生理、心理、行为各方面的变化。当个体经历应激源的刺激、处于应激状态时，体内会出现一系列生理、生化、内分泌、代谢、免疫过程的变化，如心跳加快、呼吸频率加快、血压升高、汗液增加等。应激也会带来负性情绪体验增多，如焦虑、抑郁、恐惧和愤怒。面对压力，个体常会自觉或不自觉地做出行为上的改变。积极的行为应激可以减少压力，甚至可以激发个体的能动性，激励个体克服困难，战胜挫折；而消极的行为应激则会使个体出现回避、退缩等行为。

（3）应激管理：是指对应激源和应激反应的控制和改变。如果能够积极地面对各种困难，并利用合适的方式、方法去处理，就可以化解甚至避免突如其来事件的影响。反之，可能会经受不住事件的打击，进而出现不同程度的损害。一个人对于压力管理的能力不是天生的，而是后天在工作、生活实践中通过经历、锻炼逐渐积累起来的，应对压力的能力愈强，自我身心保护的能力就愈强。

（二）生活事件

1. 生活事件的定义 是引发心理压力的一种重要压力源。生活事件（life event）是指日常生活中引起人的心理平衡失调的事件。由于人们所处的生活环境不同，每个人所经历的生活事件在质和量上也就存在一定的差异。当这些生活事件所产生的心理反应累积到一定程度，超过了自我调节系统的功能，就会引起疾病。重大生活事件引起心情紧张与精神压力，成为应激源，从而对疾病的发生起到直接或间接的作用。

按照性质，可以将生活事件划分为正性事件和负性事件。人们从正性事件中，可以获得人际关系和心理支持，获得奖励与成功，经济或身体变好。而在负性事件中，则会产生人际矛盾和丧失心理支持，遭遇惩罚和失败，经济或身体变坏。

2. 生活事件的测定

（1）社会再适应量表：美国精神医学专家霍姆斯和拉厄设计了社会再适应量表（the social readjustment rating scale，SRRS），用于测量较大的生活事件给人们带来的压力（表 8-3）。他们将 43 种生活事件按其影响人们情绪的轻重程度划分等级，并用生活变化单位（life change unit，LCU）进行定量评定。例如，丧偶的 LCU 最高，为 100；结婚的 LCU 居中，为 50；而轻微违法的 LCU 最低，仅为 11。霍姆斯认为，几种紧张事件在一个人生活中累积会产生叠加作用，最终会产生一种紧张后效应。SRRS 总评分在 0～149 分，表示没有重大问题；150～199 分，表示有轻微的健康风险（1/3 的可能性患病）；200～299 分表示有中度的健康风险（1/2 的可能性患病）；300 分以上表示有严重的健康风险（80% 的可能性患病）。研究发现，SRRS 量表得分越高，与精神障碍、心理问题的相关性越大，而且罹患心血管疾病、白血病、糖尿病、骨质疏松等的风险越大。

表 8-3 社会再适应量表（SRRS）

变化事件	LCU	变化事件	LCU
1. 配偶死亡	100	14. 增加新的家庭成员（如出生、过继、老人迁入）	39
2. 离婚	73	15. 业务上的再调整	39
3. 夫妇分居	65	16. 经济状态的变化	38
4. 坐牢	63	17. 好友丧亡	37
5. 亲密家庭成员丧亡	63	18. 改行	36
6. 个人受伤或患病	53	19. 夫妻多次吵架	35
7. 结婚	50	20. 中等债务	31
8. 被解雇	47	21. 取消赎回抵押品	30
9. 复婚	45	22. 所负担工作责任方面的变化	29
10. 退休	45	23. 子女离家	29
11. 家庭成员健康变化	44	24. 姻亲纠纷	29
12. 妊娠	40	25. 个人取得显著成就	28
13. 性功能障碍	39	26. 配偶参加或停止工作	26

续表

变化事件	LCU	变化事件	LCU
27. 入学或毕业	26	36. 社会生活的变化	18
28. 生活条件变化	25	37. 少量负债	17
29. 个人习惯的变化（如衣着、习俗、交际等）	24	38. 睡眠习惯的变化	16
30. 与上级发生矛盾	23	39. 生活在一起的家庭人数变化	15
31. 工作时间或条件的变化	20	40. 饮食习惯变化	15
32. 迁居	20	41. 休假	13
33. 转学	20	42. 圣诞节	12
34. 消遣娱乐的变化	19	43. 微小的违法行为	11
35. 宗教活动的变化	19		

（2）生活事件量表：我国研究人员进行了 SRRS 的本土化。杨德森和张亚林编制了生活事件量表（life event scale，LES）（表 8-4）。该量表含有 48 条我国较常见的生活事件，包括了家庭生活（28 条）、工作学习（13 条）、社交及其他（7 条）三个方面的问题。该量表为自评量表，由填写者根据要求，记录一定时间范围内生活事件的性质（好事或坏事）、对精神的影响程度、影响持续的时间，并计算正性事件刺激量、负性事件刺激量，以及生活事件总刺激量。LES 评分越高表示个体承受的精神压力越大，负性事件得分越高对身心健康的影响越大。

某事件刺激量=该事件影响程度分×该事件持续时间分×该事件发生次数。

正性事件刺激量=全部好事刺激量之和。

负性事件刺激量=全部坏事刺激量之和。

生活事件总刺激量=已发生的全部事件刺激量之和。

表 8-4　生活事件量表（LES）（节选）

生活事件名称	事件发生时间				性质			精神影响程度				影响持续时间				备注
	未发生	1年前	1年内	长期性	好事	坏事	无影响	轻度	中度	重度	极重度	3个月内	半年内	1年内	1年以上	
举例：房屋拆迁			√		√				√				√			
家庭有关问题																
1. 恋爱或订婚																
2. 恋爱失败、破裂																
3. 结婚																
4. 自己（爱人）妊娠																
5. 自己（爱人）流产																
6. 家庭增添新成员																
7. 与爱人父母不和																
8. 夫妻感情不和																
9. 夫妻分居（因不和）																
10. 夫妻两地分居（工作需要）																
……																

正性事件值：请填写（　　）	家庭有关问题：请填写（　　）
负性事件值：请填写（　　）	工作学习中的问题：请填写（　　）
总值：请填写（　　）	社交及其他问题：请填写（　　）

（3）中国人生活事件心理应激量表：张明园依据 10 个省市 1000 多人的社会心理调查，编制了正常中国人生活事件心理应激量表（表 8-5）。该量表给出了 65 项常见生活事件的严重程度的估计值——生活事件单位（LEU），与霍姆斯的 SRRS 量表结果高度正相关。

表 8-5　正常中国人生活事件心理应激量表

生活事件	LEU	生活事件	LEU
1. 丧偶	110	34. 性生活障碍	37
2. 子女死亡	102	35. 家属行政处分	36
3. 父母死亡	96	36. 名誉受损	36
4. 离婚	65	37. 中额借贷	36
5. 父母离婚	62	38. 财产损失	36
6. 夫妻感情破裂	60	39. 退学	35
7. 子女出生	58	40. 好友去世	34
8. 开除	57	41. 法律纠纷	34
9. 刑事处分	57	42. 收入显著增减	34
10. 家属亡故	53	43. 遗失贵重物品	33
11. 家属重病	52	44. 留级	32
12. 政治性冲击	51	45. 夫妻严重争执	32
13. 子女行为不端	50	46. 搬家	31
14. 结婚	50	47. 领养寄子	31
15. 家属刑事处分	50	48. 好友决裂	30
16. 失恋	48	49. 工作显著增加	30
17. 婚外两性关系	48	50. 小量借贷	27
18. 大量借贷	48	51. 退休	26
19. 突出成就荣誉	47	52. 工种更动	26
20. 恢复政治名誉	45	53. 学习困难	25
21. 重病外伤	43	54. 流产	25
22. 严重差错事故	42	55. 家庭成员纠纷	25
23. 开始恋爱	41	56. 和上级冲突	24
24. 行政纪律处分	40	57. 入学或就业	24
25. 复婚	40	58. 参军、复员	23
26. 子女学习困难	40	59. 受惊	20
27. 子女就业	40	60. 业余培训	20
28. 妊娠	39	61. 家庭成员外迁	19
29. 升学、就业受挫	39	62. 邻居纠纷	18
30. 晋升	39	63. 同事纠纷	18
31. 入党入团	39	64. 睡眠重大改变	17
32. 子女结婚	38	65. 暂去外地	16
33. 免去职务	37		

第二节　行为生活方式与健康

一、行为与生活方式概述

1. 行为（behavior） 是指人在主客观因素的影响下产生的外部活动。为了适应不断变化的复杂环境、维持生存和种族延续，个体或群体会面对环境做出相应的反应，这就是行为。人的行为既有先天性的本能行为，也有在后天社会文化环境中逐渐习得的社会行为。本能行为包括了受本能支配的摄食、睡眠、防御、性本能等行为；社会行为包括了劳动、人际交往、娱乐等受社会生活制约和支配的行为。

2. 健康相关行为（health-related behavior） 是指个体或群体与健康和疾病有关的行为。按照行为结果对健康影响的性质，可将健康相关行为分为促进健康的行为（health-promoted behavior）和危害健康的行为（health-risky behavior）。前者为有利于自身或他人健康的行为，后者是偏离自身或他人、社会的期望、不利于健康的行为。

3. 生活方式 按照不同的划分标准，生活方式（lifestyle）的定义可以分为广义和狭义两种。广义的生活方式包括了劳动生活方式、物质资料消费方式、精神生活方式等一切人们生活方式的总和。而狭义的生活方式主要是指个人及其家庭的日常生活的活动方式，包括衣、食、住、行以及闲暇时间的利用等。社会医学领域，主要采用狭义的生活方式定义，分析生活方式与健康的关系，旨在通过生活方式的干预改善健康状况。有研究表明，坚持健康的生活方式能够显著降低冠心病、脑卒中、恶性肿瘤和糖尿病等慢性病的发病或死亡风险。而不良的生活方式则是高血压、糖尿病等慢性非传染性疾病，以及艾滋病等传染性疾病的重要原因。在有关健康生活方式的研究中，饮食、吸烟、饮酒、体育锻炼等是常用的健康相关行为指标。

二、健康相关行为与健康生活方式

（一）促进健康的行为与生活方式

促进健康的行为是指人们为了增强体质、维持自身健康和预防疾病而实施的各种活动。促进健康的行为有两种表现形式，一是形成有利于健康的行为，如养成良好的生活习惯；二是放弃或减少危害健康的行为，如戒烟、戒酒等。

促进健康的行为可分为4类。①日常健康行为：包括日常生活中一系列有益于健康的基本行为，如合理营养、充足的睡眠、适量运动、饭前便后洗手等。②保健行为：指有效、合理地利用卫生保健服务以维护自身健康的行为，包括定期体检、预防接种、患病后及时就诊、积极配合医疗护理、遵循医嘱等。③预防性行为：指对可能发生的危害健康事件的预防性行为，并在事故发生后正确处置的行为，如驾车使用安全带，火灾、溺水等的预防以及意外事故发生后的自救与他救行为等。④改变危害健康的行为：指戒除日常生活中对健康有危害的个人偏好，如吸烟、饮酒、滥用药物等。

1992年，WHO在《维多利亚宣言》中提出“合理膳食、适量运动、戒烟限酒、心理平衡”作为健康四大基石。实施促进健康的行为，养成良好的生活方式，对于增强人群体质，维持良好的身心健康和预防各种心理、行为因素引起的疾病具有重要意义。

1. 合理膳食 膳食中充足的营养素能够维护和促进人体生长发育和健康，长期规律的合理膳食对提高机体免疫力、抵御各种疾病至关重要。膳食受环境、知识、经济、文化等因素的影响。我国居民膳食结构正处于变迁时期，居民膳食质量显著提高。研究显示，遵循平衡膳食原则，维持以植物性食物为主，多吃蔬菜水果、水产品和奶类、适量的肉禽蛋类，清淡少油膳食模式的人群，获得了更好的健康收益。保持平衡膳食模式可以降低2型糖尿病、妊娠糖尿病、代谢综合征、乳腺癌、冠心病和非酒精性脂肪肝的发病风险，并可降低人群的全因死亡风险。

2. 适量身体活动 身体活动是由骨骼肌肉产生的需要消耗能量的任何身体动作，包括交通性身体活动、家务性身体活动、职业性身体活动和休闲性身体活动等。大量关于参加规律性身体活动的研究结果显示，参加规律性、适量的身体活动，有利于保持良好的体力，增强免疫力和适应环境的能力，减少过早死亡的危险，降低患高血压、脑卒中、冠心病、2 型糖尿病、结肠癌和骨质疏松等慢性病的风险。适量的身体活动还有助于调节心理平衡、消除压力，缓解焦虑和抑郁等症状，改善睡眠。每周累计参与 150 分钟中等强度的身体活动或 75 分钟高强度身体活动或相等的不同中等强度和高强度身体活动的组合，可以获得最大的健康收益。

3. 戒烟戒酒 吸烟被认为是常见的危害健康的行为。因此，WHO 在全球范围内实施控烟计划，以降低吸烟对人类肺癌、膀胱癌、支气管炎、冠心病、高血压等多种慢性非传染性疾病发生率和死亡率的影响。美国的研究显示，戒烟对全年龄段的男女都有益处，戒烟者的寿命比继续吸烟者的寿命更长。例如，与 50 岁前未戒烟者相比，50 岁前戒烟者其 65 岁前死亡的风险降低了一半。

过度饮酒同样对健康有多重危害，如增加痛风、心血管疾病和某些癌症发生的风险，还可导致酒精依赖症、急慢性酒精中毒、酒精性脂肪肝和酒精性肝硬化等严重的健康问题。近年来，WHO 将“戒烟限酒”的建议变更为“戒烟戒酒”，强调健康饮食应“减少饮酒，最好滴酒不沾”。

（二）危害健康的行为与生活方式

危害健康的行为是指那些与促进健康的行为与生活方式相对立，偏离个人、他人乃至社会的健康期望，客观上不利于健康的行为生活方式。该行为具有危害性、明显性和稳定性、习得性的特点。

危害健康的行为可以分为以下 6 类：①偏离维持正常生理需要的行为，如不健康饮食、性变态行为等；②与正常生理需要无关的消闲行为，如过度饮酒、吸烟、赌博等行为；③忽视健康的行为，如不洁性行为、缺少体育锻炼等；④不当的保健行为，如滥用药物和保健品等；⑤致病性行为；⑥自伤与自杀行为。随着社会的发展，原有危害健康的行为与生活方式没有得到有效的根除，相反，却不断出现了一些新的危害健康的行为与生活方式。新、旧危害健康的行为与生活方式错综复杂地交织在一起，时刻存在于人们的日常生活中，对于人类的健康构成更大的威胁。

1. 不健康饮食与缺乏身体活动 不健康的饮食行为包括暴饮暴食、高脂高盐饮食、低纤维饮食、偏食等。暴饮暴食会引发肥胖问题；营养过剩会引发机体内糖、蛋白质和脂肪代谢的紊乱，增加心血管疾病、高血压、糖尿病等疾病的发病率。高脂饮食易引发高胆固醇血症，增加患冠心病、直肠癌、乳腺癌等癌症的风险；高盐饮食则与高血压的患病风险密切相关。食用过度加工食物的低纤维素饮食，会增加结肠癌的发病率。而偏食则会带来营养不良或消化系统功能障碍等问题。

“生命在于运动”，研究显示，与身体活动充分者相比，身体活动不足者的死亡风险会增加 20%～30%。高血压、冠心病、肥胖症等都与缺乏身体活动有关。2016 年，全球 18 岁及以上成年人中，28% 身体活动不够；全球 11～17 岁的青少年中，有 81% 身体活动不够。在我国，随着经济的快速发展和生活方式的变化，居民总体身体活动量逐年下降，职业性身体活动量降低是造成身体活动总量下降的主要原因；而随着电视、手机的普及，成年人闲暇静坐的时间增加，每天闲暇屏幕时间为 3 小时左右。

不健康饮食与缺乏身体活动是造成人群超重肥胖率持续增高的主要危险因素。WHO 数据显示，2016 年，全球 18 岁及以上成年人中超过 19 亿人超重，其中超过 6.5 亿人肥胖；成年人中有 39% 超重，且 13% 为肥胖；5～19 岁儿童和青少年中超重或肥胖的超过 3.4 亿；2019 年，5 岁以下儿童超重或肥胖者达3800万。根据《中国居民营养与慢性病状况报告（2020）》，我国6岁以下和6～17岁儿童青少年超重肥胖率分别达到10.4%和19.0%，18岁及以上居民超重率和肥胖率分别为34.3%和16.4%，成年居民超重或肥胖已经超过一半（50.7%）。

超重和肥胖是导致心血管疾病、糖尿病、肌肉骨骼类疾病、某些癌症等非传染性疾病的重要危险因素。研究显示，肥胖会增加包括乳腺癌、卵巢癌、子宫内膜癌、食管腺癌、贲门癌、胆道癌、肾癌、胰腺癌、结肠癌、直肠癌和多发性骨髓瘤等多种癌症的发生。BMI每增加5个数值，会增加9%男性直肠癌、56%胆道癌的发生率；对女性而言，体重每增加5kg，乳腺癌风险会增加11%，腰臀围比值每增加0.1，子宫内膜癌的发生风险会增加21%。美国的研究发现，超重与心脏病发生率的增加成正比。超重妇女冠心病的发病风险增加2倍，肥胖妇女冠心病的发病风险增加3.6倍。以18～20岁时的体重为基准，体重增加5～9.9kg的人患冠心病的风险比体重增加控制在2kg以内的人群要高出1.5～2倍。

针对不健康饮食与缺乏身体活动的健康风险，WHO启动了《2018—2030年促进身体活动全球行动计划》，提出了到2030年将缺乏身体活动的情况减少15%的全球目标。我国在《全民健康生活方式行动方案（2017—2025年）》中，提出组织实施“三减三健”专项活动（减盐、减油、减糖、健康口腔、健康体重、健康骨骼）、“适量运动”专项活动，倡导天天运动、维持能量平衡、保持健康体重的生活方式。

2. 吸烟　WHO报告显示，2020年全球15岁及以上人群中，烟草使用者约13.0亿人；全球22.3%的人口使用烟草，36.7%的男性和7.8%的女性使用烟草。我国是烟草生产和消费大国，2018年中国成人烟草调查结果显示，我国15岁及以上人群吸烟率为26.6%，成年男性吸烟率达到50.5%，推算现在吸烟者为3.08亿人。

烟草对健康的危害巨大。WHO的数据显示，烟草每年使800多万人失去生命，其中约有700万人死于吸烟导致的疾病，120万人死于二手烟暴露导致的疾病。我国每年100多万人因烟草失去生命，如果不采取有效行动，预计到2030年将增至每年200万人，到2050年增至每年300万人。

美国华盛顿大学发表的一篇系统综述全面评价了吸烟对健康影响的证据。研究结果表明，喉癌、主动脉瘤、外周动脉疾病、肺癌、其他咽癌（不包括鼻咽癌）、慢性阻塞性肺疾病、下呼吸道感染和胰腺癌等8个健康结局与吸烟显著相关。保守估计吸烟会使这些健康结局的平均风险增加至少50%，例如，吸烟会使罹患或死于肺癌的可能性增加85%以上。膀胱癌、肺结核、食管癌、宫颈癌、多发性硬化、类风湿关节炎、缺血性心脏病、消化性溃疡、黄斑变性、胃癌、脑卒中、2型糖尿病和白内障等15个健康结局与吸烟之间具有中度的关联证据，意味着吸烟会使其平均风险增加15%～50%。

除对吸烟者的直接健康危害外，不吸烟者暴露于二手烟，同样会增加吸烟相关疾病的发病风险。有证据提示，二手烟暴露可以导致儿童哮喘、肺癌、冠心病等。近年来，电子烟被宣传为“更安全”或“无烟”的香烟替代品，在吸烟群体中兴起，尤其在青少年中，电子烟使用率增长明显。但有充分证据表明，电子烟是不安全的，使用电子烟可以增加心血管疾病和肺部疾病的发病风险，可以影响胎儿发育。对青少年而言，电子烟会诱导青少年更容易使用卷烟，同时对青少年的身心健康和成长造成不良后果，电子烟中的尼古丁会影响青少年的大脑发育，青春期使用会对青少年的注意力、学习、情绪波动和冲动控制产生影响。

WHO在2003年通过了《世界卫生组织烟草控制框架公约》（简称《公约》），烟草危害成为全球共识，目前已有182个国家成为《公约》缔约方并采取了系列控烟措施，覆盖世界90%以上的人口，我国也是《公约》的缔约国。在该公约中，WHO提出了6项重要且有效的人群控烟策略：①增加烟草税、提高烟草价格；②积极宣传、明确警示烟草的危害；③防止接触烟草烟雾；④全面禁止烟草广告、促销和赞助；⑤禁止向未成年人销售烟草；⑥提供戒烟服务。

目前，多数国家的烟草使用率在不断下降。WHO 发布的《2000—2025 年全球烟草使用流行趋势报告》显示，全球 15 岁及以上人群吸烟率从 2000 年的 32.7% 下降到 2020 年的 22.3%，预计 2025 年将降至 20.4%。我国的 6 次全国吸烟流行病学调查结果也显示，总吸烟率从 1984 年的 33.9% 持续下降至 2018 年的 26.6%。《“健康中国 2030”规划纲要》提出到 2030 年 15 岁以上人群吸烟率要降低到 20% 的目标。

3. 过度饮酒 《2018 年全球酒精与健康状况报告》估计，全球每年约 300 万人死于有害使用酒精，占全部死亡人数的 5.3%，其中超过 3/4 是男性。全球疾病负担研究显示，2017 年我国饮酒致死人数达 67 万，是 1990 年的 1.82 倍。

过度饮酒会引发各种疾病和伤害风险的增加。长期过量饮酒会增加患高血压、心律失常、心肌紊乱和脑卒中的风险；还会增加罹患食管癌、口腔癌、咽喉癌以及结肠癌和直肠癌的风险。饮酒会增加女性患乳腺癌的风险，大量和长期饮酒也是妊娠不良结局的一个原因。持续大量饮酒会增加肝硬化、肝癌和其他肝脏疾病的风险。研究显示，男性每天酒精摄入＞69g 时，肝癌发病风险是不饮酒者的 1.76 倍；女性每天酒精摄入≥23g 时，肝癌发病风险是不饮酒者的 3.6 倍。除疾病外，饮酒也会增加伤害的风险，包括道路交通碰撞、暴力和自杀所致损伤。WHO 发布的《道路安全全球现状报告（2018）》估计，有 5%～35% 的道路死亡与酒精有关，酒后驾车会显著增加撞车的风险和撞车的严重程度。

WHO 发布的《减少有害使用酒精全球战略》提出将减少有害使用酒精及其所致健康和社会负担作为一项公共卫生重点。世界各国采取综合性的控酒措施，包括对酒类征收附加消费税、进行健康教育、立法禁止酒后驾车、规定最低合法饮酒年龄、禁止向 18 岁以下未成年人出售含酒精饮料、颁发销售执照、对宣传戒酒和帮助酗酒者的志愿组织予以支持等。我国 2011 年通过的《中华人民共和国刑法修正案（八）》第二十二条规定，在刑法第一百三十三条后增加一条，将醉酒驾驶机动车等交通违法行为纳入刑法调整范围，此后饮酒驾车行为逐渐得到有效遏制。

4. 吸毒 也称为药物成瘾，是指出于非医学目的，超越医疗规范使用毒品的行为。毒品包括了鸦片类、镇痛催眠类、兴奋剂、致幻剂等多种类型，具有依赖性、耐受性、危害性和非法性的特征。毒品主要作用于神经系统，进入人体后能够影响人的心境、情绪、行为，改变意识形态，并可导致瘾癖或依赖，故又称精神活性物质。吸毒主要包括了海洛因、冰毒、大麻等列管精神活性物质的非法使用，以及曲马多、哌替啶等处方药的滥用。联合国发布的《2021 年世界毒品报告》显示，2020 年全球约 2.75 亿人使用毒品，比 2010 年增加 22%。《2021 年中国毒情形势报告》显示，截至 2021 年底，全国现有吸毒人员 148.6 万名，毒品滥用人数持续减少，但滥用品种更加多样、滥用替代物质危害显现。

毒品的滥用，不仅对吸毒者本人，对家庭甚至整个社会都会带来极大的危害。对于吸毒者来说，毒品严重损害吸毒者的身心健康。一次性吸毒过量常会引起突然死亡；长期吸毒可以干扰和破坏正常的新陈代谢，给神经系统、呼吸系统、消化系统、心血管系统等人体重要组织、器官带来危害；吸毒也与性病、艾滋病的传播密切相关。对于家庭来说，吸毒的主要危害是家庭经济的消耗、家庭成员亲情的疏远以及对子女的不良影响；滥用毒品会严重危害妊娠妇女、胎儿以及新生儿的健康。从社会层面来看，吸毒会带来犯罪率的上升，也会给社会经济造成巨大损失，种植与制造毒品还会产生对生态环境的破坏。

吸毒的控制包括了禁毒和戒毒两个层面。禁毒通过强制性的法律和行政手段，制止和打击走私、贩卖、运输、制造毒品和非法种植毒品原植物以及吸毒等不法活动。戒毒是针对吸毒人员戒除吸食、注射毒品的恶习及毒瘾，包括了脱毒、康复、重新步入社会的监督和辅导三个环节。《中华人民共和国禁毒法》确立了我国的戒毒体系，包括自愿戒毒、社区戒毒、强制隔离戒毒和社区康复等。

第三节　行为心理因素的干预

一、个体干预

1. 放松训练（relaxation training） 是一种通过精神放松和肌肉放松，让机体从紧张状态松弛下来的锻炼方式。进行放松训练可以起到缓解肌肉痉挛、缓解疼痛、消除紧张情绪的作用。放松训练的方式包括呼吸放松、肌肉放松、正念冥想等多种方式。如渐进式肌肉放松就是按照一定顺序，对肌群进行“收缩一放松一收缩一放松”训练，处理身体和情绪不适的一种心身调节技术。印度的瑜伽，中国的中医、太极等许多传统文化活动中，都包含有放松训练的内容。

2. 正性强化法 又称阳性强化法（positive reinforcement procedure），是建立在行为主义理论基础上的一种矫正不良行为、训练和建立良好行为的方法。该方法的基本原理是操作性条件反射，强调行为的改变是依据行为后果而定的。因而，当出现期望的目标行为，或者符合要求的良好行为时，就应当及时奖励，立刻强化，以增加此种行为出现的频率，这就是正性强化法。例如，为提高精神分裂患者的社会功能，采用“代币奖励”进行正性强化训练，当患者在日常生活活动训练中做出符合治疗目标的行为时，紧随发放“代币奖励”，并说明是因为出现了哪一种“行为”得到的奖励，进行强化训练。

3. 合理情绪疗法（rational-emotive therapy） 是美国心理学家埃利斯（Ellis）创立的一种认知心理疗法。埃利斯提出了 ABC 理论：A 为诱发事件，B 为不合理信念，C 为情绪和行为结果。一般诱发事件 A 被认为是导致情绪和行为结果 C 的原因。但 ABC 理论认为，个体对事件的认知信念 B 才是导致情绪 C 的根源。埃利斯认为，人类生来就有理性和非理性两种思维方式。理性思维方式会形成“理性信念”，产生积极正向的情绪；非理性思维方式会形成“非理性信念”，产生消极负向的情绪。因此，面对同一诱发事件，持有不同认知信念的人，其情绪及行为反应也会有很大的差别。合理情绪疗法就是通过认知技术、情绪技术和行为技术，改变和消除不合理信念，重建合理认知，从而解决情绪和行为问题的疗法。合理情绪疗法的实施，首先是寻找、定位不合理信念；然后对不合理信念进行干预，常用的方法包括与不合理信念进行辩论、合理情绪想象术、家庭作业、角色扮演等。

二、群体干预

1. 健康教育 是通过有计划、有组织、有系统的社会活动和教育活动，帮助个人和群体掌握健康知识，树立健康观念，掌握健康技能，自觉采纳有利于健康的行为和生活方式的教育活动和过程。健康教育不仅包括传播信息来增进个人健康知识，还包括培养必需的动机、技能和信心来促进改善健康的行动，以及包括社会动员和倡导在内的更广泛的行动，以应对影响健康的社会、经济和环境因素。研究显示，在以增加锻炼、控制超重和肥胖、控烟等行为改变为目标的项目中，健康教育都发挥了重要作用。

2. 团体心理咨询 是在团体情境下进行的一种心理咨询形式。与个体咨询一对一的关系不同，团体心理咨询借助团体动力及人际交互作用，促使团体成员在交往中通过观察、学习、体验，认识自我、探讨自我、接纳自我，调整改善与他人的关系，学习新的态度与行为方式，从而高效地促进个体心理行为改变。团体心理咨询通常将具有相似问题的团体成员组成课题小组，小组中设置 1～2 位指导者担任主持人，通过团体聚会、活动，共同商讨、训练引导解决成员共同的心理或行为问题。以大学生为对象的相关研究显示，团体心理咨询在提高大学生心理健康水平和改善人际关系方面具有良好效果，也是对网络成瘾者进行引导的一种有效干预手段。

3. 社会工程干预

（1）社会设施干预：行为实施的前提是行为相关资源的可及性。通过建设或改善某些社会设施，可以为行为改变提供便利可及的设施，从而达到促进行为改变的目的。例如，在超市鼓励销售低钠盐、出售定量盐勺、限盐罐等工具，为居民购买低盐产品和限盐工具提供方便；在居民区安装健身器材、修建健康步道等，吸引居民主动开展健身活动。

（2）公共政策干预：政府可以采取公共政策干预措施，促进人群健康。例如，通过对汽车安全带和摩托车头盔的立法规定，阻止相关不安全行为，降低车祸死亡率；通过全面禁止烟草广告、公共场所无烟立法、提高烟草税等，控制和减少香烟消费；通过严格限制向未成年人提供网络游戏服务的时间，防止青少年沉迷网络游戏。

（3）组织干预：组织是人们所处的社会和物质环境的重要组成部分，人们的健康状况和健康行为都会受到所属组织的影响。实施组织干预，就是通过对不合理的组织结构和行为进行改变，达到干预的目的。例如，建设支持健康的组织文化，可以促进组织采取有利于员工健康的政策和程序，比如减少超负荷工作；减少工作环境风险因素（如有毒化学品接触），增进员工健康。

三、场所干预

1. 家庭干预 是以家庭为单位和场所采取的心理行为干预。有研究表明，家庭关系与慢性病的管理和结果之间存在着实质的联系。例如，配偶的支持对心脏病患者的疾病管理至关重要，因而，向夫妻双方提供饮食和锻炼的咨询可以降低夫妻双方患病的风险。

2. 社区干预 社区是居住在一定区域内的人们所组成的社会生活共同体。居住在同一社区的人，拥有共同的生活环境条件以及近似的风俗、习惯、观念，可能产生相似的行为。因而，社区是进行干预的重要场所。例如，芬兰实施的北卡累利阿项目是世界上第一个以社区为基础的大型心血管综合预防项目。该项目表明，社区干预是慢性病预防和控制的有效路径。

3. 学校干预 学校是对儿童和青少年及其家庭进行干预的重要场所。在学校开展吸烟预防、体育锻炼、营养教育等项目，可以取得良好的效果。如学校可以采取包括体育课、上下学交通方式、运动式课堂休息、课后干预等在内的综合干预，促进儿童青少年的身体活动。学校通过开设营养教育课程、提供营养餐等，培养学生健康饮食习惯，减少包括超重和肥胖在内的多种形式营养不良。

4. 工作场所干预 工作场所是对成年人提供干预措施的重要场所。例如，在工作场所，可以提供现场锻炼设施、营养健康的餐厅食物，营造有利于健康的设施环境；可以采取更严格的工作场所烟草控制政策，减少吸烟者在工作中的香烟消费；也可以通过改变工作组织、任务结构或工作场所沟通模式等，减轻职业压力，减少不良社会心理工作暴露。

思考题

1. 人格特征对健康的影响是什么？
2. 简述现代心理压力的要素及其含义。
3. 试述健康相关行为与生活方式对健康的影响。
4. 如何对影响健康的行为心理因素进行干预？

第九章　健康危险因素及评价

【学习目标】

1. 掌握健康危险因素的概念及分类、健康危险因素评价的概念、评价年龄和增长年龄的概念。

2. 熟悉健康危险因素的特点、个体健康危险因素评价的步骤和方法。

3. 了解健康危险因素的作用过程、群体健康危险因素评价的步骤、方法以及健康危险因素评价的应用。

健康到疾病是一个变化发展的动态过程，人类生存环境中存在的健康危险因素对个体或群体的健康影响从无到有，从弱到强，最终导致疾病的发生。随着人类健康意识的提升，医学实践已由被动的疾病治疗发展到主动的健康管理，采取对健康相关影响因素进行全程化管理的理念逐渐得到关注和认可。研究健康危险暴露水平与疾病及死亡之间的因果关系，确定健康危险因素对健康的危害程度，能够对个体或群体进行健康危险因素评价，从而进行有效的健康干预，降低健康危险因素暴露水平，达到提高个体和人群健康水平的目的。

第一节　健康危险因素概述

一、健康危险因素的概念

危险因素是指根据流行病学资料认为与健康及其相关状态有关联，并有重要预防意义的一些个人行为或生活方式特征、环境暴露或一些先天性或遗传性特征等。在《2002年世界卫生报告：减少危险，延长健康寿命》中，WHO经常将“health risks”与“risks to health”换用，因此从字面上理解，健康危险因素就是危害健康的因素。2009年，WHO发布了一份名为《全球健康危险因素——主要健康危险因素导致的死亡率和疾病负担》的卫生统计报告，报告中明确将健康危险因素定义为：一种增加不良健康后果发生概率的因素。综合上述内容，健康危险因素（health risk factor）是指机体内外环境中存在的与疾病的发生、发展及预后有关的各种诱发因素，包括生物、心理、行为、经济和社会等因素。也正是因为健康危险因素的存在，导致疾病或死亡发生的可能性增加，或者使健康不良结果的发生概率增加。在这些错综复杂的健康危险因素中，有些是先天存在的、有些是后天形成的；有些是稳定的，有些是变化的；有些是不可控的，而有些是可以进行干预和改变的。尽管健康危险因素本身的性质以及对健康的作用千差万别，但是不同危险因素间也存在共性。

二、健康危险因素的分类

健康危险因素诸多，从不同的角度可以有不同的类别，如群体健康危险因素和个体健康危险因素，直接健康危险因素和间接健康危险因素等。一般而言，根据危险因素的来源和是否可控可以分为以下几类。

（一）按来源分类

按照危险因素来源可分为：生物遗传、环境、心理及行为生活方式和医疗卫生服务四个方面的因素。

1. 生物遗传危险因素 生物遗传危险因素是指人类在长期生物进化过程中所形成的遗传、成熟、老化及机体内部的复合因素。生物遗传因素直接影响人类健康，对诸多疾病的发生、发展及分布具有决定性的影响。有些疾病如血友病、白化病、蚕豆病、精神性痴呆等直接与遗传因素有关；有些疾病如高血压、糖尿病、精神障碍性疾病等则是遗传因素与环境因素、生活方式和行为综合作用的结果。因此，无论是传染病还是慢性病的发生都与遗传因素，或与其他因素的共同作用密切相关。随着分子生物学和遗传基因研究的发展，遗传特征、家族发病倾向、成熟老化和复合内因学说等都已经在分子生物学的最新成就中找到客观依据。

2. 环境危险因素 环境是人类社会赖以生存和繁衍生息的重要条件，主要包括原生环境、次生环境和社会环境。环境质量的好坏对人类健康至关重要。自然和社会环境中的危险因素对人类健康也有重要影响。人类对自然环境的过度改造，不仅严重破坏了赖以生存的生态系统，而且导致大量的危险因素进入人们的生存环境，环境危险因素对人类社会整体生存的影响越来越严重。WHO 公布了 2019 年全球健康面临的十大威胁。其中，空气污染被视为最大的环境威胁。WHO 表示：全世界十个人里有九个每天在呼吸受污染的空气。人们吸入空气中的污染物会导致肺部、心脏和大脑受损。由空气污染引起的癌症、脑卒中以及心脑血管疾病每年会导致约 700 万人的死亡。这些地方因工业、交通、农业以及家庭炉灶燃料产生的污染排放尤甚。一般而言，环境危险因素可以分为自然环境危险因素和社会环境危险因素。

（1）自然环境危险因素：主要包括生物性、物理性和化学性危险因素。其中理化污染是工业化、现代化带来的次生环境危险因素，其正成为日益严重的健康杀手。

1）生物性危险因素：自然环境中影响健康的生物性危险因素包括细菌、病毒、生物毒物等，是造成传染病、寄生虫病和自然疫源性疾病的病原体。这些疾病原因大多已较为明确，具有明显的疾病“三间”分布特征。

2）物理性危险因素：自然环境中的物理性危险因素有噪声、振动、电离辐射、电磁辐射等。如长时间使用计算机或某些精密仪器，即使只有微量的电磁辐射，也会对人体健康造成威胁，而移动电话的普及和高频率的使用，也同样是健康危险因素。

3）化学性危险因素：自然环境中的化学性危险因素包括各种生产性毒物、粉尘、农药、交通工具排放的废气以及排放到河流中污染生活用水的废水等。

（2）社会环境危险因素：社会环境对健康的影响，已经逐渐被人们完整地认识。随着人类现代化、网络化和信息化步伐的不断加快，社会环境因素对人类健康的影响越来越大。国家间、地区间和群体间的健康差距呈现出逐步加大的趋势。在贫困国家和贫困人口中，许多健康危险因素出现了一定的聚合之势。同时，贫困导致教育机会减少，从而在一定程度上又造成对其发展能力的剥夺，进一步导致社会地位的低下，引起精神上的压抑、社会隔离、就业困难及生存压力。这些健康危险因素相互叠加、互为因果，最终落入贫困影响健康的境地，反过来不健康又导致更贫困的恶性循环产生。

3. 心理及行为生活方式危险因素 心理因素以情绪为中介变量影响人的神经、内分泌和免疫调节平衡，进而导致健康损害和疾病。现代研究表明，长期情绪压抑是所有肿瘤的重要危险因素。此外，心理因素还通过影响人的行为生活方式而危害健康。随着生活节奏的加快，人类在职场和家庭面临的压力也逐步加剧，导致对人类健康有危害的心理和精神疾病不断增加。《2022 国民抑郁症蓝皮书》数据表明，62.36% 的人经常感到抑郁，情绪压力和亲子关系是引发抑郁症的主要社会环境因素，其次为亲密关系和职业发展。而且，抑郁症发病群体呈年轻化趋势。

行为危险因素又称自创性危险因素，是由于人类不良的行为生活方式而造成的健康危害。随着疾病谱的改变，与不良行为生活方式密切相关的慢性病逐渐成为人类健康的主要威胁。WHO公布的资料显示，影响健康的四个因素中父母遗传基因占15%，环境占17%，医疗条件占8%，而个人生活方式占到60%。大量研究表明，肥胖、糖尿病、高脂血症、高血压、痛风，甚至癌症等各种慢性非传染性疾病的发生主要与个人不健康的生活方式有关，这已经成为发达国家和发展中国家的重要公共卫生问题。

4. 医疗卫生服务危险因素 医疗卫生服务中健康的危险因素是指医疗卫生服务系统中存在的各种不利于保护并增进健康的因素。从宏观来看，医疗卫生资源的不合理配置，初级卫生保健网络的不健全，城乡卫生人力资源布局的不均衡、重治疗轻预防的倾向和医疗保健制度的不完善等都是可能危害人群健康的因素，如医疗卫生服务费用过高、医疗保障制度不健全可能会导致居民患病未就诊，从而影响健康水平；而从微观来看，医疗卫生服务系统中各个利益相关者的行为也会对人群健康带来不利影响。例如，医疗行为中医疗服务提供者的诱导需求、过度检查和过度治疗行为；医疗程序中的院内感染、滥用抗生素和激素；医疗服务质量低下、误诊漏诊等都是直接危害健康的因素。

（二）按与不良健康后果的关系分类

按照在因果链上与不良健康后果的关系远近，可将其分为直接的健康危险因素和间接的健康危险因素。

例如，对于冠心病来说，高血压和高胆固醇血症是其直接的健康危险因素，而运动不足、酗酒、吸烟和高脂饮食是其间接危险因素。因果链上的各健康危险因素的相互关系提示我们，作用于疾病远端的、间接的因素对疾病的发生往往能起到更大的作用，而对这些健康危险因素的干预对于健康的改善能起到根本的和更加持久的作用。

（三）按是否可控分类

按照危险因素是否可控分为不可改变的危险因素（不可控危险因素）和可改变的危险因素（可控危险因素）。

1. 不可改变的危险因素 主要包括性别、家族遗传史、老龄化等。

2. 可改变的危险因素 主要包括心理不健康、不良生活方式（吸烟、酗酒、运动不足、膳食不平衡等）导致的腰围/BMI超标（肥胖或超重）、血脂异常、血糖/血压/血尿酸偏高等。

在健康管理过程中，需要我们重点关注的即为可改变的危险因素。特别是，随着物质生活水平日益提高和老年化社会的发展，由不良生活方式引发的糖尿病、心脑血管疾病、肿瘤等慢性病日趋流行，这些慢性病已经严重影响我国居民健康水平和生活质量。研究发现，60%以上的慢性病事件是由心理不健康/健康水平偏低、不良生活方式（吸烟、酗酒、运动不足、膳食不平衡等）导致的腰围/BMI超标（肥胖或超重）、血脂异常、血糖/血压/血尿酸偏高等可改变的危险因素，如果消除或改善可改变的危险因素，则预防控制或延缓60%以上的慢性病事件发展发生是可能的。

另外，从目前健康促进活动干预的效果方面分类也可以将健康危险因素分为两种，一种是可以干预的（如潜在的病原体水平），即可改变的健康危险因素（modifiable risk factor）。另外一种是不可干预的（如年龄因素），即不可变的健康危险因素（immutable risk factor）。但是由于干预能力无时无刻不在变化，所以有些目前认为不可改变的危险因素将被重新归类，如图9-1所示。例如，遗传因素曾被认为是不可变因素，但是随着近年来基因治疗技术的进步，已有一些利用基因治疗技术成功治愈遗传性疾病的案例。

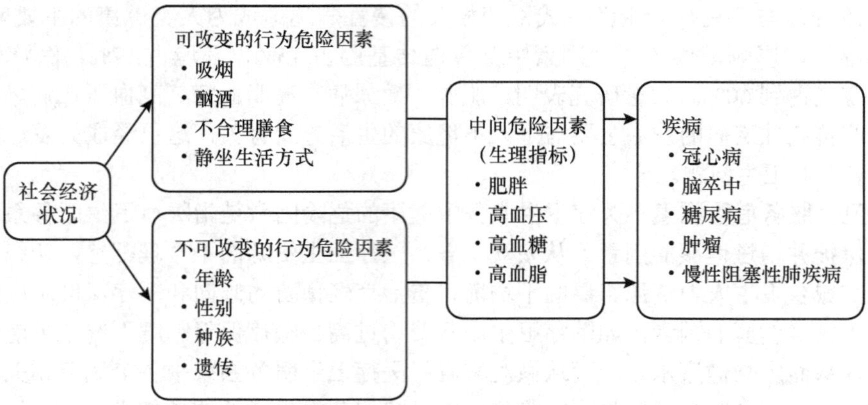

图 9-1 健康危险因素的分类

第二节 健康危险因素评价

一、健康危险因素评价的概念

健康危险因素评价（health risk factors appraisal，HRA）是研究危险因素与慢性病发病及死亡之间数量依存关系及其规律性的一种技术方法。它研究人们在环境、生活方式和医疗卫生服务中存在的各种危险因素对疾病发生和发展的影响程度，以及通过改变生产生活环境，改变不良的行为生活方式，降低危险因素的作用，可能延长寿命的程度。通过开展危险因素的评价，促进人们改变不良的行为生活方式，降低危险因素，提高生活质量和改善健康水平。

健康危险因素评价本质上是一种方法或工具，用于描述和估计某一个体或群体未来发生某种特定疾病或因为某种特定疾病导致死亡的可能性。

二、个体健康危险因素评价

（一）收集资料

1. 收集当地年龄别、性别和疾病别死亡率资料 通过收集当地年龄别、性别和疾病别死亡率可以帮助确定研究对象。通常选择当地危害健康最严重的疾病，即将占该年龄别、性别人群总死亡 1/2 以上的疾病作为研究对象。同时，当地年龄别、性别和疾病别死亡率资料需要用来作为同性别、同年龄别死亡率的平均水平，在评价时作为比较的标准。为提高评定的稳定性，该死亡率通常换算为 10 年的死亡率。表 9-1 列举了某地某 41 岁男性健康危险因素评价，其中第 1、2 列是疾病别每 10 万人口的平均死亡率，如冠心病死亡率为 1877/10 万，自杀死亡率为 264/10 万等。

表 9-1 某地某 41 岁男性健康危险因素评价表

死亡原因（1）	死亡率（1/10 万）（2）	疾病诱发因素（3）	指标值（4）	危险分数（5）	组合危险分数（6）	存在死亡危险（7）	根据医生建议改变危险因素（8）	新危险分数（9）	新组合危险分数（10）	新存在死亡危险（11）	降低量（12）	危险降低程度百分数（%）（13）
冠心病	1877	血压	16.0/9.3（kPa）	0.4				0.4				
		胆固醇	192（mg/dl）	0.6				0.6				
		糖尿病病史	无	1.0				1.0				
		体力活动	坐着工作	2.5	1.9	3585.07	定期锻炼	1.0	0.11	206.47	3378.6	47

续表

死亡原因（1）	死亡率（1/10万）（2）	疾病诱发因素（3）	指标值（4）	危险分数（5）	组合危险分数（6）	存在死亡危险（7）	根据医生建议改变危险因素（8）	新危险分数（9）	新组合危险分数（10）	新存在死亡危险（11）	降低量（12）	危险降低程度百分数（%）（13）
冠心病		吸烟	不吸	0.5				0.5				
		体重	超重30%	1.3			降到平均体重	1.0				
		家族史	无	0.9				0.9				
车祸	285	饮酒	不饮	0.5				0.5				
		驾车里程	25000米/年	2.5	1.9	541.5		2.5	1.9	541.5	0	0
		安全带使用	90%	0.8			100%	0.8				
自杀	264	抑郁	经常	2.5			治疗抑郁	1.5	1.5	369.0	264.0	4
		家族史	无	1.0	2.5	660.0		1.0				
肝硬化	222	饮酒	不饮	0.1	0.1	22.2		0.1	0.1	22.2	0	0
脑血管病	222	血压	16.0/9.3（kPa）	0.4				0.4				0
		胆固醇	192（mg/dl）	0.2	0.19	42.18		0.6	0.19	42.18	0	0
		糖尿病病史	无	1.0				1.0				
		吸烟	不吸	0.8				0.8				
肺癌	202	吸烟	不吸	0.2	0.2	40.4		0.2	0.2	40.4	0	0
慢性风湿性心脏病	167	心脏杂音	无	1.0				1.0				
		风湿热	无	1.0	0.1	16.7		1.0	0.1	16.7	0	0
		症状体征	无	0.1				0.01				
肺炎	111	饮酒	不饮	1.0				1.0				
		肺气肿	无	1.0	1.0	111.0		1.0	0.1	111.0	0	0
		吸烟	不吸	1.0				1.0				
肠癌	111	肠息肉	无	1.0				1.0				
		肛门出血	无	1.0	1.0	111.0		1.0				
		肠炎	无	1.0				1.0				
		直肠镜检查	无	1.0			每年检查一次	0.3		33.3	77.7	1%
高血压	56	血压（kPa）	16.6/9.3	0.4	0.7	39.2				0	0	0
心脏病	0	体重	超重30%	1.3		0	降到平均体重	1.0	0.4	22.4	16.8	0.2%
肺结核	56	X线检查	阴性	0.2				0.2				
		结核活动	无	1.0	0.2	11.2		1.0	0.2	11.2	0	0
		经济社会地位	中等	1.0				1.0				
其他	1987			1.0		1987			1.0	1987	0	0
合计	5560					7167.45				3403.35	3737.1	52.2%

2. 收集个体危险因素资料 所要研究的疾病确定之后，需要收集被评估者具有这些疾病的危险因素情况的资料。危险因素必须是有循证医学依据的并且得到公认的危险因素。根据病因学的研究结果，下列疾病与危险因素之间的关系已经较为明确（表 9-2）。

表 9-2 疾病与危险因素的关系

疾病	危险因素
冠心病	舒张压、收缩压、糖尿病病史、吸烟、体重、体力活动、家庭遗传血清胆固醇含量
脑血管病	高血压、高胆固醇血症、糖尿病、吸烟、年龄、紧张与缺乏体力活动、高盐饮食
糖尿病	年龄、体重超重、血清胆固醇含量、家族史
慢性风湿性心脏病	心脏杂音、风湿热及有关症状与体征
肝硬化	饮酒史（饮酒种类、饮酒量、饮酒时间等）、肝炎史、血吸虫病史
乳腺癌	年龄、家族史、哺乳史、有无定期乳房自我检查及医学检查
宫颈癌	年龄、社会地位和经济状况、早婚、性生活开始年龄和结婚年龄早、是否有定期阴道涂片检查
肠癌	肠息肉、肠出血、肠壁溃疡和肠炎，有无定期肛指检查、直肠镜检和大便隐血试验，是否有血吸虫病史
胃癌、食管癌	胃酸低、有无定期做胃液检查以及钡餐检查
肺癌	吸烟（吸烟量、吸烟时间、开始吸烟年龄）、被动吸烟
肺气肿	吸烟、慢性支气管炎
肺结核	经济和社会地位、有无接触史、是否作定期 X 线检查

对于个体危险因素的收集，通常包括五大类。①行为生活方式：如吸烟、饮酒、体力活动情况等。②环境因素：包括个体所处的自然环境，所具有的社会特征和心理特征。如居住环境、经济收入、家庭关系、工作环境、心理刺激等。③生物遗传因素：如年龄、性别、种族、身高、体重等。④医疗卫生服务：如是否有定期健康检查、直肠镜检查、阴道涂片、预防接种等。⑤疾病史：详细了解个人的患病史、症状、体征及相应检查结果，包括个人既往病史，如有无原因不明的肛门出血、慢性支气管炎、肺气肿、糖尿病等；婚姻生育史，如初婚年龄、妊娠年龄、生育胎数等；家庭疾病史，如家庭中是否有人死于或患有心脏病、乳腺癌、糖尿病和自杀等。

个体所具有基本危险因素情况的资料一般通过问卷调查，以及必要的体格检查和实验室检查等方法获得。表 9-1 中第 3、4 列列举各种疾病的相应危险因素及其指标值。

（二）分析处理资料

1. 将危险因素转换成危险分数 危险因素转化为危险分数是健康危险因素评价的关键步骤。危险分数指具有某一危险因素水平的人群的死亡率与人群平均死亡率的比值。危险分数越高，死亡率越大。当危险因素水平接近于人群平均水平时，危险分数就为 1.0。此时，个人因某病死亡的概率等于当地死亡率的均值；当个人因某病死亡的概率大于当地死亡率的平均水平，危险分数大于 1.0，反之亦然。如果个体危险因素值在表上介于相邻两组之间，可以选用两个指标间相邻值或用内插法计算平均值，例如胆固醇值为 192mg/dl，40～44 岁男性危险分数转换表（表 9-3）中没有 192mg/dl 这一等级，根据规定 220mg/dl 和 180mg/dl 对应的危险分数分别为 1.0 和 0.5，用内插法计算得出 192mg/dl 的危险分数为 0.6。另外需要注意的是血压，血压包括收缩压和舒张压。当两者存在 1～2 个危险分数等于或小于 1.0 时，不必分为收缩压、舒张压两项分别记录，仅将较高的危险分数视为血压的危险分数。如表 9-1 中，收缩压为 16.0kPa、舒张压为 9.3kPa 的危险分数均小于 1.0，且都为 0.4，所以危险分数只记一个 0.4。但当收缩压和舒张压的危险分数均大于 1.0 时，则应视作两项危险因素，分别计算危险分数后，将各危险因素的危险分数填入表 9-1 的第 5 列。

表 9-3　冠心病危险分数转换表（男性 40～44 岁组）

死亡原因	危险指标	测量值	危险分数
冠心病	（1）收缩压	26.6kPa（200mmHg）	3.2
		23.9kPa（180mmHg）	2.2
		21.3kPa（160mmHg）	1.4
		18.6kPa（140mmHg）	0.8
		16.0kPa（200mmHg）	0.4
	（2）舒张压	14.1kPa（120mmHg）	3.7
		13.3kPa（106mmHg）	2.0
		12.5kPa（94mmHg）	1.3
		11.7kPa（88mmHg）	0.8
		10.9kPa（82mmHg）	0.4
	（3）胆固醇	7.28mmol/L	1.5
		5.72mmol/L	1.0
		4.68mmol/L	0.5
	（4）糖尿病病史	有	3.0
		已控制	2.5
		无	1.0
	（5）运动情况	坐着工作和娱乐	2.5
		有些活动的工作	1.0
		中度锻炼	0.6
		较强度锻炼	0.5
		坐着工作，有定期锻炼	1.0
		其他工作，有定期锻炼	0.5
	（6）家庭史	父母二人 60 岁前死于冠心病	1.4
		父母之一 50 岁前死于冠心病	1.2
		父母健在（＜60 岁）	1.0
		父母健在（≥60 岁）	0.9
	（7）吸烟	≥10 支/日	1.5
		＜10 支/日	1.1
		吸雪茄或烟斗	1.0
		戒烟（不足 10 年）	0.7
		不吸烟或戒烟 10 年以上	0.5
	（8）体重	超重 75%	2.5
		超重 50%	1.5
		超重 15%	1.0
		超重 10% 以下	0.8
		降至平均体重	1.0

2. 计算组合危险分数　许多流行病学调查结果证明，多种危险因素对同一种疾病具有联合作

用，这种联合作用对疾病的影响十分强烈。所以，在计算危险分数时应考虑危险因素的联合作用，计算组合危险分数。计算组合危险分数时分两种情况：

（1）与死亡原因有关的危险因素只有一项时，组合危险分数等于该死因的危险分数，如表 9-1 中 41 岁组男子中吸烟作为疾病诱发因素时，不吸烟者肺癌的危险分数和组合危险分数都是 0.2。

（2）与死亡原因有关的危险因素是多项时，组合危险分数的计算：首先，将危险分数大于 1.0 的各项分别减去 1.0 后剩下的数值作为相加项分别相加，1.0 作为相乘项；其次，将小于或等于 1.0 的各项危险分数值及被减去的 1.0 作为相乘项分别相乘；最后，将相加项和相乘项的结果相加，就得到该死亡原因的组合危险分数。例如，表 9-1 中车祸的危险因素有 3 项，组合危险因素要考虑每项危险因素对车祸死亡率的综合作用。从表第 5 列可以看到，车祸相关的危险因素中，危险分数大于 1.0 的有驾车里程 25 000 千米/年，危险分数为 2.5；其余危险分数小于 1.0。计算组合危险分数，2.5–1.0=1.5，1.5 就是相加项；相乘项则包括所有危险分数小于或等于 1.0 的危险分数值以及驾车里程 25 000 千米/年被减去的 1.0 共有 3 项。相乘项之积：0.8×0.5×1.0=0.4；车祸组合危险分数值为相加项之和与相乘项之积的和：1.5+0.4=1.9，即表 9-1 中的第 6 列。

3. 计算存在死亡危险 存在死亡危险指存在某一种组合危险分数下，因某种疾病死亡的可能危险性。存在死亡危险=平均死亡率×组合危险分数。其他原因的存在死亡危险就是其他原因的平均死亡率。即表 9-1 中第 2 列和第 6 列的乘积，结果列于第 7 列。例如，40～44 岁男子车祸平均死亡率为 285/10 万，某 41 岁男子车祸组合危险分数为 1.9，则该男子车祸死亡存在危险值为 (285×1.9)/10 万 =541.5/10 万，是当地平均水平的 1.9 倍。

其他死因的存在死亡危险就是其他死因的平均死亡率。也就是将其他死因的组合危险视为 1.0，将各种死因的存在死亡危险相加，并且要加上其他死因的存在死亡危险，其结果就是总的存在死亡危险。例如，表 9-1 某地某 41 岁男子的存在死亡危险：

(3585.07+541.5+660.0+22.2+42.18+40.4+16.7+111.0+111.0+39.2+11.2+1987)/10 万 =7167.45/10 万

4. 计算评价年龄 为了使结果表达更直观，可以将总的存在死亡危险转换成相应的年龄来表达，因为年龄与死亡率之间有一定的函数关系。评价年龄是根据年龄与死亡数之间的函数关系，按个体所存在的危险因素计算的预期死亡数求出的年龄。可以将这种函数关系转化为可直接查阅的工具，即健康评价年龄表（表 9-4）。某地某 41 岁男性的评价年龄可查健康评价年龄表获得。健康评价年龄表左边一列是男性总的存在死亡危险；右边一列是女性总的存在死亡危险；中间部分，最上边的一行数目是个体实际年龄的最末一位数字，余下的主体部分就是相应的评价年龄。

表 9-4 健康评价年龄表

男性存在死亡危险（/10 万）	年龄末位数 0 5	1 6	2 7	3 8	4 9	女性存在死亡危险（/10 万）	男性存在死亡危险（/10 万）	年龄末位数 0 5	1 6	2 7	3 8	4 9	女性存在死亡危险（/10 万）
530	5	6	7	8	9	350	1 350	14	15	16	17	18	520
570	6	7	8	9	10	350	1 440	15	16	17	18	19	550
630	7	8	9	10	11	350	1 500	16	17	18	19	20	570
710	8	9	10	11	12	360	1 540	17	18	19	20	21	600
790	9	10	11	12	13	380	1 560	18	19	20	21	22	620
880	10	11	12	13	14	410	1 570	19	20	21	22	23	640
990	11	12	13	14	15	430	1 580	20	21	22	23	24	660
1 110	12	13	14	15	16	460	1 590	21	22	23	24	25	690
1 230	13	14	15	16	17	490	1 590	22	23	24	25	26	720

续表

男性存在死亡危险（/10万）	年龄末位数					女性存在死亡危险（/10万）	男性存在死亡危险（/10万）	年龄末位数					女性存在死亡危险（/10万）
	0 5	1 6	2 7	3 8	4 9			0 5	1 6	2 7	3 8	4 9	
1 590	23	24	25	26	27	750	11 160	47	48	49	50	51	5 420
1 600	24	25	26	27	28	790	12 170	48	49	50	51	52	5 860
1 620	25	26	27	28	29	840	13 230	49	50	51	52	53	6 330
1 660	26	27	28	29	30	900	14 340	50	51	52	53	54	6 850
1 730	27	28	29	30	31	970	15 530	51	52	53	54	55	7 440
1 830	28	29	30	31	32	1 040	16 830	52	53	54	55	56	8 110
1 960	29	30	31	32	33	1 130	18 260	53	54	55	56	57	8 870
2 120	30	31	32	33	34	1 220	19 820	54	55	56	57	58	9 730
2 310	31	32	33	34	35	1 330	21 490	55	56	57	58	59	10 680
2 520	32	33	34	35	36	1 460	23 260	56	57	58	59	60	11 720
2 760	33	34	35	36	37	1 600	25 140	57	58	59	60	61	12 860
3 030	34	35	36	37	38	1 760	27 120	58	59	60	61	62	14 100
3 330	35	36	37	38	39	1 930	29 210	59	60	61	62	63	15 450
3 670	36	37	38	39	40	2 120	31 420	60	61	62	63	64	16 930
4 060	37	38	39	40	41	2 330	33 760	61	62	63	64	65	18 560
4 510	38	39	40	41	42	2 550	36 220	62	63	64	65	66	20 360
5 010	39	40	41	42	43	2 780	38 810	63	64	65	66	67	22 340
5 560	40	41	42	43	44	3 020	41 540	64	65	66	67	68	24 520
6 160	41	42	43	44	45	3 280	44 410	65	66	67	68	69	26 920
6 830	42	43	44	45	46	3 560	47 440	66	67	68	69	70	29 560
7 570	43	44	45	46	47	3 870	50 650	67	68	69	70	71	32 470
8 380	44	45	46	47	48	4 220	54 070	68	69	70	71	72	35 690
9 260	45	46	47	48	49	4 600	57 720	69	70	71	72	73	39 250
10 190	46	47	48	49	50	5 000	61 640	70	71	72	73	74	43 200

表 9-1 中某地某 41 岁男性总的存在死亡危险为 7167.45/10 万。查健康评价年龄表，在表左边一列接近这一数值在 6830 和 7570 之间。6830 的评价年龄为 43 岁，7570 的评价年龄为 44 岁，因而得出该男子的评价年龄为 43.5 岁。

5. 计算增长年龄　又称达到年龄，是根据已存在的危险因素，提出可能降低危险因素的措施后预计的死亡数算出的一个相应年龄。表 9-1 中的第 8～11 列都是用于计算增长年龄，计算方法与计算评价年龄相似。第 8 列是医生根据评价对象存在危险因素的性质和程度所建议的可能改变的危险因素，如吸烟、饮酒、体力活动等；有的是不可改变的因素，如生化测定值和疾病史、家族史等。第 9 列、第 10 列是根据去除可改变危险因素后，计算出新的危险分数和新的组合危险分数。第 11 列是第 2 列乘第 10 列得出的新存在死亡危险值。该 41 岁男子如果遵照医嘱，完全去除可改变的危险因素，重新计算的合计死亡危险为 3430.35/10 万，查表 9-1 得增长年龄为 36 岁。

6. 计算危险降低程度　危险降低程度又称理想/可降低的危险度（achievable risk）将个人所有可修正的危险因素修正到目标水平，如吸烟者已经戒烟、高血压者已经将其血压降到了

140/90mmHg 以下，计算出来的危险度。目的是展现个人可改善的健康风险空间，鼓励和帮助人们修正不健康的行为。可以用存在死亡危险减去新存在死亡危险计算降低的实际数量，也可以用危险的降低量与总的存在死亡危险的比值，计算危险度降低程度的百分比。表 9-1 中第 12 列是危险降低的绝对数量，由第 7 列存在死亡危险减去第 11 列新存在死亡危险求得。第 13 列是危险降低的数量在总存在死亡危险中所占的百分比，由每种死因的危险降低量第 12 列除以总存在死亡危险。例如，车祸的危险降低量=541.5–541.5=0，危险降低百分比=0。

以行为危险因素为主要评价对象的健康危险因素评价方法，是根据流行病学资料、人群死亡率资料，运用数理统计方法，对个人的行为生活方式等进行评价，它可以估计个人在一定时期内患病或死亡的危险性，估计个人降低危险因素的潜在可能性，并向个人进行反馈。其目的是通过个性化健康咨询，促使人们改变不良的行为方式，降低危险因素，减少疾病，维护和促进健康。

三、群体健康危险因素评价

2002 年，WHO 发布了题为《减少风险，延长健康寿命》的年度世界卫生报告。报告收集并分析了来自全球的健康危险因素数据和资料，对当今世界上导致人类疾病、残疾和死亡的最重要的健康危险因素进行了深入分析和探讨。WHO 健康危险因素评价方法更多是从群体角度出发，关注包括行为危险因素在内的诸多危险因素对人群健康的影响，以疾病负担为测量指标，以综合社会干预策略为主要手段来改善群体健康，其评价结果更多地运用于人群干预策略的选择和政府决策应用。

（一）基本概念

WHO 认为健康危险因素评价是系统地评价和比较不同健康危险因素导致疾病和伤害负担大小的一种评价方法。在其分析报告中，涉及了危险因素暴露率（prevalence of risk）、相对危险度（relative risk）、人群归因危险度（population attributable risk）、归因疾病负担比（attributable burden）、可避免的疾病负担比（avoidable burden）等重要指标。

（二）基本步骤

1. 危险因素确定 通过实验或者流行病学调查的方法获取某种危险因素对人体健康危害方面的数据，并推断其对人类健康带来的可能后果。

2. 暴露程度评价 根据某危险因素在人群中的分布情况、危险因素的流行频率及其对人群行为和生理等方面的影响来确定人群的暴露程度。

3. 剂量-反应评价 主要研究危险因素的剂量或暴露程度导致某种不良后果的概率。

4. 危险特征评价 根据人群的暴露程度以及剂量-反应关系的研究结果，对某一个体或群体的健康危险程度进行评价，如预测某一人群发生某种疾病的概率。

（三）评价方法

1. 计算方法 在计算可避免的疾病负担时，危险因素潜在影响分数（potential impact fraction，PIF）主要是用来计算当一种危险因素的分布发生特定的改变时疾病负担减少的比例。计算 PIF 需要三方面的数据，分别是危险因素水平（目前的分布水平、理论上最小的分布水平）、危险因素与疾病的关系（危险因素的累积、危险因素的逆转）和疾病负担。

2. 选择和确定健康危险因素

（1）选择参考：WHO 报告是基于以下考虑来选择和确定健康危险因素的。一是对全球具有潜在影响的因素，是导致疾病负担增加的主要因素，有较高的流行率或能够在很大程度上增加主要疾病死亡或残疾的风险；二是因素与健康结果之间存在高度因果关联性；三是危险因素具有潜在可干预性；四是危险因素的选择范围既不能太窄也不能太宽；五是具有比较完整的危险因素分布以及危险因素和疾病关系方面的数据资料。

（2）判断健康危险因素的标准：一是关联的时间顺序；二是关联的强度；三是暴露与疾病在分布上的一致性；四是健康危险因素与疾病的发生之间存在剂量-反应关系；五是关联的合理性；六是实验证据，即危险因素与疾病之间的关系得到了实验研究数据的支持。

（3）计算目前的危险因素水平，并确定假设的危险因素分布水平：计算 PIF 首先要收集当前人群危险因素暴露水平方面的数据资料，同时还要有不同年龄、性别、国家的危险因素暴露数据。许多国家缺乏相应的数据，因此需要利用已有的数据进行外推。首先假设所有人群的理论最低暴露风险分布是一致的。出于制定科学合理的风险干预政策的目的，WHO 对降低不同年龄、性别、地区危险因素暴露水平所带来的疾病负担变化情况进行了测算，并在当前暴露分布与理论最低风险暴露之间假设了若干个暴露水平，并对暴露水平发生不同变化所带来的疾病负担变化进行测算、比较和分析。

（4）测量当前和今后的疾病与损伤负担：计算 PIF 还需要收集不同年龄、性别、地区疾病与损伤负担，计算当前和今后的疾病与损伤负担是目前 WHO 全球疾病负担研究项目的一项主要内容。

（5）测量危险因素暴露水平与疾病负担之间的关系：虽然不同地区间危险因素暴露水平存在不一致，但在危险因素暴露与疾病发生之间却存在一定的生物学内在联系，因而具有较好的一致性。相对危险度指标具有很好的外推性，因而被 WHO 报告所采用。

（6）测算可避免的疾病负担比：目前针对健康危险因素所采取的干预措施无法对过去而只能对未来施加影响。就疾病负担比的改变而言，它只能改变疾病的未来负担比，是指如果改变目前和未来的危险因素暴露水平可避免的疾病负担比例。计算可避免疾病负担的难度较大，因为在计算归因疾病负担时存在很多不确定性因素。

（7）测算多重危险因素的联合作用：当两个危险因素分别影响不同的疾病时，它们的净作用效果将是其各自分别作用效果之和。然而，当两个危险因素作用于同一疾病或损伤时，它们所产生的净作用效果将会比其分别作用所产生的效果增加或减少。这种联合作用的大小将取决于两种危险因素流行交叉程度的大小，以及因素间联合作用所产生的生物学后果。

第三节　健康危险因素评价的应用

一、健康危险因素评价的应用范围

健康危险因素评价过程是一种科学，按生物医学、流行病学及统计学原理进行评估，为决策者提供较客观公正的指标；而健康危险因素评价结果的应用则是一种艺术，风险值的含义通常因人而异，但由于评价过程中仍涉及许多假设与不确定性，不能仅靠风险评估结果进行管理。

健康危险因素评价按其应用对象和范围，可分为个体评价和群体评价。个体评价结果可用来对个体的健康状况进行预测并作为健康教育与咨询、健康管理的理论依据，促进个体改变不良行为生活方式，控制与降低健康危险因素的危害，从而阻止或延缓疾病的发生发展。群体评价结果则可使管理者了解危险因素在人群中的分布及其严重程度，为确定疾病防治工作重点、制订干预策略提供依据。

（一）个体评价

健康危险因素的个体评价主要是通过比较评价对象的实际年龄、评价年龄和增长年龄三者之间的差别，以此了解并评价危险因素对寿命可能影响的程度，以及降低危险因素后寿命可能延长的程度，进而增强行为干预的效果。

一般来说，如果评价年龄大于实际年龄，表明评价对象存在的危险因素高于平均水平，即死亡率可能高于当地同性别年龄组人群的平均水平。增长年龄与评价年龄的差值，说明评价对象采取降低危险因素的措施后可能延长的寿命年数，也就是用年龄来表达的死亡率降低水平。根据实际年龄、评价年龄和增长年龄三者间的数量关系，一般将个体分为以下四种类型。

1. 健康型（healthy type） 评价年龄小于实际年龄，这样的个体属于健康型，说明个体存在的危险因素低于平均水平，预期健康状况较好。如图 9-2 所示，某个体实际年龄为 47 岁，其评价年龄为 43 岁，则说明该个体可能处于 43 岁年龄组人群的死亡率，健康水平优于 47 岁的同龄人群。当然，这一类型个体仍有降低危险因素的可能，但由于存在的危险因素较少，降低有限，故延长预期寿命有限。

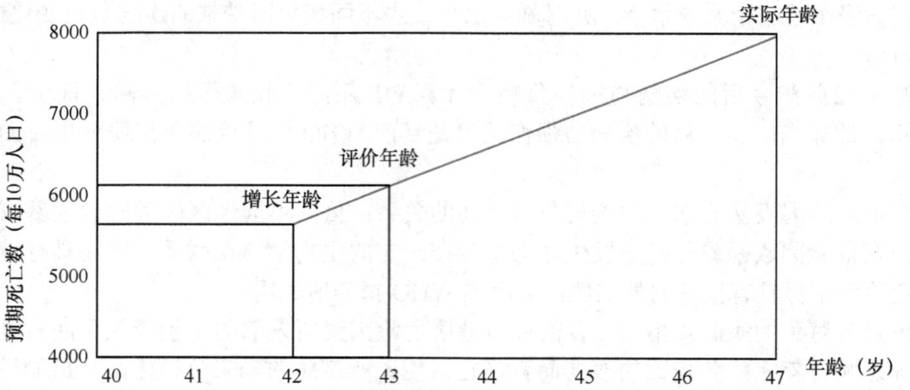

图 9-2 健康型三种年龄关系示意图

2. 自创性危险因素型（self-made risk type） 评价年龄大于实际年龄，而且评价年龄与增长年龄之差大（＞1 岁），这样的个体属于自创性危险因素型。表 9-1 列举的某男性个体，实际年龄为 41 岁，计算得到的评价年龄为 43.5 岁、增长年龄为 36 岁（图 9-3），其评价年龄大于实际年龄，且评价年龄与增长年龄相差较大，说明该个体存在的危险因素较平均水平为高。其危险因素多数是自创性的，即主要来自个人的不良行为和生活方式，是可以通过自身的行为改变降低和去除，从而延长预期寿命。

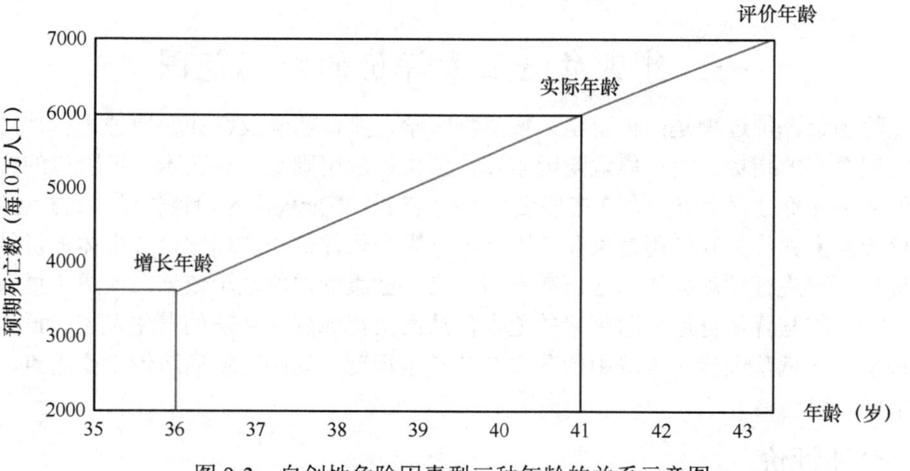

图 9-3 自创性危险因素型三种年龄的关系示意图

3. 难以改变的危险因素型（hard-changed risk type） 评价年龄大于实际年龄，但评价年龄与增长年龄之差小（≤1 岁），这样的个体属于难以改变的危险因素型，又称历史危险因素型。如图 9-4 所示，某个体实际年龄为 41 岁，评价年龄为 47 岁，增长年龄为 46 岁，其评价年龄与增长年龄相差仅 1 岁。说明该个体的危险因素主要是来自既往疾病史或生物遗传因素，而这些危险因素通常难以被降低或改变，即使有所改变，效果可能也不明显。因此，延长预期寿命的余地不大。

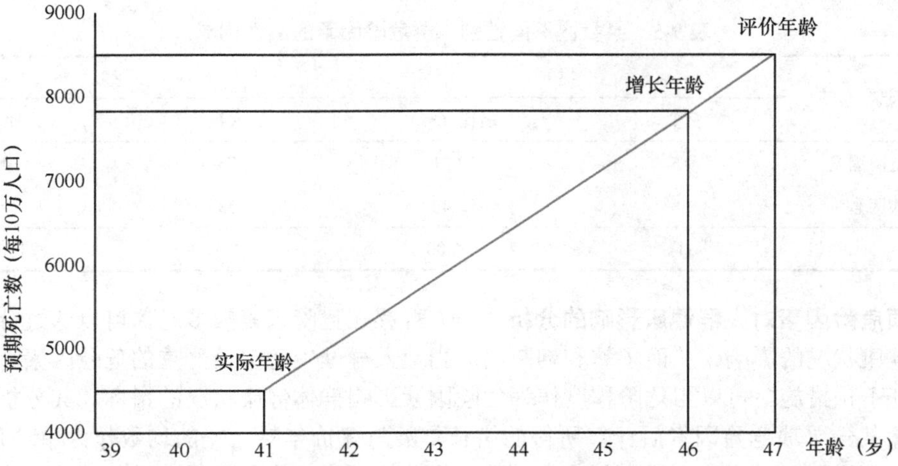

图 9-4　难以改变的危险因素型三种年龄的关系示意图

4. 一般性危险型（general risk type）　实际年龄接近评价年龄，评价年龄又和增长年龄相近，这样的个体属于一般性危险型。说明这种类型个体存在的危险因素接近于轻微危害程度，危险因素类型和水平接近当地人群的平均水平，降低危险因素的可能性有限。因此，预期寿命相当于当地同人群平均水平。

健康危险因素的个体评价除了上述方式外，还可以针对某一种危险因素进行分析。如减少吸烟的危险因素，或控制超体重的危险因素，又或减少体力活动不足（坐着工作和娱乐）危险因素等，以同样的方法计算评价年龄和增长年龄，两者的差值大小可以反映某一种危险因素对个体预期寿命的影响程度。

危险因素对个体预期寿命的影响程度同样可以用改变危险因素后，死亡危险的降低程度来说明。表 9-1 列举的某 41 岁男性个体，若其改变行为生活方式降低危险因素后，总死亡危险可降低 52%，冠心病的死亡危险可降低 47%。

（二）群体评价

在个体评价的基础上，群体评价一般可从以下几个方面进行。

1. 不同人群危险程度评价　在进行个体评价中，根据实际年龄、评价年龄和增长年龄三者之间的关系将评价对象划分为四种类型，即健康型、自创性危险因素型、难以改变的危险因素型和一般性危险型。在进行不同人群危险程度分析时，将属于健康型的个体归为健康组，属于自创性危险因素型、难以改变的危险因素型的个体归为危险组，属于一般性危险型的个体归为一般组。可根据人群中上述三种类型的人所占比重的大小来分析某个人群的危险水平高低，从而确定防治重点。一般来说，某一人群中处于危险组的人越多，则该人群的危险水平就越高。此外，还可以根据不同性别、年龄、职业、文化程度及经济水平等人群特征分别进行危险水平分析。

2. 危险因素属性分析　危险因素按照其属性可分为难以改变的危险因素和自创性危险因素两大类。而大多数与慢性病有关的危险因素均属于后者，是由行为生活方式所致，是自我行为造成的结果，所以，这一类危险因素是可以通过健康教育和行为干预发生转变或消除的。在进行群体评价时，计算危险组人群中难以改变的危险因素与自创性危险因素的比例，可以分析有多大比重的危险因素可以避免，以便有针对性地采取措施进行干预，降低死亡或疾病风险，提高人群的健康水平。例如，某社区居民健康危险因素调查结果显示（表 9-5），男性的危险因素多属于自创性危险因素，可以通过改变不良行为生活方式而去除，而女性则主要是难以改变、不易去除的危险因素。因此，对男性居民进行健康教育以建立健康的行为生活方式比女性更为重要和迫切。

表 9-5 某社区不同性别人群危险因素的属性构成

危险因素	男		女	
	人数	占比（%）	人数	占比（%）
不易去除危险因素	15	13.51	78	70.27
可去除危险因素	96	86.49	33	29.73
合计	111	100.00	111	100.00

3. 单项危险因素对人群健康影响的分析 当人群存在危险因素较多时，可以通过分析各种危险因素对健康状况的影响，从而了解和判断出对当地人群健康危害最严重的危险因素，以便有针对性地制订干预措施。可以用危险程度作为危险因素影响群体健康状况的指标。其分析方法是将各个体扣除某一单项危险因素后计算所得的增长年龄与评价年龄之差的均数作为单项危险强度，同时将这一危险因素在评价人群中所占的比重作为危险频度，将危险强度乘以危险频度得出危险程度（即危险强度×危险频度=危险程度）。例如，表 9-6 中列出了各单项危险因素对某社区男性健康状况影响的强度、频度及程度。当去除吸烟这一危险因素后，算出的各评价个体的增长年龄与评价年龄之差的均数为 0.84 岁，而在评价人群中吸烟者所占比例为 60.70%。因此，吸烟对人群的危险程度为 0.84×60.70%=0.51 岁。同理，饮酒的危险程度是 0.77 岁，缺乏常规体检的危险程度是 0.27 岁。可见，某一单项危险因素对群体健康状况的影响，与该危险因素对个体的影响程度及其在人群中的分布范围有关。有些危险因素虽然对个体的影响较大，但如果这些因素在人群中分布范围有限，那么该因素对整个人群的危险程度并不严重。反之，有些危险因素对个体的健康影响并不十分严重，但由于其在人群中分布范围较广，则该因素就成了需要引起重视的因素。

表 9-6 单项危险因素对某社区男性健康状况的影响

危险因素	危险强度（岁）	危险频度（%）	危险程度（岁）
吸烟	0.84	60.70	0.51
饮酒	1.73	44.78	0.77
缺乏常规体检	0.33	83.08	0.27
常感压抑	0.94	17.91	0.17
常生闷气	0.89	12.44	0.11
血压高	0.34	11.44	0.04
缺乏锻炼	0.07	43.28	0.03

通过对不同人群开展健康危险因素评价的危险度分析，可以找出需要干预的重点人群；通过对危险因素属性的分析，有助于制订针对不同人群的疾病干预措施；通过对单项危险因素人群健康影响的分析，则为确定需重点干预的危险因素提供了依据。

二、健康危险因素评价的应用前景与发展

（一）健康危险因素评价的应用前景

1. 在社区健康教育中 目前，社区是我国开展健康教育的重要载体之一。社区卫生服务主要是以家庭为单位，以社区为范围，集预防、医疗、保健、康复、健康教育、生育技术服务于一体的综合性服务，基本特点是强调个性化的服务，强调以现代医学模式为导向，向人们提供及时、

有效、经济、便捷、综合、连续的基层卫生服务。它以妇女、儿童、老年人、慢性病患者和残疾人为重点，以整个社区人口为服务对象。运用健康危险因素的研究成果，借助于大众传播手段来推动健康教育活动的开展无疑具有重要意义。通过向个人提供有针对性的健康危险诊断信息，推动健康危险行为的矫治。健康危险因素评价方法最独到之处在于它能够为每一个人提供有针对性的健康风险评价，而不是仅仅提供一般的诸如吸烟有害健康这样泛泛的信息。当了解到人们的年龄、性别、健康状况以及其他健康相关信息后，健康风险评估能够对健康危险因素的危害程度进行量化分析，找出危险因素并为人们提供去除危险因素之后可能获得的健康收益的量化信息。因此健康风险评估在进行个性化的健康教育、健康促进方面扮演了十分重要的角色。

2. 在健康体检和健康管理机构中　健康管理在中国起步较晚，属于朝阳产业。目前国内多数医院先后成立体检中心，民办体检机构也迅速发展，但是绝大部分集中在医院及体检中心等部门。新兴的健康管理行业将有非常广阔的发展前景。所有从事健康管理的公司都看好健康服务巨大的市场，都知道在未来 10 年这个市场会以惊人的速度增长。在美国健康服务甚至占到国内生产总值的 10% 以上。目前，国内以健康管理名义服务社会的服务机构已有 2000 家以上，他们从不同层面来完成相关健康管理服务，如健康体检、健康评估、健康指导等。但是国内真正意义上的健康管理公司还不多。专业健康管理公司开展健康管理可以为人们从出生就建立起一套从“摇篮到坟墓”的健康档案，及时维护人群的健康，预防疾病，同时做好健康保健的宣传教育工作。这可以在一定程度上控制医药费用的上涨，而且对引导人们的健康生活方式，提高全民素质有极大的推动作用。

3. 在健康保险机构中　有效地控制健康风险，降低赔付是健康保险或医疗保险运营的关键。通过提供系统的健康管理服务就能够在很大程度上达到这一目的。它主要是通过以下途径实现：第一，预防为主的健康管理可以降低疾病的发生率，从而降低保险机构的赔付率；第二，健康管理有助于早期发现疾病，减轻疾病的严重程度，减少医疗费用，从而降低了保险机构的赔付程度；第三，通过提供健康信息和健康干预，增强了个体自我保健能力，同时通过合理的分流指导降低了选择医疗服务的盲目性，减少了不必要的诊疗行为，从而也可以降低保险机构的赔付。所以，健康管理活动起源于保险行业，并在该行业得到广泛应用。在国外，健康管理已成为以健康保险为核心的健康产业的组成部分，将健康管理计划同健康保险产品和诊疗服务计划同时提供给购买者。近年来国内一些健康保险机构也将健康管理作为风险控制的手段纳入经营之中。健康保险机构采用了多种形式与健康管理机构进行合作开展健康管理服务，如提供健康管理计划、购买健康管理服务、共同开发产品等并将其与健康保险产品进行有机结合提供给购买者。

（二）健康危险因素评价的发展

健康危险因素评价的局限性主要表现为个体健康危险因素改变与健康结局的预测之间存在的不确定性。

1. 健康危险因素改变与健康结局的不确定性　由于环境和生物遗传因素交互作用对健康影响的诸多机制尚不十分清楚，目前已经能够被定量的危险因素占全死因危险因素的比例仍较小，所建立的危险因素模型对疾病的解释力度不够，因而评价结果存在一定的误差，还不能很准确地预测某些疾病的发生。目前所评估的危险因素范围还局限在生活行为方式和遗传因素上，社会环境与自然环境因素对健康和疾病影响的研究还不够深入。

2. 精准医学与健康危险因素评价　健康危险因素评价还不是一门精准的科学。近 20 年来，基因组学、蛋白组学、代谢组学和遗传药物组学等学科的快速发展，推动了人类对健康和一些重大疾病认识的深入。随着对基因变异、蛋白变异和代谢变异与疾病因果关系研究的进展，医学开始步入精准医学时代。健康危险因素精准评价的发展必将推动精准预防和精准医疗，能够快速、高效、准确地制订最佳的健康干预方案。

3. 大数据与健康危险因素评价 大数据或称巨量资料，是指需要新处理模式才能具有更强的决策力、洞察力和流程优化能力的海量、高增长率和多样化的信息资产。早期的医疗相关数据是以纸质化的形式存在，现在的趋势是医疗数据快速激增和电子数字化，进入了大数据时代，如电子健康档案、电子病历、大量电子化的在线健康信息和危险因素信息等。这些电子化信息的存在和数据分析手段的发展为从大数据中挖掘和提取有价值的健康信息提供了可能，为流行病预测、疾病诊断、治疗方案确定、医学科研和药物副作用分析等医学研究及应用提供了可靠的科学依据。强大的数据存储能力、云计算平台及移动互联网的发展为探索环境与生物遗传交互作用与健康和疾病关联的机制研究提供了强大的支持，推动了健康危险因素评价的快速发展。

思 考 题

1. 健康危险因素可以分为哪些类别？

2. 评价年龄和增长年龄的含义及区别是什么？

3. 根据实际年龄、评价年龄以及增长年龄三者之间的量值关系，将评价的个体分为哪四种类型？其特点分别是什么？

4. 企业为什么会具有对员工进行健康危险因素评价和健康管理的动机呢？

5. 材料分析题

张先生，男，30岁，是一家互联网公司的程序员，大学毕业后即进入这家公司工作，目前已是业务骨干。平时熬夜加班较多，饮食不规律，为了缓解工作压力有吸烟的习惯，而且有时为了应酬需要喝酒。如今，他在医院被诊断为冠心病，其居住的社区卫生服务中心将其纳入了慢性病管理中。社区医生告知张先生：冠心病及其并发症是可以预防的，但是首先需要了解张先生目前存在哪些危险因素，然后评估这些危险因素对冠心病及整个健康状况的危害程度，并了解该年龄段男性的其他可能罹患的主要疾病及其概率。

问题：

（1）若要评估冠心病对张先生的危害程度，需要收集和了解哪些信息？这些信息如何获取？

（2）作为社区医生应如何分析与应用上述收集的资料进行健康危险因素评价？

（3）健康危险因素评价对预防疾病有什么意义？

第十章　生命质量评价

【学习目标】

1. 掌握生命质量、健康相关生活质量的概念，生命质量评价包括的内容，生命质量的适用范围。
2. 理解生命质量评价的特征。
3. 了解生命质量评价的主要工具及其分类。

传统意义上，人们认为健康是指身体机能的正常运行，对疾病疗效的评价主要体现在生理客观指标如症状、体征的消失或好转。对于人群健康状况，主要使用一些负性的健康指标来评价，如发病率、死亡率等。随着医学技术的发展和社会经济的进步，人们对于健康的认知和疾病疗效的评价都发生了巨大的转变。在WHO对健康的定义中，除身体功能以外，强调了心理、社会适应等方面在健康中的重要意义，认为人不仅要存活、不生病，更要在各个方面同时健全，活得好、活得愉快。20世纪70年代，随着人们对健康认知的提高、疾病谱的改变、医学模式的转变，医学界引入了生命质量的健康概念，广泛运用于医学的各个领域，利用个体主观感受评价人群的健康状况。

第一节　生命质量概述

一、生命质量相关研究的发展历程

生命质量（quality of life，QOL）又称为生活质量或生存质量，最初作为一个社会学领域的概念，随后又应用于健康领域。健康和社会科学中的生命质量研究是在20世纪60年代与社会指标的应用研究一起发展起来的。当时很少使用量化的措施显示社会进步的趋势。有研究者认为，从官方统计得出的客观指标并不是衡量社会状况的唯一手段，还应探索研究一些通过对个体进行测量获得反映群体状况的主观指标，使用这些指标对社会状况进行衡量。这些主观指标在当时已用于许多社会问题和心理问题的测量，如健康和幸福感。

1958年，《富裕社会》一书中明确提出了生命质量的概念，用于描述第二次世界大战以后美国民众的物质获取对其生活的影响。而当时的其他研究大多使用社会和环境的客观指标（如收入水平、消费水平、就业率、受教育程度）对社会状况进行评价。后来，医学索引（index medicus）第一次使用“quality of life”代替“philosophy”，并将这个名词收入了医学主题词（medical subject headings，MeSH）。

对生命质量评价的相关研究早于明确概念的提出。20世纪40年代末，研究者使用功能状况量表对癌症化疗患者进行了身体功能的测定，这是一个使用百分比的形式描述患者进行日常生活与工作的能力及需要监护照顾或医疗护理程度的量表，被称为卡诺夫斯凯计分（Kanofsky performance score，KPS）。后来，《柳叶刀》杂志发表了一篇乳腺癌患者生命质量评价的论文，作者采用线性模拟自评量表对乳腺癌患者化疗后的主观感受进行了测量。美国心理学家约翰·弗拉纳根（John Flanagan）对生命质量测量包含的内容进行了分类，这种分类方法得到生命质量研究领域的广泛认可。随后，食品药品监督管理局（Food and Drug Administration，FDA）开始要求申请人在提交新药申请时，需要提交能够反映该药物对患者生命质量和生存时间影响的相关资料，体现了生命质量在药物审评中的重要作用。1992年，关于健康相关生活质量研究的专门杂志——《生命质量研究》（*Quality of Life Research*）公开出版，接收来自生物统计学、哲学、社会科学、临床医学、卫生服务、健康产出等相关学科关于生命质量的研究，表明生命质量研究已成为多学科领域内一个重要的研究主题。1994 年，国际生命质量研究协会（International Society for Quality of Life Research，ISOQOL）正式成立，致力于促进全球范围内生命质量相关信息的交流和探索，通过推动健康相关生活质量和其他以患者为中心健康结局的科学研究，提高医学干预效果、医疗服务质量和人群健康，并将《生命质量研究》杂志作为该协会的官方期刊。

在健康领域，健康相关生活质量概念的引入，与疾病谱的转变和人们健康观念的提升有关。随着医疗技术的进步，多数传染性疾病已经得到控制，心脑血管疾病、糖尿病、癌症、退行性疾病等慢性非传染性疾病成为影响人类健康的主要原因。这些疾病较难被治愈，往往需要长期服药或治疗，治疗手段产生疗效能够使患者健康状况得到改善，但对于延长寿命的效果往往并不十分确定。WHO 提出了健康的新概念，即“人们在躯体、精神以及社会生活中处于一种完好的状态，而不仅仅是没有患病或不衰弱”。卫生保健模式由单纯的“生物医学模式”转变为复杂的“生物-心理社会-环境医学模式”。医学研究也从关注生命现象中“量”的变化向着“质”的提升发展；对于疾病的治疗，除了致力于修复组织器官的功能、延长患者的寿命以外，对于提升患者生命质量的关注度不断提高。此外，作为评价临床终点的传统指标，生理生化指标往往忽略了患者的主观感受，亟须一种新的评价方法了解医疗干预对患者健康结局的影响，通过主观的评价获得患者患病及治疗的体验。这种方法需要关注患者的生存时间，也要关注其生存质量；既要考虑疾病相关的客观生理生化指标，也要将患者的主观感受和功能状况纳入考量范围。医学领域引入生命质量的概念之后，开展了广泛的研究，探索疾病及其诊疗对生命质量的影响，逐渐延伸出了健康相关生活质量的概念。在临床医学领域内，生命质量的相关研究多用于评价患者的生命质量；而在社会医学领域内，由于研究对象的范围更广，除了患者以外，还包括普通人群、健康人群等。如今，生命质量提升已经成为卫生保健中的一个关键目标。

二、生命质量的相关概念及内涵

（一）生命质量的概念

生命质量（QOL）是指在社会经济、文化背景和价值取向的基础上，个体对自身的身体状况、心理状况、社交能力、个人综合状况等方面的感觉，是一种主观的健康评价指标。一般而言，生命质量反映的是个体对于其生活满意程度的主观评价，其中“life”这个词往往指对个体生活产生重要影响的方面。有学者提出，生命质量是个体或群体所感受到的身体、心理、社会交往各方面良好适应状态的一种综合指标，可用幸福感、满意感或满足感来表示。有学者认为，生命质量是患者对于现在的功能状态与预期的或认为可达到的功能状态相对比时产生的认同感和满足感。也有学者认为，生命质量是完成日常工作、参与社会活动、追求个人爱好的能力，是患者对环境的满意程度和对生活的全面评价，包括认知、情感和行为方面的内容。根据 WHO 的定义，生命质量指个体在其所生活的文化和价值体系中，对于自己生活定位的认知，这个认知与他们的目标、期望、标准和关注有关。

总体而言，生命质量是指基于社会经济、文化背景和价值取向，个体对自身的身体功能、心理功能、社会交往状况等综合状况的主观感受和评价。生命质量是一种主观指标，会受到个体预期和实际生活状况的影响，个体预期和实际生命状况之间的差距越大，生命质量就越差。

（二）健康相关生活质量

医学领域常常使用健康相关生活质量（health-related quality of life，HRQL）这个概念。在公共卫生和医学领域，健康相关生活质量指个体或群体长期以来所感知到的身体和心理的健康状况，用于衡量不同人群中各种疾病、短期或长期残疾对患者产生的影响，可以帮助研究者更好地了解疾病对个体日常生活的影响。健康相关生活质量代表患者所感知到的疾病及其治疗对患者的功能影响。这个概念包括健康状态和主观感受两个组成部分。其中健康状态从身体、心理、社会交往三个方面来描述个体的功能状态，是较为客观的部分；而主观感受是个体的预期得到满足时产生的主观反映，是主观部分。

（三）生命的数量和质量

个体的生命由生命数量和生命质量两部分构成。生命数量指个体生存的时间长度。对于患者而言，生命数量是指疾病的病程，或患者接受医疗干预后的生存时间，对于一般人而言，生命数量指平均的期望寿命，这是一个评价个体健康的客观指标。生命数量的研究比较成熟，测定也更容易、准确，生存分析和期望寿命都属于生命数量的衡量指标。

生命质量和生命数量是人类生存的两个方面，生命数量是生命质量的基础，追求生存时间的最大化和生命质量的高水平是人类的最终目标。但有的时候，这两个指标之间又存在矛盾。如鼻咽癌的传统治疗手段分为手术治疗和保守治疗两种，手术治疗可以使患者的生存时间延长，但会使其丧失语言功能，生命质量严重下降。而保守治疗一般较难明显地延长患者生存时间，却可以全部或部分保留语言功能，提高生命质量。当出现这样的矛盾时，患者对治疗手段的选择，会受到其社会经济水平、文化背景及价值观念的共同影响。

（四）生命质量的内涵

不同学者或机构对生命质量的多维结构提出了不同的解释。有学者认为，生命质量主要包括功能状态（functional status）、心理和社会的良好状态（psychological and social well-being）、健康意识（health perception）、疾病治疗的相关症状（disease and treatment related symptoms）。其中，功能状态包括了个体的生理、心理、个人角色的功能，心理的良好状态指精神健康、情绪积极、具有活力。其他学者认为，生命质量的四维结构包括身体、心理、社会和精神的健康。WHO 的生命质量测量则包括生理状况、心理状况、独立性、社会交往、环境、宗教信仰和精神寄托 6 个维度。

对于生命质量测量应包含的结构和内容，目前尚未达成共识，但结合大多数研究者的观点，生命质量测量应包含生理状况（疾病症状、疼痛情况）、功能状况（日常活动）、精神状况、治疗满意度、对未来的取向、性行为及亲密行为、社会功能和职业功能等基本内容。在实际应用中，生命质量的测量有两种方法：①构建一个统一的测量框架，形成能够反映全人群共性的普适性量表，亦可根据实际需要，附加一个较短的特异性量表，对特定人群的生命质量加以评价。这样得到的结果既具有外推性和可比性，同时具有针对性，较为全面，但测量的工作量较大、成本较高。②只测量研究关注的某个方面的生命质量，工作量较少，耗时较短，当限定条件相同的时候，不同人群间的研究也具有可比性，但相对于第一种方法，测量的结果不够全面。

第二节 生命质量评价的内容和特征

一、生命质量评价的内容

生命质量的评估涉及两个主观维度：第一，日常生活组成部分的相对重要性；第二，个体对每个组成部分的满意程度。对于生命质量，人们提出了许多分类方法，而健康（此处指没有疾病）通常被列为身体健康的一个子组成部分。表 10-1 是美国心理学家约翰 · 弗拉纳根（John Flanagan）在 20 世纪 70 年代提出的弗拉纳根生命质量量表（Flanagan Quality of Life Scale，Flanagan QoLS），由 5 个领域、15 个条目构成，主要用于评估普通人群或慢性病人群的生命质量。

表 10-1 弗拉纳根生命质量量表

编号	领域	条目
1	身体和物质生活的幸福感	物质生活的幸福感和经济安全
		健康及人身安全
2	与他人的关系	与伴侣的关系
		生育并抚养子女
		与父母、兄弟姐妹及其他亲属的关系
		与朋友的关系
3	社会、社区、公民活动	帮助和鼓励他人
		参与地方和政府的事务
4	个人发展和满足感	智力发展
		对个人发展的理解和规划
		职业角色
		创造力和个人的表达能力
5	娱乐活动	与他人的社交
		消极应对的或观察的娱乐活动
		积极参加的娱乐活动

根据基本概念和结构，生命质量评价主要包括生理状态、心理状态、社会功能状态、满意度与幸福感、对健康和生活状况的自评等领域的内容。对于疾病特异性量表，还会有专门针对特定疾病症状的内容。由于任何疾病都可能导致生理状态、心理状态和社会功能状态发生变化，这三个方面是生命质量评价的重要组成部分。对满意度与幸福感的评价以及对健康和生活状况的自评能够体现个体对于健康状态的自我评价、需求或预期，以及期望得到满足时所产生的主观认可程度，是生命质量的综合指标（表 10-2）。

表 10-2 生命质量评价的主要内容

类别	领域	条目	定义
功能状态	生理状态	活动受限	在躯体移动、活动及自我照顾方面受限
		体力适度	进行日常活动时所表现出的疲劳感、虚弱感或无力
		角色受限	工作、学习、家务等日常活动角色受限
	心理状态	情绪反应	对事物的感受，包括压抑、抑郁、痛苦、恐惧等
		认知功能	意识、定向、推理及记忆力
	社会功能状态	社会交往	
		社会融合	
		社会接触	
		亲密关系	
		社会资源	
主观体验	满意度与幸福感		对预期健康需求的满意程度
	自评健康		对自我健康、生活状况的主观判断
疾病人群的特殊评价指标	疾病相关内容	主诉	患者自述生理或心理的症状、感受、疼痛或其他无法直接观察到的状况

续表

类别	领域	条目	定义
疾病人群的特殊评价指标	疾病相关内容	体征	检查后发现的异常表现
		患者报告疾病	患者自述患有疾病或存在损伤
		生理检查	生理检查指标及临床解释，如脉搏、血压等
		组织改变	病理学证据
		诊断	临床判断的证据
		失能	因健康问题造成的工作能力的丧失
		死亡	死亡率

（一）生理状态

生理状态指个体功能和活动能力的状态，一般包括活动受限、体力适度、角色受限三个方面。

1. 活动受限　由于健康问题，个体的日常活动能力受到限制，主要包括：①躯体活动受限，如屈曲、弯腰、行走困难等；②迁移受限，如卧床、无法驾车、无法乘坐公共交通工具等；③自我照顾能力受限，如无法自行梳洗、穿衣、进食等。通常可以将日常的活动能力分解为穿衣、进食、洗澡、如厕、室内行走 5 个方面，这也是康复评价中最常用的指标。

2. 体力适度　指个体在日常生活中所表现出的疲劳感、虚弱感或无力。许多疾病可能导致体能下降，进而影响患者的角色功能。体力适度是一个相对的概念，不同的社会角色在日常生活中所消耗的体力不同，因此患者所表现出的体力适度也是不同的。

3. 角色受限　指个体的社会地位、承担的社会身份，以及与身份相一致的一整套权利与义务的规范和行为模式。社会角色可能由于健康问题而受到限制，如主要角色活动的种类和数量受限、角色紧张、角色冲突等，同时也受到心理状态和社会生活状态的影响，是综合反映个体生命质量的指标。

（二）心理状态

心理状态是个体在某一时刻的心理活动水平。疾病会引起患者心理状态发生不同程度的变化。生命质量评价主要是对情绪反应和认知功能进行测量。

1. 情绪反应　指个体由于感知外界事物而产生的感受，包括正向感受和负向感受。正向感受包括愉快、兴奋、满足等，负向感受包括恐惧、焦虑、抑郁、紧张等。情绪反应是生命质量测量中最为敏感的部分，疾病及其治疗都可能影响患者情绪，生理状态和社会功能状态等生命质量的其他方面发生变化，也会间接地表现在情绪反应中。

2. 认知功能　指个体完成各项活动所需要的基本能力，包括时间与地点的定位、方向识别、思维、注意力、记忆力等，是生命质量评价的重要内容。伴随年龄的增长或疾病的进展，达到一定年龄段的老年人或疾病晚期阶段的患者，都会伴随不同程度的认知功能障碍。但认知功能的改变是渐进式的，一般不会引起明显的感受，因此认知功能在生命质量测量中不是一个敏感的指标，需要结合研究目的和研究对象考虑是否纳入测量。

（三）社会功能状态

社会功能状态指个体的社会交往状况及从所拥有的社会资源中获得社会支持的程度。

1. 社会交往　是人的基本需要，个体是否有能力满足其正常的社会交往需求是衡量个体能否正常生活的指标之一。社会交往可分为三个不同程度的层次：①社会融合，指个体属于一个或几个高度紧密的社会组织，并以成员身份参与活动；②社会接触，指人际交往和社区参与，如与亲友的交往、参加集体活动等；③亲密关系，指个人关系网中最具亲密感和信任感的关系，如夫妻关系。许多疾病及其治疗都会给患者的社会交往造成主观上或客观上的困扰，因此社会交往是衡量生命质量的重要内容。社会交往功能的下降，将导致社会支持的下降，进而造成心理上的孤独感、无助感及个人机会的丧失。

2. 社会资源　难以直接观察，在生命质量测量中，社会资源指个体的社会网络与社会关系，以及网络的数量和质量。社会网络数量指可能与个体交往的朋友、亲属、邻居、同事等的数量；社会网络质量指各种人际关系的紧密程度，反映了个体可能得到社会支持的强度。社会网络通过社会接触给予个体情感性或工具性的支持，如激励、同情、经济援助等。

（四）主观体验

1. 自评健康　指个体对其自身的健康状况和生活状况的主观评价，是生命质量的综合性指标，也是生命质量评价中重要的组成部分。对健康状况的自评反映了患者的生命质量由于疾病或治疗方案的影响而产生的总的变化，以及个体对目前健康状况的认知和对未来健康状况的期望。对生活状况的自评反映了个体对其生活的某个领域（包括经济状况、婚姻家庭生活、职业、社会生活等方面）的评价，或对生活各个方面的综合自评。自评指标建立在个体自我意识的基础上，受诸多因素影响，因此在实际测量中往往不太敏感。

2. 满意度和幸福感　这两个指标反映了个体需求得到满足时的良好情绪反应。满意度指个体对生活状态的满意程度，是人有意识的判断；幸福感是个体对总体生活的综合感觉状态，产生自发的精神愉悦。在生命质量评价中，常常使用满意度这一指标来测量患者需求的满意程度，用幸福感测量患者整体的生命质量水平。

（五）针对疾病人群的特殊评价指标

在一些疾病特异性量表中，除了上述普适性测量内容外，还包括了反映疾病人群特征或者症状的疾病相关内容。这些内容与研究问题的目标一致，能够体现出患病个体的特征及其所关心的主要问题。例如，针对癌症患者的生命质量评价量表中，由于癌症相关性疲乏是癌症患者及癌症治疗中普遍存在的症状，患者所感知的疲乏感较健康个体更重，睡眠和休息无法得到缓解，并伴有躯体、情绪、认知等方面的功能障碍。因此，在癌症相关的量表中，会将疲乏感相关内容纳入测量范围。对与疾病相关的内容测量，应具有较高的敏感性与较强的可操作性。

二、生命质量评价的特征

在不同的学科中，生命质量的含义和包含的内容有所不同，但总体而言，生命质量评价具有一些共同的特征。

（一）评价对象的动态性

生命质量反映的是个体期望的主观健康状态，会随着年龄的增长和时间的推移发生变化。例如，随着个体年龄的增长，身体功能退化，对功能状态的预期也会随之降低，个体会逐渐调整评价标准；慢性病患者由于长期带病生存，对健康状况的预期也会慢慢发生变化，与其发病之前相比，主观评价标准会呈现下降趋势，如瘫痪的新发病患者，其客观健康状况和主观生命质量评价结果都会比较低，但对于长期瘫痪卧床的患者，客观健康状况长期较差，主观生命质量评价结果与新瘫痪患者相比反而较高。这种个体的调整及适应过程，被称为生命质量测量的“反应转移（response-shift）”现象，给生命质量测量造成了困难，给测量的效度带来了挑战。生命质量的动态性造成了健康人和患者、新患病和长期患病的患者对生命质量的主观评价的差异，也给决策者和研究者提出了一些不容忽视的问题：在开展生命质量研究时，应选择哪些人群来测量？如何对不同人群的测量指标赋予权重？这些问题都是生命质量研究领域有待解决的问题。

（二）评价内容的综合性

生命质量是一个多学科的研究主题，不同领域的研究者会选择不同的评价指标反映生命质量的不同方面，多个指标结合起来，才能体现整体的生命质量。在医疗健康领域，生命质量的评价内容会包含一些相同或相似的关键指标，包括身体功能、心理健康、社会适应能力、主观感受等。有些测量工具也会纳入死亡作为参考健康状态，同其他待评价的健康状态相比，确定不同健康状态对应的生命质量的分值。由此可见，健康相关生活质量评价的内容涵盖健康的多个方面，是一个综合性的结果。

（三）评价结果的主观性

生命质量评价是对个体主观感受的评价，是通过了解被评价对象的功能状态和主观感受来进行评价的，一般是由评价对象根据自己的状态进行自我判断，当评价对象缺乏判断能力或无法回答时，可由评价对象的照护者、临床医生、护士等代为回答，因此，评价的结果是具有主观性的。

第三节　生命质量评价的工具

生命质量评价的工具分为直接评价工具和间接评价工具两大类。

一、直接评价工具

直接评价工具测量的结果代表了被测量者的偏好，根据测量中问题呈现的方式，可分为刻度型和选择型两大类，测量结果可直接用于表示对应健康状态的效用值。常见的直接评价工具包括刻度量表、标准博弈、时间权衡、离散选择实验等。

（一）刻度量表法

刻度量表法是一系列较为简单的偏好测量方法。首先要求个体对健康状态进行排序，从最偏好到最不偏好，其次，将这些健康状态标注在一个刻度尺上，不同健康状态之间的间隔大小与个体所感知到的偏好差异相对应。最后，相似的健康状态会出现在刻度尺上相近的位置，而差距较大的健康状态则会在刻度尺上间隔较远。在测量过程中，应引导个体关注不同健康状态之间间距的差异，而不是对应在刻度尺上具体的分值。借此生成特定健康状态的偏好区间。

刻度法在方法上有一些区别，若刻度是数字（如 0～100），这种方法称为评分刻度（rating scale）；若刻度是类别（如 10 个类别，假设每个类别之间的间距是相等的），这种方法被称为类别刻度（category scale），如图 10-1 所示的疼痛类别刻度。

图 10-1　疼痛类别刻度示例

若刻度呈现在一条一定长度的直线，直线有明确定义的端点（如 0 代表死亡，1 代表完全健康），这种方法称为视觉模拟评分法（visual analogue scale），如图 10-2 所示的疼痛视觉模拟评分法，一端代表无法忍受的疼痛，另一端代表完全没有疼痛，需要个体找出自己的疼痛在刻度尺上对应的位置。

图 10-2 疼痛视觉模拟评分法示例

（二）标准博弈法

标准博弈法（standard gamble，SG）的基础是经济学中的效用理论，这种测量工具是测量基数性偏好的经典方法。标准博弈法要求个体进行权衡，在以症状和功能限制为特征的慢性疾病状态和具有一定概率的更差的健康状态（立即死亡）或改善的健康状态（完全健康）之间做出选择。健康效用分数代表的是个体对于两个选项没有倾向的点。如图 10-3 所示，个体面对两个选择，选择 1 代表接受治疗之后可能面对两个结果，患者可能恢复到完全健康的状态并在这个状态下生存 t 年（概率为 P），或患者可能会立刻死亡（概率为 $1-P$）。选择 2 代表不接受治疗，患者会在一个慢性疾病的状态 i 下一直生存（t 年）。测量时，P 值在 0～1 之间变化，直到个体认为选择1和选择2没有差别。此时，慢性疾病状态 i 的健康效用值 $h_i=P$。

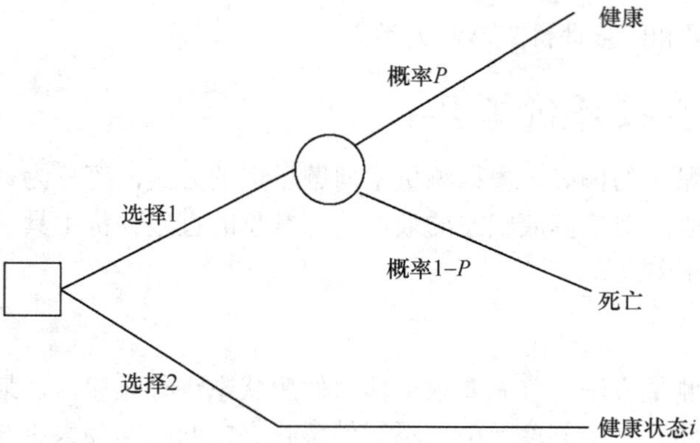

图 10-3 标准博弈法

（三）时间权衡法

时间权衡法（time trade-off，TTO）要求个体直接在两个选项中做出选择，一个选项是在一种慢性疾病状态中存活到预期寿命，另一个选项是在一个完全健康的状态下存活较少的时间，即预期寿命减少。预期寿命减少的数量是在不断变化的，直到个体认为两个选项无差别为止。这个方法的本质是要求个体判断其愿意牺牲多少生存时间来换取更好的健康状态或生命质量。相对于标准博弈法，时间权衡法易于使用和管理，并能给出与标准博弈法相似的效用值。如图 10-4 所示，个体有两个选择：

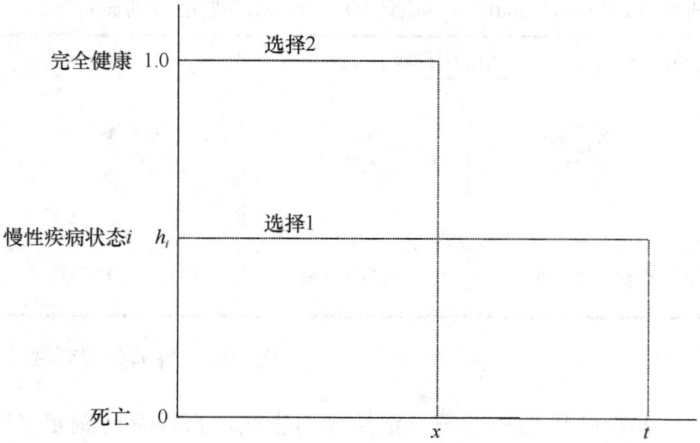

图 10-4 时间权衡法

选择 1 是在某慢性疾病的状态 i 下生存时间 t（t 代表该慢性病患者的平均预期寿命），随后死亡。

选择 2 是在完全健康的状态下生存时间 x（$x<t$），随后死亡。

时间 x 在 0～1 之间变化，直到个体认为选择 1 和选择 2 没有差别，这时获得该慢性疾病状态 i 的健康效用值 $h_i=x/t$。

（四）离散选择实验法

离散选择实验（discrete choice experiment，DCE）的方法提供两个不同的健康状态供个体选择，个体基于自身偏好选择其中的一个。由于基于离散选择实验的方法得到的效用值不是在 0～1（死亡至完全健康）之间的效用值，需要进行隐性效用转换。如图 10-5 所示，个体需要在假设的情景 A 和 B 中，根据对两种生活中生命质量各个方面的描述做出选择，选出更为偏好的一种情景。

离散选择实验选项集示例

请问在下列两个选项A和B中，您是倾向于在健康状态A中生活描述的时间长度后死亡，还是倾向于在健康状态B中生活描述的时间长度后死亡。

	健康状态A	健康状态B
焦虑/沮丧	极度焦虑/沮丧	无焦虑/沮丧
疼痛/不舒适	中度疼痛/不舒适	极度疼痛/不舒适
行动能力	无法四处走动	可以四处走动
日常活动	进行日常活动有一些困难	进行日常活动有一些困难
自我照顾	无法自己洗澡或穿衣	可以自我照顾
生存时间	生存4年	生存10年
您倾向于哪个健康状态	□	□

图 10-5　基于离散选择实验的生命质量测量示例

（五）直接评价工具的缺点

直接评价工具存在一些共性的弱点，测量方式复杂，耗费时间较长，虽然时间权衡法比标准博弈法更容易实施，但仍需要提前开展大量访谈者培训，对拟测量的健康状态进行详细的描述，占用大量的访谈时间。

二、间接评价工具

由于使用直接评价工具测量健康偏好非常复杂并耗时，在实践中，研究者多使用间接评价工具作为替代。间接评价工具是一种预先赋值的多维健康状况评价系统，使用健康效用量表对生命质量进行测量，测量结果需要使用积分效用体系进行转化，获得健康效用值。目前，全世界用于生命质量评价的量表多达数百种，每种量表适用的人群、范围、特点各异，但总体来讲，都是基于健康相关生活质量的基本概念，包含了生命质量测量的基本模块。有代表性的量表包括世界卫生组织生存质量测定量表、欧洲五维生存质量量表、健康调查量表 36、健康质量量表、欧洲癌症研究与治疗组织生命质量测评系列量表、儿童生存质量测定量表、健康效用指数等。

根据量表测量目的和内容，可将生命质量测量量表分为普适性量表和疾病特异性量表。相对于疾病特异性量表，普适性量表的适用范围更加广泛，测量所得的健康效用值，可以在不同人群或不同健康状态之间进行直接比较，但是由于普适性这一特点，当把普适性量表用于测量某些疾病状态的健康效用值时，可能存在灵敏度角度、无法识别和量化与特定疾病相关的症状或身体功能变化等缺点。因此，在测量疾病人群的生命质量时，可考虑使用成熟的疾病特异性量表。

（一）普适性量表

普适性量表是可以用于测量包括健康人群和疾病人群在内所有人群健康效用值的量表。测量内容一般都包括生命质量测量的基本内容。

1. 世界卫生组织生存质量测定量表 许多生命质量测定量表是由北美、欧洲等发达国家开发出来的，由于文化背景、社会经济等差异，这些量表可能无法直接应用于其他国家和地区。因此，WHO 开发出了一个用于测量个体健康相关生活质量的国际性量表——世界卫生组织生存质量测定量表（The World Health Organization Quality of Life，WHOQOL）。测量内容包含个体的生理健康、心理状态、独立能力、社会关系、个人信仰、与周围环境的关系。WHO 提出，生命质量主要指个体的主观评价，这种对自我的评价是根植于所处的文化、社会环境之中的。根据这个定义，WHO 研发出了两个在多元文化和社会群体中测量生命质量的工具：世界卫生组织生活质量-100 量表（WHOQOL-100）和世界卫生组织生存质量测定量表简表（WHO QOL-BREF）。WHOQOL-100 包含 100 个条目，涵盖了与生命质量相关的 6 个领域、24 个方面的内容，每个方面由 4 个条目组成，另外还包括 4 个关于总体健康状况和生命质量的问题。其中，6 个领域包括生理领域、心理领域、独立性领域、社会关系领域、环境领域和精神/宗教信仰领域。WHOQOL-100 量表的结构如表 10-3 所示。

表 10-3 WHOQOL-100 的结构

Ⅰ. 生理领域	Ⅳ. 社会关系领域
1. 疼痛与不适	13. 个人关系
2. 精力与疲倦	14. 所需社会支持的满意程度
3. 睡眠与休息	15. 性生活
Ⅱ. 心理领域	Ⅴ. 环境领域
4. 积极感受	16. 社会安全保障
5. 思想、学习、记忆和注意力	17. 住房环境
6. 自尊	18. 经济来源
7. 身材与相貌	19. 医疗服务与社会保障：获取途径与治疗
8. 消极感受	20. 获取新信息、知识、技能的机会
Ⅲ. 独立性领域	21. 休闲娱乐活动的参与机会与参与程度
9. 行动能力	22. 环境条件（污染/噪声/交通/气候）
10. 日常生活能力	23. 交通条件
11. 对药物及医疗手段的依赖性	Ⅵ. 精神/宗教/信仰领域
12. 工作能力	24. 精神支柱/宗教/个人信仰

WHOQOL-100 采用 5 分的李克特量表形式，各个领域和方面的得分均为正向得分，即得分越高，生命质量越好。虽然 WHOQOL-100 能够详细地评估与生存质量有关的各个方面，但有时量表内容过于冗长。例如，在大型的流行病学研究中，生命质量是研究的众多目标变量之一，此时，如果量表比较简短，研究者会更愿意把生命质量纳入测量。因此，WHO 开发了 WHOQOL-BREF，该量表在测量与生命质量有关的各个领域的得分水平上能够替代 WHOQOL-100，虽然无法测量每个领域下的各个方面内容，但提供了一种方便、快捷的测定工具，使 WHOQOL 系列量表的运用变得更加广泛。在对 WHOQOL 系列量表进行选择时，应结合研究目的，综合考虑量表的

长短和详细与否。

2. 欧洲五维生存质量量表 欧洲生存质量研究组（European quality of life group，the Euro QoL Group）是欧洲的一个生命质量调查团体，开发了健康测量系统——欧洲五维生存质量量表（European quality of life five-dimension questionnaire，EQ-5D），是简单通用的健康状态测量方法。此量表包含 5 个领域：行动能力、自我照顾、日常活动、疼痛/不舒服和焦虑/沮丧。每个领域设有三个水平：没有问题、有些问题和严重问题。这个量表定义了 3^5=243 个可能的健康状态，并在其中添加了“无意识”和“死亡”两个健康状态，总共 245 个健康状态。为确定评分函数的权重，该量表使用标准博弈法测量了由约 3000 名英国成年人口构成的随机样本。测量所得的健康效用值在 0～1（死亡至完全健康）。自推广以来，许多国家使用 EQ-5D 进行了人群生命质量的测量。关于 EQ-5D 的详细内容参见官方网站（http://euroqol.org）。

实践中的证据表明，使用最初的 EQ-5D 测量生命质量可能会出现“天花板效应”，即在影响指标有效性的各种因素中，反应指标的量程不够大，而造成反应停留在指标量表的最顶端或最底端。例如，在最初版本的 EQ-5D 测量中，选择两个极端水平的数量较多，对指标有效性造成了影响，使得量表辨别力下降，尤其难以检测到健康人群及病情较轻患者人群的细微健康变化。因此，2011 年，the EuroQoL Group 研发了一个新版本的 EQ-5D，将原有量表中每个领域下的 3 个水平细化为 5 个水平，称为欧洲五水平五维健康量表（EuroQoL five-dimension questionnaire five-level，EQ-5D-5L），原始版本的量表被更名为欧洲三水平五维健康量表（EuroQoL five-dimension questionnaire three-level，EQ-5D-3L），如表 10-4 所示。目前的研究中，两种版本的 EQ-5D 都在使用。

表 10-4 EQ-5D-3L 中文版本的维度及水平示例

维度	水平
行动能力	我可以四处走动，没有任何困难
	我行动有些不方便
	我不能下床活动
自我照顾	我能自己照顾自己，没有任何困难
	我在洗脸、刷牙、洗澡或穿衣方面有些困难
	我无法自己洗脸、刷牙、洗澡或穿衣
日常活动（如工作、学习、家务、家庭或休闲活动）	我能进行日常活动，没有任何困难
	我在进行日常活动方面有些困难
	我无法进行日常活动
疼痛/不舒服	我没有任何疼痛或不舒服
	我觉得中度疼痛或不舒服
	我觉得极度疼痛或不舒服
焦虑（如紧张、担心、不安等）/沮丧（如做事情缺乏兴趣、没乐趣、提不起精神等）	我不觉得焦虑或抑郁
	我觉得中度焦虑或抑郁
	我觉得极度焦虑或抑郁

拓展阅读

在 EQ-5D-5L 开发的过程中，研究者首先通过与公众进行面对面访谈，确定了一组可能新水平的表述，据此设计出备选的 EQ-5D-5L。随后，使用焦点小组会议的方法，通过两种备选的 EQ-5D-5L 对健康人群和慢性病人群进行了测试。由于英语和西班牙语是两种应用最为广泛的语言，开发工作使用了英语和西班牙语同时进行。EQ-5D-5L 版本对于健康维度的描述与原来的EQ-5D-3L相似，两个版本的区别主要表现在各个维度的水平描述方面，EQ-5D-5L中五个健康维度对应的水平分别为“没有问题”“轻微问题”“中度问题”“严重问题”“不能”。EQ-5D-5L包括了5^5=3125个健康状态。

EQ-5D的测量由问卷和效用指数值集两部分组成，其中问卷部分包含两个内容，一是五维度的健康描述系统问卷，用于描述人群健康状况；二是一个垂直的EQ-5D视觉模拟标尺EQ-VAS，顶端为100分，代表“想象中最好的健康状况”，底端为0分，代表“想象中最差的健康状况”，作为另一种获取个体自评当前总体健康状况的方式。效用指数值集是根据一个国家/地区普通人群的偏好为每个健康状态赋予的值（权重），具有国家/地区的差异性。由健康描述系统问卷生成的健康状态可以通过效用指数值集转换成一个概括性的效用指数，用于卫生技术的经济学评价。图10-6是EQ-5D-5L的一份英文翻译版本的问卷示例。

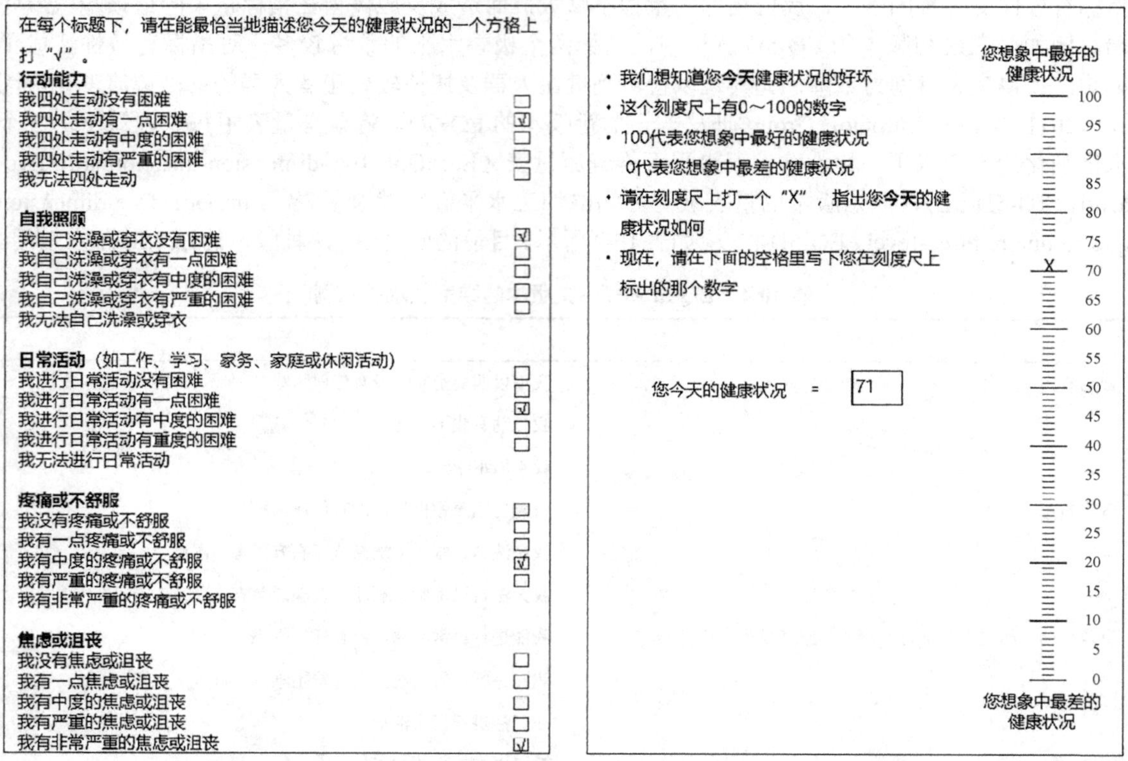
在每个标题下，请在能最恰当地描述您今天的健康状况的一个方格上打“√”。

行动能力
我四处走动没有困难 ☐
我四处走动有一点困难 ☑
我四处走动有中度的困难 ☐
我四处走动有严重的困难 ☐
我无法四处走动 ☐

自我照顾
我自己洗澡或穿衣没有困难 ☑
我自己洗澡或穿衣有一点困难 ☐
我自己洗澡或穿衣有中度的困难 ☐
我自己洗澡或穿衣有严重的困难 ☐
我无法自己洗澡或穿衣 ☐

日常活动（如工作、学习、家务、家庭或休闲活动）
我进行日常活动没有困难 ☐
我进行日常活动有一点困难 ☐
我进行日常活动有中度的困难 ☑
我进行日常活动有重度的困难 ☐
我无法进行日常活动 ☐

疼痛或不舒服
我没有疼痛或不舒服 ☐
我有一点疼痛或不舒服 ☐
我有中度的疼痛或不舒服 ☐
我有严重的疼痛或不舒服 ☑
我有非常严重的疼痛或不舒服 ☐

焦虑或沮丧
我没有焦虑或沮丧 ☐
我有一点焦虑或沮丧 ☐
我有中度的焦虑或沮丧 ☐
我有严重的焦虑或沮丧 ☐
我有非常严重的焦虑或沮丧 ☑

- 我们想知道您**今天**健康状况的好坏
- 这个刻度尺上有0～100的数字
- 100代表您想象中最好的健康状况
  0代表您想象中最差的健康状况
- 请在刻度尺上打一个“X”，指出您**今天**的健康状况如何
- 现在，请在下面的空格里写下您在刻度尺上标出的那个数字

您今天的健康状况 = 71

图10-6 EQ-5D-5L问卷示例

在这份问卷中，受访者的健康状态为“21345”，EQ-VAS得分为71分

3. 健康调查量表6（short form-6D，SF-6D） 是一种用于测量健康相关生活质量的普适性问卷，已广泛用于人群调查、临床实践和临床试验。SF-6D对健康状况进行基于偏好的单效用值估计，结果也可用于经济学评价。SF-6D是基于健康调查量表36（36-item short-form，SF-36）设计而成的，使用了SF-36中原有的6个维度。由于SF-36已在生命质量测量中得到了广泛应用，但问卷调查耗时过长。同时SF-36不是基于人群偏好的评分，无法直接用于经济学评价，若能将已有研究测得的生命质量转化为对应健康状态的效用值，并进而获得相应的质量调整生命年，将大大提高SF-36在经济学评价中的应用潜力。因此，研究者开发出了简化的、基于人群偏好的测量工具SF-6D，并保留了SF-36在描述方面的丰富性和对变化的敏感性等特征。

SF-6D由一个多维度的健康状态分类系统和一个积分效用体系组成。健康分类系统根据SF-36

开发而成，借鉴 SF-36 中的 11 个维度。SF-6D 的 6 个维度分别为躯体功能、角色限制、社会功能、疼痛、精神健康及活力，分别由 4～6 个水平组成，共能描述 18 000 种不同的健康状态。SF-6D 的评分模型是基于英国人口的随机样本（n=836）、使用标准博弈法测量而成的，由每个受访者提供 6 个健康状态的估计值，共评估了 249 个不同的健康状态的效用值。开发者利用计量经济学模型对这些数据进行分析，并据此构建出适用于英国人群的积分效用体系。

4. 健康质量量表（quality of well-being scale，QWB） 是国际通用的多属性效用量表。在生命质量评价中，死亡的生命质量为“0”，功能与感觉的良好状态为“1”，生命质量为 0～1 的数值。根据这一原理，研究者开发出了 QWB。研究发现：QWB 与人群总体健康状态的自我评价水平呈正相关，与年龄、慢性病患者人数、有健康问题主诉的人数、就诊人数及有不良功能症状的人数呈负相关。QWB 能概括各种功能或症状水平，对于评价濒死状态或患有其他难以诊断的复杂疾病的人群健康状况，是一个比较理想的评价指标。由于指标定义清楚和权重合理，QWB 运用广泛。QWB 评价量表包括两个部分：一是患者日常生活活动相关内容，包括活动能力（mobility，MoB）、生理活动能力（physiological activity capability，PAc）和社会活动能力（social activity capability，SAc）三个方面，每个方面下有 3～5 个水平；二是 21 个症状及健康问题的综合描述（complex，cPX），这些症状和问题几乎包括了所有疾病可能出现的问题。按公式综合所有评价指标，得出生命质量评价的值（w）。计算公式如下：

$$w = 1 + \text{cPX} + \text{MoB} + \text{PAc} + \text{SAc}$$

其中，w 为生命质量，cPX 为健康问题综合描述，MoB 为活动能力，PAc 为生理活动，SAc 为社会活动。

5. 儿童生存质量测定量表（pediatric quality of life inventory，PedsQL） 是对儿童和青少年健康相关生活质量进行测量的普适性量表。用于测量 2～18 岁的儿童和青少年。量表分为 5 个维度：生理功能（8 个条目）、情感功能（5 个条目）、社会功能（5 个条目）、学习功能（5 个条目），共 23 个条目。测量结果可以分为概括性得分和总量表得分，两个概括性得分包括社会心理健康部分得分和身体健康部分得分。PedsQL 已被验证为有效的、可靠的儿童健康相关生活质量的测定工具，并可翻译成多国语言，广泛应用于临床研究、临床实践、学校卫生环境等领域。测量可以由父母完成（代理填写），也可以由儿童和青少年完成（自主填写）。通常，该量表的测量可以在 5～15 分钟内完成。由于 PedsQL 具有内容简洁、填写时间短的优点，故其成为评估干预对儿童健康相关生活质量的影响及开展儿童生命质量纵向评估的理想工具。

拓展阅读

在生命质量量表中，有一些是基于效用的量表，如 EQ-5D、SF-6D 等，这些量表基于经济学的测量理论设计而成，可以直接利用量表的积分效用体系计算得到基数（cardinal）的健康效用值。而其他一些非效用量表，如 SF-36，以及许多疾病特异性量表，是基于心理学测量理论设计而成的，测量结果不是基数值，不能直接作为健康效用值使用。对于这部分量表所得的结果，可以使用映射（mapping）的方法进行转换，建立非效用量表和效用量表之间的转换关系，得到健康效用值。

（二）疾病特异性量表

疾病特异性量表指的是用于测量某一特定疾病患者的健康效用值的量表。测量内容主要包含与特定疾病症状及治疗相关的条目。

1. 欧洲癌症研究与治疗组织生命质量测评系列量表 欧洲癌症研究与治疗组织生命质量量表（European Organization for Research and Treatment of Cancer quality of life questionnaire，EORTC QLQ）包括两个组成部分：一是针对所有癌症患者的核心量表（EORTC QLQ-C30）；二是针对不同癌症的特异性条目。其中，EORTC QLQ-C30 是欧洲癌症研究与治疗组织经过 7 年时间开发出的跨文化、跨国家的量表。该量表可用于所有癌症患者的自评调查，由 5 个功能量表（躯体、角色、认知、情绪和社会功能）、3 个症状量表（疲乏、疼痛和恶心呕吐）和 2 个综合量表（综合健康和生活质量）组成。每个维度包括 2～5 个条目，整个量表共 30 个条目。所有条目的可选范围为 1～4 分，每个维度的平均得分采用极差化方法进行线性转化，可以得到百分制的标准化得分（standard score，SS）。功能维度和综合维度与标准化得分的分值成正比，得分越高，对应部分的生命质量越好，症状维度与标准化得分的分值成反比，得分越高，症状越严重，生命质量越差。EORTC QLQ-C30 量表在多个国家得到了广泛的应用，经过不同国家语言版本的验证，对肿瘤患者具有较高的信度和内部一致性，在手术或治疗方案的选择、药物疗效/不良反应的分析、治疗过程的干预因素探究等方面运用较多。在 EORTC QLQ-C30 量表的基础上增加针对特定癌症的特异性条目，即可构成用于测量特定种类癌症患者生命质量的特异性量表。如结直肠癌特异性症状的量表 EORTC QLQ-CR38，包括 4 个功能维度（身体形象、性功能、性快感、未来期望）和 8 个症状维度［排尿问题、胃肠道症状、化疗副作用、排便问题、造口（人工肛门）相关问题、男性性功能问题、女性性功能问题、体重下降］，共 38 个条目。将 EORTC QLQ-C30 与 EORTC QLQ-CR38 联合使用，能够增加对结直肠癌患者生命质量的评价能力。

2. 糖尿病患者生命质量测定量表 慢性病患者生命质量测定量表——糖尿病患者生命质量测定量表（quality of life instruments for chronic diseases-diabetes mellitus，QLICD-DM）（v2.0）是慢性病患者生命质量测定量表体系中针对糖尿病的量表，在第一版 QLICD-DM（v1.0）基础上研制而成，由慢性病的共性模块（QLICD-general module，QLICD-GM）和一个糖尿病特异模块构成。整个量表共 42 个条目，其中共性模块包含 28 个条目，糖尿病模块包含 14 个条目，每个条目均为五级等级式条目。QLICD-GM（v2.0）量表包括 3 个领域、9 个方面、28 个条目，即生理功能（含基本生理功能、独立性、精力不适 3 个侧面的 9 个条目）、心理功能（含认知、情绪、意志与个性 3 个侧面的 11 个条目）、社会功能（含人际交往、社会支持、社会角色 3 个侧面的 8 个条目）；糖尿病模块包含特异症状、并发症症状、疾病相关心理、治疗相关心理 4 个侧面。

QLICD-DM（v2.0）量表是自评式量表，要求受访者达到一定的文化程度，并在安静的环境下单独完成量表填写。如果是对治疗方法、药物效果评价等的应用性研究，一般应采用随机对照试验设计，并在治疗前后开展纵向测定。调查者应对研究进行解释，得到受访者知情同意后将量表发给其填写。等待受访者完成量表后收回并仔细查看有无漏项，如有漏项，提醒受访者及时补齐；若仍拒绝填写则作为缺省值（默认值）并力图问清和记录原因。该量表可用于各种类型的糖尿病患者，可用于发病期、治疗期、康复期等不同时期患者生命质量的测定。

第四节　生命质量评价的应用

随着生物-心理-社会医学模式的发展，生命质量已成为生物计量学、哲学、社会科学、临床医学、卫生服务和健康结局研究等领域共同关注的重要问题。健康相关生活质量被广泛应用于临床医学、药学、卫生经济学、卫生事业管理等多个学科，用于考察人群的生命健康状况，为卫生资源配置提供证据，辅助卫生政策的制定。

一、评价人群的健康状况

对人群健康状况的评估一般采用普适性生命质量量表，其目的在于了解研究目标人群的综合健康状况，探究性别、年龄、经济水平、受教育水平等社会经济因素对人口健康状态的影响，或在不同国家、地区、种族等人群中进行横向的生命质量对比。基于这一目的，不同国家的研究者使用多种普适性量表开展了广泛的探索。1991 年，国际生命质量评价（IQOLA）项目启动，选择

SF-36 作为测量工具，该项目吸引了来自世界各地的研究者加入。1992 年，澳大利亚、葡萄牙、加拿大、日本和西班牙 5 个国家最先开启了量表的翻译和项目的调研工作。1998 年，该项目已有来自全世界 40 余个国家加入，获取了不同国家、地区人群的健康相关生活质量。2015 年，一项对 EQ-5D 测量患者生命质量的综述发现，在纳入分析的 56 个临床症状研究中，EQ-5D 对包括前列腺癌、慢性阻塞性肺疾病、乳腺癌、抑郁/焦虑、脑卒中、哮喘等在内的 25 个症状从轻症至重症的变化敏感，对另外 27 个症状的变化反应有限，仅对其中 4 个症状的变化无反应，表明在有证据证明敏感性的情况下，使用 EQ-5D 测量所得的生命质量是进行经济评价和卫生技术评估的适宜证据。2015 年，澳大利亚开展了一项针对 11～17 岁社区青少年的在线调查，4787 名青少年参与了调研，最终应答率为 43%。这项研究使用了两种生命质量测量的工具，欧洲五维生存质量量表——青少年版（EuroQoL five-dimensional questionnaire youth version，EQ-5D-Y）和儿童健康效用九维量表（child health utility 9D，CHU9D）。研究结果表明，两种测量工具在测量和评价青少年生命质量方面具有高度一致性，其中，EQ-5D-Y 测得的总体健康效用值略微偏高。2018 年，中国学者使用汉化版的 EQ-5D-5L 对中国城市人群进行了生命质量的测量，通过随机抽样，选取 1332 名具有代表性的个体进行调研，得到中国城市人群的生命质量评价结果，揭示了健康相关生活质量在该人群中如何随社会经济特征的变化而变化，例如在中国城市居民中，随着年龄的增长，行动能力、自我照顾、疼痛的问题逐渐增多，而年轻人群的主要问题为抑郁/焦虑。

除一般人群外，生命质量评价的对象有时是疾病人群，此时生命质量评价的目的主要是了解人群的健康状况及疾病的影响因素，从而有针对性地降低疾病带来的影响。2016 年，有学者使用 SF-36 采纳其中精神健康的亚量表得分和心理健康总分两部分分值，预测类风湿关节炎患者的抑郁或焦虑情况，以此作为患者精神健康筛查的手段。研究表明，心理健康总分小于 38 分的阈值时，这部分量表的分值检出类风湿关节炎患者抑郁或焦虑症状的灵敏度和准确度较高。2003 年，美国研究者使用 SF-36 测量了美国慢性疼痛患者的心理健康总分，发现与美国健康人群相比，慢性疼痛患者的心理健康总分明显较低，患有抑郁症的比例较高，心理健康总分与抑郁症的严重程度相关，表明 SF-36 是衡量慢性疼痛患者抑郁症严重程度的有效工具。

二、评估疾病负担

疾病负担指疾病、失能（伤残）和过早死亡对个体健康和社会造成的总损失，包括疾病的流行病学负担和经济负担两个方面。慢性病和肿瘤的病程较长、治愈率较低，除了使用传统的延长生存时间、提高治愈率等指标来衡量临床疗效以外，越来越多的研究开始将患者生命质量的提高作为衡量标准，伴随临床试验或临床治疗开展生命质量评价。2019 年，日本开展了一项横断面研究，纳入 2019 年日本国家健康和福利调查、日本慢性咳嗽调查的数据，该研究采用普适性量表健康调查量表 12（12-item short-form，SF-12）和疾病特异性量表——莱切斯特咳嗽问卷（Leicester cough questionnaire，LCQ）进行健康相关生活质量的测量。结果表明，重度慢性咳嗽患者面临更为严重的疾病负担，包括较差的生命质量、日常活动的损伤、工作效率的降低，以及焦虑、抑郁、睡眠问题等其他症状。

三、为卫生资源配置决策提供证据

由于卫生保健支出在全世界各国支出中所占比例日益增加，对卫生保健技术的经济评价已成为制定卫生政策和做出资源分配决定的一个重要工具。经济学评价方法如成本-效果分析（cost-effectiveness analysis），提供了一种评估干预措施成本和以质量调整生命年（QALY）衡量健康产出的方法。质量调整生命年是由英国国家卫生与临床技术优化研究所（National Institute for Health and Clinical Excellence，NICE）推荐的成本-效果分析的标准衡量指标。质量调整生命年将健康相关生活质量的值或基于偏好的健康效用值与增加的生命年合并为一个单一指标，可以使用通用的、基于偏好的生命质量量表直接测量，如 EQ-5D、SF-6D 等，也可以将非基于偏好的量表测量的结果通过映射的方法转换得到。质量调整生命年的计算公式如下：

$$\text{QALY} = \text{HRQL} \times \text{LY}$$

其中，QALY 为质量调整生命年；HRQL 为通过基于偏好的量表测量所得的健康相关生活质量的值；LY 为在对应的健康状态生存的生命年数。

质量调整生命年是卫生领域开展经济学评价经常使用到的健康产出指标，体现了由于伤残的减少（生命质量的提升）和死亡的减少（生命数量的提升）而带来的健康产出。由于卫生资源的有限性，在评价两项以上卫生干预时，不仅需要考虑干预产生的临床疗效或治疗效果等健康产出，同时需要考虑单位健康产出所需要耗费的成本。卫生经济学评价使用干预方案使患者每增加一个质量调整生命年所需要花费的成本作为衡量的标准。如 1990 年，英国心脏移植手术每增加一个质量调整生命年的成本为 7840 英镑。对于相同的疾病症状，不同治疗手段之间的比较，以“每增加一个质量调整生命年所需要花费的成本最小”作为医疗资源配置的原则。成本效用的计算公式如下：

$$\text{CUA}_1 = \frac{C_1}{U_1}$$

$$\text{CUA}_2 = \frac{C_2}{U_2}$$

其中，CUA 为干预方案的成本效用比值；C 为干预方案的成本；U 为干预方案给患者带来的效用，即干预方案使患者获得的质量调整生命年的增量。干预方案 1 与干预方案 2 相比，成本效用比值较小者表示每产生一个单位的效用所花费的成本较少的方案。

四、卫生服务的效果评价

使用不同医疗干预的人群，其生命质量可能存在差异，目前的临床试验中，常常使用对照组和实验组患者的生命质量进行对比，评价临床干预方案的有效性。2018 年，研究者对老年抑郁症患者开展了随机对照试验，评价持续电休克疗法对患者生命质量的改善，其中对照组使用常规药物治疗，试验组在药物治疗的基础上增加电休克疗法。试验时间为 6 个月，每 4 周使用 SF-36 测量患者生命质量。结果表明，药物治疗+电休克疗法可以增加患者健康净效益，因此在老年抑郁症患者的治疗中，可引入电休克疗法，减少抑郁症的复发，提高疗效。

特定人群的生命质量可以作为卫生服务体系及服务质量优劣的评价标准。2009 年，英国国民健康服务（National Health Service，NHS）引入了患者报告结局测量（patient-report outcome measure，PROM），收集了所有国民健康服务患者的髋关节和膝关节置换术、静脉曲张手术和疝修补手术前后的 EQ-5D 数据和疾病特异性的患者报告。这些数据用于监测医疗保健提供者的绩效，通过将报销与绩效挂钩来激励卫生服务质量的提升，并为患者选择医生提供参考依据。类似的应用也在瑞典医疗体系和加拿大阿尔伯塔卫生服务体系中得到推广。这些证据都表明，生命质量测量已经成为医疗保健“大数据”革命的一部分。

思 考 题

1. 生命质量和生命数量的关系是怎样的？应如何对两者做出权衡？

2. 与传统的健康测量指标相比，健康相关生活质量具有哪些优势和合理性？

第十一章 卫生项目评估

【学习目标】

1. 掌握卫生项目评估概念及必要性。
2. 熟悉卫生项目评估的方法与指标。
3. 了解卫生项目评估的基本过程。

卫生项目评估是确定卫生项目价值不可替代的方法。卫生项目评估的主要目的是通过分析卫生项目投入与产出的关系，了解卫生目标实现的程度。通过卫生项目评估，可以更客观地了解卫生项目的价值，发现卫生项目实施过程中存在的问题，提高卫生项目经济效益和社会效益，提升卫生政策转化水平，改善人民健康水平和生命质量。

第一节 卫生项目评估概述

一、卫生项目评估的概念和起源

（一）卫生项目评估的概念

项目评估是在项目可行性研究的基础上，从政治、经济、财务、技术等方面对项目的计划、设计、实施方案、实施结果和影响进行全面评估的过程。卫生项目评估是项目评估原理和方法在卫生领域的应用。

卫生项目评估，又称卫生项目评价，是卫生项目评估主体通过权衡不同利益相关者的动机和需要后，依据一套特定的标准和尺度，系统地调查卫生项目的立项、实施、结果和影响等方面的有效信息，进行客观比较分析评价，以全面了解卫生项目措施与产出的因果关系和作用机制，对卫生项目的价值进行科学全面的判断，为未来卫生项目决策提供科学依据，以提高人民健康水平和生活质量。也有学者将卫生项目评估定义为“对可供选择的卫生项目过程的成本和结果，进行比较性分析”。卫生项目评估的基本任务包括识别、测量、分析和比较可供选择的卫生项目的成本和结果。

卫生项目评估的主体负责卫生项目评估的实施，可以来自卫生项目管理实施主体内部，也可以来自卫生项目管理实施主体外部，但均要求具有深厚的专业背景和一定的卫生项目评估经验，具备一定的卫生项目评估能力和水平。

卫生项目评估的客体（对象）可以是一项政策，如城乡居民基本医疗保险制度；也可以是一个具体的项目，如国家基本公共卫生服务项目，儿童健康综合干预项目，农村改水改厕项目；也可以是一个研究课题，如农村适宜卫生技术项目评估等。

（二）卫生项目评估的起源

卫生项目评估源于社会项目评估，社会项目评估源于欧美国家，可以追溯到 17 世纪 60 年代的英国。在国外已有 100 多年的历史。系统的社会项目评估最初主要在教育及卫生领域开展。20 世纪 50 年代，项目评估进入繁荣时期，亚洲、拉丁美洲和非洲一些国家也纷纷引入项目评估机制。20 世纪 70 年代，美国掀起了项目评估大潮。

我国卫生项目评估兴起于 20 世纪 80 年代，随着我国社会经济的发展，公共基础设施建设及惠民项目的投入激增，尤其是卫生项目的投入增长迅猛，需要卫生项目评估作为掌握和监测我国卫生投入健康产出的重要保障措施。卫生项目评估不同于自然科学研究，卫生项目评估所依据的标准总是与一定的价值观相联系。卫生项目评估伴随着我国医疗卫生领域各项改革和发展，在我国医药卫生体制改革中发挥了不可替代的重要作用。

二、卫生项目评估的目的与意义

（一）卫生项目评估的目的

卫生项目评估的目的是在调查的基础上，运用定性或定量的结果，表明卫生项目完成其预定的关于改善社会卫生状况或人群健康状况目标的程度。卫生项目评估的终极目标是提高人群健康水平，改善人群生命质量。具体表现在以下三个方面：

1. 在卫生项目启动前，卫生项目评估的目的是卫生项目立项论证和改进完善卫生项目实施方案。立项论证主要是综合考虑各种影响因素，评估卫生项目的基础条件，分析、研判、论证项目的可行性。完善卫生项目实施方案是对可供选择的卫生项目设计及方案进行系统分析，选择最优卫生项目实施方案；结合卫生项目的投入、内外部环境、实施对象等基础条件，分析判断适合卫生项目的最优实施方案。卫生项目评估的一个重要贡献就是不遗漏重要的可供选择的项目。

2. 在卫生项目进行过程中，卫生项目评估的目的是提高项目运行效率。卫生项目过程评估通过收集、分析卫生项目运行信息，掌握卫生项目运行总体情况，发现卫生项目实施过程中存在的问题，分析原因，并提出改进措施，或缩小项目范围甚至提出终止项目的建议。

3. 在卫生项目结束后，卫生项目评估的主要目的是分析卫生项目的产出，判断卫生项目目标实现程度及社会影响。对项目的投入和产出进行总体评估，对项目进行成本-效果、成本-效用及成本-效益分析。卫生项目评估主要目的是提高卫生资源使用效率，最大程度地发挥现有卫生资源的效率，改善和提高人民健康水平。同时，更期望政府或有关部门能采纳卫生项目评估结论和建议，提升未来卫生项目改善人民健康水平的程度。

（二）卫生项目评估的意义

1. 卫生项目评估有利于卫生资源的科学配置。卫生项目评估有利于提高卫生项目实施计划的可行性，有利于统筹分配和合理使用卫生资源，有利于提高卫生项目的科学性，有利于提高卫生项目实施的效果、效用和效益。

2. 卫生项目评估有利于提高卫生项目实施过程的规范性和科学性。卫生项目评估可以通过对卫生项目实施过程的调查、检查，项目组织管理、项目进度及项目经费使用等情况进行分析，了解和掌握卫生项目实施情况；同时，卫生项目评估可以发现卫生项目实施过程中存在的问题，可以在对问题进行分析、研判、总结的基础上，总结经验教训，对卫生项目实施过程中出现的问题提出改进措施及建议，提高卫生项目实施过程的规范性，从而达到提高卫生项目投资效益的目的。

3. 卫生项目评估是卫生政策转化的重要工具。卫生项目评估作为一种科学的卫生决策工具，在国际上得到了广泛的应用，已成为我国卫生决策的重要组成部分。例如，在我国新医改实践中，从基本医疗保障制度建设、基本药物制度、基层医疗卫生服务体系、基本公共卫生服务均等化到公立医院改革每一项政策的落地。作为一种科学决策的工具，卫生项目评估发挥着越来越重要的作用。

4. 卫生项目评估是将管理科学知识用于卫生领域实践的必然过程。卫生项目评估的价值应该体现在人民健康水平的提高、人民健康素养的改善、健康的居住环境和人民生命质量的提高等方面。卫生项目评估的价值直接体现在提高卫生项目的效果、效用或效益上，体现在卫生项目评估结论被有权制定、修改、推广卫生项目或政策的决策机构（包括政府、卫生事业单位乃至公司等）采纳和应用上。卫生项目评估结论被政策制定机构采纳是卫生项目评估价值的最大体现，这是卫生项目评估的结论用于卫生领域实践的必要条件。

三、卫生项目评估的原则

（一）伦理原则

卫生项目评估中的伦理道德问题相较于一般的科学研究稍显复杂，相对不易把握，在卫生项目实践中能否妥当处理相关伦理道德问题，可能直接影响卫生项目评估结果的科学性和准确性。

1. 卫生项目评估主体应与卫生项目投资者、管理者、实施者等利益相关者进行充分沟通，明确卫生项目的预期目标和不同利益相关者的期望，以便进行客观评估。例如，卫生项目委托方在卫生项目实施之前或过程中，干涉或决定卫生项目评估结果，就是违反伦理道德原则的。从现实的角度来讲，卫生项目评估主体必须关注卫生项目的福利性，同时，还要考虑卫生项目委托方的需要及其他利益相关者的需要和利益。

2. 卫生项目评估主体应尊重项目实施对象、受访者、组织者等相关利益群体的安全、尊严和价值。卫生项目评估涉及的研究对象必须是自愿的。对于卫生项目可能发生的危险、危害和负担等潜在负面影响，卫生项目评估主体必须向项目研究对象进行全面、详尽介绍，在调查对象完全知晓卫生项目可能的潜在负面影响的情况下，征得调查对象的知情同意。

（二）系统性原则

系统性原则要求在进行卫生项目评估时，把卫生项目目标、对象、措施、实施效果等都看成是整体的要素，彼此既相互联系，又互为条件。

在卫生项目评估过程中，这些要素都不是孤立的，而是以科学理论为指导，经过科学设计，统筹卫生项目全局的卫生项目评估要素。因此，卫生项目评估所展现的都是卫生项目的对象、措施、问题、投入产出、目标实现程度等，都是目标导向下卫生项目系统的产物。在卫生项目评估实践中，必须从各种视角、各个层次揭示卫生项目评估规律性，从而得出全面、客观、正确的结论，科学地指导卫生项目评估实践活动。

（三）可行性原则

可行性原则是从人力、物力、财力、科学技术能力等方面综合评估卫生项目决策或措施是否可以执行。

假如做出的卫生项目评估决策，无论是从外部环境，还是从内部条件及其他方面来说都是不可能实现的，那么这样的卫生评估决策显然是不可行的。卫生项目评估的目的是更好地服务于卫生实践。如果卫生项目评估没有立足于卫生项目实际，则其是没有价值和非科学的。

（四）真实性原则

真实性原则又可称为客观性原则，是指卫生项目评估应当立足于实际情况，如实反映卫生项目的实施情况及取得的效果。只有以真实的数据和卫生项目实施过程中形成的真实资料为支撑，才能形成真实的卫生项目评估报告。真实地反映卫生项目的实施效果，为现在和未来卫生项目的实施提供参考和建议。

（五）科学性原则

科学性原则指卫生项目评估必须在科学理论的指导下，遵循科学的程序，运用科学思维方法来进行卫生项目评估设计与决策。科学性原则的特点是准确、严谨、客观、可靠、适用，满足人民健康需求的卫生项目评估。

随着人民对健康的要求越来越高，健康需求变化越来越快，健康领域需要面对许多新情况、新问题，经济、科技、社会及人群健康发展的一体化，要求卫生项目评估必须遵循科学性原则。卫生项目评估做到科学性，必须注意以下问题：①卫生项目评估管理科学化。这是实现卫生项目评估科学化的组织保证。卫生项目管理科学化需要卫生项目评估主体不仅具有深厚的项目评估背景，更需要一定的项目管理背景和经验，以保障卫生项目管理的科学化。②卫生项目评估程序科学化。卫生项目评估程序需要在相应理论指导下确定，尊重卫生项目评估规律，注意项目评估要素中先行后续的关系，遵守卫生项目评估设计和措施。③卫生项目评估主体素质现代化。卫生项目评估主体不仅要具备过硬的人品与德行，相应的专业素养、能力和水平，还需具备与时代发展相适应的新思想。这是卫生项目评估的时代要求，也是将卫生项目和卫生项目评估推向新的发展阶段的必然要求。

第二节　卫生项目评估的类型与作用

一、卫生项目评估的类型

（一）按卫生项目评估设计类型分类

按卫生项目评估设计类型可将其分为定量实验设计的流行病学评估和定性非实验设计的社会学评估。

1. 定量实验设计的流行病学评估　已有100多年的历史，在20世纪60～70年代的西方国家飞速发展。定量实验设计的流行病学评估模式强调实验性的设计方法、标准化的资料收集、足够的样本量及统计方法在卫生项目评估中的应用。其主要包括目标评估和决策评估。目标评估重点在效果和目标实现的程度上，是多数卫生项目评估不可或缺的内容；决策评估主要为决策者提供关于卫生项目的判断和决策的信息或情报。

2. 定性非实验设计的社会学评估　晚于定量实验设计的流行病学评估，这种类型强调每个卫生项目都有独特性，都要受到社会、政治、经济等因素的影响，无法复制或重复。有的卫生项目很难用科学的方法进行准确测度，需要通过定性的方法收集卫生项目实施的相关资料，对卫生项目进行相应评估。其主要包括应答评估和用途评估。应答评估强调描述卫生项目过程及卫生项目主要参与者的感受和价值取向；用途评估着眼于分析判断卫生项目取得的效果在多大程度上得到卫生项目参与者和受益者的应用，或卫生项目实施在多大程度上改善卫生项目对象的居住环境、卫生保健条件，以及提高卫生项目对象的健康状况及生命质量。

（二）按卫生项目生命周期分类

从卫生项目生命周期的角度可将卫生项目评估分为卫生项目结构评估、卫生项目过程评估和卫生项目效果评估。

1. 卫生项目结构评估　主要包括卫生项目预评估、卫生项目立项评估。

（1）卫生项目预评估：是在卫生项目正式评估实施前，预先进行的卫生项目试验评估，主要用于了解卫生项目评估资料收集现场情况，发现卫生项目评估实施方案中的问题，调整和完善卫生项目实施方案。

（2）卫生项目立项评估：是卫生项目在未实施前，对卫生项目及备选方案进行的综合评估，以减少盲目或错误的卫生项目决策。卫生项目立项评估的根本任务是对卫生项目的必要性和可行性进行分析研究及评估，关键是对卫生项目及卫生项目备选方案的经济、技术、运行支持和环境影响等方面进行全面的分析和研究。

卫生项目立项评估资料不仅是卫生项目实施的必要条件，而且是卫生项目中期评估、过程评估和终期评估的基础及对照，有助于突显卫生项目实施的进展、效果等。卫生项目立项，取决于卫生领域战略规划及卫生项目发起机构的卫生项目规划、卫生经费投入等因素。卫生项目主要来源于自下而上的需求和自上而下的政策引导。

自下而上的社会需求：一般由学者、专家、教授以及社会团体向政府提出卫生项目建议。针对这些建议，政府会通过组织专家论证、召集各有关部门反复征求意见等方式，确定是否采纳专家学者建议，是否实施专家所建议的卫生项目。确定实施卫生项目后，政府会通过层层申报、审查、论证、立项、申请匹配经费等程序，最终启动卫生项目。

自上而下的政策引导：一般由卫生项目发起部门邀请卫生领域相关专家，对新卫生项目的开发给予确认和指导。同行评议和外部专家评估是常用的卫生项目立项方法。

2. 卫生项目过程评估　卫生项目过程评估的“过程”是相对于结果而言的，可以从两个方面理解卫生项目过程评估：一方面卫生项目过程评估是根据卫生项目结果和作用，从项目实施过程分析产生这些后果原因的评估；另一方面，指在卫生项目运行过程中，收集、测度、调查与卫生项目运行和进展相关的资料，对卫生项目运行情况做出判断，并提出改善和提高卫生项目运行效率的意见或建议。

卫生项目评估关注卫生项目实施方案的过程性结果，卫生项目过程评估的主要功能在于不断地认识卫生项目和保障卫生项目的顺利实施。因为随着卫生项目的实施，卫生项目本身及所处的社会环境、投资环境等都会发生变化，会影响卫生项目的必要性和可行性，需要通过卫生项目过程评估掌握卫生项目实施情况。

若要实施一项卫生项目，就必须了解卫生项目实施是否始终围绕卫生项目目标，是否正确执行卫生项目实施方案。卫生项目过程评估既能对卫生项目产生效果的过程进行解释，也能对卫生项目的结果进行解释，但无法说明卫生项目的实施是否有效。卫生项目过程评估，主要描述项目取得的进展，发现项目实施过程中存在的问题，明确未来卫生项目实施过程中需要继续坚持的方式、方法、措施，需要改进和提升的内容，并提出相应的改善措施。

卫生项目过程评估，是保障卫生项目实施过程稳定性的重要方式，通过卫生项目过程评估，可以发现卫生项目实施过程中存在的问题，及时调整卫生项目实施方案，甚至做出终止卫生项目的决定。

卫生项目过程评估体现在用客观事实和数据深入了解卫生项目整体运行情况，以准确地掌握卫生项目实现其预定目标的程度，提高卫生资源投入的效率和人民健康水平。例如，城乡居民医保制度的过程评估可以全面了解该制度实施情况，发现制度实施过程中存在的问题，经由专家分析讨论总结，调整城乡居民基本医疗保险制度的相关政策，优化城乡居民基本医疗保险制度，提高保障水平和城乡居民保障待遇的公平性，全面提升医疗保险资金运行效率。

此外，卫生项目过程评估还与卫生项目效果评估密切相关，卫生项目过程评估提供卫生项目产生效果的原因，发现卫生项目实施过程中存在的问题等。因此，不对卫生项目进行过程评估就分析卫生项目实施效果，可能会得出错误的评估结论。

3. 卫生项目效果评估　是卫生项目评估主体运用一定的评估方法、评估标准及量化指标，对卫生项目实际执行结果进行定量的测量或定性的评估，并与卫生项目预期目标进行对比，确定卫生项目预期目标的实现程度，以及为实现这一目标所安排预算的实施结果而进行的综合性评估。

卫生项目效果评估应当符合卫生项目效果评估指标的特点，遵循卫生项目规律，充分考虑地域社会经济发展差异，确保卫生项目评估的信度和效度。通过系统而客观的分析与评估，检查和总结卫生项目预期目标的实现程度，对卫生项目的效果进行归因分析，总结经验教训。

（三）按卫生项目评估主体的单位归属

按照卫生项目评估主体的单位归属可将卫生项目评估分为卫生项目内部评估和卫生项目外部评估两类。

1. 卫生项目内部评估　内部评估的评估主体是与卫生项目或项目可能产生的结果有利害关系的单位或个人。卫生项目内部评估的评估主体对卫生项目理解的广度和深度较为充分，有利于卫生项目评估的开展；但卫生项目主体与卫生项目有直接的利害关系，会影响卫生项目评估结果的信度和效度。

2. 卫生项目外部评估 外部评估的评估主体是与卫生项目或项目可能产生的结果没有直接利害关系的单位或个人。卫生项目外部评估有利于客观、公正、真实地进行卫生项目评估，但外部评估主体在进行卫生项目评估前需要对卫生项目的实施背景、基本条件等进行充分了解，否则有可能影响卫生项目评估结果的准确性。

二、卫生项目评估的作用

（一）卫生项目责任审核

卫生项目责任审核的核心是查实卫生项目实施者是否认真地履行落实了卫生项目所规定的责任（卫生项目是否实现了预定目标，产生了预期效果），为卫生项目管理者评估卫生项目实施者的工作业绩提供依据。例如，城乡居民基本医疗保险制度的实施，从政策层面实现了城乡居民医保待遇的一致，但农村居民与城镇居民的实际医保待遇真的一致吗？这就需要对城乡居民医疗保险制度进行评估，以确定该制度的实施是否实现或逐步实现城乡居民享受同等医疗保险待遇的目标。卫生项目评估的责任审核包括卫生项目是否合法，卫生项目资金使用是否合理，资金是否在预算范围之内，卫生项目覆盖人群是否为目标群体，卫生项目产出数量和质量是否达到预期目标，这都是卫生项目评估责任审核功能的重要内容与体现。

（二）卫生项目决策优化

卫生项目评估可以在科学决策的基础上，持续性地基于实证优化卫生项目的实施。卫生项目评估的决策优化功能可以使卫生项目运行更加顺畅、高效，更好地满足目标群体的健康需求。卫生项目评估的决策优化功能是卫生项目管理的一个必要功能，可以系统地改善卫生项目实施方案，优化卫生项目资源配置。同时，卫生项目的优化决策功能强调卫生项目评估的速度、灵活性和相关性。

决策优化功能是卫生项目评估一个很有价值、很有必要的功能，主要体现在检验卫生项目重要构想，选择最优卫生项目实施方案，纠正卫生项目实施过程中存在的问题，确定卫生项目目标的实现程度等。例如，作为2022年医保改革重点的多元复合式医保支付方式改革，在全国40%以上的统筹地区开展按疾病诊断相关组付费或按病种付费改革工作，在2022年5月，已对按疾病诊断相关组付费或按病种付费的试点城市进行相应评估，相关部门会根据评估结果完善、优化支付政策。

（三）了解卫生项目概况，更好地指导未来卫生项目实践

卫生项目评估有利于全面了解卫生项目实施情况，卫生项目过程评估可以掌握卫生项目实施过程情况；卫生项目效果评估可以掌握卫生项目的产出或取得的效果。通过对卫生项目全过程评估，可以总结经验教训，指引未来卫生项目实践，提高卫生资源利用效率，更有效地改善社会卫生状况，提高人民健康和生命质量。

第三节 卫生项目评估方法及指标

卫生项目评估方法主要包括卫生项目评估资料收集方法和卫生项目评估分析方法。

一、卫生项目评估资料收集方法

（一）访谈法

访谈法是卫生项目评估人员在结构式、半结构式访谈提纲的引导下，通过直接与调查对象交

谈的方式，获得调查对象对相应问题的认识、行为和态度等信息。访谈法主要包括小组访谈、个人深度访谈等。

（二）调查法

调查法主要包括观察（调查）法、问卷调查法等。观察（调查）法指在自然状态下，根据预定的研究目的和研究计划，对研究对象进行客观观察，并直接感知或记录相关感性资料的一种资料收集方法。一般认为观察（调查）法得到的资料比较真实，能捕捉到正在发生的现象，但也具有明显的局限性，需要与其他方法相互补充，应用于收集资料。观察（调查）法主要包括第三方暗访、现场观察等。

问卷调查法指通过制订详细周密的问卷，要求被调查者根据问卷回答问题，以收集资料的方法。所谓问卷（调查表）是一组与研究目标有关的问题，或者说是一份为进行调查而编制的问题表格。它是人们在社会调查研究活动中用来收集资料的一种常用工具。调研人员借助问卷工具对所研究的社会活动进行准确、具体的调查和测定，并应用社会学统计方法进行定量的描述和分析，获取所需要的调查资料。

（三）文献法

文献法包括各种用文字、图像、符号、声音等媒介存储的资料。在卫生项目评估中，会经常查阅卫生项目实施的服务记录、常规报告等项目实施过程中形成的文件资料。

二、卫生项目评估分析方法

卫生项目评估分析方法总体上可以分为定性评估方法和定量评估方法。

（一）卫生项目定性评估方法

卫生项目定性评估是评估主体运用专业知识、经验和分析判断，根据卫生项目实施方案、实施情况、实施过程中形成的文献资料的查阅、整理和分析，卫生项目实施取得的效果等卫生项目相关现实材料，直接对卫生项目做出的价值判断。卫生项目定性评估的重点是对卫生项目的准确理解和把握，只有把握好这一重点，才能准确地解释或更丰富地描述产生卫生项目结果的内在动因。

定性评估资料的获得根据不同的卫生项目特点，时间差异非常大。例如，我国 2009 年启动的新医改项目评估，不仅需要收集新医改实施前的数据，更需要追踪新医改实施后相关领域的变化。仅居民基本医疗保险制度一项内容的评估，可能需要花费几年时间，需要不断收集相应数据，才能准确地捕捉到居民基本医疗保险制度在每个年度的效果变化。有些快速评估的资料，通过访谈或现场调查的方式，可能在短时间内就可以获得。例如，居民基本医疗保险制度的筹资情况，可能在很短的时间即可将相关资料收集到位。

为保证卫生项目定性评估质量，卫生项目评估人员还应该掌握几种基本的定性分析技术，如分类和编辑技术、情景分析技术和备忘录撰写技术等。卫生项目定性评估一般不采取随机抽样，因为随机抽样的方法有可能使卫生项目评估人员失去获得卫生项目相关信息的最好机会，采取典型抽样即可实现卫生项目评估的目的。

（二）卫生项目定量评估方法

定量评估方法主要是通过社会学实验研究设计，通常设立对照组与实验组作比较，采用相应的指标测量卫生项目的预期效应。根据是否设有对照分为实验设计与非实验设计；而根据对照纳入是否采用随机化原则，实验设计又可分为真实实验设计与准实验设计。多数实验组和对照组在项目开始前和结束后进行资料收集，随着项目研究的发展，许多项目会采用追踪调查的方式，定期收集项目有关数据，对卫生项目做出更加客观全面的评估。

通过研究设计收集卫生服务相关资料，需要相应的卫生项目评估方法对卫生项目资料进行整理与分析。常用的卫生项目评估资料分析方法有以下 4 种。

1. 对比分析法 有部分学者认为比较是卫生项目评估的核心。早在 20 世纪 80 年代，国外学者将项目评估定义为“结构化的比较”。对比分析的方法为绝大多数卫生项目评估所应用，是卫生项目评估研究不可替代的方法，因为没有某种形式的比较，就没有卫生项目评估。对比分析的方法也随着研究的深入不断发展，如由前后对比分析、有无对比分析，到双重差分、三重差分等，分析方法不断科学化，减少混杂因素的影响，卫生项目的净效应不断突显，卫生项目评估的信度和效度不断提高。

2. 逻辑框架法 是 20 世纪 70 年代美国开发并使用的一种设计、计划和评估的工具，该方法为多数国际组织所接受，用于援助项目的计划管理和评估。逻辑框架法是一种综合、系统的研究和分析问题的思维框架，是在项目立项（包括可行性研究）、项目实施计划、项目管理、项目过程评估及整个项目评估中普遍采用的方法，主要用于对项目作逻辑性、系统性强的分析与评估。

逻辑框架法的核心是根据事物之间的因果逻辑关系，对卫生项目层次的清晰描述，使项目相关者清晰地了解其目的和内容，对卫生项目的立项、设计和评估提供清晰、可借鉴的资料基础。要清晰地描述一个逻辑框架，需要用简洁、清楚、适当的语言，描述卫生项目逻辑特征和卫生项目相关机制。

逻辑框架法汇总了卫生项目设计的全部要素，按照宏观目标、具体目标、投入及产出的层次归纳卫生项目的因果关系：①宏观目标，即宏观计划、规划、政策和方针等所确定的目标。宏观目标是国家、地区、部门或投资组织的整体目标。②具体目标，即直接目标，是卫生项目立项的重要依据，一般考虑卫生项目为受益人群或机构带来的效果。主要考察卫生项目在社会、经济、改善人群健康及生命质量方面取得的成效。③卫生项目投入和产出。卫生项目的投入主要指实施卫生项目所需要的人力、财力、物力、时间等资源。卫生项目的产出主要是卫生项目实施取得的成效，即卫生项目资源投入的产出物，可以是实物，可以是制度、政策法规，可以是人群健康，可以是增加的就业机会和服务质量的改善。根据卫生项目的不同，卫生项目产出的形式也有所不同。

在卫生项目评估中，逻辑框架法有助于更加系统全面地评估卫生项目，“以因索果”针对性强，有利于把握不同要素之间的因果关系。

3. 层次分析法 产生于 20 世纪 70 年代的美国，是一种定量分析与定性分析相结合的决策方法。层次分析法可以将复杂的问题分解成各个组成部分或要素，按照相应的层次进行分析评估。例如，卫生项目的目标、有利或不利条件、宏观政策、原则或准则、可供选择的实施方案等，可以按照这些要素的属性，组成相应的层次。上一个层次的影响因素对相邻的下一个层次的全部或部分因素起支配作用，形成从上到下的逐层支配关系。然后，在每个层次上依照特定的标准对该层的影响因素进行比较，对它们的相对重要性进行定量描述，利用数学方法确定该层次各项因素的权重，并对结果进行排序，对问题进行分析决策。通过定量分析与定性分析相结合，使复杂的问题显得层次明晰，便于分类解决卫生项目实施过程中遇到的问题，对系统地解决卫生项目评估问题具有不可替代的作用。

4. 综合评价法 是在项目的各个部分、各个阶段、各个层次评估的基础上，评估项目的整体效果。综合评价法可以在单项评估的基础上，对项目整体效果进行评估；也可以综合不同项目评估主体的评估结果，分析总结评估。

其他常用的卫生项目评估方法，如目标实现测评法、模糊综合评价法、灰色系统分析法、决策分析法、秩和比法、随机前沿分析法、神经网络分析方法及主成分分析法等，在此不再一一介绍。

三、卫生项目评估标准和指标的选择

不同的卫生项目阶段，需要不同的卫生项目评估标准和指标。例如，在卫生项目立项阶段，实施阶段和完成阶段所需要的卫生项目评估标准和指标可能相同，也可能不同。本部分将按照卫生项目所处的阶段，着重介绍不同阶段卫生项目评估需要考虑的重要问题及衡量指标。

（一）卫生项目立项标准和指标

卫生项目立项指标是描述卫生项目实施基本条件，判断卫生项目是否可行性的标准。这些标准或指标的测度不仅能够判断卫生项目实施的基本条件，而且可以作为卫生项目过程评估和结果评估的重要对照资料。目前，项目立项常用的指标主要考虑项目的有效性、经济性、安全性和社会性（包括法律、伦理和政治）。

1. 有效性指标 根据卫生项目评估的内容和目的，卫生项目评估主体可以在科学理论的指导下，选择合适的标准或指标。

2. 经济性指标 主要考虑卫生项目的时间安排和财务预算，即卫生项目的预期目标要与卫生项目投入（人力、财力、物力、时间等资源）相匹配。如果卫生项目持续时间较短，可能不适合进行较长时间才能见效的项目。例如，关于慢性病方面的研究时间一般较长，需要与慢性病项目实施时间相适应的项目资金。卫生项目预算有限，开展覆盖范围较广，实施难度较大，不一定能实现项目预期效果。例如，城乡居民基本医疗制度的实施效果评估，城乡居民基本医疗保险制度实施范围较广，持续时间较长，需要与参保人群规模相匹配的、与经济社会发展及居民健康需求相适应的医保基金支持和保障，才能确保该制度顺利、平稳实施。经济性指标更加关注卫生项目资源投入和使用过程中，成本节约的水平和程度及资源使用的合理性，否则，会造成卫生资源的浪费。

3. 安全性指标 主要考虑卫生项目是否安全、可行和适宜。安全是对特定情况下卫生项目风险可接受程度的价值判断。“价值判断”是指没有绝对有效、安全的卫生项目。如果一个卫生项目的实施，其风险可以被卫生项目目标、社会及卫生政策制定者接受，这个卫生项目就可以被认为是“安全”的。在这种情况下，安全性可理解为可接受性，而且不能完全用客观指标来衡量。可行性主要考虑卫生项目符合现实条件的程度及可操作性。因此，卫生项目实施方案的可行性是卫生项目论证的必要内容。例如，要考虑卫生项目的基本条件是否具备、社会自然环境是否友好、实施范围是否恰当、措施是否具体可行等。自然环境指标也是卫生项目立项必须要考虑的问题。常用的自然环境指标主要有海拔、空气质量、水环境质量等。例如，在高原地区和平原地区开展相同的卫生项目，可能在高原地区的卫生项目所需要的资金与物资储备，与平原地区相比是有很大差异的。卫生项目措施的适宜性也是必须要考虑的指标，因为适宜性往往与可行性相互影响。适宜性主要考量卫生项目方案实施的内容和强度。其中，内容适宜主要考察卫生项目方案内容与卫生项目预期目标之间的因果关系，强度适宜主要关注卫生项目方案措施是否能够平衡项目预算和项目预期目标之间的关系。

4. 社会性指标 卫生项目立项常用的社会性指标主要考虑法律、伦理、政策、环境等。卫生项目实施首先必须符合法律和伦理的要求。另外，卫生项目能否顺利实施需要政府的支持。卫生项目是否围绕政府工作重点展开，是卫生项目可行性评估的重要方面。同时，还要考虑社会政策对卫生项目的影响。社会环境是卫生项目立项不可回避的重要问题。

（二）卫生项目过程评估指标

1. 卫生项目实施的背景和环境 例如，某地区城乡居民基本医疗保险制度实施前，城镇居民基本医保制度与新型农村合作医疗保险制度的参保居民就诊待遇是否存在差别，存在怎样的差别；该地区购买商业医疗保险的居民比例是否有差别。这些政策背景和环境对城乡居民基本医疗保险制度的实施、过程评估和结果评估具有重要的参考意义，是卫生项目评估，特别是卫生项目过程评估不可或缺的考虑要素。

2. 卫生项目实施对象的参与程度 例如，城乡居民基本医疗保险制度的参保率，直接决定居民是否有资格享受城乡居民基本医疗保险制度的待遇，并直接影响医疗保险基金的规模，从而影响城乡居民基本医疗保险制度的效果。

3. 卫生项目措施与原计划的符合程度 例如，城乡居民基本医疗保险制度实施后，参保率是否达到预期目标，城乡居民之间的实际保障水平是否达到相接近的水平。卫生项目实施结果与原计划的符合程度，是卫生项目评估，特别是卫生项目过程评估重要的内容或标准。

（三）卫生项目产出评估标准和指标

卫生项目产出主要体现在项目对象生活环境改善，健康状况好转，生存率攀升，生命质量提高等方面。卫生项目产出评估标准和指标是卫生项目评估者所理解和把握的价值尺度与界限的具体表现，反映了卫生项目评估的价值取向，包括反映“有或无”“好转或恶化”等定性指标和反映“多或少”的定量指标。

总之，卫生项目评估指标能准确、客观、公正地测度和表达卫生项目的产出，即可满足卫生项目评估的要求。在卫生项目评估实践中，需要根据卫生项目评估的目标，卫生项目的主要内容，具体问题具体分析，确定适合的卫生项目评估标准和指标。

（四）常用的卫生项目评估指标

在卫生项目评估中，主要涉及健康和经济等方面的指标。

1. 常用健康指标 常用的卫生项目健康方面的指标可参照本教材第五章“社会经济与健康”部分的“健康的衡量指标”内容。

2. 常用经济指标 经济方面的指标主要从投入和产出两个方面对不同的备选方案或者卫生项目的实施效果进行分析。卫生项目的成本包括卫生项目所投入的人力、物力、财力等资源，在卫生项目评估时，一般用货币表示。

按照所评估的卫生项目实施结果，可以分为：

（1）成本-效果指标：用非货币单位表示。资源的稀缺性决定了卫生项目决策者必须合理配置有限资源。成本-效果分析的意义在于能够科学地为决策者提供简洁而重要的卫生项目成本与效果的测量值，使决策者能够选择具有成本健康效果的卫生项目。一般用最适当的自然效果或生理参数来测度卫生项目实施效果，如增加的寿命年数、正确诊断的病例数、死亡率、婴儿死亡率的变化等。

（2）成本-效用指标：用健康状况偏好得分或效用权重表示。一般指人们对卫生项目实施带来的健康水平提高和生活质量改善的满意程度。常用指标包括质量调整生命年、伤残调整生命年（DALY）等，以获得一个质量调整生命年或伤残调整生命年所消耗的卫生资源最少为优。

（3）成本-效益指标：用货币表示卫生项目的有用效果。在卫生项目成本-效益评价中，更多地关注因卫生项目的实施带来的社会经济效益，包括直接效益、间接效益和无形效益。卫生项目创造的社会价值可以用人均国内生产总值或人均工资测算。例如，城乡居民基本医疗保险制度的实施直接降低了居民就诊自付费用，创造的社会健康价值可以用货币来测算，也就是说城乡居民基本医疗保险制度的成本-效益可以通过测度用货币表示。

第四节 卫生项目评估的程序

启动卫生项目评估之前，组织准备工作必须到位，本节将介绍卫生项目评估的基本程序。

一、确定卫生项目评估目的

卫生项目评估的主要作用是通过评估卫生项目预定目标实现的程度。因此，明确卫生项目的目的，是卫生项目评估的前提。例如，城乡居民基本医疗保险制度的目的之一是“建立更加公平更可持续的社会保障制度”，使“城乡居民更加公平享有基本医疗保障权益”。那么，在进行城乡居民基本医疗保险制度评估时，城乡参保居民就诊或住院是否享受到同等的城乡居民医疗保险待遇是评估“公平”这一目标是否实现的重要指标。

二、确定卫生项目评估的主体

（一）成立卫生项目评估小组

卫生项目评估小组是卫生项目评估的实施主体，负责卫生项目评估的设计、实施等具体工作。卫生项目评估小组组长、成员均须具有相关专业背景，具备对卫生项目进行科学评估的专业素养、能力和水平。这是进行卫生项目评估的重要前提，缺少卫生项目评估主体的卫生项目评估是不存在的。

卫生项目评估小组是卫生项目的评估主体。理想的卫生项目评估者是与卫生项目没有利害关系、又具备相当专业背景及素养的局外人，即卫生项目评估主体仅负责卫生项目的评估，不参与项目的其他任何活动。也有的学者认为，卫生项目结果评估主体，最好不要参加该项目其他评估活动。例如，城乡居民基本医疗制度评估，首先需要确定城乡居民基本医疗保险制度评估主体，需要评估主体有深厚的医疗保险专业背景，熟悉城乡居民基本医疗保险制度的实施情况，具有较高的专业素养、专业能力等，还需要是未参与城乡居民基本医疗保险制度的制定、实施等的局外人。这有利于对城乡居民基本医疗保险制度进行全面、客观、公正的评估。

（二）卫生项目评估主体了解卫生项目实施的条件

卫生项目评估主体除应具有卫生项目相关领域的专业知识储备外，还需要卫生项目评估主体对卫生项目本身有较为系统、全面和客观认识，熟悉卫生项目实施的背景、社会环境、政策环境、有利因素及不利因素等影响卫生项目目标实现密切相关的因素。这是进行科学、客观、准确的卫生项目评估的基本条件。例如，对城乡居民基本医疗保险制度进行评估，除需要评估主体具有相应医疗保险专业背景外，还需要熟悉我国医疗服务市场现状，熟悉国家医改政策的初衷，熟悉城乡居民基本医疗保险制度的社会背景、制度沿革，掌握城乡居民基本医疗保险制度的有利因素和不利因素，这些基本条件是客观、准确地进行城乡居民基本医疗保险制度评估的必要条件。

三、确定卫生项目评估方案

卫生项目评估方案主要指卫生项目评估设计，包括卫生项目评估小组制订卫生项目实施方案，组织专家审议，按专家建议修改、完善，直到卫生项目实施方案最终定稿。高质量的卫生项目评估需要科学的卫生项目评估方案作为指导和基础，科学可行的卫生项目评估方案必须包含以下基本要素和步骤。

（一）确定卫生项目评估对象

明确卫生项目评估的对象，是进行科学卫生项目评估的前提和基础。在进行卫生项目评估时，需要确定具有怎样特征的卫生项目实施对象才能纳入卫生项目评估。例如，卫生项目的作用对象为卫生机构，具备怎样特征的卫生机构可以作为卫生项目评估的对象呢？卫生项目的作用对象为人群或个体，具备怎样特征的人群或个体可以确定为卫生项目的评估对象呢？这些都是进行卫生项目评估时需要考虑的重要问题。

（二）进行卫生项目评估设计

根据卫生项目评估的目的，需要进行卫生项目评估设计，即确定进行卫生项目评估资料收集和分析的方法。确定卫生项目评估对象的抽样方法，如分层随机整群抽样或整群抽样。确定实验设计或准实验设计的类型，如随机对照试验设计、类实验设计等，时间序列试验及非平衡比较组等。例如，城乡居民基本医疗保险制度的评估目的是研究该制度实施后城乡居民医保待遇是否存在差别，可以采用分层随机整群抽样的方法。运用该制度实施前后城乡参保居民和非参保居民实际就诊或住院医保待遇，分析该地区城乡居民实际医保待遇是否一致。

（三）确定卫生项目评估的基本框架和技术路线

卫生项目评估的基本框架是实施卫生项目评估的结构化框架和参考路径，评估人员可以以该框架为指导实施卫生项目评估，完成卫生项目评估。例如，绘制城乡居民基本医疗保险制度实施后城乡居民医保待遇是否存在差异研究的基本框架和技术路线图，可以清晰地呈现卫生项目评估的内容、方法及措施，提高卫生项目评估的可行性。

四、收集分析卫生项目相关资料，撰写项目评估报告

（一）挑选和培训评估人员，收集和分析卫生项目实施相关资料

收集卫生项目实施相关数据资料是卫生项目评估不可或缺的环节，这些数据和资料是进行卫生项目评估的依据。例如，评估城乡居民基本医疗保险制度实施后城乡居民医保待遇是否存在差别，做好该制度评估实施方案后，需要挑选、培训评估人员，进行预评估。考察了解样本地区实际条件，发现评估方案存在的问题，修改、完善、调整评估方案，减少正式评估的干扰因素，顺利收集客观、真实的评估数据。资料收集过程中，需要进行严格质控；资料收集完成后，进行数据录入、清洗和分析。

（二）撰写卫生项目评估报告

卫生项目评估报告是展现整个卫生项目立项、实施、结果等项目全貌的载体。卫生项目评估报告必须严格按照评估实施方案要求撰写，确保全面、系统、真实地展现卫生项目实施情况及取得的效果。例如，城乡居民基本医疗保险制度实施后城乡居民实际医保待遇是否一致的研究：在完成资料收集、清洗、录入和分析之后，需要根据分析结果撰写城乡居民基本医疗保险制度实施后城乡居民实际医疗保险待遇情况的评估报告。评估报告需要简明扼要地介绍该制度实施的背景，重点介绍该制度实施的基本情况和城乡居民实际医疗保险待遇方面取得的成效等内容。

五、卫生项目评估的政策转化

卫生项目评估结果和结论一经卫生决策者采纳，就有可能转化为相关领域卫生政策的一部分，就有可能用于指导未来卫生项目实践，提高未来卫生项目的效率和管理水平。例如，通过新农合和城镇居民基本医疗保险制度的评估，发现城乡居民间医疗保险待遇存在一定程度的差距，为决策者实施城乡统一的城乡居民基本医疗保险制度提供了参考，在制度层面确保城乡居民医疗保险待遇公平的可能。这是卫生项目评估政策转化的具体体现，也是卫生项目评估促进卫生事业发展的具体体现。

思考题

1. 卫生项目评估的基本内涵和目的是什么？

2. 简述卫生项目评估的主要方法。

3. 简述卫生项目评估的程序。

第三篇 各 论

第十二章 社会健康状况

【学习目标】

1. 掌握社会健康状况的概念、内容和主要评价指标。
2. 熟悉社会健康状况的资料来源及中国的健康状况。
3. 了解社会健康状况的研究意义及世界卫生状况。

国家和政府要制定及实施具有针对性及科学性的社会健康政策和措施，首先需要了解社会的基本健康状况，定位主要的社会健康问题，发现高危人群和弱势群体，并分析这些健康问题的主要影响因素，才能制订出更有针对性的改善人群健康和提高生命质量的措施。因此，社会健康状况的研究作为社会医学的研究内容之一，对于实现社会医学的基本任务、促进人群健康和提高生命质量，具有十分重要的意义。

第一节 社会健康状况概述

一、社会健康状况的概念

社会健康状况（social health status），也称社会卫生状况，是指人群的健康状况，以及影响人群健康的诸多社会因素的状况。

人群健康状况是一个复杂的概念。按照 WHO 提出的健康概念，应从生理健康、心理健康和社会健康三个维度测量人群健康状况，涉及死亡、疾病、残疾、生长发育等，也与心理状况、社会功能相联系。测量人群生理健康的经典指标有平均期望寿命、婴儿死亡率和孕产妇死亡率等。这些指标定义明确，标准可靠，计算简便，数据易得，成为国际公认的衡量一个国家或地区人群健康水平的主要指标。相对而言，测量心理健康和社会健康的指标有较大争议。WHO 的《2000 年世界卫生报告》界定了一些相对重要的维度，如认知能力、情绪反应、社会功能和沟通能力等。

影响人群健康的社会因素主要包括社会状况、经济状况、卫生政策、卫生体制、卫生资源、卫生服务、医疗保障和健康行为等诸多因素。

二、社会健康状况的评价

（一）社会健康状况的评价程序

1. 确定社会健康状况的内涵 根据所研究的内容或关注的侧重点来确定社会健康状况的内涵。一般来讲，人群健康状况需要按照 WHO 提出的生理—心理—社会三维健康的概念进行全面评价，而不是单纯评价生理健康；对于健康影响因素的评价，在社会医学领域则更侧重于社会因素的评价。

2. 分解社会健康状况的概念，形成若干范畴 WHO 提出健康状况评价应包括：①核心范畴，涉及听力、疼痛、认知能力、行动能力等方面；②核心边缘范畴，包括社会职能、交流能力等方面；③健康相关范畴，如自理能力、人际关系等方面。

3. 寻找符合以上范畴内的科学性、有针对性的指标 社会健康状况评价的指标选择有两个渠道：①根据权威专家的意见，通过召开专家论证会，或者专家咨询法对指标进行筛选；②参考现有文献，在有关文献中寻找适宜的指标，对指标进行信度和效度的检验。

4. 开展资料收集 将所选定的指标进行归类整理，分析研判指标资料的来源，制订资料的收集计划，确定团队及分工，开展资料收集工作。

5. 分析指标，得出结果 通过对所收集的资料进行分析整理，得出各维度的健康状况，并综合汇总分析出人群的健康状况和社会因素的状况。

（二）社会健康状况评价的资料来源

1. 政府及机构权威资料

（1）世界健康状况资料

1）《世界健康报告》（*The World Health Report*）是 WHO 的定期出版物。主要内容有政治形势、经济状况、人口状况、教育、环境与住房、食物供应与营养、卫生组织、与人群健康有关的不良行为、严重危害人群健康的疾病现状和防治情况，并附有各国社会健康状况的统计指标。

2）《世界儿童状况》（*The State of the World's Children*）是联合国儿童基金会的定期出版物，是关于世界各国与儿童健康状况有关的统计资料。主要内容包括基本指标、营养状况、卫生状况、教育状况、妇女状况、人口统计指标、经济指标及某些统计指标的改善情况。除此之外，还有重点关注的儿童卫生问题。

3）《人口统计年鉴》（*Demographic Yearbook*）为联合国的定期出版物。主要内容包括世界人口概况，如人口出生、胎儿死亡、合法的人工流产、婴儿和孕产妇死亡、总死亡状况及婚姻状况等。

4）《世界卫生统计年鉴》（*World Health Statistics Annual*）。主要内容为世界各国及各地区生命统计资料：人口、出生、死亡、寿命和死亡原因等。

5）《世界卫生统计季刊》（*World Health Statistics Quarterly Yearbook*）。主要包括卫生评价方法、疾病预防与控制、人群健康、卫生资源、卫生费用与筹资、卫生保健等。

6）《世界人口状况》（*The State of World Population*）为联合国人口基金会出版物，主要包括人口发展趋势、冲突与危机、人口发展挑战-妇女、人口与气候、文化、性别与人权、城市化、妇女与移民等。

7）《世界发展报告》（*World Development Report*）为世界银行出版物，每年一刊，各年内容不一，每年分别专设卫生、教育、环境、交通等栏目。

8）《世界人口数据表》（*World Population Data Sheet*）由美国人口咨询局编制，每年一份。

9）《亚太地区人口数据表》（*ESCAP Population Data Sheet*）由亚太经济合作组织社会人口处编制，每年一份。

（2）中国健康状况资料

1）《中国卫生健康统计年鉴》：由国家卫生健康委员会编写。主要包括卫生机构、卫生人员、卫生设施、卫生经费、医疗服务、农村与社区卫生、妇幼保健、人民健康与营养状况、疾病控制与公共卫生、居民病伤死亡原因、卫生监督、医疗保障制度、人口指标、主要社会经济指标等。

2）《中国统计年鉴》：由国家统计局编写。主要包括自然资源、经济、能源生产与消费、城乡建设与住房、文化教育、医疗卫生保健、交通、电讯、食物与饮水、环境污染与保护、人口、就业与失业等。

3）《中国人口年鉴》：由中国社会科学院人口研究所编写。主要包括各省（自治区、直辖市）人口发展、人口普查、人口统计、计划生育、中国人口、经济发展、社会发展与世界各国对比的情况。

4）《中国环境年鉴》：由中华人民共和国生态环境部主办，是我国环境保护领域的大型政府工具书和史料文献总集。主要包括各地区环境统计、重点城市环境统计、各行业环境统计、环境管理统计、环境监测表等。

5）地方统计年鉴、卫生年鉴及卫生统计年鉴等：主要由地方相关部门编制，内容与国家相关年鉴相似，反映了地方的现状与发展趋势。

6）有关专题报告：如全国卫生服务统计调查报告，包括居民患病及自评健康状况、卫生服务需求、利用和费用、重点慢性病管理及健康影响因素、儿童青少年健康、妇女卫生保健等内容。此外，还包括由专业杂志、学报发表的专题报告内容。

2. 文献资料

（1）生命统计资料：包括出生、死亡、婚姻等相关资料。

（2）人口普查资料：包括人口的数量、结构、出生、死亡等较为详细的社会、经济和人口统计等方面的内容。

（3）卫生服务常规登记资料：包括有关人群健康状况的指标，如疾病别的发病率、患病率和死亡率，儿童生长发育指标和卫生服务提供指标，可以通过查阅卫生服务常规登记资料获得。

（4）疾病登记资料：可以提供某个系统或某种疾病的发病、死亡、治疗和其他信息。

（5）卫生相关部门的资料：指的是卫生部门以外相关部门的资料，或者是非卫生专业人员协助搜集的资料。

3. 调查资料和监测资料

（1）调查资料：当所需资料无法从常规登记资料中获得时，就需要组织专门搜集所需资料的专题现场调查。常用的现场调查方法有 3 种：家庭调查、机构调查和典型调查。

（2）相关疾病或健康状况的监测资料：有一些传染病和慢性非传染性疾病，如肺结核、高血压、肿瘤等疾病的控制是一个社会或者一个社区防治工作的重点，要获得这些疾病的发病和患病的资料，就必须建立疾病监测点，及时获得有关这些疾病的发生、流行情况，为制订有效的措施防止疾病的发生和发展提供依据。

健康档案是居民健康状况的资料库，记录着居民疾病家族史、遗传史和生活、工作环境等状况。从出生开始，记录新生儿、婴幼儿、学龄前期的生长发育、健康状况与预防保健管理信息；妇女人生各期，特别是妊娠期的健康管理信息；老年人健康管理与各时期患病时的医疗保健信息等。具体的内容主要包括每个人的生活习惯、既往史、诊治情况、家族病史、现病史、体检结果及疾病的发生、发展、治疗和转归的过程等，是陪伴居民终生的全面、综合、连续性的健康资料。

拓展阅读

2009 年，卫生部启动全民健康档案计划。计划要求 2009 年底，中国农村居民健康档案试点建档率达到 5%，城市地区居民健康档案建档率达到 30%；到 2011 年，农村达到 30%，城市达到 50%；到 2020 年，初步建立起覆盖城乡居民的，符合基层实际的，统一、科学、规范的健康档案建立、使用和管理制度。随着网络技术迅猛发展，居民健康档案能在广域网环境下实现信息传递和资源共享，能在任何时间、地点为任意一个授权者提供所需要的基本信息，无论到哪家医院就诊或体检，都能提取到自己以往的健康档案。电子健康档案和计算机信息系统的应用，将使医生会诊的时间大大缩短，质量大大提高。上下级医院的信息交流更可以提高基层医院的医疗水平。

建立居民健康档案，有利于发展“互联网+医疗健康”，探索推进以居民为中心、线上线下一体化的个人电子健康账户和个性化健康管理服务新模式，可引导、培育居民个人自我健康管理意识。

（三）社会健康状况评价的意义

对社会健康状况进行研究，可以明确现状、定位问题，从而提出改善社会健康状况的有效政策和措施。具体来看，研究社会健康状况的意义包括以下几点。

1. 全面清晰地了解社会健康状况，探索国家和地区社会健康状况的变化与发展趋势 社会健康状况的评价是基于多维健康角度，从生理健康、心理健康和社会适应等方面，对社会的整体健康状况及其涉及的社会、经济、环境、制度等因素进行全面客观的评价，包括从宏观的社会经济及卫生资源情况到微观的个人生物-心理-社会健康状况，从客观的人群寿命及疾病死亡指标到主观的生命质量研究。通过对社会健康进行调查，以社会为基点分析社会经济发展，全面掌握人群健康状况及其变动规律，对社会健康状况做出准确的“社会诊断”，这也是社会医学的一项基本任务和重要内容。

2. 发现人群的主要健康问题及其影响因素，为制订健康政策、优化卫生资源配置提供科学的依据 健康的影响因素错综复杂，尤其是社会因素，往往是多种因素交织渗透。这就需要运用社会学、统计学等多学科的方法，从错综复杂的因素中定位高危人群、高危环境和高危因素，从而找出重点保护人群及重点防治对象，确定健康维护和疾病防治的工作重点，制定和实施改善社会健康状况的策略及措施，促进人群健康。

3. 有利于评价某一个地区社会健康的需要和需求，评估卫生服务系统的绩效，促进卫生系统自身的改革和发展 近年来正是通过对社会健康状况及其各方面影响因素的评价，各个国家不断调整卫生事业的发展深度和广度，制定出适应各国各地区社会健康需要和需求的政策。

第二节 社会健康状况评价指标

一、人群健康指标

健康是连续的、多维的，存在着不同的中间状态，健康评价的统一标准难以确定，所以人群健康指标也处于不断发展和完善当中。选择指标时应遵循资料易得、敏感度高、计算简便、广为接受、重复性好等原则。

（一）健康水平指标

1. 生物学指标

（1）生长发育统计指标：身体发育水平与特征是人群健康状况的一个重要测量指标，不同年龄人群有相应的指标。常用的身体发育统计指标主要包括新生儿低体重百分比、低身高百分比、低体重百分比和BMI指数。

1）新生儿低体重百分比：新生儿低体重是指出生时体重低于2500g。新生儿低体重可能危及婴儿的存活、生长与发育。新生儿低体重百分比是反映居民营养状况和妇幼保健工作水平的重要指标之一。新生儿低体重百分比高，表明母亲可能存在健康状况不良、生育过密、产前保健利用不够等问题。

2）低身高百分比：低身高是指低于同年龄同性别健康儿童的身高均值减去2个标准差的数值。判定低身高，可利用本地区、国家或国际所制定的年龄别、性别身高标准。该指标反映出生后或出生前的营养不足和感染的累积作用，以及环境状况差、早期营养不良，亦可反映社区居民的营养状况。

3）低体重百分比：低体重是指低于同年龄同性别健康儿童的体重均值减去2个标准差的数值。判定低体重，可利用本地区、国家和国际所制定的年龄别、性别体重标准。该指标可反映自出生以来营养不足或慢性营养不良的累积作用，同时反映目前营养不良的情况，亦可反映社区营养状况及食物供应情况。

4）BMI：即体重指数，常用作反映整个人群体格纵向变化的重要评价指标，是评价 18 岁以上成人群体营养状况的常用指标。

（2）疾病统计指标：疾病与伤残是反映人群健康状况的一个重要方面。使用不同的疾病统计指标，可从不同的侧面说明疾病在人群中发生、发展分布的特征，以及对人群健康的危害程度。主要包括发病率（incidence rate）、患病率（prevalence rate）、疾病构成、疾病顺位、病死率、因病休工（学）天数、因病卧床天数、治愈率、生存率等。

1）疾病发生与频度的指标：①发病率，指在一定时期内（年、月或周）可能发生疾病的某一人群中新发生疾病的频率。发病率高的疾病常用百分率（%）或千分率（‰）表示（如某些传染病）；对发病率低的疾病常用 1/万或 1/10 万表示（如恶性肿瘤等）。发病率资料可以从疾病登记报告制度中获得。②患病率，是指一定时期内，人群中患有某病（包括新旧病例）的人口所占的比例。患病率资料只有通过居民健康调查或社区卫生状况监测的方式收集。

2）疾病构成与顺位：①疾病构成，指在观察期间内，人群中某种疾病在总病例数中所占的比例。通常按年龄、性别分组计算疾病构成，以分析不同特征人群的患病或发病特点。②疾病顺位，按疾病种类或系统，依据构成比的大小排出顺序。

3）疾病严重程度评价指标：评价疾病严重程度的指标主要有病死率、因病休工（学）天数、因病卧床天数、治愈率、生存率等。病死率指某病患者中因该病而死亡的比例，常用百分率表示。因某病休工（学）或卧床天数反映了疾病的严重程度及对机体活动能力的影响程度。治愈率及生存率反映疾病的疗效及对生命的威胁程度。

（3）身体功能指标：多用于老年群体健康水平的测量。躯体功能测试量表通过让被测者完成几项客观活动来评估其健康功能。中国老年人健康影响因素跟踪调查中使用的认知功能简易量表包括 5 个主要方面：方向定位能力（一般能力）、反应能力、注意力和计算能力、回忆能力，以及语言、理解和自我协调能力，共 24 个问题。除 1 分钟内说出食物名字数量这一问题占 7 分外，其余每个问题回答正确得 1 分，不正确则得 0 分，总分为 30 分，得分低表示认知能力较差。所有问题必须由被访老人亲自回答，不能由他人代答；如果被访老人不能回答认知功能问题，调查员在问卷所设计的问题中必须选择一个被访老人不能回答的原因。中国版认知功能简易量表的问题设置力图使具有正常认知能力的中国高龄老人易于理解和便于回答，比较符合中国的文化传统和社会经济状况。

日常生活活动（activities of daily living，ADL）能力：根据人体功能发育学的原理制定，设置了洗澡、穿衣、上厕所、移动、控制大小便和吃饭等 6 项由难到易的评估项目，广泛应用于评估老年人的基本独立生活和活动（即失能状态），是反映老年人健康的最重要指标。

（4）死亡统计指标：主要包括死亡率、标化死亡率、疾病别死亡率、居民死亡构成比、婴儿死亡率、新生儿死亡率、5 岁以下儿童死亡率、孕产妇死亡率、人均期望寿命等。

1）死亡率：亦称粗死亡率，是指一定时期内（通常为 1 年）每千人口中的死亡人数，表示一个国家或地区在一定时期内人口的死亡频度。死亡率可以按照年龄、性别和地区进行分组。人口死亡水平的高低与社会生活条件、医疗卫生服务质量及人口年龄结构等因素有密切关系。20 世纪 50 年代发达国家死亡率普遍低于发展中国家。到 21 世纪初，发展中国家由于社会经济的发展及医疗卫生条件的改善，死亡率明显下降；发达国家由于人口老龄化，死亡率下降不明显，有的国家甚至死亡率略微升高，以致出现发达国家死亡率高于某些发展中国家的现象。

2）标化死亡率：即年龄标化死亡率，是指按照某一标准人口年龄结构计算的死亡率。其计算公式为：Σ 年龄别人口死亡率×标准化年龄别。死亡率的高低受人口年龄构成的影响比较大。老人、婴儿死亡率高，幼儿、少年和青年死亡率低。若老人和婴儿占总人口比重大时，死亡率就会相对增高。在分析不同地区死亡率时，须特别注意这个问题。为此，可按标准人口构成计算标准化死亡率。

3）疾病别死亡率：指某年每 10 万人口中因某种疾病或损伤死亡的人数。死亡率分析的重点是死因分析。疾病别死亡率是死因分析的重要指标，它能较准确地反映各类疾病对人群健康的危害程度。为排除年龄、性别构成对死因别死亡率的影响，必要时可计算年龄、性别的疾病别死亡率，或计算标准化疾病别死亡率。

4）居民死亡构成比：指某年因某类疾病或损伤死亡的人数占全部死亡人口的比例。其计算公式是：某年因某类疾病或损伤死亡的人数/同年总死亡人数×100%。该指标能反映某人群的主要死亡原因。根据不同顺位的死因，明确不同时期需重点防治的疾病。

5）婴儿死亡率：指某年婴儿死亡数与活产数之比。其计算公式是：某年婴儿死亡数/同年活产数×1000‰，其中婴儿死亡数指出生至不满 1 周岁的活产婴儿死亡数（不含满 1 周岁的儿童死亡）。

6）新生儿死亡率：指某年新生儿死亡数与活产数之比。其计算公式是：某年新生儿死亡数/同年活产数×1000‰，其中新生儿死亡数是指出生至 28 天内死亡的新生儿数（不含满 28 天死亡的新生儿）。

婴儿越是幼小，死亡率越高。20 世纪 60 年代，新生儿死亡占婴儿死亡总数的 30%～50%，而死于出生后不满 7 天者（早期新生儿）占新生儿死亡总数的 50%。随着社会、经济和卫生事业的迅速发展，新生儿死亡率有了大幅度下降。

7）5 岁以下儿童死亡率：指某年 5 岁以下儿童死亡数与活产数之比。这是近几年来 WHO 和儿童基金会用来评价儿童健康状况的常用指标。联合国有关机构认为 5 岁以下儿童死亡率是衡量整个社会发展的最佳单一指标。5 岁以下儿童死亡率高，反映了母亲在围产期所处的不良卫生条件以及有害环境因素对婴幼儿健康的影响。

8）孕产妇死亡率：指某年孕产妇死亡数与活产数之比。其中孕产妇死亡数指妇女在妊娠期至妊娠结束后 42 天以内，由于任何与妊娠或妊娠处理有关的原因导致的死亡人数，但不包括意外事故死亡，孕产妇死亡率反映妇女妊娠和分娩期危险性的程度。孕产妇死亡率的高低受到社会经济状况、妇女妊娠前的健康状况、妊娠期和分娩期的各种并发症、有无卫生保健设施及围产期保健利用等因素的影响。

9）人均期望寿命：指出生时的预期寿命，具体来说，是指在某一死亡水平下新出生的婴儿预期存活的年数，是寿命表中重要指标之一，寿命表中各项指标均依据年龄别死亡率计算而得，不受人口年龄构成的影响，各地区平均期望寿命可直接比较。平均期望寿命是评价人群健康状况、社会经济发展和人民生活质量的一个重要指标。

2. 心理学指标 个体心理发展及其特征十分复杂，有关的心理学指标和评估方法也很多，一般从智力、人格、情感和情绪等方面对个体心理健康状况进行评价，常用心理测量及心理症状评定工具包括智力、人格、情感和情绪等方面的量表，如韦氏智力量表、明尼苏达多相人格问卷、A 型行为模式问卷、焦虑自评量表等。

3. 社会学指标 个体健康的社会学指标主要测量个人的人际关系、社会支持及行为模式等。

（1）人际关系：是指人们在交往中心理上的直接关系或距离，它反映了个人寻求满足其社会需求的心理状态。这种关系可以表现为亲密，也可以是疏远和敌对。不同的人际关系会引起不同的情绪表现，进而对个体及群体的身心健康产生影响。可以通过社会学计算人际关系指数，并对个体的人际关系状况做出评价。

（2）社会支持：是指一定社会网络运用一定的物质和精神手段对社会弱势群体进行无偿帮助的行为的总和，也指人们感受到的来自他人的关心和支持。大量研究表明，个体所获得社会支持的多寡与身心健康有着密切的关系。良好的社会支持有利于身心健康，不仅可以缓冲并保护处于应激状态下的个体，而且对个体保持良好的情绪体验具有重要意义。社会支持评价包括两个方面的内容：一是对客观社会支持的评价；二是对社会支持的主观感受或体验程度的评价。

4. 复合型指标 由两个或两个以上指标组成的综合指标，常用的有以下几个。

（1）减寿人年数：指某一人群在一定时期内（通常为1年）在目标生存年龄（通常为70岁或出生期望寿命）以内死亡所造成的寿命减少的总人年数。它是指“早死”的全体死者共损失的人年数。

（2）无残疾期望寿命：指以残疾作为观察终点，代替普通寿命表中的死亡。它运用现实寿命表的计算原理，通过扣除处于残疾状态下所消耗的平均寿命，从而得到无残疾状态下的预期平均生存年数。无残疾期望寿命综合了死亡率和残疾与活动受限率两个指标。

（3）活动期望寿命：以日常生活自理能力的丧失作为观察终点，代替普通寿命表中的死亡。它指的是人们能维持良好的日常生活活动功能的年限。

（4）伤残调整生命年：指疾病死亡损失健康生命年与疾病伤残（残疾）损失健康生命年相结合的指标，是生命数量和生活质量以时间为单位的综合性指标。

（5）健康期望寿命：指扣除了死亡和伤残影响之后的平均期望寿命，可以理解为“完全健康期望寿命”。

5. 其他指标 自感健康作为一种主观评价已越来越受到国内外的广泛关注，所谓自感健康（self-perceived health），就是指个体对自身健康状况的一种自我感觉，它不完全是以躯体是否有病来决定的，而是带有很大的主观性，与自感健康同义的词有自评健康（self-assessment of health）、健康状况自我报告（self-reports of health status）、主观健康（subjective health）、健康状况自我评估（self-assessed health status）等。

（二）健康公平指标

通常通过基尼系数法、健康差异指数法、人群归因危险度法、集中指数法、极差法与比率法等测量健康公平性。

1. 基尼系数法 将洛伦兹曲线（图12-1）纵轴的“收入百分比累计”转换为“健康百分比累计”，计算人群的健康分布；也可以将横轴的“人口百分比累计”转换为“收入百分比累计”或“受教育程度百分比累计”，计算健康在不同收入人群、不同受教育程度人群的分布。其计算公式为：

$$\text{Gini} = S / C$$

其中，Gini为基尼系数；S为对角线与洛伦兹曲线之间面积，C为对角线下的面积。该系数的取值范围为（0，1），数值越大，说明不公平程度越高。

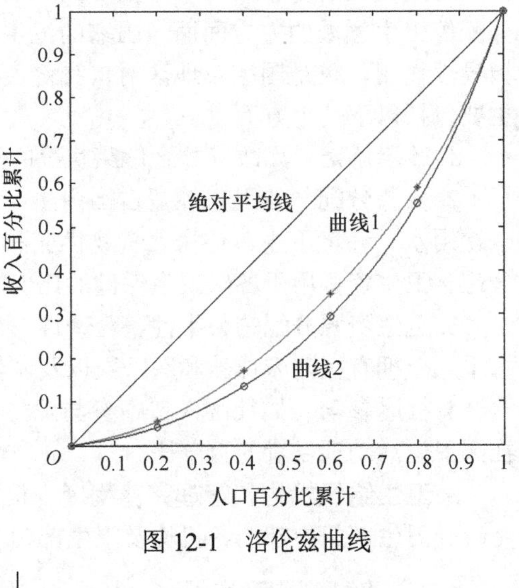

图12-1 洛伦兹曲线

2. 健康差异指数法 用于计算不同社会经济特征（如收入、教育、职业等）人群的健康水平差异。其计算方式为：

$$\text{ID} = 1/2\left|S_{jp} - S_{jh}\right|$$

其中，ID为健康差异指数；S_{jp}为某个社会经济特征第j个水平的人口比重；S_{jh}为某个社会经济特征第j个水平的患病比重。该系数的取值范围为（0，1），数值越大，说明不公平程度越高。

3. 人群归因危险度法 将全人群健康问题中归因于某一个社会经济特征的部分，即当全人群的患病率或死亡率等于最高社会经济状况人群的患病率或死亡率时，全人群所减少的患病率或死亡率。其计算方式为：

$$\text{PAR} = I_t - I_0$$
$$\text{PAR\%} = (I_t - I_0) / I_t \times 100\%$$

其中，PAR为人群归因危险度；PAR%为PAR占总人群全部患病（死亡）的百分比；I_t为全人群的患病（死亡）率；I_0为最高社会经济状况人群的患病（死亡）率。

4. 集中指数法 世界银行推荐的用于测量不同社会经济状况地区间的健康和卫生服务公平性，其计算方式为：

$$\mathrm{CI}=\frac{2}{n\bar{H}}\sum_{i=1}^{n}H_iR_i-1$$

其中，CI为集中指数；H为健康变量；H_i为第i个人的健康变量；$\bar{H}$为H的均值；R_i为第i个人的累积秩次。该指数取值范围为（–1，1），当健康变量在不同社会经济水平区域的分布没有差异时，集中指数为0，说明绝对公平；当健康变量集中在社会经济发展程度高的地区时，集中指数为正值，越接近于1，表明区域不公平程度越高；反之亦然。

5. 极差法与比率法 极差法是利用最高社会经济水平人群（地区）与最低社会经济水平人群（地区）的健康水平（或卫生服务利用与分配情况）的差异大小反映不公平的程度。比率法是指以最高社会经济水平人群或地区的健康水平（或卫生服务利用与分配情况）为参照，其他社会经济水平人群或地区的相关指标与其的比值。这两种指标分别测量不同社会经济水平人群健康状况的绝对差异和相对差异。

二、健康影响因素指标

（一）卫生政策指标

卫生政策对健康具有十分重要的影响。卫生政策影响卫生体制、医疗保健制度、卫生资源的分配等卫生领域的方方面面。国家的卫生政策及有关的法律、条例等对整个卫生事业的发展具有指导性作用，也是国家及地区对自身健康和卫生情况重视程度的重要体现。卫生政策的评价指标主要包括以下几个方面。

1. 政治承诺 如改善社会健康状况的法律、法规、条例等。

2. 资源分配 如卫生经费占国内生产总值的百分比、与卫生有关的社会发展（文化教育、安全饮用水、环境卫生、住房、食物供应和营养、医疗卫生保健等）费用及其占国内生产总值的百分比、卫生资源用于各级卫生保健的比例。

3. 卫生资源分配的公平性、合理性 如人均卫生经费、卫生资源用于初级卫生保健的百分比、每千人口拥有医院床位数和医师数以及其他卫生人员数。

4. 社区参与 如社区人口中参与卫生事业决策者的百分比、社区人口中与专业人员共同承担社区卫生活动项目者的百分比。

5. 卫生组织机构和管理完善程度 根据卫生事业发展的需要，需组建的相应机构是否建立与完善、卫生部门内部的各机构及卫生部门与其他部门之间是否已建立有效的协调机制。

（二）健康保障指标

健康保障指标包括各级各类健康保障制度的人群覆盖率、健康保障服务内容、名义报销比例和实际报销比例、健康保障基金结余占当年收缴总额的百分比等。

（三）社会经济指标

1. 人口统计学指标

（1）人口自然增长率：是指在一定时期内（通常为1年）人口自然增加数（出生人数减死亡人数）与该时期内平均人数之比，一般用千分率表示。人口自然增长率也可以用人口出生率与死亡率之差来表示：人口自然增长率=人口出生率–人口死亡率。它反映人口再生产的规模和速度，对社会经济的发展起促进或延缓的作用；人口每增长1%，消耗国内生产总值4%；人口迅速增长往往会出现失业、贫穷、营养不良、文盲人数增加、住房拥挤、能源短缺及人群健康状况下降等问题。

（2）人口负担系数：亦称抚养比，指非劳动年龄（0～14岁和65岁及以上）人口与劳动年龄（15～64岁）人口比例，是反映劳动人口负担程度的指标，该系数越大，表明被赡养人口比重越大，社会负担越重，对社会卫生状况的影响越明显。

2. 经济指标　主要是反映居民生活条件的指标，如人均国内生产总值、劳动人口失业率等。

3. 文化教育指标　成人识字率是指15岁以上人口能读、能写人数占全人口的百分比。对社会卫生状况来说，妇女识字率具有特别重要的意义。

4. 其他社会指标　包括人均住房面积、人均占有公共绿地面积、人均热量的供应等。

（四）自然环境指标

自然环境指标主要包括年空气污染天数比例、公共场所卫生监督率、有毒有害作业点年监测覆盖率、自来水入户比例、二次供水点水监测合格率、垃圾管理合格率、卫生厕所普及率、每万人拥有公共厕所数、人均占有公共绿地面积、人均居住面积等。

（五）卫生服务指标

卫生服务指标主要包括卫生服务需要指标、卫生服务利用指标和预防保健服务指标。卫生服务需要指标是人们根据自身健康状况提出的对医疗、预防、保健、康复等服务的客观需要的综合指标；卫生服务利用指标则能反映卫生系统的效能，直接描述卫生系统为人群提供卫生服务的数量，间接反映卫生服务提供对居民健康状况的影响。常用的卫生服务指标见表12-1。

表12-1　常用的卫生服务指标

指标类型	计算方法
常用的卫生服务需要指标	两周患病率=前两周内患病人数/调查人数×100%
	慢性病患病率=前半年内患慢性病人数/调查人数×100%
	两周卧床率=前两周内卧床人数/调查人数×100%
	两周活动受限率=前两周内活动受限人数/调查人数×100%
	两周休工率=前两周内因病休工人数/调查人数×100%
	两周人均患病天数=前两周内总患病天数/调查人数
常用的卫生服务利用指标	两周就诊率=前两周就诊人数/调查人数×100%
	两周患者就诊率=前两周患者就诊人数/两周患者总例数×100%
	两周患者未就诊率=前两周患者未就诊人数/两周患者总例数×100%
	住院率=前一年内住院人数/调查人数×100%
	人均住院天数=总住院天数/总住院人数
	未住院率=需住院而未住院患者人数/需住院患者人数×100%
常用的预防保健服务指标	计划免疫接种率=实际合格接种人数 / 应接种人数×100%
	孕产妇健康管理率=孕产妇参加孕期保健活动人数/孕产妇总人数×100%
	儿童健康管理率=接受1次及以上健康随访的0～6岁儿童数/应管理的0～6岁儿童数×100%

（六）卫生资源指标

1. 人力资源指标　包括每千人口拥有医师、护士、药剂师和其他卫生人员数等。

2. 物质资源指标　包括每千人口医疗机构数、病床数、大型设备数等。

3. 财政投入指标　包括医疗卫生经费占国内生产总值的百分比、人均医疗卫生经费等。

4. 信息系统资源　包括医院临床信息系统、医院管理信息系统、医院影像归档和通信系统、医院临床支持系统、医院人力资源管理系统、医院实验室信息系统等。

（七）健康行为指标

健康行为指标包括对健康有促进作用的行为指标（如体育锻炼率、平衡膳食率等）和对健康有危害作用的行为指标（如吸烟率、饮酒率等）。

第三节 中国健康状况

一、中国人群总体健康状况

（一）人口预期寿命

1949 年以来，我国健康水平显著提高。人均期望寿命已由 1949 年前的 35 岁、1957 年的 57 岁提高到 2019 年的 77.3 岁，仅用半个多世纪就将人口寿命延长了 42 岁左右，这在世界上是罕见的（表 12-2）。

表 12-2 中国人均期望寿命（岁）

年份	合计	男	女	资料来源
2000 年	71.4	69.6	73.3	全国第五次人口普查
2005 年	73.0	71.0	74.0	1% 人口抽样调查
2010 年	74.8	72.4	77.4	全国第六次人口普查
2015 年	76.3	73.6	79.4	1% 人口抽样调查
2019 年	77.3	74.7	80.5	根据生命登记及人口普查数据估算

但是，不同区域间人均期望寿命存在差异。在我国东、中、西部，分别选取上海、河南和青海三个地区为例，2021 年上海人均期望寿命已超过 84.11 岁，达到高收入国家水平；河南的人均期望寿命达到 77.90 岁；而经济相对落后的青海人均期望寿命为 73.97 岁。

（二）儿童健康状况

我国婴儿死亡率从 1949 年前的 200‰ 下降到 2020 年的 5.4‰。目前我国 5 岁以下儿童死亡率和新生儿死亡率已明显低于世界平均水平，城市地区已经达到发达国家水平。

2020 年我国城市新生儿死亡率为 2.1‰，农村为 3.9‰，农村是城市的 1.86 倍。虽然新生儿死亡率每年都在下降，但还是存在一定的城乡差异。婴儿死亡率、5 岁以下儿童死亡率也是如此（表 12-3）。

表 12-3 我国城市与农村儿童死亡率及发展趋势

指标	2000 年	2005 年	2010 年	2015 年	2020 年
5 岁以下儿童死亡率（‰）	39.7	22.5	16.4	10.7	7.5
其中：城市	13.8	10.7	7.3	5.8	4.4
农村	45.7	25.7	20.1	12.9	8.9
婴儿死亡率（‰）	32.2	19	13.1	8.1	5.4
其中：城市	11.8	9.1	5.8	4.7	3.6
农村	37	21.6	16.1	9.6	6.2
新生儿死亡率（‰）	22.8	13.2	8.3	5.4	3.4
其中：城市	9.5	7.5	4.1	3.3	2.1
农村	25.8	14.7	10	6.4	3.9

资料来源：《中国统计年鉴 2021》

（三）孕产妇健康状况

我国孕产妇死亡率显著低于世界平均水平。2020年我国城市孕产妇死亡率年为14.1/10万，农村为18.5/10万，存在城乡差异（表12-4）。2019年我国孕产妇死亡的前三位死因构成为产科出血（16.9%），妊娠期高血压疾病（11.1%），心脏病（7.9%）。

表12-4　我国城市与农村孕产妇死亡率及发展趋势

指标	2000年	2005年	2010年	2015年	2020年
孕产妇死亡率（1/10万）	53	47.7	30	20.1	16.9
其中：城市	29.3	25	29.7	19.8	14.1
农村	69.6	53.8	30.1	20.2	18.5

资料来源：《中国统计年鉴2021》

（四）居民患病情况和自评健康状况

2020年我国城乡居民两周患病率、15岁及以上人口慢性病患病率分别为32.2%和34.3%，年均比2013年有明显增长。农村地区、西部地区的两周患病率、15岁及以上人口慢性病患病率增长幅度较大。城市、农村及东部、中部和西部地区居民的两周患病率、15岁及以上人口慢性病患病率基本一致，城乡和地区的差异已经基本消除；城乡居民的疾病谱趋于一致，高血压、糖尿病等慢性非传染性疾病占比明显提高。

居民自评健康状况存在明显的地区和人群差异，农村居民的自评健康差于城市居民，西部地区居民均差于东部、中部地区；男性自评健康状况好于女性；15岁及以上人口中，随着年龄的增长，自评健康得分有所降低。

二、中国人群主要健康问题

随着社会经济的发展和医药卫生改革的深入，我国居民的健康水平得到了显著的提高，但同时仍面临多重疾病负担的巨大挑战。

（一）慢性非传染性疾病

慢性非传染性疾病对人群健康带来致命威胁加大，发病年龄逐年降低、带病生存时间长。

从1992年到2018年，我国的死亡原因顺序发生了变化：1992年，排在第1位的疾病是呼吸系统疾病，其次是恶性肿瘤、脑血管病、伤害和心脏病；而2005年脑血管病是首位，其次是恶性肿瘤、呼吸系统疾病、心脏病、伤害；2018年在农村前3位依次是恶性肿瘤、心脏病和脑血管病，而城市前3位依次是心脏病、脑血管病和恶性肿瘤（表12-5）。

表12-5　中国前5位死亡原因顺位及发展趋势

顺位	2018年				2005年		1992年	
	农村		城市					
	疾病名称	构成（%）	疾病名称	构成（%）	疾病名称	构成（%）	疾病名称	构成（%）
1	恶性肿瘤	25.98	心脏病	23.47	脑血管病	22.2	呼吸系统疾病	22.8
2	心脏病	23.29	脑血管病	23.19	恶性肿瘤	22.1	恶性肿瘤	17.9
3	脑血管病	20.51	恶性肿瘤	22.96	呼吸系统疾病	15.8	脑血管病	16.9
4	呼吸系统疾病	10.83	呼吸系统疾病	11.24	心脏病	14.7	伤害	11.0
5	损伤及中毒	5.67	损伤及中毒	7.45	伤害	10.1	心脏病	8.7

资料来源：全国第六次卫生服务统计调查报告（2018年）

我国慢性非传染性疾病占健康生命年损失的77%和死亡原因的85%，仅心血管疾病和恶性肿瘤就占到死亡的2/3；脑卒中、缺血性心脏病、慢性阻塞性肺疾病是过早死亡的三大病因；糖尿病、肌肉骨骼障碍和抑郁症成为失能的主要原因。

（二）传染性疾病

一些曾经被有效控制的传染病发病率出现反弹，且出现人群普遍易感、传播速度快和病死率高的新型传染病，也给居民健康带来严重威胁。性传播疾病、肺结核等曾经被政府有效控制的传染性疾病在某些地区和人群中出现了“死灰复燃”的现象；自1985年我国发现首例艾滋病患者以来，我国HIV感染人数逐年上升。2018年，艾滋病死亡人数为18 780人，死亡率为1.35/10万。同时，近些年出现了严重急性呼吸综合征（SARS）、甲型H1N1流感等新型传染病，也给居民的健康带来了很大的威胁。

（三）城乡居民患病人数

城乡居民患病人数逐年增长。国家卫生服务调查显示，2008年全国两周患病率为18.9%，2003年为14.3%，2013年为24.1%。2013年高血压两周患病率最高，患者主要集中在城市，其次为急性上呼吸道感染，患者主要集中在农村（表12-6）。

表12-6　2013年中国疾病别两周患病率前10位

顺位	合计		城市		农村	
	疾病名称	患病率（‰）	疾病名称	患病率（‰）	疾病名称	患病率（‰）
1	高血压	98.9	高血压	123.2	高血压	75.8
2	急性上呼吸道感染	34.4	糖尿病	38.8	急性上呼吸道感染	33.6
3	糖尿病	26.5	急性上呼吸道感染	35.3	糖尿病	14.8
4	心脏病	10.2	心脏病	12.8	急性胃炎	8
5	急性胃炎	7.5	急性胃炎	6.9	心脏病	7.7
6	脑血管病	6.1	脑血管病	6.3	脑血管病	5.9
7	泌尿生殖系统疾病	5.2	泌尿生殖系统疾病	5.6	泌尿生殖系统疾病	4.9
8	损伤和中毒	4.2	损伤和中毒	3.9	类风湿关节炎	4.6
9	类风湿关节炎	4.1	类风湿关节炎	3.5	损伤和中毒	4.5
10	神经系统疾病	2.7	神经系统疾病	3	老年慢性支气管炎	2.9

资料来源：2013年国家卫生服务调查报告

（四）人群健康的社会决定因素不断改善

1. 经济状况　从1978年到2019年，城镇居民家庭人均可支配收入由343.3元增加到4.24万元，农村居民家庭人均纯收入由133.6元增加到1.6万元，学龄儿童入学率由1952年的49.2%上升至2019年的99.9%。

2. 人口状况　我国人口老龄化、城市化进程加快。2015年我国人口总数达到13.7亿，全年人口出生率为12.07%，死亡率为7.11%，自然增长率为4.96%，但比2014年下降了0.25个千分点。60岁及以上人口超过2.1亿，占总人口的15.5%；65岁及以上人口13 755万人，占总人口的10.1%。我国进一步完善生育政策及管理，2013年启动实施“单独两孩”政策，2015年全国共约200万对单独夫妇提出再生育申请，2016年实施“全面两孩”政策。2015年城镇常住人口为77 116万人，占总人口比重（常住人口城镇化率）的56.10%。

3. 生活环境　生活环境与个人生活息息相关，包括气候和地理环境、环境污染、交通、食品、住房等。从我国各地区来看，生活环境条件差异很大，农村地区和西部地区生活环境是影响健康的重要因素。

4. 卫生服务　1949 年以来，我国的卫生机构、卫生人力数量增加很快。2019 年我国每千人口拥有医疗卫生机构病床 6.3 张，卫生技术人员 7.26 人，医师 2.77 人，人均卫生总费用 4703 元，卫生总费用达 65 841 亿元，占国内生产总值的 6.64%。

5. 医疗保障　我国已经建立了覆盖城乡居民的基本医疗保障体系。根据国家医疗保障局 2020 年 3 月 30 日正式发布的 2019 年医疗保障事业发展统计快报显示，截至 2019 年底，城镇职工基本医疗保险、城乡居民基本医疗保险的参保覆盖面稳定在 95% 以上，全年基本医疗保险基金收大于支，2019 年末累计结存 26 912.11 亿元。但需逐步提高筹资水平和统筹层次，缩小不同险种、不同地区的保障水平差距；完善城乡居民大病医保和医疗救助制度；推进医保支付方式改革，控制医疗费用不合理增长。

6. 健康行为

（1）高血压、糖尿病规范管理情况：2018 年，全国第六次卫生服务统计调查报告表明，73.8% 的高血压患者和 70.5% 的糖尿病患者在 3 个月内至少接受了 1 次随访，74.5% 的高血压患者和 81.8% 的糖尿病患者按照医嘱规范服用药物。55.3% 高血压患者和 51.4% 的糖尿病患者在 12 个月内接受过至少 4 次随访，城市患者随访率低于农村。

（2）吸烟、饮酒情况：2018 年，全国第六次卫生服务统计调查报告表明，15 岁及以上居民中，吸烟率为 24.7%（城市 23.0%，农村 26.7%），略低于 2013 年的 25.6%（城市 24.3%，农村 27.0%）；男性人口吸烟率为 48.7%（城市 46.1%，农村 51.7%），女性吸烟率为 2.0%（城市 1.8%，农村 2.3%），男性、女性吸烟率农村均高于城市。饮酒率为 27.6%（城市和农村均为 27.6%），男性饮酒率为 49.5%，高于女性的 6.8%。我国 18 岁及以上饮酒者危险饮酒的比例为 8.1%，有害饮酒的比例为 9.3%（WHO 采用标准饮酒量作为测量饮酒的度量单位，按照每日饮酒量不同将危险水平分为有害饮酒、危险饮酒和适度饮酒三级）。我国 18 岁及以上饮酒者危险饮酒的比例为 8.1%，有害饮酒的比例为 9.3%。

（3）体育锻炼情况：49.9% 的 15 岁及以上被调查者每周参加体育锻炼（城市 60.4%，农村 37.8%），较 2013 年的 27.8% 提高 22.1 个百分点（城市提高 18.5 个百分点，农村提高 24.2 个百分点）；被调查者平均锻炼时间，城市为 55 分钟，农村为 44 分钟。

（4）超重和肥胖：2018 年，全国第六次卫生服务统计调查报告显示，18 岁及以上人口中超重和肥胖人口比例为 37.4%，比 2013 年的 30.2% 提高 7.2 个百分点，城市地区超重和肥胖人口比例为 39.0%，高于农村地区的 35.0%，但农村地区超重和肥胖人口增幅较大，比 2013 年增加 8.6% 个百分点。

第四节　全球健康状况

一、全球健康状况及主要问题

进入 21 世纪，伴随着全球经济的发展和联合国千年发展目标的实施，人类在健康状况改善方面取得了长足的进步：从 2000 年到 2015 年，全球人口平均期望寿命从 66.4 岁提高到 71.4 岁，5 岁以下儿童死亡率从 78‰ 降低到 43‰，孕产妇死亡率从 330/10 万降低到 216/10 万。

2019 年，全球 5540 万死亡病例中，十大死因（图 12-2）占 55%。全球最主要的死亡原因（按死亡总人数排列）与三个大的主题有关：心血管疾病（缺血性心脏病、脑卒中）、呼吸系统疾病（慢性阻塞性肺疾病、下呼吸道感染）和新生儿疾病（出生窒息和出生创伤、新生儿败血症和感染以及早产并发症）。

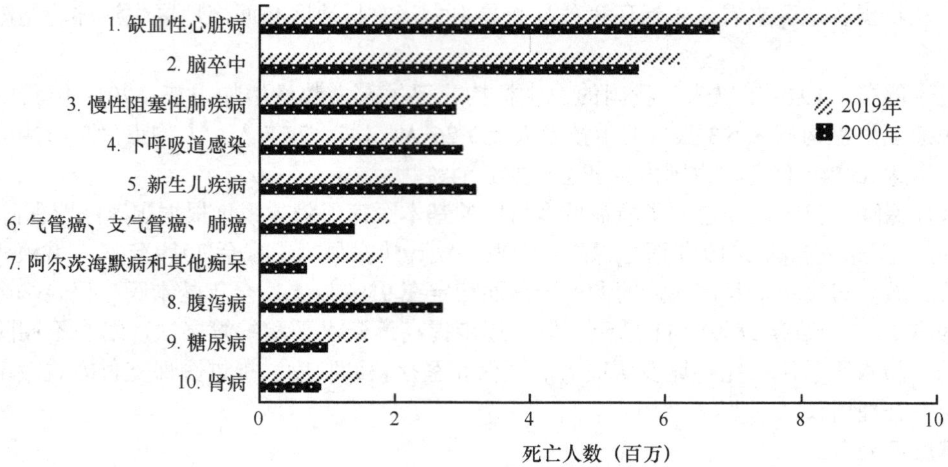

图 12-2　全球主要死亡原因

在全球范围内，2019 年十大死亡原因（图 12-2）中有 7 个是非传染性疾病。这 7 个原因占所有死亡原因的 44%，或前十位死亡原因的 80%。2019 年，所有非传染性疾病合计占全球死亡人数的 74%。

全球最大杀手是缺血性心脏病，占世界总死亡人数的 16%。自 2000 年以来，死亡人数增加最多的是这种疾病，2019 年增加了 200 多万人，达到 890 万人。脑卒中和慢性阻塞性肺疾病是第二和第三大死亡原因，分别占总死亡人数的 11% 和 6%。下呼吸道感染仍然是世界上最致命的传染病，排在主要死亡原因的第 4 位。然而，死亡人数已大幅下降：2019 年死亡人数为 260 万人，比 2000 年减少 46 万人。新生儿疾病排名第 5。但是，新生儿疾病导致的死亡是过去 20 年全球绝对死亡人数下降幅度最大的类别：2019 年，这些疾病导致 200 万新生儿和幼儿死亡，比 2000 年减少 120 万。非传染性疾病导致的死亡人数正在上升。气管癌、支气管癌和肺癌死亡人数已从 120 万上升至 180 万，目前在主要死亡原因中位列第 6。2019 年，阿尔茨海默病和其他形式的痴呆在主要死亡原因中位列第 7。妇女受到的影响更大。从全球来看，65% 死于阿尔茨海默病和其他形式痴呆的人是女性。死亡人数下降幅度最大的疾病之一是腹泻病，全球死亡人数从 2000 年的 260 万下降到 2019 年的 150 万。自 2000 年以来，糖尿病增幅高达 70%，已成为十大死亡原因之一。在十大死因中，糖尿病也是男性死亡人数增加最多的原因，自 2000 年以来增加了 80%。

2000 年位居前十位死因之列的其他疾病已不在此列。艾滋病就是其中之一。在过去的 20 年里，艾滋病导致的死亡人数下降了 51%，从 2000 年的世界第 8 位死亡原因变成了 2019 年的第 19 位。肾病已经从世界第 13 位死亡原因上升到第 10 位。死亡人数从 2000 年的 81.3 万人增加到 2019 年的 130 万人。

世界银行根据国民总收入将世界经济体分为四个收入组别——低收入、中低收入、中高收入和高收入。生活在低收入国家的人死于传染病的可能性远远比死于非传染性疾病的可能性高。尽管传染病在全球有所减少，但低收入国家的十大死亡原因中有 6 个是传染病（图 12-3）。疟疾、结核病和艾滋病仍然位列前十。然而，这三种疾病都在大幅减少。就这一组别而言，十大死亡原因中，艾滋病死亡人数的下降幅度最大，2019 年的死亡人数比 2000 年减少了 59%，分别减少 16.1 万人和 39.5 万人。在低收入国家，腹泻病是造成死亡的一个更为重要的原因。就这一收入组别而言，腹泻病排在死亡原因的第 5 位。尽管如此，腹泻病在低收入国家正在减少，是十大死因中死亡人数降幅第二大的（死亡人数减少了 23.1 万人）。与其他收入组别相比，慢性阻塞性肺疾病导致的死亡在低收入国家尤其少见。该疾病没有出现在低收入国家的十大死因中，但在所有其他收入组别位列前 5。

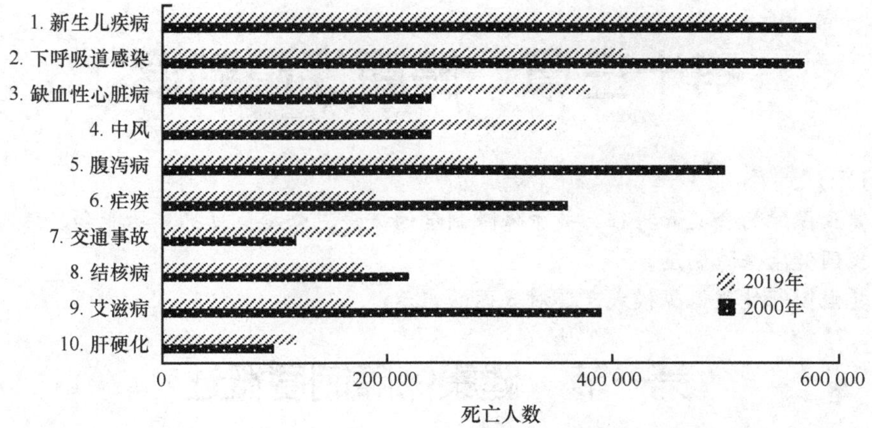

图 12-3　低收入国家的主要死亡原因

WHO 公布了 2019 年全球健康面临的十大威胁。其中，空气污染被视为最大的环境威胁，其他还包括非传染性疾病、脆弱和易受损的生存环境、抗生素耐药性、埃博拉病毒等高威胁病原体、落后的初级卫生保健、登革热和艾滋病。

二、全球健康政策

全球健康政策是针对全球面临的主要健康问题，由 WHO 倡导的总体健康发展战略目标及基本实现途径。全球健康政策主要包括 21 世纪人人享有卫生保健、初级卫生保健、千年发展目标、可持续发展目标等。此外，还有 8 项总目标与健康卫生间接相关，分别是消除贫困，消除饥饿，性别平等，清洁饮水中和卫生设施，廉价和清洁能源，可持续城市和社区，和平、正义与实力较强的机构，促进目标实现的伙伴关系，这些目标的实现将有助于提高全球人群的健康状况。

思　考　题

1. 社会健康状况的概念和内容是什么？

2. 列举三个用于人群健康评价的复合型指标，并简述其含义。

3. 如何进行社会健康状况的评价？

第十三章 健康保障制度

【学习目标】

1. 掌握健康保障的含义和特征，健康保障制度的概念、分类、目标、功能和发展趋势。
2. 熟悉我国健康保障制度。
3. 了解其他国家健康保障模式及其对我国的启示。

第一节 健康保障制度概述

一、健康保障

健康保障是社会保障体系的重要组成部分，是提升公众健康的重要措施和途径。没有疾病风险就没有医疗保险，没有医疗保险也就没有了健康保障。健康保障是医疗保障的延伸和继续，是医疗保障发展到一定程度后的更高层次和更广泛的保障制度。

（一）健康保障的内涵与特征

健康保障（health security）是指国家、社会、个人为化解健康风险所采取的一系列行为的总和，既包括政府为居民提供的基本公共卫生服务和医疗卫生服务、面对低收入人群的医疗救助、强制性的社会医疗保险制度，也包括商业性质的医疗保险、个人预防性健康储蓄、社会慈善组织和公益团体对无力承担重特大疾病负担患者的捐助等。健康保障可以将预防端口前移、防患于未然，以治未病为出发点，促使公众提高自我保健意识，加强健康管理，降低患病概率；还可以通过提供筹资、减免费用、提供免费医疗服务或预防保健服务等方式，使低收入人群、残疾人群等健康救助对象享受到与其他人同样的健康服务。

健康保障的特征如下：

1. 福利性 健康保障是一项社会公共事业，以保障公众身心健康、促进经济发展和维护社会稳定为最高宗旨。WHO 认为公民健康保障是人民在一个可支付的水平上，获得基本的健康促进、预防、治疗和康复的卫生干预措施。健康保障既是国家责任，也是公众应当享有的健康权益，具有法律的规定性、互助共济性和资金来源保障性等明显的社会福利性质。健康保障是所有居民都享有的基本权利，体现了政府和社会的责任及义务，尤其是基本公共卫生服务，是由国家免费提供的。健康保障为民众提供基本的、必需的、可及的医疗卫生与健康促进服务，帮助其尽快恢复健康和保持健康。

2. 多样性 健康保障涵盖内容很多，包括公共卫生、医疗服务、药物供应和医疗保障等方面。公共卫生包括对传染病和重大疾病的防控、卫生监督、妇幼保健、健康教育、健康宣传、健康科普、应对突发公共卫生事件的管理和采供血服务的提供等。医疗服务包括医疗资源配置、基层医疗卫生服务体系建设、人员培养、开展医学科研、教学及临床诊疗服务等。药物供应包括基本药物制度、零售药店监督、药品价格管理、药品流通、药品安全、执业药师人才培养等。医疗保障包括国家建立的强制性基本医疗保险制度、医疗救助、商业健康保险和补充性医疗保险制度，医保基金监督，经办机构能力建设等。健康保障内容涵盖范围广泛，是全方位立体化的保障制度。从健康保障涉及的内容和方面来看，涉及关系居民健康的各个方面，这也充分表明了健康保障是全社会普遍参与、共同维护、促进健康提升的保障系统。

3. 社会公平性和再分配性 健康权利面前人人平等。健康保障作为一种国民收入再分配的制度和方式，强调健康权利的社会公平性，包括资金筹集的公平性和健康服务提供的公平性。每一个符合条件的居民都应该享有公平的健康保障待遇，这与其缴纳的保费无关。随着我国经济社会发展以及政府对公众健康认识的转变，国家在居民健康方面的财政投入持续增加。卫生总费用中政府卫生支出占比从2000年的15.5%上升到2021年的27.4%，政府卫生财政投入是健康保障实现再分配的重要手段，健康保障不会因为公民的性别、种族、学历、健康状况、收入水平等条件的不同而存在明显差异。遭遇疾病风险的公民，在既定制度安排下，有权利享有基本健康保障服务，尤其是医疗卫生服务和社会医疗保险。

（二）健康保障的责任主体

健康保障中最重要的责任主体是政府。作为公共服务或准公共服务，健康保障具有较强的外部性，维护和促进公众健康不仅有利于个人和群体，更有利于整个社会的发展。例如，传染病和流行性疾病，国家通过健康保障制度及时控制和治愈患者，能够大大减少对其他居民及整个社会的健康损害。同时，较高的健康水平也是国家综合国力和竞争力的体现。基本公共卫生服务对于任何公民不具有排他性，覆盖全体国民，其中老年人、妇女和儿童是重点关注人群。国家不仅仅要从宏观层面制定健康相关的法律、法规及国民健康发展规划，还要对提供健康服务的医疗机构、健康保险机构等进行监督和管理。同时，要开展健康教育和健康宣传，营造健康的社会氛围，政府还需制定健康扶贫等相关政策，组织公立医院为农村地区和低收入人口中的患者提供医疗服务。

健康与个人的行为习惯密切相关，规律的生活习惯和良好的健康素养可以提升居民的健康水平，个人应采取积极措施，培养健康生活方式，加强体育锻炼，提高身体素质，维护和促进自身健康水平。

二、健康保障制度

（一）健康保障制度的概念

健康保障制度是指一个国家或地区为满足居民健康需求而制定的防病治病的综合性政策和措施，包括卫生费用筹集、分配与支付方式以及健康服务提供方式和管理措施等基本要素。一个国家实行什么样的健康保障制度受诸多因素的影响，包括社会政治制度、经济水平、文化传统、历史条件、健康服务的现状及组织结构等，这些因素相互交织、不断变化，在不同的时间和空间条件下，其影响方式和结果不同，从而促使健康保障制度不断发展变化——不断改革、调整、修正和完善。

健康保障制度有补偿性和基础性两个方面的特征：补偿性是指健康保障制度对保障对象因健康风险导致的损失提供补偿，这有利于减轻患者及其家庭由于患病或损伤而在经济上或精神上产生的负担，保障居民的正常生活。补偿的比例与保障对象缴纳的保费数额无关，而是由健康保障制度相关规定决定；基础性是指政府提供的健康保障制度是一种基础性保障，其满足全体公民最基本的健康需求，健康保障内容的确定依赖于社会政策目标、社会价值判断和经济发展水平，其保障范围和程度随着经济增长和发展水平的变动而变动。

（二）健康保障制度的分类

从健康保障的内容和提供方式来看，世界范围内的健康保障制度大体可分为保健服务型和健康保险型两个大类。

1. 保健服务型　指政府对所有有健康需求的国民不论贫富均提供医疗卫生和预防保健服务，其目的是保障全体国民享受同等健康服务，政府以直接或委托代理、签订契约等形式通过医疗卫生机构提供健康服务。实施比较完善的保健服务型健康保障制度的国家不多，主要是以英国、瑞典为代表的一些实行国家福利政策的发达国家。

2. 健康保险型　指对劳动者发生的疾病风险予以诊疗、护理及相关物质帮助的制度。当劳动者及其家属出现伤病时，主要由社会医疗保险提供医疗卫生费用。医疗保险基金的主要来源是雇主和雇员所缴纳的保费。没有缴纳保费能力的低收入人群可以不缴纳健康保险费用，但只能获得一定的医疗扶助和有限的基本医疗卫生服务。医疗保险考虑的重点是医疗卫生费用而不是医疗卫生服务，主要是保障参保人患病时所支出的医疗卫生费用能获得部分或全部补偿。

（三）健康保障制度的目标

1. 以健康状况改进和健康公平为目标 健康的影响因素有很多，为实现提高居民健康水平这一目的，在健康保障制度建设中需要综合所有影响因素，包括社会环境、自然环境、遗传因素、疾病传播、健康服务等。所有这些因素都对居民健康状况、健康公平性和全面健康服务发生作用。通过对这些影响因素各自的作用力、作用关系和贡献率等做出准确的评估，从而找到干预居民健康过程的有效途径和方法，完善社会性的医疗卫生费用分担机制，减轻个人的疾病经济负担，使居民公平、可及地获取健康服务。

2. 以全民健康覆盖为核心目标 健康保障制度要确保公众在没有灾难性支出风险的前提下获得所需的高质量健康服务。要实现全民健康覆盖的目标，一方面行政治理必须发挥积极作用，政府需增加公共支出在卫生总费用中的比重，建立全民免费医疗、全民健康保险、社会医疗保险等制度结构；另一方面，市场治理和社群治理也必须发挥积极作用，使社会医疗保险和商业健康保险共同发展，不断提高健康保障制度的筹资水平，有效分担参保人的费用风险，大幅降低参保人自付比率。

3. 以扩充健康资源，实现国民均等收益为目标 健康是个人得以生存和发展的基础，也是家庭幸福和社会发展的源泉。健康保障制度是对社会成员预防保健、疾病治疗、康复护理、健康促进、健康教育等服务内容进行综合保障的制度，包括公共卫生、医疗保险、医疗服务及药品供应等内容。健康保障通过多渠道多层次的投入，扩充健康资源，提高国民健康水平，增加国民健康资本，促进经济增长和社会发展。

4. 以保障健康服务的可及性和卫生费用的可负担性为目标 卫生服务体系能够为公众提供安全、有效、方便、价廉的公共卫生与基本医疗服务，保障健康服务的可及性、健康服务供给的可持续性、公众平等获取健康服务的基本权利，通过不断提升管理水平和运行效率，提升资金的使用效率和费用的可负担水平，使健康保障制度具有可持续发展能力，满足更高层次、更多样化的健康保障需求。

（四）健康保障制度的功能

1. 基金筹集 是健康保障制度运行的前提和基础。通过动员社会各方资源，从政府、企业、居民及其他渠道，根据一定原则和方法筹集资金，按照公平合理的原则分配和有效利用资金，从而保证健康保障制度能顺利平稳地运行。筹集资金的方式包括税收、强制性社会保险、商业健康保险、个人付费和社会慈善捐助等。

2. 风险分担 健康保障制度是把筹集的资金集中管理，统一使用，实现风险分担和损失补偿，建立一种“人人为我，我为人人”的风险分担机制。这是健康保障制度的“保险功能”，主要的目的是通过再分配形式，由全体居民共同分担由疾病所带来的健康和费用的损失，有效应对灾难性的后果，实现互帮互助，从而建立健康安全保障网，保障个人健康风险损失，促进社会经济发展。

3. 健康服务购买 指为公众向公共或私营的健康服务提供者购买健康服务。WHO 认为战略性购买服务是提高卫生系统绩效的核心机制。在中国，被动购买健康服务仍然占主导地位，这给政府财政保障和健康服务的质量及效率都带来了挑战。

4. 通过不同支付方式补偿改变服务机制 支付补偿是指健康保障经办机构对健康服务提供者的资源消耗所采取的不同补偿方式。卫生系统的组织结构不同，对医疗机构和医务人员所提供的健康服务采取的费用支付方式也不同。比如，按总额预算付费、按服务项目付费、按病种付费、按人头付费、按服务单元付费等。通过不同支付方式转变服务机制，即以支付方式改革为核心完善补偿和服务机制。

（五）健康保障制度的发展趋势

为控制健康服务成本，提高效率和公平性，大多数国家特别是发达国家正不断地对其健康保障制度进行改革。过去主要是从宏观经济学的角度进行改革，如总额预付制等，但收效甚微，目前各国健康保障制度改革转向从微观经济学的角度入手，其实质是在保持成本不变的前提下，提高健康服务的质量和效率。尽管各国国情使改革情况存在差异，但也存在着一些相似之处：一是在筹资方式上，减少集成式，增加合同制，引入竞争机制，提高服务效率。例如，英国通过引入健康服务合同的方式，增进健康服务提供者之间的竞争。二是允许第三方付款者在与健康服务提供者协商健康服务合同时，享有更多的控制权，实际上是付款者充当患者购买健康服务的代理人角色，通过其自身的影响力控制健康服务成本。由于第三方付款者比患者个人或群体更容易获得有关健康服务质量和价格的有效信息，以致他们在控制健康服务成本上能够发挥更好的作用。例如，德国的疾病基金会通过积极参与和健康服务提供者的谈判，在保护患者利益方面发挥了重要作用。

在微观经济学方面进行的另一项重要改革措施是允许医疗机构在精细化管理方面享有更大的独立性。传统的集成式健康保障制度模式在医疗机构提高服务质量和降低成本方面没有发挥有效的激励作用，无法为患者提供可选择的健康服务，故现行改革将医疗机构推向市场，适当放开其经营权，在控制无序竞争和技术垄断的基础上，让医疗机构在市场上自主明确自身的定位和目标，从而有利于提高服务效率。

围绕着卫生费用的筹集和分配、健康保障制度改革的两个重要举措：一是统筹医疗卫生服务，即管理型保障；二是增加参保者自付费用的比例。无论是发达国家还是发展中国家，在其公共或私营健康保障筹资模式中都引进了统筹医疗模式，即把保险组织与医疗卫生服务提供者有机地结合起来，强调购买者与提供者之间、提供者与付款者之间的协调配合，以减少过度的医疗卫生服务支出，并通过经济因素来制约提供者、付款者和患者三方行为，从而保证医护人员能够为患者提供高质量、必要的健康服务，患者也能不断地调整和规范就医行为及需求。虽然这可能会导致患者选择医生的机会减少，但从现实情况来看，其所产生的社会效益和经济效益远大于其局限性。

随着人口老龄化日趋严重，公众对健康服务的需求越来越高，国家财政赤字越来越大，全社会卫生费用的负担越来越重，控制卫生总费用和提高健康服务水平的要求越来越紧迫。因此，许多国家健康保障制度的改革方案已逐渐开始采用患者分担部分卫生费用的措施，强调健康服务利用者在控制卫生费用方面的责任。

总之，健康保障制度的改革聚焦于保障、公平、效率等方面。突显政府责任，扩大健康保障覆盖面，这不仅是健康保障制度改革的大趋势，更强化了健康保障制度的政治属性。实现公平可及、效率目标兼顾是健康保障制度建立的核心机制。

三、健康保障法律制度

随着疾病谱的转变，在传染性疾病与慢性疾病的双重挑战下，公众的保健、医疗、护理、康复、照护等各类费用日渐增长，不仅给社会发展造成了严重的经济负担，还在国家间或地区间形成了健康方面的社会梯度。在可持续发展目标中，实现全民健康覆盖是具体目标之一，即确保所有人都获得其所需要的卫生服务，并避免灾难性卫生支出情况的出现。全民健康覆盖既是减贫的重要组成部分，也是减少社会不公平的关键要素。为明确行政部门和所有的利益相关者在健康保障制度中的权利，并在各方之间形成一致性的行动，需要确立并健全健康保障法律制度来规避重复和无序的健康促进行动，以满足在健康领域内对公平价值的追求。

拓展阅读

《中华人民共和国基本医疗卫生与健康促进法》理解与适用

2019年12月28日，第十三届全国人民代表大会常务委员会第十五次会议通过了《中华人民共和国基本医疗卫生与健康促进法》，自2020年6月1日起开始实施。这是我国卫生健康领域一部综合性、基础性立法，凝聚了法学界、医学界等社会各界近20年的艰辛努力和智慧供给。这部法律的实施必将对全面推进“健康中国”“法治中国”建设产生重要影响，也将成为我国卫生健康立法史上熠熠生辉的一页，具有十分重要而深远的意义。

《中华人民共和国基本医疗卫生与健康促进法》共10章110条，内容丰富、体系完整，规定了我国医疗卫生和健康促进工作的基本原则、基本医疗卫生服务制度、医疗卫生机构的职责、医疗卫生人员的权利与义务、药品供应保障制度、健康促进措施、医疗卫生的资金保障、监督管理、法律责任，突显了“保基本、强基层、促健康”的理念，既总结了我国医药卫生体制改革业已取得的成功经验，又对当前卫生健康领域中多个社会关切的话题进行了回应；既借鉴了国际一些成功范例，又立足我国实际构建了契合自身的本土路径，彰显出鲜明的中国特色。

《中华人民共和国基本医疗卫生与健康促进法》旨在通过法律保障公民享有基本医疗卫生服务，提高公民健康水平，推进“健康中国”建设。该法的立法目的主要包括以下三点：一是落实宪法关于国家发展医疗卫生事业、保护人民健康的规定；二是引领医疗卫生事业改革和发展大局，通过法律的权威固化医药卫生改革所取得的各项成果；三是将健康融入所有政策，推动和保障“健康中国”战略的实施，保障公民享有基本医疗卫生服务，提高公民的健康水平，切实增强人民群众的满意度和获得感。

（一）健康保障法的含义及特征

健康保障法有广义和狭义之分。广义的健康保障法是指由国家立法机关依据法定的权限和程序制定或认可，由国家强制力保证实施的，调整健康保障活动中各种社会关系的法律规范的总称。狭义的健康保障法是指由全国人民代表大会及其常务委员会制定的各种健康保障法律。

健康保障法调整的对象主要包括两个方面：一方面是调整健康保障行政管理部门的内部关系，形成权力在各级行政管理部门之间的合法分配，保证责权相对等之下的行政效率；另一方面是调整健康保障的行政管理者与管理相对人（包括组织、单位和个人）之间的服务与管理关系。

健康保障法除了具备的一般特征外，如国家意志性、规范性和普遍适用性等，还具有下列独特特征。

1. 注重整合性 健康的决定因素是复杂而多元的，健康保障绝非某一个部门、机构或是组织能够单独承担的，健康保障法必须打破利益的藩篱，在各方利益主体之间经过博弈平衡后达成共识，从而使健康保障制度具有整体性和融合性，最大限度地消除利益孤岛，避免碎片化的健康保障制度的设计。对于全体公民的健康保障而言，即便在制度上实现了全面健康覆盖，也难以实现绝对的公平和正义。

2. 强化专业性 随着社会不断发展，人群对健康需求的内容不断变化，对于健康保障水平和质量的期望也随之不断提升。健康保障制度中各种具体制度的设计方案、衔接机制、基金的筹措、测算和使用等需要专业化的人员和机构积极参与并提供具有专业性、实操性、科学性的政策及建议，保证健康保障法能够适应复杂的健康风险评估、精算和理赔。

3. 尊重自愿性 健康商业保险和民间慈善基金是健康保障筹资的渠道之一，但其不同于社会保险强制性的征收征缴，具有明显的自愿性。对于社会资本进入健康保障领域发挥作用应当以多样化的措施鼓励，并加以政府政策引导，在法律法规的内容规定上充分尊重参保人的自由意愿。

4. 完善程序性　法律法规的程序性是对实现公平和维护法律适用效果权威性的坚实保障。通过对健康保障活动中所有参与主体的行为进行空间和实践的约束，能够敦促各相关利益主体进行理性的权利处置，避免懈怠行使权利和消极不作为的现象发生。例如，我国《基本医疗卫生与健康促进法》第六条规定，“各级人民政府应当把人民健康放在优先发展的战略地位，将健康理念融入各项政策，坚持预防为主，完善健康促进工作体系，组织实施健康促进的规划和行动，推进全民健身，建立健康影响评估制度，将公民主要健康指标改善情况纳入政府目标责任考核”。该条规定，确立了人民健康的战略高度和实施路径，树立了“大健康”理念，将健康视为重要的社会目标，明确了政府职责和考核机制，在尊重和保障公民健康权的同时，注重公民获得健康权的权利，以及加快权利主体积极履行维护和促进健康的义务。

（二）健康保障法的基本原则

健康保障法的基本原则是指健康保障法创制和实施过程中具有综合性、抽象性和稳定性的原理或准则。通过明确健康保障法的基本原则能够维护健康保障法律关系的协调一致，也能指导健康保障法律制度的使用和遵守。

1. 坚持以人为本，覆盖全生命周期　要以人民健康为核心，实现从胎儿到生命终点的全程健康服务和健康保障，实现全民覆盖，促进社会公平。健康保障法把维护人民群众全生命周期的健康权益放在首位，加强基本医疗保险、大病保险、重特大疾病医疗救助、长期护理保险、重点人群健康保障等各项制度的衔接，形成全方位、全人群、全生命周期的健康保障覆盖，发挥出协同互补的作用，切实解决健康风险下人民群众因病致贫和因病返贫的问题。

2. 健康政府主导，增强专业化运作　在健康融入所有政策的理念引领下，必须由健康保障法来确立政府在健康保障制度中的主导地位，强化政府的宏观设计和调控作用，这些应当体现在健康保障政策的制定、健康保障相关组织的协调、健康保障基金的筹集管理以及对健康保障制度实施效果的监督和指导中。健康服务和健康保障具有极强的专业性和信息不对称性，因此，必须充分发挥健康服务提供机构、商业保险机构和相关的专业评估组织的专业化优势，以评估健康保障法律制度使用的科学性和专业性。

3. 坚持责任共担，构建多元化筹资渠道　从健康法律制度的立法经验角度，健康保障筹资责任主体在仅局限于政府一方的情况下，当公民的健康预期不断提高，健康需要不断转化，健康需求不断释放，必然会有健康保障基金收支失衡的风险，削弱健康保障制度的可持续性。因此，健康保障法应合理地分配政府、社会和个人的筹资责任，建立起健康保障筹资的责任共担机制，保证健康保障基金的稳定和可持续发展。

4. 坚持普适性与创新性相结合的管理机制　鉴于中国城乡二元结构，以及地区间经济水平差异的特征，健康保障法在构建健康保障制度经办、管理等具体机制时，应当在以普适性为原则的前提下，留有因地制宜的机制创新端口，从而使健康保障法在全国范围内的权威性能够得到充分的保障，与此同时，体现各地区因地制宜的灵活性。

5. 坚持满足全民基本健康需求的原则　健康资源的稀缺决定了现阶段有限的健康资源不能完全满足人们所有的健康期望和需求。实现全民覆盖并不意味着不惜成本地免费提供一切可能的健康干预和保障措施，应当合理有效地提供必要的健康保障服务。《中华人民共和国基本医疗卫生与健康促进法》第八十条规定：“各级人民政府应当切实履行发展医疗卫生与健康事业的责任，建立与经济社会发展、财政状况和健康指标相适应的医疗卫生与健康事业投入机制，将医疗卫生与健康促进经费纳入本级政府预算，按照规定主要用于保障基本医疗服务、公共卫生服务、基本医疗保障和政府举办的医疗卫生机构建设和运行发展。”《社会保险法》第三条也规定：“社会保险制度坚持广覆盖、保基本、多层次、可持续的方针，社会保险水平应当与经济社会发展水平相适应。”因此，健康保障法应当坚持全覆盖、保基本、多层次、可持续方针，健康保障覆盖的服务项目应当以满足全民基本健康需求为原则，在经济条件允许的地区制定地方性法规，适度扩大健康保障的范围和提高保障水平。

（三）健康保障法律关系

健康保障法律关系是指由健康保障法调整的国家机关、社会组织和个人之间在健康保障实施过程中所形成的权利义务关系。

健康保障法律关系的构成要素为健康保障法律关系的主体、客体和内容。健康保障法律关系主体是指在健康保障实施活动中享有权利和履行义务的当事人。根据中国健康保障发展的现状来看，健康保障法律管理的主体包括国家机关、健康保障服务提供机构、社会组织、企事业单位和公民。健康保障法律关系客体是指健康保障关系主体的权利和义务指向的对象，主要有三类，即物、行为和智慧成果。健康保障法律关系内容是健康保障法实施过程中，健康保障法律关系主体所享有的权利和义务。健康保障的权利是权利人依照健康保障法的规定，做出一定行为或权利人要求对方依照健康保障法规定做出一定行为，从而实现或满足自己的意志。健康保障的义务是义务人依照健康保障法的规定做出一定行为或不做出一定行为，从而实现对方的意志。

健康保障法律关系不是无由形成的，也不是永恒不变的，其产生、变更和消灭是基于法律事实而发生的。法律事实是一种客观存在，包括法律事件和法律行为。法律事件是指不以人的意志为转移并且能够导致一定法律后果的特定社会现象，如人的出生、死亡，自然灾害等。法律行为是基于人的意志表达并且能够导致一定法律后果的行为，如健康保障服务提供和健康保障资金的筹集等。

第二节　国内外健康保障制度的基本模式

世界各国的健康保障制度各具特点，没有任何两个国家的健康保障制度是完全相同的，但健康保障制度具有其自身的发展规律，各国健康保障制度也存在着很多相同的特征。

一、国家健康保障模式

（一）模式特征

国家健康保障模式的特点是政府通过各种形式的税收筹集资金来支付健康保障费用，是一种医疗保障资金主要由政府解决的模式。大多数国家有不同层级的政府，每一层级政府的责任和权利由各国政府制定，筹资水平根据不同政府的投入量而有所不同。这种模式把健康保障的利用和支付能力分割开来，保障所有具有医疗卫生服务需求的居民得到服务的权利。基本卫生服务需求必须要能够满足中低等收入筹资人群的需求，富有阶层人群的特殊医疗需求可以通过私人购买形式获取自费医疗服务。

国家健康保障模式的优点在于它向全体公众提供免费或低收费的健康服务，覆盖面广，体现了公平性和福利性。此模式的不足之处在于医疗卫生资源配置效率低，难以满足国民不断增长的健康需求；供需双方缺乏费用管控意识，政府财政负担较重。

中国曾经实行的公费医疗制度就是其中的典型代表，但其适用对象只针对政府机关和城镇企事业单位的在职职工，具有很大的局限性。英国、加拿大、爱尔兰、瑞典、丹麦等实行类似的福利制度。

（二）典型实践

1. 英国　英国实行的是国家卫生服务制度（National Health Services，NHS），是国家推行的福利政策。早在1911年英国就通过了《全民保险法》，对健康保障做出法律规定，并正式建立了全科医师制度。1948年，正式颁布的《国家卫生服务法》规定，凡英国居民均享受免费医疗卫生服务，其支出费用全部或大部分由国家财政税收承担。

英国国家卫生服务制度的主要特点：一是国家医疗卫生服务资金绝大部分来自公共基金，包括中央和地方的卫生经费、营利与非营利性的自愿保险，以及一些基金会、财团、宗教组织等的捐赠，少量来自医疗卫生服务的直接收费，如挂号费、超标准的自费床位费等。二是医疗卫生服务主要由全科医生提供，在英国，全科医生是卫生保健服务的“守门人”，按照规定，患者可以选择自己的全科医生，但专科服务和医院服务须经全科医生同意和推荐才能获得，非急救类服务需要预约。三是费用支付系统，医生的报酬是在国家卫生服务中按月薪支付，其中全科医生的报酬由签约居民数、行医补贴、定额目标费用和少量有偿服务等组成。四是居民保险覆盖全部英国公民，并为其提供免费医疗服务，政府办医疗机构是服务的主要提供者，但有 10% 左右的人口拥有其特殊医疗卫生服务的私人保险。

英国进行的国家卫生服务制度改革，其目的是提高医疗服务的公平性和效率，主要采取的措施有：一是利用市场经济的运行机制，由地方政府向私立医院投资，鼓励公立医院与私立医院良性竞争；通过允许集体开业医生提供住院服务，鼓励集体开业医生之间竞争和集体开业医生与医院之间竞争；允许公众自由选择全科医生，形成全科医生之间的公平竞争。二是建立医疗质量评价制度，将医疗质量评估与薪酬挂钩。三是完善基本医疗服务制度，由现在的卫健委和医院管理委员会管理逐步过渡到地方卫生部门管理，提高全科医生的收入，建立标准药品预算制度，对超额或节余实行奖惩措施。四是适当提高患者自付费用比例，包括门诊处方、药品费、牙科治疗费等。

2. 加拿大　加拿大实行的是以全民健康保险为核心的国家健康保障制度模式。加拿大的健康服务性质是通过政府财政拨款和社会保险机构来筹措资金，使国民享有全民医疗保险服务。1949 年，萨斯喀彻温省首先实行住院保险制度，通过 10 年的实践，加拿大联邦政府接受了这种制度。1959 年，加拿大制定了医院保险和诊断机构法，并决定向全国各省提供经费，以供省级医院保险方案的患者使用医疗服务；1960 年，加拿大各省和地区均普遍采用此保险方案；1962 年，萨斯喀彻温省又把住院保险范围进一步扩展到门诊保险；1966 年底，加拿大国会通过了《全民疾病保险法案》；1968 年，加拿大联邦政府颁发在全国范围内将医疗保险延伸到门诊保险的法令；到 1977 年，加拿大联邦政府给予各省的医疗保险补偿比例达到 50%，形成了加拿大医疗保险制度的 3 个特点：政府参与管理，各省卫生署设有公共管理部门；国民享受近乎免费的医疗卫生服务；医院经费主要来源于政府财政税收。

加拿大全民医疗保险的基本做法：一是供方（医院和医生），由于加拿大医院是由政府开办，医生与医院之间只有业务协作关系，无经济关系；二是需方（国民），职工和雇主只需要缴纳少量医疗保险费用，贫穷者和丧失劳动能力的个人及家庭可申请部分或全免医疗保险费用，65 岁以上老年人群全部享受免费医疗保障；三是第三方，直接第三方为省卫生署，负责管理住院医疗保障部门和门诊医疗保健计划部门，住院医疗保障部门的职能包括制定预算补贴、审批医院投资、控制床位使用率和医疗成本、检查医疗服务质量等，门诊医疗保健计划部门职能包括制定医疗卫生服务标准、审查病历档案、制定收费标准、合理控制医生收入、颁发和吊销行医执照、保障医疗服务质量等；间接第三方为联邦卫生福利部，主要负责制定全国医疗计划和健康保障法规文件，确定各省经费补助额度，制定医生培训计划和进行卫生政策改革等。联邦政府和各省卫生署都严格执行医院综合预算制度，因此，加拿大实行的是市场经济与政府参与管理相结合的管理模式，加拿大是当前发达国家中既较好控制了医疗费用过度增长，又解决了医疗卫生服务公平性的国家。

二、社会健康保障模式

（一）模式特征

社会健康保障模式是由大部分或完全脱离商业市场的社会保险机构通过对全部或大部分公民强制征收健康保险费用来支付健康服务费用，是一种收入分配政策。通过社会互济达到保障目标，通过经济上的再分配达到社会人群利益最大化。其理念源于对公民社会这种组织结构的认同，是建立在社会福利价值观的基础上，而不是商业保险的费用精算。社会健康保障模式由于实行行业自治，在资金财务方面具有平稳的特点。主要代表国家有日本、德国、法国、奥地利、比利时、荷兰、瑞士等。

该模式的主要特点：一是社会互助共济、风险共担；二是风险独立性与筹资透明；三是成立疾病基金，用于支付或购买医疗服务；四是人口覆盖率各不相同，瑞士最高，为100%，荷兰仅为63%，未覆盖人口多数为高收入人群，被要求参与商业保险；五是组织结构具有多元化特征；六是社团谈判组织通过谈判制订保险机构与医疗卫生服务提供者之间的合同，实现产出一体化，进一步控制成本；七是行业自治管理模式；八是参保者可以自由选择或更换保险公司；九是代际互助不足，不能解决健康保险费用的代际转移问题。

（二）典型实践

1. 德国 德国是现代社会保障制度的起源地，是世界上第一个建立医疗保险制度的国家。1883年德国通过了《国家疾病义务保险法》，随后对险种进行细化，制定了工伤事故保险、老年人和长期残疾保险、失业保险等，建立了完善的社会健康保障模式。德国的社会健康保险按经营方式可分为国营和私营两种，保险费用由投保者、雇主和国家三方承担，其形式包括疾病保险、工伤事故保险、养老金保险、失业救济保险、儿童津贴保险等。医疗保险方面可分为法定强制性和自愿性两类，前者主要是社会疾病保险，后者主要是私人疾病保险。德国法律规定，凡收入未超过法定界限的就业者、失业者、退休人员、大学生等，都必须参加普通疾病保险。年收入高于法定界限的就业者、公务员、自由职业者、律师等，可选择社会医疗保险或私人医疗保险。凡农民、农民家属、退休农民等必须参加农民疾病保险。德国对于完善社会健康保障制度采取的措施：实行固定费用制限定药品价格，差额部分由患者自付；定期开展处方检查；实行保费退还制度等激励方法，对全年未使用保险费用的参保者退还一定比例的保费；对过度医疗费用的服务提供者解除保险合同服务等。

2. 日本 日本的健康保障制度是由社会健康保险制度、后期老龄者医疗制度及国家公费医疗制度组成的。日本颁布的《国民健康保险法》提出公民都有义务加入国民健康保险，从而实现全民保险。健康保险参保对象是劳动者，医保基金的筹集来源于雇员以及雇主强制性缴纳的社会保险费用；参保对象是社区居民，基金筹集来源于居民缴纳的保险费和政府税收补贴以及患者自付部分，以老年人、退休人员以及个体经营者为主。医疗机构以医疗法人机构为主，占70%左右，公立医疗机构占30%，所有医疗机构均为非营利性，并要缴纳课税。日本医疗保险的运行机制：在筹资方式上，个人缴纳与国家和地方政策税收补贴结合；二是在卫生服务提供上，凡加入健康保险的居民有权任意选择就诊医院或门诊，但并非均可到开业医生处就诊；三是在卫生费用支付上，除了国民健康保险负担一般公民医疗费用的70%、退休人员住院费用的80%和门诊费用的70%外，其他制度都规定只要在社会保障指定医院看病，其诊疗费用本人只需要担负20%，其他部分由医疗保险担负。此外，对无工作能力、无收入来源、无法缴纳保险者，经核实可划为生活保障范围，免交保险费，享受免费医疗卫生服务，低收入农民和自营业者可享受免交一半保费待遇。目前，日本医疗保障制度改革的主要方向是通过多途径控制医疗费用的增长速度，提高健康服务的公平性。具体包括：通过老年医疗费用改革，增加个人负担医疗费用比例；根据医院技术水平，实行医疗报酬打分制，对医院医疗行为实行定额承包制；限定国民医药费用中的药占比，对药品价格决定机制进行改革，强化国家对药品价格的监督管理；整顿全国具有医疗保险资格的医院和诊所，减少床位数，对医疗机构职能进行分工调整等。

三、商业健康保障模式

商业健康保障模式将健康服务定义为商品，由市场提供调节，其基础是健康自我责任和自我管理，通过商业性和自愿性的健康保险方式来筹集卫生费用，商业健康保险通常作为一种补充的健康保险形式存在于各国健康保险制度中。根据健康保险在健康保障制度中发挥的作用可将其分为主要型、双重型、补充型和追加型四类。

主要型商业健康保险在健康保障制度中起重要作用，进一步可分为主导型和代替型，主导型是指商业健康保险在国家健康保障制度中起主导作用，如美国劳动者参加的商业健康保险。德国和荷兰的商业健康保险可称为替代型商业健康保险，其特点是社会健康保险模式是国家保障制度的主体，但一部分人群，主要是富裕阶层人群被排除在社会健康保险服务对象之外，需通过参加商业健康保险保障自身健康。双重型商业健康保险是指参保人既可以享受国家健康保险制度提供的服务，也可以接受商业健康保险提供的健康服务。补充型商业健康保险是对社会健康保险制度的一种补充，主要用来保障社会保险制度中个人自费部分。追加型商业健康保险是指商业保险制度在国家健康保障制度中所起的作用较小，仅对一些高端自费健康服务进行保障的模式。

商业健康保障模式的形式多种多样，能够满足不同社会阶层对健康服务的需求，健康服务需求方的自由选择迫使保险机构在价格和服务质量上精益求精，也迫使健康服务提供者降低就医看病服务成本，提供低价优质的健康服务，从而控制医疗保险费用。但该模式也存在着弊端：一是社会性较差，由于低收入人群难以支付昂贵的健康保险费用，因而只能得到较低水平的健康服务；二是健康消费主要通过市场来调节，缺乏有效的制约，容易造成费用失控；三是保险机构主要以营利为目的，对参保人的身体健康状况要求严格，体弱多病及老年人群往往无法得到保障。

四、混合型健康保障模式

混合型健康保障模式是以上三种模式的综合应用。目前很多国家都采用该模式，美国的健康保障制度就是商业健康保险和公共健康保障共同组成的混合模式。

美国的健康保险制度是在高度自由的市场经济体制下建立的、以商业健康保险为主、公共健康保障为辅的多元健康保障模式。健康保障提供主要有四种形式：一是非营利性健康保险公司，以蓝盾（Blue Shield）医疗保险和蓝十字（Blue Cross）医疗保险两家公司为主，前者提供门诊服务保险，由医生发起，后者提供住院服务保险，由美国医院协会（American Hospital Association，简称 AHA）发起。二是营利性商业保险公司，以市场机制为法则，以营利为经营目的，健康保险内容多，居民自愿参与，政府不干预、不补贴，提供医疗保健和住院服务保险，以费用分担的方式降低保险价格，但只提供费用较低的医疗卫生服务，对费用昂贵的服务项目则设立单项保险、多项保险和全面综合保险等。三是健康维护组织（Health Maintenance Organization，HMO）等预付性医疗保险计划。四是公共健康保障体系，政府主办的各类健康保障项目，由美国卫生部的联邦政府医疗照护和医疗救治中心统一管理，其经费来源于政府财政拨款，承担特殊人群的健康保障服务，主要包括面向老年人的医疗照护制，面向贫困、失业、伤残人群的医疗救治制，军人健康保障，退伍军人管理，现役、退役军人和家属（遗属）的医疗保健，公共卫生部门、国家海洋和原子能等领域人员的健康保健以及印第安人健康服务等。

美国健康保障模式主要有以下三个方面特点：

1. 政府引入保险公司参与政府健康保障项目经营　其目的是抑制医疗卫生费用上涨，提高政府医疗保障制度的运行效率和效益，鼓励和支持商业保险公司参与政府医疗保障制度的运营管理服务。具体表现为鼓励商业保险公司为政府保障计划提供管理式的健康服务、理赔审核、信息咨询、结算方式创新及代支付等专业化经办服务，共同经营政府健康保障计划。保险公司按照监管规定设计健康保障计划，除政府规定的保障内容外，可增加牙科、眼科、健康管理等特色保障项目，受益人自愿选择参加并需额外负担不同费用。政府根据保障计划按人头支付费用，保险公司自负盈亏，自行承担经营和管理风险。

2. 健康保险市场主体为专业健康保险公司　随着美国商业健康保险的长期持续快速增长，一方面，受人口老龄化、医学技术发展等因素的影响，加之健康保险经营技术与管理复杂、市场门槛较高、医疗卫生费用增长刚性等特点，很多综合型保险公司将健康保险业务逐渐与寿险、年金等业务分离，转型为专业的健康保险公司，形成了专业化发展道路；另一方面，专业化的健康保险公司在参与经办政府医疗保障计划过程中，凭借自身的专业优势，在帮助政府提高医疗保障计划运行效率、减缓医疗卫生服务用增速、丰富参保人可选服务内容的同时，实现了商业健康保险公司规模效益的良性发展，在健康保险市场也扮演越来越重要的角色，逐步形成了专业化健康保险公司垄断发展的趋势。

3. 商业健康保险经营模式以管理式医疗为主 管理式医疗强调将医疗卫生服务的提供与资金的供给相结合的理念，确保在降低服务费用的同时保证医疗卫生服务的质量。管理式医疗主要采取总额预付制、按人头支付和按疾病诊断相关分组支付等预付制，在医疗卫生费用发生前，保险方将医疗卫生费用预先支付给医疗卫生服务提供方，鼓励医疗卫生服务提供方主动干预医疗行为，对费用发生的过程实施主动、积极的干预，更好地控制医疗卫生资源的利用，并且对医疗卫生服务直接监督，最终达到降低费用支出的目的。管理式医疗的优势主要体现在医院会主动降低服务、管理和运营成本，提高资源利用效率，使复杂的医疗卫生费用支付标准化，从而达到更好的费用控制效果。同时，管理式医疗也改变了健康保险作为第三方的被动局面，把经营的重点引导到“预防为主”上，一定程度上降低了疾病发病率，但管理式医疗对精算技术要求高，同时也增加了管理成本。

五、国外健康保障制度对我国的启示

1. 明确我国健康保障制度改革的目标 健康保障制度的不同模式具有不同的目标导向，如优先满足部分成员的健康需求，或是对所有国民按照实际需要提供均等化的健康服务，抑或是优先保障所有国民的基本健康服务需求。不同的国情、文化背景与政治制度需要我们做出不同的选择。我国是经济收入中等水平的发展中国家，公平是我国国民追求的目标。从人民群众的利益出发，优先发展和保障全体居民的基本健康服务需求，建立公平可及的健康保障制度符合我国的国情民情。在此基础上建立适合我国的多层次、多元化健康保障制度，以满足人民群众多样化的健康需求。

2. 进一步明确政府的主体责任和主导者角色 在我国全面深化改革进程中，新医改应与政府改革和社会管理创新紧密联系起来，进一步明确政府的主体责任和主导者角色，包括在健康资源分配和健康保障方面政府承担的筹资、购买、规划和监管责任，公共财政在健康领域体现的政府责任，以及在各国健康制度构建和完善中政府负有的责任和义务。

3. 加强宏观调控，强化健康资源的合理配置和使用 改革和完善现行健康保障政策，强化服务、监督和管理，以控制供方为重点、控制需方为补充，提高健康服务质量和效率。明确健康保障范围，推进支付方式改革，在有效控制健康保险费用支出的基础上提高健康保障能力和水平。政府应采取有效措施整合社会资源，优化卫生健康资源配置，进一步提高健康服务的公平性和可及性，提高资源的利用效率，特别要关注困难群体的基本健康需求。

4. 实现健康保障制度的法治化建设 应积极推进健康保障相关法律法规的制定，明确各方面的权利和义务，确定各自的职能范围，使健康保障制度具有法律效力，使之有法可依、有章可循、健康可持续发展，使我国健康保障制度的运行逐渐步入法治化、规范化的轨道。

5. 充分发挥商业健康保险在健康保障制度中的重要作用 国外健康保障体制改革的基本方向是强化个人责任和市场功能，更多地利用市场机制改善社会保障制度，提高资金使用效率和国民福利水平。各国采取的主要方式是按照专业化、市场化、社会化的思路积极探索，将政府健康保障经办管理的全部或部分业务委托代理给专业性的商业保险公司承办，采取商业管理的理论、方法和技术路径，引入市场竞争机制，改善健康保障管理的治理结构，更好地解决公共医疗保障管理机构动力不足的问题，提高管理水平和服务质量。对于我国，商业健康保险的发展具有特殊意义，在政府财力有限的情况下，社会保障的首要目的是以社会公平为导向建立全民保障的体制机制。发展商业健康保险，虽能够更好地满足高收入人群的保障需求，但现阶段政府应集中有限资源为全体国民提供健康保障，满足公众健康服务的需求，并为相对弱势群体提供更充分的保障，才能更好地实现社会目标。

我国的健康保障制度的建立和发展经历了半个多世纪的探索和改革，基本上实现了体制转轨和机制转换，形成了具有中国特色的健康体系。在体制层面上，完成了从原来公费医疗向社会医疗保险型的转轨；同时，在新制度下实行了社会统筹与个人账户相结合、费用分担与控制以及社会化管理等新机制。在制度层面上，建立起由公共卫生服务、医疗服务、康复服务、药品供应保障、健康保险、长期照护服务以及健康救助七大核心构成的健康保障制度。从宏观层面，我国采用以社会健康保险、健康救助制度为主体，其他形式健康保险以及健康制度支持性保障为补充，覆盖城乡居民的多层次混合型健康保障模式。

随着我国健康保障制度改革的不断深入，完善我国健康保障制度的任务主要有五个方面：一是加快建立城乡一体化的基本医疗保障管理制度，整合基本健康保障经办管理资源；二是完善城乡社会医疗救助制度，逐步扩大社会医疗救助面、提升救助水平；三是提高基本医疗保障水平，提高筹资标准、住院费用报销比例和医保最高支付限额；四是逐步扩大门诊医疗费用报销范围和比例；五是积极发展商业医疗保险，满足中高收入群体的高层次需求。

第三节　我国健康保障制度

我国的健康保障制度由公共卫生服务制度、医疗服务制度、康复服务制度、药品供应保障制度、健康保险制度、长期照护制度及医疗救助制度七大核心制度构成。

一、公共卫生服务制度

公共卫生以保障和促进公众健康为宗旨，关注群体卫生和健康，目的是保护、促进和维护健康，预防疾病、失能和早逝，具有卫生服务一般经济性质的同时还具有很强的社会公益性质，仅靠市场调节作用难以保证充足的供应。公共卫生服务制度是一个社会工程，需要全社会参与，通过对公众的健康促进和健康素养的提升，改善不良生活习惯。以预防为核心的服务保障制度旨在建立以疾病预防控制为主的大健康格局，以大健康理念为指导，以全民健康为目标，立足于全人群和全生命周期两个着力点，在完善基本公共卫生服务的基础上，通过健康促进、健康管理、健康环境三大支柱，将健康融入社会的发展和公众生活，将健康模式从透支健康、对抗疾病转向呵护健康、预防疾病，实现人民“生活优、活得长、过得好、病得少、走得安”的目标。简而言之，就是要将预防为主融入影响健康的各个环节中，最终实现健康中国。

随着国家经济不断发展和国家对公共卫生服务的愈加重视，国家基本公共卫生服务项目在逐步增加。基本公共卫生服务项目的确定既是卫生问题也是经济问题，由国务院卫生健康主管部门会同国务院财政部门、中医药主管部门等共同确定。为保障项目的资金，国务院建立了逐年增长的动态筹资机制，形成了中央、省（市）、市（县）按比例分摊、共同投入的筹资模式，中央补助向西部、中部倾斜的政策导向，以此保证筹资标准均等化。

目前，我国的卫生工作方针不断突出预防的重要性，已将其上升为国家战略并融入所有社会政策，同时公共卫生服务制度的完善也成为健康中国建设的重要保障。我国的疾病预防与控制体系机构是由政府卫生行政部门、疾病预防控制机构、医疗机构及承担着健康教育、健康促进等功能的社会组织组成。近年来，随着公共卫生服务内容向发展公共政策和实践健康促进进一步拓展，公共卫生服务制度已经不仅仅涉及卫生领域，还涉及社会的方方面面，需要全社会的参与和多部门协作。政府应当遵循“将健康融入所有政策”的方针，推动跨部门的战略行动，并实践相关政策的一致性，全面推进公共卫生服务工作的开展，提高国家健康风险防控能力，更好地保障公众健康。

拓展阅读

国家基本公共卫生服务项目解读

国家基本公共卫生服务项目，是促进基本公共卫生服务逐步均等化的重要内容，是深化医药卫生体制改革的重要工作。国家采取措施保障公民享有安全有效的基本公共卫生服务，针对当前城乡居民存在的主要健康问题，以儿童、孕产妇、老年人、慢性疾病患者为重点人群，面向全体居民免费提供最基本的公共卫生服务，控制影响健康的危险因素，提高疾病的预防控制水平，显示了国家对国民健康和基本公共卫生服务提供方面的责任。

2009 年 7 月，《卫生部 财政部 人口计生委关于促进基本公共卫生服务逐步均等化的意见》明确了基本公共卫生服务方面的政府责任。为保证公共卫生服务项目的资金，国务院财政部门制定了《基本公共卫生服务项目补助资金管理办法》《公共卫生服务补助资金管理暂行办法》等系列政策。根据《关于做好 2019 年基本公共卫生服务项目工作的通知》，2019 年，国家公共卫生服务项目在《国家基本公共卫生服务规范（第三版）》的基础上又有新增，并通过纳入中央转移地方专项支付。

我国幅员辽阔，各省、自治区、直辖市在经济发展、气候条件、健康问题等方面存在一定差异，对公共卫生服务的需求也具有多样性。各省、自治区、直辖市人民政府可以在国家基本公共卫生服务项目的基础上，补充确定本行政区域的基本公共卫生服务项目，并报国务院卫生健康主管部门备案。授权和鼓励地方政府根据本地情况对基本公共卫生服务项目进行补充，能够更好地保障公共卫生服务，同时，赋予省级人民政府自主权更有利于发挥地方政府的积极性，也更能因地制宜，适应不同地区的不同需求。基本公共卫生服务的均等化并不等于平均化，服务均等化保障的是公民均等享有基本公共卫生服务的权益。各地基本公共卫生服务的具体内容可根据当地的健康需要和经济社会状况予以变通规定。

二、医疗服务制度

医疗服务是健康保障制度的重要组成部分。目前，我国以医院的规模、技术水平、设备配置、管理水平和医疗服务质量等为标准，将医院分为三级，每级分为甲、乙、丙三等，其中三级医院增设特等（简称“三特医院”），因而医院共分为三级十等。不论是城市的医疗机构还是农村的医疗机构均需按照该标准的要求进行建设。

我国医疗服务制度由城市和农村两部分构成，已对其机构设置、功能任务、服务内容等进行了明确的规定。城市医疗服务制度构建了三级医院、二级医院和社区卫生服务中心（站）的服务网络。不同级别的医疗机构在医疗服务网络中定位不同，因而设置条件、功能任务、服务内容等有所不同。农村医疗服务制度确定了以县级医院为“龙头”，乡镇卫生院为“枢纽”，村级卫生室为“网底”的县、乡、村三级医疗服务网络。

根据《“健康中国 2030”规划纲要》，未来我国医疗服务制度建设的发展方向是要全面建成体系完整、分工明确、功能互补、密切协作、运行高效的整合型医疗服务体系，创新医疗服务供给模式，提升医疗服务水平和质量。

三、康复服务制度

康复服务是健康中国建设的重要内容，是维护和改善人体功能与活动水平的一项综合性服务。我国政府日益重视康复服务的发展，国务院、各部委都做出发展康复服务的部署和要求。医疗卫生服务从关注单一疾病的治疗，逐步上升到更多地关注整体功能水平的改善。2017 年 WHO 在日内瓦召开“康复 2030”国际大会，呼吁关注日益增长的康复服务需求，确认了康复在实现联合国

2030年可持续发展目标中的重要作用，呼吁各国采取国际性的协调和具体行动，强化健康服务体系中的康复服务。

康复服务以人为服务对象，针对病、伤、残人群的功能障碍，以提高局部与整体功能水平为主线，局部或系统功能无法恢复，但仍可携带某些功能障碍进行有意义、有成效的生活。基于全面康复的内涵和目标，我国康复服务保障制度建设包括医疗康复、教育康复、直接康复和社会康复四个方面的内容。

改革开放以来，国家致力于广泛动员社会力量参与到残疾人康复服务事业中，建立了政府与社会互为补充、相互促进、协作配合的社会化康复服务制度。一方面，各个残疾人康复学协会积极开展残疾康复学术研讨与交流，促进残疾人康复事业的专业化发展；与此同时，各地康复技术指导服务中心在制定专业技术标准、培训专业技术骨干和基层康复服务工作人员以及普及康复知识等方面也做出了突出贡献。另一方面，以各地残疾人康复服务机构为龙头，社会专业康复机构为骨干，社区康复服务站为基础的“三位一体”残疾人康复服务提供网络逐步形成。

近年来，社区作为康复服务提供过程中的重要一环，已经逐渐成为康复服务的主阵地，依托社区康复服务站开展的康复服务联络员培训、康复服务成效评估、残疾人健康档案建立及残疾人融合促进等康复服务工作已初步取得成效。

四、药品供应保障制度

药品作为防治疾病的主要手段，在保障人民健康、增进人民福祉方面具有不可或缺的关键作用，药品的质量安全、价格水平、可获得性直接关系着人民的健康状况和生命质量。

2009年，《中共中央 国务院关于深化医药卫生体制改革的意见》中明确了药品供应保障制度的地位：是与公共卫生服务制度、医疗服务制度、医疗保障制度并列的我国基本医疗卫生制度四大支柱之一，这四者相辅相成、配套建设、协调发展。此外，药品供应保障制度还与分级诊疗制度、现代医院管理制度、全面医保制度、综合监管制度并列为五项基本医疗卫生制度建设任务。

目前，我国药品供应保障制度建设主要包括基本药物制度建设、药品生产流通体制改革、严格新药审批和药品生产、经营企业准入管理、药品价格管理及科学定价。药品供应保障制度的建设目标服务于基本医疗卫生制度，旨在保障人民群众用药安全有效、改善药品的可获得性和经济性，为群众提供安全、有效、方便、价格合理的药品，促进人民健康，增进人民福祉。

五、健康保险制度

健康保险制度是我国健康保障制度的核心组成部分，它的建设和发展为全体社会成员提供健康保障。自改革开放以来，特别是党的十四届三中全会以来，我国积极推进健康保险制度建设与改革。1994年，国务院决定在江苏省镇江市和江西省九江市开展城镇职工医疗保险首个试点；1998年，《国务院关于建立城镇职工基本医疗保险制度的决定》颁布，标志着城镇职工基本医疗保险制度的全面实施。以此为基础，坚持从国情出发，我国先后在2003年、2007年分别进行新型农村合作医疗、城镇居民基本医疗保险制度试点，并先后在全国实施，逐步形成了由城镇职工基本医疗保险制度、城镇居民基本医疗保险制度、新型农村合作医疗制度为主体的基本医疗保险制度，为人民群众健康提供了健康保险基本制度保障。随着社会经济水平的发展和人民群众健康需求的多元化增长，城镇居民医疗保险制度和新型农村合作医疗制度的分别管理、职能重叠等原因引起的财政重复投入、信息系统不兼容、筹资标准与保障水平不一、监管等方面的问题开始显现，2016年，《国务院关于整合城乡居民基本医疗保险制度的意见》，合并城镇居民医疗保险制度与新型农村合作医疗制度，建立统筹城乡、公平可及的城乡居民医疗保险制度。

随着人民群众健康保障需求水平的不断提升，我国健康保险制度在改革中持续探索，各种形式的补充医疗保险也得到了稳步发展，先后实施国家公务员医疗补助、企业补充医疗保险、大额医疗费用补助、大病医疗保险、医疗互助保险等医疗保险政策。为适应市场需求，在国家政策支持下，商业健康保险得到了长足发展，成为我国健康保险制度中非常重要的补充保险形式，其发展空间巨大。随着我国健康保险制度的建设和不断完善，已逐步形成以基本医疗保险为主，基本医疗保险与补充医疗保险相结合的健康保险制度。

六、长期照护制度

我国自 20 世纪末进入老龄化社会后，对医疗和护理方面的需求增大。基于我国当前不断加重的人口老龄化趋势，以及人民日益增长的长期护理服务需求，建立长期护理保险制度势在必行。

护理是指配合医生治疗、观察和了解患者情况，并照料患者的饮食起居，包括医疗护理（针对疾病或慢性病急性发作治疗后的护理）和非医疗护理（无须入院，但需要帮助）。照料是指关心照料，多指日常生活方面的服务。

WHO 将长期照护服务（long-term care，LTC）定义为由非正规照料者（家人、朋友或邻居）和专业人员（卫生和社会服务）进行的照料活动体系，以保证那些不具备完全自我照料能力的居民能够持续获得个人喜欢及较高质量的生活，并实现最大可能的独立、自主、参与、个人满足及人格尊严。长期照护是针对需长期护理者提供综合性、连续性的护理服务，其内容包括预防、诊断、治疗、康复、支持性、维护性及社会性的医疗护理服务。

长期照护保险（long-term care insurance，LTCI）是指对参保人因年老、严重或慢性疾病、意外伤害等原因导致身体上的某些功能全部或部分丧失，生活无法自理，需要入院医疗护理或到康复机构接受长期康复和护理，或在家中接受他人护理时支付的各种费用给予补偿的一种健康保险。目前，世界上长期照护保险制度主要有四种典型模式，分别是以美国为代表的市场主导模式、以德国为代表的双轨运行模式、以新加坡为代表的公私合作模式和以日本为代表的全民社会保险模式。

七、医疗救助制度

我国基本医疗保险已基本实现了制度全覆盖，参保率稳定在 95% 以上。为了尽可能减轻居民疾病经济负担，减少因病致贫和因病返贫的现象，针对基本医疗保险补偿后自付费用较高的患者，再通过大病医疗保险进一步降低其自付医疗费用。但对于收入较低的人群或者身患重病、疾病经济负担较重的人群，自付医疗费用仍会导致其陷入经济困难或者放弃治疗，影响全民健康覆盖目标的实现。我国通过不断健全医疗救助制度，针对经济困难的人群进行专项经济支持，通过医疗救助进一步缓解因病致贫和因病返贫现象，保障经济困难人口享有基本医疗卫生服务。一方面，医疗救助制度保障经济困难人群在发生疾病经济风险时，能够不因支付能力限制而导致医疗服务可及性受阻，促进社会公平；另一方面，医疗救助能够有效避免灾难性卫生支出的出现，阻断因病致贫、因病返贫的恶性循环链，保障经济困难人群的生存权和健康权，促进医疗卫生资源合理分配。

医疗救助既是医疗保障制度的重要组成部分，也是社会救助的重要内容。医疗救助制度特点在于它是政府主导的，社会力量广泛参与的，它为经济困难人群或因支付数额巨大的医疗费用而陷入经济困难的人群提供帮助，旨在帮助居民恢复健康，缓解疾病对家庭生计造成的负担，体现了对公民健康权的保护。医疗救助、社会救助和医疗保险共同发展才能保障“人人享有基本医疗卫生服务”目标的实现。

思 考 题

1. 如何理解健康保障制度？

2. 结合中国实际，试述完善健康保障制度对实现全民健康覆盖目标的重要性？

3. 如何促进健康保障可持续发展？

第十四章　社会卫生政策分析

【学习目标】

1. 掌握卫生政策的概念与功能、卫生政策的特点和层次、卫生政策分析的要素与步骤。
2. 熟悉卫生政策的过程、卫生政策分析常用方法的基本内容。
3. 了解卫生政策分析的理论和原则。

卫生政策是卫生领域的公共政策，贯穿于卫生事业管理的全过程，是实现卫生事业管理目标的重要手段。本章介绍了公共政策和卫生政策的基本概念与相关理论；卫生政策的特点、功能；卫生政策的形成过程和卫生政策分析的原则、步骤及方法。

卫生政策分析的目的在于分析卫生领域中的主要问题和突出矛盾，明确卫生事业的发展目标，研究卫生政策的制定、实施和效果评价等。卫生政策分析是一个系统、连续的过程，贯穿于政策制订的各个环节。

第一节　卫生政策概述

一、基本概念

（一）政策

1. 政策的概念　政策（policy）是指国家机关、政党及其他政治团体在一定时期内，为实现或服务于一定的社会政治、经济和文化目标而采取的政治行为或规定的行为准则，是一系列战略、法令、措施、方法、条例等的总称。在古汉语中，“政”指正直（无倾斜）地做事，“策”指计谋，将两字合为一个词的意思是通过计谋达到正确做事的目的。在现实生活中，政策是各种组织通过谋划来解决实际问题的手段和工具。政策可以是规范或指导人们行动的一系列法律、法规、规章、决定、意见等，也可以是规划、方案、计划等。

2. 政策的类型　根据同一政策体系内政策之间的涵盖与衍生的关系，可以将政策分为元政策、基本政策和具体政策三个层次。

（1）元政策：又称总政策，是在政策体系中居于统摄地位的政策，是一定时期内人们的行为准则和处理一切问题的总方针，具有原则性和指导性，对其他政策具有指导和规范的作用，是其他政策制定的出发点和基本依据。元政策是政策主体用于指导一定时期全局性行动的高度原则性的指南，侧重于价值陈述，为所有政策提供价值评判的标准。元政策分为以下三类，价值性元政策，如社会主义核心价值观；方向性元政策，如以经济建设为中心；程序性元政策，如民主集中制。

（2）基本政策：是针对某一社会领域或社会生活的某个基本方面制定的主要目标、任务和行为准则，通常是涉及各个部门的政策，是起到全局性与战略性作用的政策，也被称为方针性政策或纲领性政策。基本政策是元政策在某一领域或方面的延伸和具体化，同时也是该领域或方面的元政策，对该领域或方面的具体政策起到统摄的作用，基本政策是连接元政策和具体政策的中间环节。

（3）具体政策：是针对特定而具体的公共政策问题做出的政策规定，是为解决特定问题规定的主要目标、任务和准则，表现为一系列的行动方案和行动步骤，要求有对应的部门或机构具体实施，实施效果通常是可以直接观察到并可以进行评价的。具体政策的表现形式多样，有计划、条例、法规、章程、说明、措施、办法、细则、项目等。具体政策是在基本政策的指导下制定出来的，是基本政策的具体化，是将基本政策所规定的目标与任务付诸实施的工具及手段。具体政策同一定时间和空间内的政策问题联系在一起，是解决实际问题的依据。

（二）公共政策

公共政策（public policy）是政府及其公共部门在一定的政治背景下，为解决公共问题，维护和实现公共利益，运用公共权力，通过科学民主决策的过程选择和制定的政策。人们在社会生活中面临的需要解决的问题是多种多样的，当一些问题影响到人们的正常生活，成为人们普遍关心的问题时，就有了社会特征。对社会问题或具有社会特征的问题的处理和解决就成了公共政策形成的根源。社会问题的解决需要政府利用公共权力影响现有资源配置中存在的问题，协调公共利益，实现公共价值。因此，公共政策的主要特征是：发生在社会公共领域、通过公共权力实现、协调公共利益、强调公共价值。在政策分析领域，“政策”一词，通常指“公共政策”。公共政策形成的过程也是解决社会公共问题，实现社会进步的活动过程。

（三）卫生政策

卫生政策（health policy）是卫生领域的公共政策，是政府为解决特定的卫生问题、实现一定的卫生工作目标而制定的各种工具的总和。卫生政策是各级卫生事业管理者引导卫生事业发展方向，调节卫生资源配置，协调相关群体利益与矛盾，实现卫生事业发展目标，促进社会发展的手段和途径。卫生政策贯穿于卫生事业管理的全过程，其形成过程需要考虑现有资源的约束和选择合适的政策工具，最大限度地满足人们对医疗卫生服务的需要。

二、卫生政策的功能

政策功能是政策自身所具有的和政策在其运行过程中所表现出来的功用、效力、性能、效能、用途和目的的集合体。卫生政策对于卫生事业的发展和卫生工作目标的实现具有导向、调控、分配等功能，在变革的环境下，还具有促进改革创新的功能。

（一）导向功能

卫生政策是以公众健康利益为出发点和落脚点。现实生活中，不同的个体、群体或组织都有其各自的利益诉求，不同的价值观和利益需求会导致不同的行为。居民的就医行为、卫生机构服务提供行为等均呈现出多样化的行为特征。不同行为主体的行为、就医秩序、服务提供规范和社会卫生资源的分布是相互关联、相互影响的。因此，对不同行为主体行为的引导是确保良好的就医秩序、合理配置卫生资源的基础。

卫生政策可以对卫生服务行为主体的行为起到规范和引导的作用。首先，卫生政策依据公众的健康利益、卫生资源和政府的能力，制定明确的目标体系。通过政策的实施，将卫生服务过程中相互冲突的目标导向促进公众健康利益目标实现的方向。其次，卫生政策包含一定的价值体系、规范体系和行为体系。价值体系体现政府所倡导的价值取向；规范体系指明什么可以做，什么不能做；行为体系告诉人们怎么做以及采取何种途径做。通过价值、规范和行为体系的引导来改变人们的观念，统一认识。

（二）控制功能

由于卫生领域或卫生服务过程中存在着各种不同的利益群体，他们之间不可避免地会有摩擦、冲突或矛盾。因此，政府必须利用公共政策来调节、平衡和控制各利益群体之间的矛盾，解决突出的社会卫生问题或预防某些卫生问题的发生，通过政策对人们的行为进行规范，以达到政策所预期的目标。卫生系统的运转和卫生事业的发展是具有一定客观规律的过程，个人、群体和组织的利益虽有差异和冲突，但是一定程度上是具有弹性且可替代的。因此，可以通过政策调控，影响个体、卫生服务体系和卫生事业发展之间的关系，以保证公众健康利益的平衡和合理性。

政策的调控功能可以是直接的，也可以是间接的。医疗保障制度通过支付政策来调控需方就医的流向和服务提供方的服务提供行为，属于直接调控。三孩生育政策的实施对于人口结构具有直接的调控作用，随之带来的生育和就医问题对于卫生人力资源结构和卫生服务提供的内容产生间接的调控作用。政策调控的结果可能是积极的，也可能是消极的，这取决于政策的目标、目标与执行之间的关系以及政策实施的条件与方式。

（三）协调功能

卫生政策对卫生事业内部的协调功能，主要表现为以卫生政策为行为准则，协调和平衡卫生事业单位、卫生工作人员和卫生服务对象之间的相互关系，以实现卫生事业健康、有序发展。此外，卫生政策的协调功能还表现为对卫生事业与社会各部门、各方面的相互关系起着协调和一致作用。

（四）分配功能

公共政策的分配功能源于政府具有参与社会再分配的职能。政府制定和实施卫生政策的目的就是从大多数公众的健康利益出发，将社会卫生资源合理有效地在其所服务的对象中加以分配，尽可能惠及社会大多数人。卫生政策强调公平与效率统一的原则，强调卫生筹资的公平、卫生服务提供的公平及健康的公平性。

（五）促进创新功能

随着经济社会的发展，人们对卫生服务的需求更加多样化，医药卫生领域的矛盾日益突出；消费结构升级和科技创新为医疗卫生体制改革提供了动力和支撑，改革与发展成为各国医疗卫生领域永恒的话题。可以通过政策的创新，完善体制和机制，鼓励和推动卫生领域的创新实践，从供给侧和需求侧两端共同发力，调动社会、行业和个人三个层面的积极性及创造性，形成维护和促进健康的强大合力，满足人民群众日益增长的健康需求。

三、卫生政策的特点

卫生政策既具有公共政策的一般特征，如利益倾向性、目标取向性、跨学科性、合法性、功能多样性、潜在的价值取向性、指令性和指导性等，也具有卫生领域政策的独特特点。

1. 人本性　所有的卫生政策都围绕着保障和促进人民健康这一最基本的目的展开。根据卫生问题的严重程度和影响范围确定政策问题的优先次序，在保障和促进健康这一宗旨的指导下，结合现有卫生资源的约束性和管理水平，制定卫生政策，并付诸实施。在卫生政策评估的最终结果指标中也要考虑到对健康状况的影响。保障和促进人民健康是卫生政策制定的出发点和落脚点。

2. 公益性　卫生政策的根本目的是保障人民健康，具有极强的公益性。卫生服务体系建设、医疗保险筹资、政府职责等方面都应充分体现公益性，努力减轻公众，尤其是弱势群体的疾病经济负担，提高居民健康水平，不应以追求经济利益为目标。

3. 专业性　卫生服务的提供具有较强的专业性，卫生人力资源培养周期长，医患双方信息具有不对称性，患者难以判断其所接受的卫生服务质量的高低，这些特点在现实中造成了卫生服务提供过程中的诸多冲突和矛盾。因此，卫生政策一方面要发挥规范卫生服务行为、保证卫生服务质量、保障患者健康权益的作用；另一方面，要促进卫生事业的可持续发展，鼓励技术创新，不断解决健康难题。

4. 社会性　健康问题关系到每一个人的利益，卫生政策因其对健康问题的影响、利益相关者众多而广受关注。根据生物-心理-社会医学模式，大多数健康问题的解决，不仅取决于卫生部门，也要依靠政府的力量，需要多部门协作和动员全社会参与。因此，卫生政策体系也是一个系统工程，需兼顾内外部环境、资源和未来发展趋势，注重政策间的衔接、联动，以及部门间、政府与机构间和政府与社会公众间协调配合。

5. 系统性 卫生政策的系统性体现在政策层级和执行体系两个方面。政策层级的系统性表现为，卫生政策通常是在统一框架内从总体政策到具体政策发展形成的；维护政策的执行体系包括中央政府及其相关部门和机构、各级地方政府及其相关部门和机构，构成了完整的政策执行体系。

6. 复杂性 不确定性是卫生服务领域的本质特性，不确定性决定了卫生政策问题的复杂性，这也决定了政策工具选择的复杂性。在选择政策工具时，首先要考虑保障健康机会的均等，其次要促进卫生资源利用效率的提升。以公立医院改革为例，公立医院是政府建立的，用于解决人群健康问题的专业机构，需委托专业管理人员代其进行管理，这种委托代理关系使得公立医院一定程度上成为政府失灵和市场失灵的结合体，单纯依靠政府计划手段或市场手段都难以解决目前公立医院改革发展所面临的问题，需要结合实际探索不同的改革策略，这反映了卫生政策的复杂性，一直是卫生政策领域争论的焦点。

四、卫生政策的层次与表现形式

（一）卫生政策的指导思想

指导思想是卫生政策的元政策，是卫生政策的灵魂。执政党和政府对健康问题重要性的认识及其价值取向，决定了各国卫生政策的基本走向。如美国的自由经济思想决定了美国以私立医疗机构为主体的服务体系和以商业医疗保险为主的医疗保险体系；英国的福利经济思想决定了英国国家卫生服务体系的建立；“健康中国”的建设理念要求把人民健康放在优先发展的战略地位，以普及健康生活、优化健康服务、完善健康保障、建设健康环境、发展健康产业为重点，加快推进健康中国建设，努力全方位、全周期保障人民健康。

（二）卫生工作方针和卫生发展战略

卫生工作方针和卫生发展战略是卫生领域的基本政策，是卫生事业管理全局性和战略性的政策，是制定具体卫生政策的主要依据。

1. 卫生工作方针 是国家指导卫生事业发展的重要指导原则和基本思想，是指导国家各项卫生工作和制定各项具体卫生政策的依据。卫生工作方针需适应国家卫生工作的特定历史背景，具有一定的时代性。

2. 卫生发展战略 是根据卫生事业发展和改善人民健康的需要，以卫生事业的整体发展规律为依据，以指导卫生事业的总体可持续发展为目的，对关乎卫生事业全局的、长远的、重大的问题进行全局性、规律性、层次性和决策性的谋划。卫生发展战略所确定的战略目标、战略重点、战略对策等属于方向性的、原则性的，是卫生事业发展的纲领，对卫生事业的各项活动具有指导作用，需要通过具体的政策转化为具体的行动计划。

近 50 年来，WHO 倡导的全球卫生发展目标和策略是全球卫生发展战略的经典案例，如 20 世纪 70 年代提出的“2000 年人人享有卫生保健”（Health for All by the Year 2000）全球战略目标；1977 年，世界卫生大会通过决议指出，各国政府和 WHO 在未来数十年的主要卫生目标是“到 2000 年世界上全体居民都能达到在社会和经济生活富有成效的健康水平”；1978 年，又提出“初级卫生保健”（primary health care，PHC）是实现上述目标的基本策略和途径；2007 年，国际卫生大会通过了旨在实施以初级卫生保健为基础的公平卫生战略的共同宣言，强调人人享有卫生保健的权利，从而全面确立了国际社会促进健康，发展卫生事业的全球性卫生发展战略的基本原则和内容。

（三）具体卫生政策

具体卫生政策涉及卫生事业管理的各个方面，包括卫生服务体系建设和改革政策、医疗保障制度建设和改革、药品领域管理政策、卫生管理体制改革政策、卫生经济政策等。可以根据卫生系统的特点划分出子领域，也可以根据要解决的政策问题和政策目标形成特定的政策群。具体卫生政策是在国家卫生工作方针和发展战略的指导下，以解决危害城乡居民健康的主要问题为切入点，结合现有卫生资源情况制定的。具体卫生政策相互衔接，共同作用，才能实现卫生事业管理的最终目标。

拓展阅读

我国卫生工作方针的演变

1. 中华人民共和国成立后至改革开放初期的卫生工作方针 1949 年 9 月，在第一届全国卫生行政会议上，针对旧社会遗留下来的严重缺医少药、医疗卫生条件极差和传染病、寄生虫病肆虐流行的状况，初步确立了“预防为主，卫生工作的重点放在保证生产建设和国防建设方面，面向农村、工矿，依靠群众，开展卫生保健工作”的卫生工作方针。1952 年 12 月，提出了“面向工农兵，预防为主，团结中西医，卫生工作与群众运动相结合”的卫生工作方针，一直沿用到 20 世纪 80 年代，这四大方针充分反映了中国特色社会主义卫生事业的本质，符合当时中国基本国情和卫生事业发展的规律，指导中华人民共和国成立初期我国卫生事业管理实践，促使 20 世纪 50 年代以后我国卫生工作取得了巨大成就。

在这一方针指引下，实施了一系列有力的政策措施，主要有：逐步建立农村县、乡、村三级医疗保健网；加强疾病控制和妇幼保健，集中力量解决传染病、寄生虫病、地方病等严重危害人民健康的疾病；相继建立起公费医疗和农村合作医疗；建设药品生产和流通体系，坚持药品服务健康的原则，实行药价从低政策；形成了以政府投入为主，企业和集体经济组织共同支持卫生事业发展，体现福利性的计划经济卫生政策。经过 30 余年的发展，我国初步建立起了遍布城乡的医疗卫生网络，培养了一支专业齐全的医药卫生技术队伍，继承发扬了祖国医学，基本消灭了严重危害人民健康的传染病，人民健康水平得到显著改善，加强初级卫生保健和三级卫生服务网络建设的做法得到国际社会认可。

2. 改革开放后的卫生工作方针 改革开放以来，特别是确立了社会主义市场经济体制以后，随着社会、经济、文化、科学技术的发展，卫生工作发生了巨大的变化，卫生工作的“四大方针”不能完全适应新时期卫生工作发展的趋势。1991 年 4 月，第七届全国人民代表大会第四次会议批准了《中华人民共和国国民经济和社会发展十年规划和第八个五年计划纲要》，将卫生工作基本方针修改为“贯彻预防为主，依靠科技进步，动员全社会参与，中西医并重，为人民健康服务”。此后，卫生管理学界和卫生行政主管部门对卫生工作方针进行了广泛的讨论。1997 年 1 月，中共中央、国务院作出《关于卫生改革与发展的决定》将新时期卫生工作的方针确定为“以农村为重点，预防为主，中西医并重，依靠科技与教育，动员全社会参与，为人民健康服务，为社会主义现代化建设服务”。该方针是在认真总结 1949 年以来卫生工作的历史经验的基础上，根据发展中的中国面临的主要健康问题，结合经济社会和卫生工作的新形势提出的卫生工作行动指南，确定了卫生工作与社会经济其他领域互动发展的基本思路。在这一方针指引下，国家制定了一系列支持农村卫生、公共卫生、中医药事业发展的举措，如建设农村卫生三级医疗保健网、建立新型农村合作医疗、妇幼保健目标纳入国家总体发展规划、大力开展爱国卫生运动等，卫生事业的改革发展取得了新进展，人民健康水平得到显著提高。

3. 新医改后的卫生与健康工作方针 2015 年 10 月，党的十八届五中全会提出推进健康中国建设，对未来一个时期发展卫生事业和更好维护国民健康做出制度安排。2016 年 8 月召开的全国卫生与健康工作大会指出，没有全民健康就没有全面小康，在推进健康中国建设过程中要坚持中国特色卫生与健康发展道路。大会明确了坚持“以基层为重点，以改革创新为动力，预防为主，中西医并重，将健康融入所有政策，人民共建共享”的卫生与健康工作方针。卫生和健康工作方针将卫生工作扩展到健康领域，融入了中国共产党和中国政府的健康价值观。

第二节 卫生政策过程

卫生政策形成过程是卫生政策研究者、政策制定者和执行者共同关注的问题，其共同目标是通过高价值政策的形成，来解决卫生领域的政策问题。政策过程从政策问题的认定到政策的终结形成了具有循环性和周期性的过程。理想状态下，一个政策过程可以分为五个阶段：政策议程、政策规划、政策决策、政策执行和政策评估（图 14-1）。当有新的需要政策制定者处理的问题出现时，新的政策过程又会开始。当然，现实卫生事业管理中的政策过程并非如此简单和完整，政策过程的起点和终点都可能是各种各样的。尽管如此，这一政策过程为卫生政策决策者和研究者提供了一条有用的政策形成及政策分析的路径。

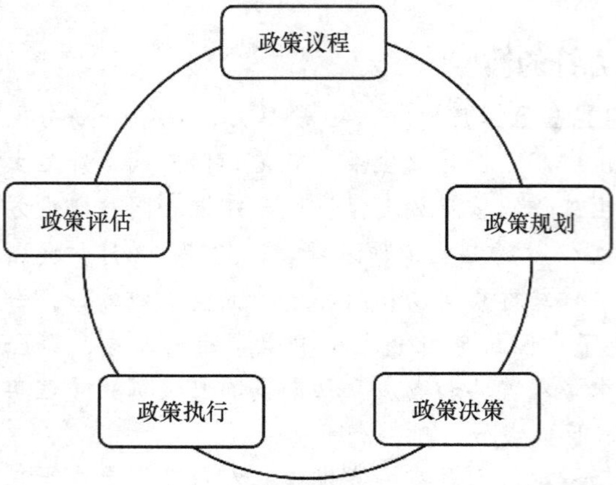

图 14-1 卫生政策过程

一、政策议程

政策议程是指社会公共问题进入政策决策主体的问题清单，成为政策主体特别关注并决心解决的公共政策问题的过程。社会公共问题经过政策主体的筛选和确定，最终成为公共政策问题。在这个过程中，“问题是什么”“问题产生的原因是什么”“能否被解决”“价值取向是什么”“使用何种政策工具来解决”“后果如何”是需要时刻考虑的问题。

（一）定义卫生政策问题

现实中需要解决的卫生问题众多，哪些问题该纳入卫生政策制定者考虑的范围，需要首先明确卫生系统的价值取向，即卫生系统的核心目标是什么。卫生系统的核心目标体现在三个方面，一是改善人群健康状况；二是提高居民对卫生系统的满意度；三是防范疾病经济风险，即卫生系统保护个人抵御疾病经济负担的能力。定义问题和确定优先政策改革问题要以这些问题对卫生系统绩效结果的影响为核心，多方收集定性资料和定量资料，也可以参考国内外以往工作经验，分析论证卫生问题的普遍性、严重性程度，以及是否有可以预防的措施，考虑卫生问题在政治、社会、伦理等多方面的影响因素，结合各地工作经验、管理的技术能力，以及政策成本和能筹集到的资金加以确定。卫生问题众多且复杂，涉及卫生系统内部各子系统，与社会、经济、文化、环境等各系统也存在密切的联系。从众多问题中确定影响卫生事业发展目标的主要问题和需要优先解决且能解决的问题，需要政策研究者和政策决策者各自发挥优势，并能够协调配合。

（二）分析问题产生的原因

明确政策问题后，要分析政策问题产生的原因和作用的机制，否则就无法形成治本的策略。卫生政策的研究者和制定者需要对定义的问题，根据卫生系统的特点，借助政策研究的工具，明确问题的根源和影响因素，明确政策问题形成的机制。通过政策问题根源分析抓住主要矛盾，确定主要成因，是形成政策作用机制的基础。

二、政策规划

当社会公共问题进入政府议事日程，公共政策过程就进入拟定备选方案的规划阶段。公共政策规划是政策主体在对政策问题进行分析、研究的基础上，经过民主的程序和方式，运用专业知识和技术，提出相应的解决政策问题的办法或方案，为政策决策提供必要前提的过程。政策规划要针对特定的政策问题，将规划的理想性和现实的可行性统一起来，以系统思想为指导，符合一定的规范，所形成的政策方案必须是具体明确的。政策规划包括目标确立、方案设计、后果预测、可行性论证和方案优化几个阶段。实际政策规划并不是单向直行的过程，任何一个步骤出现问题都可能会反复，通过不断地反馈、调整和总结，最终形成可供选择的政策方案。

（一）政策目标确立

政策目标是政策制定者希望通过政策实施所达到的最后结果。政策目标指向要解决的政策问题，制约着政策方案的方向，并为政策方案优劣的评价提供标准。政策目标是特定价值观的反映，卫生政策的价值取向是政策目标确定的前提条件。选择和确定政策目标时，政策制定主体还需要统筹考虑政策系统中处于上位的政策目标以及政策环境变化产生的影响，通过细致分析，明确现实情况与要达到的理想状态之间的关系。

（二）政策方案设计

确定政策目标后，进入政策方案设计阶段，即构思各种实现政策目标的备选方案。政策方案的设计是对各政策要素进行选择和组合的过程，解决“谁来做”“对谁做”“如何做”等问题。政策方案应尽可能多样化，以供决策者选择；要满足整体上的完备性和个体间的互斥性，并能够体现一定的创新性。国际卫生政策的经验，以及相关领域理论的分析对于形成新的政策思路都有借鉴意义。政策设计需事先考虑政治的可接受性和政策的执行问题。政策设计的过程是多方参与互动的过程，通过这一过程可以使潜在的政策支持力量参与到政策的设计中，支持该政策付诸实践。

（三）方案后果预测

政策方案是面向未来的，有诸多的不确定性因素，需运用科学的预测方法对方案的后果进行预测。首先，要对客观条件的变化进行预测，以判断可能存在的困难。其次，要对方案的预期效果进行预测，以判断可能产生的影响。科学的预测可以为最终方案的确定提供依据。

（四）方案可行性论证

备选方案形成后需要对其可行性进行论证，判断政策方案在政治、经济、技术、法律、社会文化等方面的约束条件。这几个方面的可行性是相互联系、相互制约的，通过可行性论证找出一个最佳的结合点。

（五）政策方案优化

对政策方案还要进行效率评估，即在保证质量和数量的情况下，更节约地提供公共物品或公共服务，可通过对政策的成本-效果或成本-效益的分析，对比备选方案的效率。经过效率评估后，对备选方案进行进一步的优化，最终形成能够让政策决策者满意、认可的方案。

三、政策决策

政策决策是政策决策主体围绕一定的价值取向和目标，通过一定的程序进行竞争、协商、合作，确定政策行动最终方案的过程。政策决策过程是调节平衡各种利益关系，确立主导性意志和利益，提供集体行动规则的过程。新的政策涉及不同利益集团利益的调整，必然存在政策的支持者和反对者。因此，需要考虑政治的承诺和承担的风险，以及政治策略的有效性。政策决策过程要厘清关键利益集团的力量和地位，并设计出获得相关利益集团支持的策略。

政策决策可采用一致同意规则、多数同意规则和过半数同意规则，各种决策规则都有其优劣。

选定的政策方案要经过法制工作机构审查、领导决策会议决定、行政负责人签署发布的过程转化为正式政策才具有合法性。

四、政策执行

政策形成后如果不能很好地执行，也难以实现其目标。政策执行是政策操作者通过建立组织机构，运用人力、物力、财力等各种政策资源，选择相应的政策工具，采取宣传、试验、实施、协调与监控等各种行动，充分发挥各方的积极性、灵活性和创造性，将已合法化的公共政策付诸实践，从而实现政策既定目标的动态过程。政策执行依赖于一定的政策工具。在动态实施过程中，政策执行受到政策方案、执行机构、执行人员、政策执行对象、执行资源、政策执行环境等一系列因素的影响。

政策执行过程中，必须遵循一定的原则，即执行目标与政策目标统一；原则性和灵活性结合；刚性制约与柔性协调互补；时效性与稳妥性兼顾；对上负责与对下负责统一；信息传递与信息反馈并举；民主与集中相结合。

政策的执行力取决于政治强度、部门统一性、社会认同度和管理能力等方面因素。政策执行过程需要明确政策内涵，分析政策的动力和阻力，制定执行计划，配置执行资源，并协调和控制政策的实施。新的政策的推行肯定涉及组织和个人行为的改变，必然会遇到阻力。阻力之一是人们对新的程序和结构的抵触，这一阻力来源于既得利益集团利益的损失；阻力之二是已经形成的熟悉的思维方式。克服这些阻力需要卓越的领导能力，引导基层组织制定执行计划，组织执行团队，细化分工，设计和调整工作进度，以及对所做工作给予激励与反馈。同时要进行持续和严密的监控，以便发现执行中存在的问题并提出调整的措施。

五、政策评估

政策评估是人们依据一定的标准和方法，对公共政策方案规划、执行情况和政策效果及价值进行估计和评价的活动。当一项政策实施后，需要对这项政策的执行情况和效果进行评估，以判断政策执行之后的基本走向。政策评估实质上是政策主体对过去的政策经验和教训以及外部环境变化的一种主动学习，通过学习提升政府以及整个社会的公共政策能力。

政策评估是检验政策实践效果的过程。政策评估需要回答政策是否按既定计划实施，政策是否达到预期的目标，政策多大程度上解决了问题，政策带来的社会影响、政策效果等。

通过政策评估，如果政策效果明显，说明原有政策问题得到了相当程度的解决或缓解，此时，该领域问题的优先顺序会将发生变化，新问题可能取代旧问题成为焦点或关键问题，政策制定者和研究者的侧重点也将随之转移；如果政策有效但不明显，则面临政策的调整；如果政策实施后没有出现预期的结果，甚至带来一定的负面效应，则该政策方案就面临终结或寻找新的替代方案的选择。

第三节 卫生政策分析

一、卫生政策分析的理论和原则

（一）卫生政策分析的理论

1. 公共选择理论 根据美国学者沃尔夫的观点，公共政策干预的主要原因在于市场的缺陷和可能的市场失灵，即由于市场机制本身的某些缺陷和外部环境的某些限制，单纯的市场机制无法有效地将资源配置到最佳状态——经济学的“帕累托最优”状态。为了弥补市场在资源配置上的失灵，政府必须介入，并采取相应的政策对市场进行干预。政府干预不是取代市场，而是在市场机制的基础上，遏制或限制市场自发运行所产生的波动。社会成员通过某种政治程序或以公共政策形式进行的非市场的解决方式称为公共选择过程，实际上就是对各种公共产品的供给进行决策，而政府干预就是公共选择过程的具体形式。从表面上看，公共选择过程是一个科学化、民主化的决策过程，各利益相关方都有表达各自偏好的机会；实际上政府或决策部门往往发挥主导作用。此外，即使做出了适合公众和大多数利益相关者的政策选择，最终的实施者（政府）仍然缺乏竞争机制的约束，这也是政府失灵的重要原因之一。

2. 多源流理论　任何一项政策的出台都是多因素综合作用的结果，这些因素错综复杂。多源流理论（multiple-streams theory）为政策分析提供了一个很好的框架，将政策分析嵌入到组织分析和环境分析之中，最大限度地容纳各种因素，从而把握政策制定过程的全貌。美国著名政策科学家金登（Kingdon）在1984年出版了《议程、备选方案与公共政策》一书，在广泛深入的实证调查与案例研究基础上，对公共政策过程的核心环节（议程确立和公共政策的形成）进行了科学探讨，首次提出"多源流理论"。一个完整的多源流分析框架至少包括五大核心概念：问题源流、政策源流、政治源流、政策企业家和政策之窗。问题源流内包括人们和政府关注的公共问题；政策源流内包括各项公共问题的解决方法，即政策主张和政策建议；政治源流内包括的则是国民情绪、利益团体的争夺行动等因素，即政治背景等方面的状况。因此，三条源流的汇合是公共问题、政策建议与政治背景之间的相互结合。但这三条源流是独立的，只有在特定的时间点，政策之窗（policy windows）才能打开，经过三条源流交汇，从而推动政策变迁的实现。政策企业家是指针对相关政策提出意见、建议和整改方案，通过自身投入或开展政治活动等形式对政府政策制定与执行产生影响，并推动公共政策实现创新的个体或集体。简单来说，政策企业家也就是公共政策的制定者和参与者，其努力方向是推进政策不断创新。

（二）卫生政策分析的目的

卫生政策分析是将复杂的卫生政策系统分解为可识别的要素和环节，对卫生政策过程的问题、动力、阻力和实施效果等方面有深层次的认识，以确定政策走向，为卫生决策提供合理的思路和科学的证据。政策分析是一个符合科学规律的认识过程，同时还要进行规范性的价值判断。

卫生政策分析的目的是提高卫生决策和执行的质量，减少决策失误，进而改善卫生体系的运行。按执行时间可以将其分为前瞻性分析和回顾性分析，以实现不同的政策分析目的。前瞻性分析是种事前分析，在已有信息与经验的基础上，对卫生政策所处的环境、动力与阻力机制、资源拥有程度等因素做出整合性把握，进而对政策发展前景和效果做出一定程度的预判，帮助决策者制定和优化政策方案，并对备选方案进行合理选择。回顾性分析则是一种事后分析，对已发生的政策个案进行剖析，通过事实描述、要素分析、效果评价、价值判断等方式，分析政策目标的完成情况及其原因，并将这些信息转化为未来相关政策制定的证据。

（三）卫生政策分析的原则

1. 系统原则　卫生政策系统是社会大系统中的一个子系统。卫生政策系统中，各项具体的政策相互联系，彼此协调，形成了具有一定结构、层次和功能的开放性体系。卫生系统内部包含筹资、服务提供、人力资源、信息、药物供应等基本组成部分，同时又通过行政、市场、国家计划等形式与外部环境进行人力、资金、物力和信息的交流。因此，卫生政策分析要对卫生系统的结构、要素之间关系，以及与外部环境的关系等有充分认识和把握。

2. 预测原则　政策系统是面向未来预期效果的，卫生政策分析具有一定的前瞻性，也就是在充分获取过去和当前信息的基础上，依据科学的方法对政策实施后可能发生的预期效果和走向加以预测。

3. 协调原则　政策的协调原则有两层含义：一是指政策指向的社会利益与价值的协调；二是指政策系统中各层次、各类型的要素和参与者的协调。卫生政策关系到公众的健康权益，应与社会治理的总体价值相一致，但由于卫生资源的稀缺以及人们对卫生服务需求的不断增加，卫生政策过程中难免出现利益不一致甚至冲突。卫生政策分析要求保持政策系统的平衡和稳定，通过增加投入、改善分配等方式协调不同的利益关系，减少政策的阻力与不确定性，以相对平稳的方式推进实施。

4. 信息原则 政策分析要求对政策信息进行搜集、加工、传递、使用、反馈，进而将各种信息转化为决策依据。这一过程中，对信息的全面准确把握至关重要，这有赖于完善的信息收集与传递渠道，以及对信息来源与质量的把握与判断。

5. 科学原则 政策科学是一门综合性、应用性极强的科学，其对社会生活的影响力高于一般科学研究。卫生服务是关乎生命健康的事业，对服务过程和保障措施要求更高。卫生政策分析应遵循卫生事业发展的规律，按照科学的原则和方法来进行，尽量避免由决策失误造成的损失。

二、卫生政策分析的要素和步骤

（一）卫生政策分析的要素

政策分析是对政策过程的深层次认识，包括政策主体、政策客体、政策价值、政策环境、政策形式等要素，这些要素构成了政策分析的系统框架。卫生政策分析与一般政策分析在原则、要素和方法等方面基本一致。但由于卫生系统在管理体制、服务提供、卫生筹资、人力资源、信息系统、医疗产品与技术等方面有显著特点，卫生政策分析应结合卫生领域的专业知识和卫生事业内在规律进行。

1. 政策主体 指参与政策制定、执行和评价的核心组织或人，主要解决谁来制定、实施、监督和评估政策的问题。政策主体在政策过程中起主导作用，他们对政策问题的认识、把握和态度在很大程度上影响着政策的过程。卫生政策的主体通常包括立法机构、政党、行政部门、利益团体、大众媒体、研究者及公众等。这些政策主体通过行政系统、市场机制、交流合作等不同方式联系在一起，形成了具有共同目标、观念与向心力的政策共同体。

2. 政策客体 相对于政策主体而言，政策客体是指政策发生作用的对象，包括社会事实、社会问题或特定的社会群体等。政策目标就是使政策客体的某些状态按照预期目标发展。但政策客体，特别是政策所针对的人群并不是被动的政策接受者，他们有主观能动性和利益诉求。在政策设计和实施过程中，要充分注意运用技术和制度手段对政策主客体间的关系加以协调。例如，在新型农村合作医疗推行的初期，很多农村居民出于对政策的陌生和未来不确定的预期而不愿意参合，针对这种情况，地方政府进行了多种形式的宣传动员，逐步提高政府补助水平，鼓励农村居民积极参合。

3. 政策价值 价值取向是政策最本质的特性，是政策基本要素的核心，是政策内容的灵魂。主要解决政策的功能问题，包括政策要求、政策标准等。政策价值解释了整个政策活动围绕何种目的来开展，政策的价值取向直接影响政策的内容和结果。尽管价值取向日益多元化，但卫生政策的价值取向必须与国家治理理念相一致，坚持以人为本，坚持以保障人民健康为根本目的，坚持公平与效率的统一，坚持政府主导与市场机制相结合。这些基本的价值取向应贯穿于卫生政策制定与实施的始终。

4. 政策环境 指影响政策产生、存在和发展的外部因素的总和，在很大程度上制约着政策的执行、走向和效果。政策环境包括自然环境、政治环境、经济环境、社会文化环境、国际环境等方面，国家政治理念、经济发展水平、社会文化等都对卫生政策的内容和过程产生影响。近年来，我国在党和政府倡导关注民生及全面建成小康社会的执政理念影响下，卫生事业与卫生政策受到更多重视，更加突出公平性和公益性。

5. 政策形式 政策是以一定的形式表现出来的。有的政策表现为成文的政策文本，如各种法律、法规、规划和规范性文件等；有的政策则表现为具有特定目标的行动计划，如国家“降消”项目（我国为了提高孕产妇住院分娩率、降低孕产妇死亡率、消除新生儿破伤风而实施的卫生项目）。

（二）卫生政策分析的步骤

卫生政策分析步骤可概括为收集政策信息、明确政策问题、界定政策主体和客体、辨识影响政策过程的因素、分析政策运行机制、形成政策预判与政策主张等环节，是一个将客观事实转化为决策支持证据的过程。

1. 收集政策信息　政策资料的收集整理是政策分析的第一步。政策信息通常分散在政策文本、卫生统计数据、工作报告、媒体评论、学术文献、个人体验等载体中，是政策分析的基础依据。这些信息资料可以通过现场收集、访谈、卫生信息系统、网络等多种途径获取。对于二手的资料数据还需要鉴别整理，以保证政策资料的准确性并能够被有效转换成政策信息。

2. 明确政策问题　在掌握政策信息的基础上，分析者要明确政策问题，并分析其内在根源。与政策起始阶段的问题确认不同，在政策分析阶段明确政策问题的目的在于对问题的性质、发生机制和解决方案有客观的认识，进而更加合理地设计或调整政策方案，改进政策实施。

3. 界定政策主体和客体　围绕政策问题，应清晰界定政策过程中的主体、客体，特别是不直接参与政策行动，但发挥着重要作用的利益相关者，如财政部门、新闻媒体、社会团体等。同时，要对政策主体、客体在互动中形成的各种关系有所认识。

4. 辨识影响政策过程的因素　明确政策主客体后，要对政策过程中的影响因素做出分析。影响政策过程的因素包括政策环境、管理体制、社会氛围、关键事件等多方面，在辨识过程中还要注意分析不同影响因素的层次、相互之间的因果关系等，以实现对政策过程的深层次认识。

5. 分析政策运行机制　政策运行机制可以理解为在特定的政策环境下，政策主体、客体及其相互之间的互动方式。卫生政策的主体和客体存在于卫生政策体系中，一般由信息系统、咨询系统、决策系统、实施系统和监督系统等构成，这些系统内在的运行方式与规则形成政策运行机制。卫生政策的运行机制关系到卫生政策的制定、实施、控制、调整和终结等政策运行质量和效果。

6. 形成政策预判与政策主张　在把握了政策问题、主要参与者、影响因素、运行机制的基础上，可以形成对政策前景、政策可控程度、预期收益与风险、技术与经济可行性，以及评估方法等方面的基本判断，以调整政策方案和行动。政策知识必须转化为政策主张，才能被决策者和利益相关者采用。政策主张分为指示性、评价性和倡议性三类。指示性政策主张主要涉及事实判断，如政策行动的结果是什么；评价性政策主张主要涉及价值判断，如政策行动的价值是什么；倡议性政策主张主要涉及规范判断，如应该实施什么样的政策行动。这些主张经过合法化程序，通过相关政策文件表现出来，也可为其他相关政策制定提供借鉴。

拓展阅读

20 世纪 80～90 年代智利孕产妇保健回顾性政策分析

20 世纪 90 年代中期智利全国剖宫产率上升到 37%，引起了卫生部门的关注，对智利全国卫生统计数据分析发现，拥有商业医疗保险的产妇进行剖宫产的人数是拥有国家医疗保险的 2 倍（1994 年，智利商业医疗保险、国家医疗保险产妇剖宫产率分别为 59.5%、28.8%）。

为找出这一问题的根源，研究人员调查了从 20 世纪 80 年代到现在的卫生支出情况，并应用社会学消费理论来进行分析。该理论框架下，孕产妇保健被认为是一种可以生产和消费的产品，消费周期包含四个维度：供给模式、可及性条件、分配方式和患者体验。数据主要来源于记录国家政策变迁的文件和医保部门的数据，以及对政策制定者和执行者的访谈。通过深入访谈，了解到医务人员和患者对孕产妇保健的组织结构、进程、提供方式等的态度。通过产后问卷调查和查看医疗记录，对孕产妇保健的认知更加具体化。采用类似于框架分析的方法，研究人员将一系列问题进行了详细具体的阐述。研究发现，新自由化金融改革始于20世纪80年代，卫生费用支出的减少催生了私营医疗保险和新型医疗保健组织的发展，最终导致了服务提供方式和患者感受的变化（将产科服务程序化，患者付费减少），而这正是导致高剖宫产率的原因。应用消费周期框架可以帮助人们理解宏观、中观和微观等层面问题，以及政策与政策结果之间的关系。

在迅速变化的政策环境中应用卫生政策分析

布鲁加（Brugha）等学者对全球卫生项目做了大量研究，如全球疫苗免疫联盟（Global Alliance for Vaccines and Immunization）和全球基金会（Global Fund）的卫生项目等。早期的研究旨在收集和报告利益相关者对有关政策的看法，因此这些研究往往十分敏感，特别是对于全球基金会的项目来说，该研究使得利益相关者能清楚地表达批评意见，从而对全球基金会的筹资产生消极影响。全球基金会秘书处要求扩大研究范围，着重强调项目的远景，但这似乎超出了研究人员的能力范围。最终，他们顶住了全球基金会秘书处的压力，在9个月内出具了翔实的报告。

政策环境是非常不确定的，研究人员发现其跟踪研究的目标是动态的——全球基金会总在不停地应对各种困难和改变指导方针，并证明自己是个“学习型组织”。对于项目中的研究发现，全球基金会只对他们认可的结果进行反馈。在国家层面上，一些新的关于艾滋病的筹资机构开始建立，如世界银行的多国艾滋病项目和美国总统艾滋病紧急救援计划，在数据收集的第二阶段（2004年），由于资金来源渠道变得异常复杂，很多国家偏离了政策实施的轨道。

政策环境的动态性使得数据收集和分析变得困难，并且资助者和研究人员的观点也存在分歧。维持研究人员与资助者之间的平衡很困难，但也是至关重要的。想要把研究结果真正呈现出来，建立信任是必不可少的。

三、卫生政策分析的方法

政策分析是政府为解决社会现实中某些（某个）社会问题或公共问题而进行的政策本质、产生原因及实施效果的研究，是一个系统、连续的过程，贯穿于政策制定的各个环节。政策科学具有多学科综合的特点，政策分析的方法结合了政治学、经济学、管理学、社会学等多个学科的思路和方法，形成了一系列具有不同特点和适用性的分析方法及技术，在卫生政策分析方面，常用的方法有利益相关者分析法、政策图解法、场力分析法和SWOT分析法等。此外，哈佛大学采用政策分析理论，开发了计算机辅助政策分析软件（PolicyMaker）。本部分将重点介绍三种方法：利益相关者分析法、政策图解法和SWOT分析法。

（一）利益相关者分析法

1. 基本概念 利益相关者，又称利益相关集团，是指影响组织行为及政策目标的实现，或是受到政策目标实现及其过程影响的个体、团体或机构。换而言之，这些人或团体的利益与某个政策的目标密切相关，不管是现实的还是潜在的。例如，工会的目标是为给工会会员争取更高的工资和更好的工作条件，农民协会则是以为农民服务为出发点，维护农民的合法权益。举例来说，当一家医院打算降低某些医疗服务项目的价格时，政府部门也许会出面干预，因为这违反了政府的价格政策；其他医院也会反对，因为这样做可能加剧医院之间的竞争；公众也许会欢迎，因为他们的医疗费用负担可能因此减轻；媒体可能会大力宣传，因为他们发现了一个新闻亮点。这些群体都是利益相关者。

利益相关者分析是指运用定性和定量的工具，了解与政策议题有切身相关利益的人、机构或团体的立场及对其他群体的影响，以完善政策制定、促进政策执行的方法。该方法通常从以下维度考虑，即利益相关者的地位、影响能力（权力）、利益相关程度、不同利益相关者之间的关联等。这些维度可通过文献资料收集、专家咨询、直接与利益相关者访谈等方法获得。

2. 利益相关者分析的意义 从上面的例子中我们看到，利益相关者分析可以识别并确定哪些群体会受到正在制定的政策的影响。首先是关键利益相关者，指的是那些对政策制定或对政策制定是否成功具有显著影响的利益相关者；其次是初级利益相关者，是指那些最终或直接受到某项活动影响的群体/组织，成为受益者（受到正面影响）或者受损者（受到负面影响）；最后是次级利益相关者，它指的是在活动中有一定利益关系或者中间/间接作用的所有其他个人或组织。通过利益相关者分析可以看到哪些组织会受到制定的政策影响，并可预测各组织受影响的程度，这样，决策者可以针对不同的组织采取不同的措施，使政策朝着预期的目标前进，利益相关者分析主要关注两个方面：各个群体的利益及他们可以用来影响组织决策的力量，主要是指他们所动用的资源，包括有形资源和无形资源，其中有形资源如人力、物力和财力，无形资源如政治影响力、信息及与关键人物的特殊关系。

3. 利益相关者分析的步骤

（1）确定利益相关者。这是利益相关者分析的起点。每个政策过程都会涉及许多利益相关集团，每个利益相关集团又会顾及政策对自身不同程度的利害影响。作为决策者，首先需要从某一政策相关的大量团体和机构中仔细识别并列出所有可能的利益相关者，建立一张完整的利益相关者结构图。同时，还需要分析各个利益相关者之间的关系。否则，对利益相关者的认识不清将会在政策过程中遇到障碍。卫生政策的利益相关者一般包括卫生行政部门及有关行政部门、卫生服务提供者、卫生服务需求方、医保组织、医疗服务用品生产者和经营者等。

（2）分析利益相关者的利益及政策目标对其利益的可能影响。这是利益相关者分析的关键步骤，可以采用定性调查和定量调查、专家咨询、小组讨论等方式收集和研究相关信息，通过回答以下问题进行分析：①政策目标实现后可能得到什么？②可能得到的好处是什么？③哪些方面的利益与政策目标相冲突？④拥有哪些资源？并按重要性程度对利益相关者进行分析，分析相关集团对政策目标影响的重要程度，不同的集团可能会得出不同的顺序。对比较重要的利益相关集团，决策者要对他们的所有需求做出详细分析，以便能更好地获得其支持。此外，还需注意那些表面上看起来似乎对政策目标起不到实质性作用的集团，因为他们一旦对政策起反作用，可能就会利用其在一些重要利益相关者身边的优势，从而影响他们对政策的判断，后果同样严重。

（3）评价利益相关者动用资源的能力。当某一个集团的利益与政策目标相一致或相冲突时，它有可能利用自身的资源来支持或者反对政策目标的实现。这些资源包括经济或物质资源、社会地位或者声望、信息或获得信息的渠道、合法性和影响力等。例如，著名经济学家依靠其拥有的知识和信息，能极大地影响一个国家的宏观经济政策；董事会拥有法定权力来影响总经理的经营决策。

（4）判断各个利益相关者的立场及其支持度。根据各利益集团的利益与政策目标的关系，分析其对政策目标产生的影响是积极的还是消极的，进而判断其对政策目标的实现是支持还是反对。同样，其支持度大小也可以采用等级评分的方法进行评价。按支持度依次递减的顺序，利益相关者的主要类别有首倡者、内部支持者、较积极者、参与者、无所谓者、不积极者、反对者。前三位是完全支持者，除了反对者外，其余都是中间力量。在政策过程中为了获得大部分人的支持，应充分利用首倡者和内部支持者，积极争取中间力量的支持，使不支持者至少不反对。另外，需要注意的是，在政策过程的不同阶段，由于形势的不断变化，各利益相关集团的立场也会发生变化，决策者应及时分析并修正各利益相关者的支持度，以便灵活应对政策过程中的各种变化。

（5）利益相关者综合分析。前面四个步骤都是从一个维度对利益相关者进行的分析，但这些分析结果往往不是孤立的，一般是相互交织的，因此需要在前四步的基础上对利益相关者进行整合分析，形成完整的利益相关者分析。

（二）政策图解法

政策图解法是一种利用图解方式将某一特定政策场景的信息条理化的技术。借助条线化的图形，将利益相关者之间及其与政策制定者之间的相互关系标注出来，达到简化环境因素、精简信息量的目的。政策图形的中心是决策者，周围围绕着各种利益相关者或集团，利益相关者相对于决策者的位置体现了不同政策参与者之间的关系。通过政策图解分析可以回答支持者的立场、政策的支持程度、支持的凝聚和摇摆程度等问题。通过政策图解分析可以形象地了解拟制定政策的处境，找到潜在的反对和支持联盟，了解政策的权威性，知晓政策执行者的能力，明确政策的方向等。

政策图解法包括宏观政策图解法、微观政策图解法和政策网络分析法等，宏观政策图解法一般用于国家的大政方针，如法律的制定；后两种方法可被应用于更微观的领域，如某部门（卫生部门）规章制度的制定等。从字面上理解，某一个团体可能宏观上支持某个政策，但对于其中的若干细节持反对意见。在这种情况下，还需要进行微观层面的分析。本部分主要介绍宏观政策图解法和政策网络分析法。

1. 宏观政策图解法 政策体系中有两个重要成分，一是众多的参与者（团体和个人）；二是巨大的信息量。在现实生活中，某一政策体系可能涉及多达上百个参与者，政策分析者要想在这样复杂的体系中使用如此浩大的信息量，来分析每个参与者影响政策的能力是十分困难的。这类似于出门旅行寻找路线时遇到的问题，地图图解法能够帮助我们确定主要方向，暂时忽略众多的分叉、小路。宏观政策图解法，就是借助地图图解，找出主要的利益相关者，并在地图上标注出他们之间及其与政策制订者之间的相互关系，以达到简化环境因素、精简信息量的目的。

（1）政策地图的概念：与地理地图一样，政策地图也有水平和垂直两个维度。地图的中央是政策制定者，纵轴表示各个可能的政策参与者，如政党、社会团体、外部参与者（如作为项目资助方的世界银行等）和其他施加压力的团体；横轴表示的是这些团体对政策制定者的支持程度，越接近中间，支持程度越高，反之则越低（图 14-2）。支持者分为核心支持者和道义支持者（或观念支持者），反对者分为法律反对者和反抗者。核心支持者和反抗者的立场一般都比较坚定，难以改变，而道义支持者和法律反对者的立场则并不绝对，他们可能左右摇摆，所以是政策制订者需要关注的对象。在前文提到的某医院自愿降低某些服务项目收费价格的例子中，群众是坚定的支持者，他们的立场永远也不会改变。当然，降价也应当是以保证原有服务质量不变为前提的。某些政府部门往往是道义支持者和法律反对者，出于组织的性质，他们可能会支持政策，但是出于部门自身的利益，他们可能不会真正动用资源来支持这个政策，所以，他们的实际立场可能是中立的，其对政策的支持可能仅限于盖章、签字、派代表出席会议等。

	反对者		支持者			反对者	
外部参与者				世界银行国际货币基金组织	私有银行 国际投资		
立场	反抗	法律反对	道义支持	核心支持	道义支持	法律反对	反抗
	政策制定者						
社会团体	城市中产阶级	城市工人 小农户		大农户	城市中产阶级 商人 企业家		
政党							
压力团体	社会劳工联合会	农业劳工联合会	议会 雇工联合会	经贸委 军队 农协	商业会所 银行联合会	工业会所	

图 14-2 政策图解法图示

（2）参与者在政策地图上的定位及其分析：政策图解法更多关注的是各参与者作为一个整体及其相互关系对政策制定的影响。因此对各参与者在政策地图中的定位是极为重要的，需要考虑两个变量：参与者的态度，即对政策的制定是支持还是反对；参与者的位置，即位于政策制定者的左侧还是右侧。

1）参与者的态度：通过5个方面来进行判断，但要注意，符合第一条是必要条件，但仅仅符合第一条的团体不能占据中心位置：①该团体基本同意政策博弈的根本原则；②该团体同意政策的目标、目的和策略；③该团体对于政策制定者和执行者完成政策目标的权利至关重要；④该团体能够影响重大政策的实施；⑤该团体可以从中受益。

2）参与者的位置：基本上是依据主观判断，目的是根据政策方向、价值观念或意识形态等区分保守派和改革派。政策地图分析的重点是将参与者对政策制定和实施的影响以图解的方式形象表示。可以通过回答下列问题，来进行政策地图分析。①对政策支持程度：有多少支持群体？支持度有多高？关键参与者的态度怎样？支持是否平衡？是否过于依赖某一群体？②支持的凝聚程度：支持群体的内部观点是否一致？有无分裂迹象？③支持者的位置：要使所有支持者都位于核心位置，需要付出很大的代价。是否有道义支持者？其重要性如何？动员其全力支持的代价有多大？

在对反对者进行分析时，要注意：反对者的数量及其反对的强度大小及可投入反对的资源多少；在政策制定或实施过程中是否有新的联盟形成；反对者的力量能否被平衡？有无和反对者势均力敌的力量来中和反对力量？

2. 政策网络分析法 在政策科学领域，由政策主体围绕政策问题和政策项目相互协作、相互依存而形成的稳定的社会关系模式，通常被定义为政策网络。参与政策过程的各种组织、团体或个人因利益、资源、偏好而形成相互关联的体系，是政策参与者的意图、需求、资源等的表达途径。政策网络作为各主体之间沟通的中介，有助于搭建接近决策制定过程的渠道，进行资源或信息的交换、协调，进而影响政策制定与实施的过程。

在卫生健康政策网络中，政府职能部门、医疗卫生服务机构、生产企业及社会组织等构成了多元化政策主体，他们之间相互协同配合、相互影响。这种相互交错的关系网络逐渐变为卫生健康发展的关键，推动卫生健康体制的改革发展。

政策网络分析是以结构化互动的方式认识政策过程参与者之间的相互关系，以及这些关系如何影响政策过程的方法。该方法超越了传统的以科层体制政府组织为基础的政策参与者关系框架，将政策领域中的多元主体，如公共部门、私人部门以及第三方组织等众多行为主体，以个体或组织形式通过资源的相互依赖、正式与非正式关系的交叉运用及利益诉求等方式整合在一起。

政策网络分析通过如下步骤，绘制政策网络图：第一步，明确政策的通过和实施需要经过哪几个关键点；第二步，每一个步骤的关键人物是谁；第三步，政府官员如何接近这些关键人物；第四步，政府官员如何对这些步骤施加影响。

（三）SWOT 分析法

SWOT 分析法（SWOT analysis）源于企业管理，又称态势分析法，是 20 世纪 80 年代初由美国旧金山大学的管理学教授韦里克（Weihrich）提出来的，目前也被广泛运用于卫生组织的战略规划与决策分析。SWOT 分析模型是从内部因素与外部因素两个方面分析一个组织自身条件和外部环境变化对其的影响，明确组织可利用的机会及可能面临的风险，并将这些机会和风险与组织的优势和劣势结合起来分析，形成组织发展的战略措施。SWOT 模型中，S 代表优势（strength），W 代表劣势（weakness），O 代表机会（opportunity），T 代表威胁（threat），其中，S、W 是内部因素，O、T 是外部因素。

1. 优势 是组织的内部因素，如有利的竞争形势、充足的资金来源、良好的企业形象、技术力量、规模经济、产品质量、市场份额、成本优势、广告等。这些内部资产可以帮助组织实现目标，克服劣势。如熟练的人力、成熟的知识和技术、与服务对象的良好关系等。界定优势的关键问题是：我们擅长什么？我们在竞争中表现如何？我们的资源如何等。

2. 劣势 是组织的内部因素，可能会阻碍组织实现目标，如设备老化、管理混乱、缺乏关键技术、研发落后、资金短缺、经营不善、产品积压、竞争力弱等。界定劣势的关键问题是：我们在哪些方面做得不好？我们的服务对象对哪里不满意（缺乏某种优势）等。

3. 机会 是指组织在外部环境中可以获得的重大有利形势，如新的市场需求、较快的市场增长、购买力的增加、竞争对手的重大决策失误、对本组织产品或服务有利的新技术成功开发、政府政策的变化等。界定机会的关键问题是：你希望未来几年发生什么变化等。

4. 威胁 是指环境中存在的对组织发展构成约束和障碍的重大不利因素，阻碍组织目标的实现。例如，新的竞争对手的进入、市场发展速度的放缓、买方或供方在行业中的竞争地位的加强、政府政策的变化、关键技术的改变等都可以成为组织未来成功的威胁。与机会无处不在一样，组织中永远存在对其发展具有威胁作用的因素。界定威胁的关键问题是：什么是别人有而我们没有的？哪些未来变化会影响我们的组织等。

SWOT 分析要解决的问题包括：①我们的目标是什么？②我们的服务对象需要什么？③我们与竞争者的不同之处是什么？④我们如何改善自己的服务？⑤我们如何区分内部条件（优势和劣势）与外部环境（机会和挑战）？

SWOT 分析的基本步骤包括：①分析组织的内部优势、劣势，这些优势与劣势既可能是相对组织目标而言的，也可能是相对竞争对手而言的；②分析组织面临的外部机会与威胁；③将外部机会和威胁与组织内部优势和劣势进行匹配，形成可行的战略（表 14-1）。

表 14-1 乡镇卫生院 SWOT 分析矩阵

项目	**优势（S）** 1. 处于三级医疗保健网的中间环节 2. 群众基础好 3. 服务半径相对稳定，医疗费用相对低廉	**劣势（W）** 1. 基础设施落后，设备简陋 2. 医疗水平不高，队伍不稳 3. 管理体制不顺，观念陈旧
机会（O） 1. 政府重视 2. 医保优惠政策 3. 人力资源充足	SO 策略：增长型战略 —依靠内部优势，利用外部机会	WO 策略：扭转型战略 —利用外部机会，克服内部劣势
威胁（T） 1. 医疗市场竞争 2. 疾病谱改变	ST 策略：多种经营战略 —利用内部优势，回避外部威胁	WT 策略：防御型战略 —减少内部劣势，回避外部威胁

思 考 题

1. 简述卫生政策的主要功能和基本特点。
2. 简述卫生政策的层次和表现形式。
3. 简述卫生政策制定程序。
4. 试述卫生政策分析的要素和步骤。
5. 试述卫生政策分析常用的几种方法。

第十五章　健康管理与治理

【学习目标】

1. 掌握健康管理、健康治理的概念。
2. 熟悉健康管理与健康治理的联系与区别。
3. 了解多层次健康管理与治理及其模式的内涵。

随着人们对健康内涵的理解不断加深，促进健康的方式和模式也在不断变化，从传统以被动治疗疾病为主，逐渐发展到围绕减少健康危险因素进行主动的健康管理，再到普及健康生活方式、建设健康生活环境等的全面健康治理。

第一节　健康管理与治理概述

一、健康管理产生的背景

1. 满足多元化健康的需求　很长时间以来，医疗服务体系主要用于诊断和治疗疾病，尽管人们都知道预防疾病的重要性，但始终没有很好地改变疾病预防和疾病治疗相脱节的状况。过于注重疾病治疗导致大多数健康人群和亚健康人群的健康需要被忽视。面对不断增长的预防、保健、治疗、康复、健康促进和健康保护等多元化的健康需要，以及缓解医疗费用过快增加的社会经济压力，人们迫切需要建立一个同时为疾病人群、亚健康人群和健康人群共同服务的健康管理服务模式。

2. 人口老龄化与疾病谱的转变　全球人口老龄化进程不断加快，我国早在20多年前就已经进入老龄化社会的阶段。我国第七次人口普查数据显示，截至2020年底65周岁及以上人口比重达到总人口的13.50%，与2010年第六次全国人口普查数据相比，65周岁及以上人口的比重上升4.63%。老年人口数量的增加使慢性非传染性疾病患病率不断累积。因此，人们需要新的理论和方法有效地预防和控制慢性病，进一步减轻伤残和死亡，从而降低疾病带来的影响。同时，随着经济的发展和人们生活方式的转变，疾病谱的模式已由传染病为主逐渐转变为慢性非传染性疾病为主。

3. 生物-心理-社会医学模式的要求　生物-心理-社会医学模式要求现代医学在关注生物因素的基础上，将人群的健康与疾病问题放于社会系统中去研究，将医学的着眼点从仅关注疾病前移到关注亚临床、亚健康和健康人群，从关注疾病的致病原因前移到关注导致疾病产生的综合社会环境因素及各种健康危险因素。

4. 医疗服务系统可持续发展面临的挑战　在现代医学模式下，昂贵的医疗投资对提升人群健康的回报率逐步下降。一方面，健康危险因素在人群中呈现出流行和蔓延的趋势，这种情况下忽视健康危险因素而只侧重对诊疗系统的投资必然会扩大患病人群；另一方面，新药、新技术的开发成本越来越高，致使诊断和治疗疾病的成本也越来越高。WHO调查显示，预防是最符合成本效益的干预措施，达到同样健康标准所需要的预防投入与治疗费、抢救费比例为1∶8.5∶100，即在预防上多投入1元，治疗费可减至8.5元，并节省100元的抢救费。为实现医疗服务系统的可持续发展，就必须注重对人群的健康管理。

二、健康管理的概念及特点

（一）健康管理的概念

目前国内外对于健康管理的定义并不统一，作为一个新兴的服务方式，健康管理是医学实践和健康服务的新方向。在理论和实践层面，健康管理一般有狭义和广义之分。狭义的健康管理指的是在不同的健康状态下，以人们的健康需要为导向，通过全面监测、分析、评估及预测个体和群体的健康状况与健康危险因素，向人们提供有针对性的健康咨询和指导服务，并制订健康管理计划，协调个人、组织和社会行动，对各种健康危险因素进行系统干预和管理的全过程。

广义的健康管理更多侧重通过多学科的管理手段和技术，吸纳多行业的相关资源，构建一套完整、科学和多元化的服务管理体系，以实现对群体健康危险因素的监测、分析、评价和干预，促进人群健康，实现健康公平。

（二）健康管理的内涵

1. 医学角度 随着疾病谱的变化及人们生活方式的改变，与传统的以疾病为中心的诊疗模式不同，逐渐发展起来的健康管理更注重以个体和群体的健康为中心，针对各种健康危险因素进行健康风险评估，并提供健康保障服务。

2. 管理科学角度 健康管理属于一种流程式的管理范畴，是健康管理人员应用医学知识、信息技术等科学方式，监测、分析、评估与指导健康危险因素和人体健康状况，以实现对健康的有效管理，优化配置社会医疗资源。

3. 信息技术角度 健康管理离不开现代信息科学技术，通过计算机收集、存储、分析和应用健康数据，对健康实行动态管理，可以提高健康管理的准确性及医务人员的工作效率，并为改进健康管理方式提供科学依据。

（三）健康管理的特点

1. 标准化 是健康管理的基础。为管理对象提供高质量的健康信息是健康管理的主要内容，而要保证信息的科学、准确和可靠，就必须注重健康管理的标准化。

2. 定量化 是健康管理的关键。对个体和群体健康状况及各种健康危险因素进行全面监测、分析、评估及预测，并制订相应的健康管理计划，以提供健康咨询和指导服务都需要客观、准确和可靠的量化指标作为评估依据。

3. 个体化 不同的人具有不同的健康状况，为获得较好的健康效果，就必须有针对性地创造改善健康的条件并提供有针对性的健康信息，使健康管理个体化。

4. 系统化 健康管理需要进行系统评估和信息干预。拥有完善的健康管理信息支持系统是保证健康信息客观、准确、可靠、可行、及时和实现健康管理服务标准化、定量化和个体化的重要基础。

5. 整体化 不同健康状态下管理对象健康需求的满足需要多平台共同提供服务。而多平台的合作需要政府相关部门、卫生行政机构、保险公司及服务提供者等各方的通力配合。

（四）健康管理的重要性

1. 健康意识的觉醒 随着社会经济的发展，以及各种新发传染病的出现和慢性病的影响，人们的生命和健康受到严峻考验，对“生命至上，健康无价”的理念有了更深刻的认识，健康意识逐渐觉醒并不断增强，对健康管理的需求随之增加。

2. 健康风险增加 现代社会在创新大量科学技术的同时，也产生了大量的健康风险，如核辐射、核战争的威胁，各种化学物品的影响等。同时各种经济危机的产生也给人们的生存带来一定的财务风险，财务风险的增加也导致健康风险的增加。在风险社会中，只有科学和有效地进行健康风险管理，才能满足人民群众的健康需求。

3. 人口老龄化的挑战　世界人口平均预期寿命的延长带来了全球范围内的老龄化趋势。人口老龄化的加速到来，导致与年龄相关的慢性病发病率不断增加，因此，医疗卫生系统甚至整个社会需要做好准备，应对人口老龄化带来的系列健康管理问题。

4. 慢性病与生活方式疾病的困扰　WHO 指出，在高收入和中低收入国家，慢性疾病都成为主要的疾病负担，而且其主要的疾病风险来自于日常生活方式和行为，而健康促进和健康管理的措施是应对相关疾病的关键。

三、健康治理的概念及特点

（一）健康治理的概念

联合国全球治理委员会（Commission on Global Governance）认为：治理是各种公立或私立机构、组织或个人共同管理事务的方式，是确保相互之间冲突的利益得以有效调整，确保采取协调一致的联合行动的过程。在此基础上，健康治理的定义一般指政府不同部门、卫生服务提供者、企业与社会组织、医疗服务使用者等众多利益主体，为保障其健康共识和一致性行动目标而制定的一系列正式及非正式的制度和规则安排，以推动健康策略的落实以及公共健康问题解决的联合行动过程。

健康治理目标的实现需要强有力的政治领导和持久的政治承诺，需要明确公民、社会参与的途径和方式，鼓励人们不断地利用政策、制度、组织、机制创新来解决人群之间的利益冲突，促进健康共识的达成。

（二）健康治理的特点

1. 多元化治理主体　随着健康治理领域的不断扩大、目标指向不断下沉、应对的问题也越来越复杂，健康管理活动的进行越来越重视个人、家庭、社区、国家、社会组织及其他组织部门的共同参与，强调多元主体的力量，从而更好地实现提升全民健康素养，建设健康中国的战略目标。2017 年，爱国卫生运动委员会提出了以人民健康为中心，政府主导、跨部门协作、全社会动员、预防为主、群防群控、依法科学治理、全民共建共享的新时期爱国卫生运动方针。《“健康中国 2030”规划纲要》也提出“统筹社会、行业和个人三个层面，形成维护和促进健康的强大合力”，提出“共建共享”是建设健康中国的基本路径。

2. 多样化治理机制　健康治理除了运用行政命令和强制手段外，还强调通过建立授权、协商、合作等多种机制的方式进行健康管理的探索。

3. 创新性治理策略　各种配套的创新性治理策略可以促进健康治理目标的实现。健康治理提倡多元权力中心，通过垂直与水平管理的有机结合及利用互联网的方式，弱化传统的权威控制，强化健康治理主体的协商与合作，以解决重大健康问题。

4. 多样化治理手段　健康治理不仅依赖医疗和公共卫生的干预手段，还关注和强调管理、政治、经济、社会和文化等综合手段的应用。除医学技术与政府行政手段外，市场机制手段、各种非政府及非正式制度手段也得到了人们的重视。

拓展阅读

《“健康中国 2030”规划纲要》战略主题

“共建共享、全民健康”，是建设健康中国的战略主题。核心是以人民健康为中心，坚持以基层为重点，以改革创新为动力，预防为主，中西医并重，把健康融入所有政策，人民共建共享的卫生与健康工作方针，针对生活行为方式、生产生活环境以及医疗卫生服务等健康影响因素，坚持政府主导与调动社会、个人的积极性相结合，推动人人参与、人人尽力、人人享有，落实预防为主，推行健康生活方式，减少疾病发生，强化早诊断、早治疗、早康复，实现全民健康。

共建共享是建设健康中国的基本路径。从供给侧和需求侧两端发力，统筹社会、行业和个人三个层面，形成维护和促进健康的强大合力。要促进全社会广泛参与，强化跨部门协作，深化军民融合发展，调动社会力量的积极性和创造性，加强环境治理，保障食品药品安全，预防和减少伤害，有效控制影响健康的生态和社会环境危险因素，形成多层次、多元化的社会共治格局。要推动健康服务供给侧结构性改革，卫生计生、体育等行业要主动适应人民健康需求，深化体制机制改革，优化要素配置和服务供给，补齐发展短板，推动健康产业转型升级，满足人民群众不断增长的健康需求。要强化个人健康责任，提高全民健康素养，引导形成自主自律、符合自身特点的健康生活方式，有效控制影响健康的生活行为因素，形成热爱健康、追求健康、促进健康的社会氛围。

全民健康是建设健康中国的根本目的。立足全人群和全生命周期两个着力点，提供公平可及、系统连续的健康服务，实现更高水平的全民健康。要惠及全人群，不断完善制度、扩展服务、提高质量，使全体人民享有所需要的、有质量的、可负担的预防、治疗、康复、健康促进等健康服务，突出解决好妇女儿童、老年人、残疾人、低收入人群等重点人群的健康问题。要覆盖全生命周期，针对生命不同阶段的主要健康问题及主要影响因素，确定若干优先领域，强化干预，实现从胎儿到生命终点的全程健康服务和健康保障，全面维护人民健康。

资料来源：《"健康中国2030"规划纲要》

（三）我国健康治理面临的挑战

1. 主体依赖与共建共享偏离 在长期的政府机构与人民群众的关系中，政府功能和责任往往无所不包，使民众产生了"政府是万能的"心理趋向，也导致民众在各种社会服务和社会保障方面更加依赖政府，这与共建共享的健康治理路径相悖。

2. 问题导向与健康优先错位 尽管健康融入所有政策已成为一种战略，但实践中，只有当健康成为问题时，才会引起人们的重视。在个体层面，只有在健康影响工作和生活，甚至产生相关疾病症状后，人们才会对自身健康倍加关注。

3. 治理对象健康行为与观念分离 人民群众作为健康治理的对象，其健康观念和行为的协调统一是健康治理的关键。然而在实际中，尽管人们认为健康非常重要，但却在具体行为中不断忽视或消耗健康，形成健康行为与观念分离的现象。

4. 治理环境与经济社会发展张力 建设健康环境是健康治理的重要着力点，但是随着社会经济的发展和生活节奏的不断加快，人们工作和生活环境中的健康风险日益增多，给健康治理带来了一系列挑战，威胁着人们的身心健康。

四、健康管理与健康治理的联系与区别

（一）健康管理和健康治理的联系

1. 同为解决人群健康问题的重要方式 健康管理产生初期侧重于使用医学相关的专业技术及卫生管理方式进行个体、群体的健康危险因素分析、评价其生活、工作场所的健康管理工作。后来，人们认识到只对个体、群体及其工作和生活环境进行健康管理是远远不够的，还需要从中观和宏观层次的社会环境因素方面进行管理。因此，健康治理开始受到人们的重视，以有效地弥补传统

健康管理方式的不足。

2. 通过横向和纵向联合形成健康管理网络　随着健康影响因素的日渐多样化和复杂化，一方面，健康管理的目标和行动由微观环境转向更广阔层面的政治、经济、社会和文化环境，因此“将健康融入所有政策”成为各项决策关注的主题之一。另一方面，原有卫生系统和行政组织具有纵向开展健康管理的优势，同时也需要引入具有横向管理优势的各种健康治理方式，以解决跨区域、跨部门面临的集体决策和协调行动问题。

（二）健康管理和健康治理的区别

1. 行动主体不同　健康管理的行动主体主要是卫生行政组织、医疗服务部门、其他健康相关的专业系统、组织机构或个人，强调通过卫生行政和医学相关的专业权威推进健康管理；健康治理的主体往往涉及个人、团体、社会组织、部门、系统及更多领域，强调健康管理主体和权力中心的多元化，侧重通过建立多个健康相关的部门及网络关系推动对健康问题的共同管理。

2. 管理对象、内容和范畴虽有重叠但各有侧重　健康管理侧重于对不同个体、群体及其生活、学习和工作场所等微观环境及健康危险因素的管理。健康治理侧重于对社区、城市、国家、地区或全球更大层面健康问题的管理，治理内容也更侧重于对导致公众健康问题的中观、宏观健康决定因素。

3. 管理方式不同　健康管理常运用卫生行政方式，尤其是利用卫生系统、医疗服务组织的管理和专业技术；健康治理大多以协商、合作、谈判等多种方式，重视构建共同的健康目标，致力于通过对现有制度、组织和机制的创新以协调、处理多重利害关系。

第二节　多层次的健康管理与治理

现代健康观及其内涵经历了从个体到群体，从单维到多维，从消极到积极，从个体健康到社区、行业、国家和全球健康等多方面的拓展，相应地产生了从个体与群体的健康管理到社区、卫生系统、健康保险行业、国家和全球的健康管理与治理的范畴。

一、个体与群体的健康管理

（一）个体与群体的健康管理内涵

长期以来，由于人们缺乏相关的健康知识，很难主动察觉到面临的健康风险。因此，健康管理在诞生之初就着眼于研究和开发各种健康风险的测评和分析技术，帮助个体和群体了解其健康问题及健康危险因素导致不良健康问题的发生概率，并通过制订和实施以健康危险因素为靶向的干预计划对疾病进行预防性管理。

个体的年龄、性别和遗传因素等对其健康状况产生重要的影响。同时健康和疾病又呈现一定的人群特征，即不同特征的人群往往面临着不同的健康风险因素，因此以不同群体为基础的精准健康管理成为健康管理的重要组成部分。

（二）个体与群体的健康管理特点

1. 以控制健康危险因素为核心　常见的健康危险因素包括不合理饮食、缺乏运动、吸烟、酗酒等不良的生活方式，同时包括年龄、性别、家族史等不易改变的因素，而健康管理以控制可改变的健康危险因素为核心。

2. 体现一、二、三级预防并举　一级预防，又称病因预防，是在疾病（或伤害）尚未发生时针对病因或危险因素采取措施，降低有害暴露的水平，增强个体对抗有害暴露的能力，以预防疾病（或伤害）的发生，或至少推迟疾病的发生。二级预防，又称为临床前期预防，即在疾病的临床前期做好早期发现、早期诊断、早期治疗的“三早”预防措施，来防止疾病临床前期或临床初期的不良变化。三级预防，即治病防残，防止疾病恶化，延长寿命，降低病死率，又称临床期预防。

3. 服务过程为环形运转循环 健康管理的实施环节之间是不断循环运转的，以持续性地减少或降低危险因素的个数和级别，保持健康低风险水平。

二、以社区为基础的健康管理与治理

（一）以社区为基础的健康管理与治理的内涵

社区健康管理主要通过分析社区居民的健康需要，实施社区健康诊断，查明社区居民存在的健康问题及其影响因素，制订优先干预清单和社区健康管理干预计划，通过开展健康教育、运动锻炼、改造不良环境等综合社区卫生服务和健康管理活动，提升社区居民的健康水平。

社区健康治理是指对于社区面临的主要健康问题和挑战，采用多种方式和途径，推动跨部门之间的协同合作、促进建立社区合作网络，进行协调一致的健康干预行动，以促进实现社区健康管理的目标。社区健康治理的提出不是替代传统的健康管理活动，而是进一步拓展管理内容、组织资源和行动策略，倡导通过组织、机制创新，将更多的部门和组织资源纳入并整合到社区健康管理中，寻找应对社区健康问题更有效的策略、方式和实现机制。

（二）以社区为基础的健康管理与治理的关键

1. 政府主导 政府主导在社区层面建立健康管理与治理的机构，并设立相关的负责人员、技术咨询机构或成员单位。

2. 核心职责与内容 制订社区居民健康发展规划并监督实施；监测、评价社区居民健康状况；对社区居民健康问题制订干预方案和措施，并评价干预效果等是以社区为基础的健康管理与治理的核心职责与内容。

3. 财政支持 一般情况下，地方政府的卫生事业费中会分列疾病管理特别是慢性疾病管理的专项经费。

4. 技术支撑 在社区居民的健康促进和管理中，疾病预防控制机构和社区卫生服务机构是重要的技术支撑。

（三）以社区为基础的健康管理与治理的现状

1. 服务对象面向全体居民，但又有侧重点 以社区为基础的健康管理与治理的宗旨是为全体居民提供卫生保健服务，促进居民健康。但由于健康管理的需求群体和需求水平不同，实际工作中往往以老年人、儿童、残疾人等弱势人群为主。

2. 需要政策、资金和技术的支持 以社区为基础的健康管理与治理需要宏观政策的支持，需要政府的财政投入，同时综合性医院的技术支持也是社区健康管理与治理得以发展的重要因素。

3. 服务流程较统一，但内容有所区别 目前社区健康管理与治理服务流程趋于标准化和规范化，包括建档、诊断、评估与健康计划制订、配套环境或服务的管理等。但在服务内容上存在差异，比如部分机构以重点引进老年居家健康管理为主，部分机构以中西医结合的健康管理为主等。

4. 具有经济性 社区健康管理与治理投入相对较低，地理上的可及性和便捷性降低了投入的成本。同时，社区机构的功能定位和服务定位也意味着社区健康管理服务具有一定的经济性。

三、卫生系统健康管理与治理

（一）卫生系统健康管理与治理的内涵

WHO 认为，卫生系统是由一切促进人们健康的活动所组成的系统。而卫生系统的健康治理是指为更好地组织社会、改善公众健康、实现健康保护等目标所采取的一系列行动和手段，包括构建一系列正式和非正式制度框架及规则体系来规范人们的行为，确保卫生系统关键功能和目标的实现。本质上说，是对卫生系统进行管理、指导、控制的一种结构和过程，涉及如何采用有效的管理来确保卫生系统满足当前和未来的健康需要，从而促进卫生系统的可持续性发展。

卫生系统健康治理的本质内容是问责机制，涉及有效管理卫生系统利益相关者，如个人、家庭、社区、企业、政府、非政府组织、私立机构及其他团体，确保这些利益相关者承担起卫生系统的筹资、监测、服务提供和利用的相关责任。

（二）卫生系统健康管理与治理存在的主要问题

1. 政府和市场的作用问题 在医疗卫生系统中，政府与市场的角色和作用问题一直是许多国家和地区的重要议题。在新一轮的医疗改革中，亟须厘清不同政府主体与市场作用的关系、各自的功能和合作机制。

2. 卫生行政部门与政府其他部门在健康管理中的作用问题 实现人群的健康，不仅需要卫生部门的努力，同时需要环境、教育、法律等各部门的共同努力和密切配合。在协调合作中，如何激励各部门最大程度地发挥其对人群健康的作用也是卫生系统健康管理与治理中面临的挑战之一。

3. 公共部门、私立部门及公民团体等不同主体的作用发挥问题 长期以来，一直依靠卫生行政部门和专业机构解决人们的健康问题。然而，随着人们对健康及其危险因素认识的不断深入，健康问题已经突破单一部门和单一手段的解决方式，这迫切需要各利益相关主体的积极参与，包括私立机构、民间团体、社区和公共卫生机构等，并通过协调一致的行动实现卫生系统健康管理与治理的目标。

（三）卫生系统健康管理与治理的框架与原则

1. 具有战略视野 卫生系统的领导者应具有战略视野，从更高层面规划健康发展的目标与策略，并全面把握和衡量影响人群健康的历史、社会和文化因素。

2. 建立共识 卫生系统健康管理与治理中优质高效的合作需要建立在各方共识的基础之上。

3. 依法治理 法律法规在保障人们健康权益的同时，有利于各项健康管理与治理措施的落实。

4. 公开和透明 信息公开和透明有利于各方及时了解健康相关事件，评价干预活动的效果，促进健康管理与治理活动的实施。

5. 反应性 卫生系统健康管理应服务于各利益相关者的需要和需求，并确保相关政策和干预行动满足不同利益群体的健康需求。

6. 公正和广泛性 卫生系统健康管理与治理的框架应确保所有公民获得公平的健康改善机会，并促进其实现生理、心理、社会等方面的完好健康状态。

7. 效果和效率 在实现健康管理与治理效果的同时，需要确保在有效的资源下，获得优质的效果和较高的效率。

8. 问责制 建立针对不同机构和组织的问责机制有利于保障健康管理与治理措施的有效落实。

9. 情报信息 情报信息的获取有助于人们做出科学的决策和判断，并推动健康管理与治理战略目标的制订。

10. 伦理学原则 在卫生系统的健康管理与治理中，需要尊重自主决策，遵循公平正义的原则，有效保障患者的健康权益。

四、健康保险行业的健康管理

（一）内涵

健康保险行业中健康管理与卫生系统的概念略有不同，健康保险行业中的健康管理指的是保险管理与经营公司在为被保险人提供医疗费用补偿的同时，利用医疗服务资源或与医疗服务提供者合作的方式，对被保险人提供健康管理活动。

（二）服务内容

健康保险行业中的健康管理主要分为健康指导类与治疗干预类。健康指导类指的是不与诊疗直接相关，而是通过行为相关的健康指导活动，降低疾病发生率，以降低赔付风险。

诊疗干预类指的是参保人员在就诊时，保险公司可以对服务选择、服务方式与服务过程等进行管理，以通过引导参保人员的诊疗行为，降低诊疗过程中不合理的医疗费用支出。

（三）服务方式

根据市场战略、技术能力、人力资源和管理能力的不同，健康保险行业的健康管理可分为三种不同模式。

1. 服务外包模式 在该模式下，服务完全由健康管理机构提供，健康保险机构采用整体购买服务的方式。保险公司往往会对健康管理服务这一领域较为陌生，或缺乏理解或自身管理能力不足，如果需要近期占领市场，通常会采用服务外包的模式。

2. 自行提供服务模式 在该模式下，由健康管理机构提供核心的技术服务，但服务的实施方式和具体内容由保险机构与健康管理机构协商确定，最终由保险机构直接面向客户提供服务。

3. 共同投资模式 在该模式下，由健康保险与健康管理机构共同投入资金和人力，合作建立用于提供健康管理服务的机构，双方互为资源、互通客户，发挥产业融合的效应。

拓展阅读

健康保险行业的健康管理服务举例

在被保险人购买了相应的健康管理服务后，可以享受以下健康服务：

1. 专家门诊预约 即帮您完成专家门诊预约，完成后由工作人员通过电话或短信方式回复并协助门诊挂号，明确服务时间、地点及注意事项。

2. 全程陪诊服务 由专业陪诊人员为您提供全程就诊陪同服务，包括带领您至专家所在楼层、诊室、陪同等候、完成检查、化验、划价、取药、缴费、代取检查化验单、复印病历等事务。

3. 健康档案服务 为您建立电子健康档案，并将其健康信息记录归档，您可随时登录相关网站进行查阅。

4. 健康短信服务 为您提供各类健康知识短信，包括膳食营养类、运动指导类、养生保健类内容；与季节和节日有关的健康类内容。服务频次：每两周一条。

五、国家健康管理与治理

（一）国家健康管理与治理的内涵

国家健康管理与治理是以改善国民的整体健康为根本目标，以健康的社会决定因素为干预对象，通过卫生、社会、经济、政治、法律等政策、策略和手段的综合运用，调动政府、非政府组织、民间团体等各组织的积极性，制定综合、统一、协调的国家健康政策，实现在所有政策中关注健康，在所有策略和行动中保护健康，在所有环境中促进健康的总目标。

（二）国家健康管理与治理的特点

2016 年 10 月，中共中央 国务院印发了《“健康中国 2030”规划纲要》（以下简称《纲要》），《纲要》是中华人民共和国成立以来首次在国家层面提出的健康领域中长期战略规划。同时也凸显出国家健康管理与治理呈现以下特点：

1. 强调预防为主，防患未然　健康中国建设及国家健康管理与治理强调预防为主，将健康管理的关口前移，强调塑造健康文明的生活方式，强调营造绿色安全的健康环境，以减少疾病的发生，防患于未然。

2. 坚持共建共享，全民参与　《纲要》明确将共建共享作为健康中国建设的基本路径，落实发展为了人民、发展依靠人民、发展成果由人民共享的要求。国家健康管理与治理坚持在各组织、各机构共建共享中实现全民健康。

3. 全民健康是国家健康管理与治理的根本目的　《纲要》明确将全民健康作为建设健康中国的根本目的。强化对生命不同阶段和不同人群主要健康问题的有效干预，实现更高水平的全民健康。

六、全球健康治理

全球健康又称为全球卫生，是由卫生和其他学科相互交叉而形成的新的学科领域，重点研究跨越国家边界、对全球政治和经济产生影响的全球公共卫生问题及其他全球健康问题，通过推动全球范围内的广泛合作，共同探索全球健康问题的影响因素及其解决策略，以实现减少健康威胁、提高健康水平、缩短各国之间的健康差距、促进健康公平的全球健康目标。

（一）全球健康治理的内涵

全球健康治理是指全球多元主体通过多样化的途径共同参与全球健康相关问题的综合治理。由于全球健康问题常常涉及多个社会领域和部门，单纯依靠某个机构的管理是不可行的，需要建立系列规则与程序，通过国家间、区域间乃至全球间的动态合作以实现对全球健康的共同管理和治理。

（二）全球健康治理的重要性

1. 国际社会面临严重的卫生安全威胁　在人类社会发展的历程中，传染病如影随形，天花、鼠疫、疟疾、登革热、艾滋病及严重急性呼吸综合征等传染病往往跨越国界，造成全球性的流行。在跨国传染病的威胁之下，全球健康治理成为国际社会的现实需要。

2. 健康治理已经成为当前重要的全球发展议题　健康是全球发展的重要组成部分，也是人类进步的基础。全球发展过程中不可避免地遇到健康相关的各种问题，健康治理必然成为重要的全球发展议题。

3. 全球卫生议题已经上升为国际政治重要议程　卫生议题本来属于一个医学范畴。然而随着健康影响因素的多样化以及卫生安全威胁的日益严重，健康治理也逐渐上升为国际政治的重要议程。

（三）全球健康治理的特点

1. 全球健康治理行为体多元化　当前，无论是国家行为体还是非国家行为体都成为全球健康治理的行为体。非政府组织利用其信息获取和资金筹集优势，在全球健康治理中发挥着日益重要的作用。多元行为体的共同参与，也促进了全球健康治理的发展。

2. 全球健康治理层次多维化　国家、区域和全球层面的卫生行动相互补充，构成了全球健康治理的多维图景，使得全球健康治理呈现明显的层次多维化。

3. 全球健康治理形式多样化　全球健康治理机制可以分为正式的全球健康治理机制和非正式的（或倡议性的）全球健康治理机制。正式的全球健康治理机制所做出的决定对成员国或地区具有一定的约束力。非正式的全球健康治理机制利用其灵活性，也在全球健康治理中发挥着日益重要的作用，与正式的治理机制共同塑造着全球健康治理的议程。

第三节 健康管理与治理的模式

一、全生命周期的健康管理

“全生命周期”健康管理是指对个体或群体从胚胎到死亡全生命周期的健康，进行全面监测、分析评估、提供咨询和指导，并对健康危险因素进行干预的全过程，即从出生到生命终点的健康管理。对医生而言，健康管理将以医治疾病为中心调整到以健康管理为中心，积极探索从传统诊病治病向全生命周期健康管理扩展过程。随着人口老龄化程度的加深、生育政策的不断放开、经济水平的不断提高，我国居民对于医疗服务、健康管理服务的消费能力和需求都在不断提升。同时，科技水平和医学科学的发展日新月异，基因测序、靶向治疗、免疫治疗、大数据、云计算、人工智能等技术的深入应用也对全生命周期的健康管理服务提出了更高的要求。《“健康中国2030”规划纲要》（以下简称《纲要》）也提出立足于全人群和全生命周期两个着力点，提供公平可及、系统连续的健康服务，实现更高水平的全民健康。2019 年印发的《国务院关于实施健康中国行动的意见》，更是通过 15 项专项行动，落实健康中国战略，为推动全生命周期健康管理提供了详细指引。

“全生命周期”健康管理从健康影响因素的广泛性、社会性、整体性出发，以人的生命周期为主线，对不同阶段进行连续的健康管理和服务（图 15-1），对影响健康的因素进行综合治理。但它不是对生命周期各个阶段“平均用力”，而是根据不同群体的特点，在重点时期为重点人群提供健康干预，如母婴保护计划、儿童营养计划、青少年健康促进、老人保健计划等。

图 15-1 “全生命周期”健康管理的框架与重点

二、全方位的健康管理与治理

全方位的健康管理模式是运用信息和医疗技术，通过维护和促进健康的方式，帮助健康人群及亚健康人群建立有序健康的生活方式、降低风险、远离疾病，即为促进健康建立的一套完善、个性化的全方位服务。

《纲要》在强调把健康融入所有政策的同时，提出加快转变健康领域的发展方式，全方位、全周期维护和保障人民健康。2022 年是健康中国行动启动实施的第三年，国务院办公厅印发的《“十四五”国民健康规划》要求全面推进健康中国建设，实施积极应对人口老龄化国家战略，加快实施健康中国行动。让全方位的健康管理服务贯穿于全生命周期，大力开展健康促进、全方位普及健康生活方式是“十四五”时期国民健康规划的重要任务之一。

三、人类卫生健康共同体

人类卫生健康共同体是人类命运共同体理念的有机组成，是推进全球卫生治理的根本遵循，旨在将全人类作为一个休戚相关、命运与共的有机整体，通过推进全球集体行动，保障全人类共同的卫生健康福祉。

人民的生命安全和身体健康是人类发展进步的前提。人类卫生健康共同体以保障人类整体卫生健康为目标，通过对人类整体的卫生健康关怀，依靠人类共同实践活动，达到维护人类健康持续发展的目的。

人类卫生健康共同体是一种崭新的发展理念，它立足于现实，深入推进国际社会卫生健康合作，符合人类社会发展的客观趋势。在新发重大传染病事件中，人类卫生健康共同体理念冲破了传染病给人们带来的“至暗”时刻，强调“人民至上、生命至上”，凝结着全人类的共同价值追求，为全球公共卫生治理提供了新思路，昭示我们人类荣辱与共、命运相连，只有同心协力，共同推动构建人类卫生健康共同体，才能促进人类的生命健康与安全。

构建人类卫生健康共同体是对全球卫生健康领域发展规划的科学认识和正确把握，是世界人民应对公共卫生危机的必然选择。人类卫生健康共同体将推动全球公共卫生治理体系新的变革，为全球公共卫生治理体系的变革注入“新动力”。作为构建人类卫生健康共同体的积极倡导者和重要参与者，目前我国正通过全方位、全周期的健康服务供给，逐步实现全民健康覆盖的整体目标。与此同时，也在充分考虑构建人类卫生健康共同体的系统性和整体性要求，最大限度地扩大卫生健康保障覆盖面，积极引导国际力量在公共卫生领域的交流合作，同世界各国共同构建起人类卫生健康的安全屏障。

思　考　题

1. 简述多层次健康管理与治理的模式及其内涵。

2. 简述新时期我国在全球健康治理中发挥的作用。

第十六章　弱势群体的健康服务

【学习目标】

1. 掌握弱势群体的概念、社会影响因素及社会保健措施。

2. 熟悉妇幼、老年人、残疾人、流动人口的生理心理状况，弱势群体的健康促进措施及相关政策。

3. 了解弱势群体的生理心理状况与卫生需求的关联。

社会弱势群体（social vulnerable groups）被界定为那些依靠自身的力量或能力无法保持个人及其家庭成员最基本的生活水准而需要国家和社会给予支持和帮助的社会群体。一般学术界把社会弱势群体分为两类：生理性弱势群体和社会性弱势群体。前者之所以被划归为弱势群体，是因为与社会其他群体之间存在明显的生理差别，如儿童、老年人、残疾人等；后者的形成则基本是由社会原因造成的，如下岗者、失业者、出卖土地使用权的农民等。也有学者在上述两者之外补充了“自然性社会弱势群体”，主要包括生态脆弱地区的居民、遭受自然灾害的灾民。在有些国家，弱势群体还包括单身母亲、吸毒者、酗酒者等。

弱势群体是社会政策领域的一个核心概念，它与自由竞争、社会公平、社会权利等范畴一起，形成了社会政策-社会福利制度-社会服务的理论和实践场域。弱势群体的概念是同当代社会政策理念联系在一起的，当人们用社会公平、公民权利的理念去分析那些在社会-经济生活中处于不利地位的群体时，弱势群体这一概念就较好地反映了上述现象的内涵和研究者的价值追求。本章主要介绍妇女、儿童、老年人、残疾人，以及流动人口这四类社会弱势群体的健康服务状况。

第一节　妇女和儿童的健康服务

妇女一般是指 15 岁以上的女性人口。在人类社会中，女性约占到人口数量的 50%，她们在社会活动中肩负着建设国家、孕育后代的双重任务，女性的健康直接关系到国家发展和民族素质。第七次全国人口普查数据显示，我国女性人口 68 844 万，占比 48.76%；14 岁及以下儿童占总人口的 17.95%，约 2.53 亿。妇女和儿童是两个不同的特殊弱势人群，而这两个群体的健康和卫生状况往往又是不可分割的，所以一般将这两个人群放在一起，简称“妇幼”。

妇女儿童既有一般的卫生服务需要，也有特殊的卫生服务需要；既有最基本的保健需要，也有高层次的保健需要。自 20 世纪 90 年代以来，妇女儿童问题已经成为国际社会特别关注的重要议题和优先领域，“母亲安全”“儿童优先”成为全球性的道德观念和维护人类健康与发展的行动准则。妇女儿童健康是全民健康的基石，是人类可持续发展的前提。WHO 将人均预期寿命、婴儿死亡率（infant mortality rate，IMR）和孕产妇死亡率（maternal mortality rate，MMR）作为衡量一个国家人民健康水平的主要指标，妇女儿童健康反映了一个国家全民健康水平、生活质量和文明程度。

一、妇女儿童的健康特征及卫生服务需求

（一）妇女儿童的健康特征

妇女儿童由于其生理和心理特点而属于“高危人群”，在生理、生殖、生长、发育等过程中均需要额外特殊保护，从而决定了他们较高的卫生服务需求。

女性一生要经历五个时期：幼年期、青春期、性成熟期、更年期、老年期，其中，性成熟期最为重要，一般自 18 岁开始，持续 30 年左右。在此期间妇女要经历结婚、妊娠、生育、产褥及哺乳等特殊生理过程，若疏忽了这些生理时期的保健工作，可能导致正常的生理过程发生病理变化，不但直接影响妇女本身的健康，还会影响胚胎的发育、胎儿及婴儿的健康。青春期是妇女生殖系统从发育到成熟的过渡时期，更年期是生殖系统功能从衰退到消失的过渡时期。在这两个过渡时期中，女性全身的变化较大，必须做好保健，否则会影响其正常的生理状态。

小儿出生后，从新生儿期、婴儿期、幼儿期、学龄前期到学龄期，形体上和生理上表现了几次从量变到质变的飞跃。儿童期是体格、活动、智力各方面生长发育最快的阶段，亦是为一生身心健康打基础的阶段。儿童缺乏保护自己的能力，对自然因素和社会因素的危害都缺乏足够的抵抗力，必须通过有计划的、全面的保健措施来保证儿童健康生长发育，使其成为体魄健壮、品德良好、智力发达的新一代。

（二）妇女儿童的卫生服务需求

妇女和儿童约占我国总人口的 2/3，相比之下有更高的卫生服务需求。根据全国第六次卫生服务统计调查结果显示，女性两周患病率（指每百名被调查者中两周内患病伤的人数或人次数）和慢性病患病率（按患病例数算）均高于男性，因此，妇女对卫生服务的需求与利用也高于男性（表 16-1）。同样，儿童的卫生服务需要、需求与利用也比较高（表 16-2）。

表 16-1　我国居民分性别健康水平指标

指标	2008 年	2013 年	2018 年
两周患病率（%）			
女性	20.7	25.9	33.6
男性	17.0	22.4	30.8
慢性病患病率（‰）			
女性	172.7	255.5	349.3
男性	142.1	234.5	336.1
两周就诊率（%）			
女性	16.0	14.1	26.0
男性	13.1	11.9	21.9
住院率（%）			
女性	7.6	10.1	15.0
男性	6.0	8.0	12.5

数据来源：《全国第六次卫生服务统计调查报告》（2021）

表 16-2　被调查 0～14 岁居民健康水平指标

指标	2008 年	2013 年	2018 年
两周患病率（%）			
0～4 岁	17.4	10.6	22.0
5～14 岁	7.7	5.3	13.1

续表

指标	2008年	2013年	2018年
两周就诊率（%）			
0～4岁	24.8	14.6	24.9
5～14岁	9.1	6.2	11.8
住院率（%）			
0～4岁	8.1	8.6	13.0
5～14岁	2.1	2.2	3.8

数据来源：《全国第六次卫生服务统计调查报告》（2021）

（三）妇幼卫生服务供给状况

妇幼卫生服务体系是中华人民共和国成立后最早建立起来的兼具临床和保健能力的公共卫生服务体系。实践证明，加强妇幼卫生工作，妇女儿童的发病率就能明显降低，孕产妇、婴儿死亡率亦能下降。随着信息化时代的到来，国家建立了妇幼卫生监测系统和妇幼保健网络，政府不断投入资金以促进儿童医院、妇产（科）专科医院和妇幼保健院，以及综合医院的儿科、妇产科和妇幼保健相关科室的建设，使相应的基础设施和人员配置如床位数、医护人员数持续增加。相比2000年，2020年儿童专科医院新增115所，妇产（科）专科医院新增763所，儿科专科医院执业医师增加1.7万名，妇产（科）专科医院执业医师增加2.5万名，医护比逐渐提升，从而为妇女儿童健康水平的提高奠定了基础。

（四）妇幼卫生状况及面临的挑战

婴儿死亡率、5岁以下儿童死亡率和孕产妇死亡率（以下简称"三率"）是衡量一个国家或地区的妇幼卫生状况的常用指标。2011年7月，国务院印发《中国妇女发展纲要（2011—2020年）》和《中国儿童发展纲要（2011—2020年）》提出，孕产妇死亡率控制在20/10万以下，婴儿死亡率控制在10‰以下，5岁以下儿童死亡率控制在13‰以下。我国的"三率"呈逐年下降趋势（表16-3），已经完成上述目标。2021年9月，国务院印发的《中国妇女发展纲要（2021—2030年）》和《中国儿童发展纲要（2021—2030年）》提出更高目标，将婴儿死亡率、5岁以下儿童死亡率和孕产妇死亡率分别降至5.0‰、6.0‰和12/10万以下。2021年10月，国家卫生健康委印发了《母婴安全行动提升计划（2021—2025年）》，提出到2025年，全国孕产妇死亡率下降到14.5/10万，全国婴儿死亡率下降到5.2‰。2021年我国孕产妇死亡率已下降到16.1/10万，婴儿死亡率下降至5.0‰，5岁以下儿童死亡率下降至7.1‰。然而，对比历年世界同类型数据，和一些发达国家相比，我国相关指标仍然偏高，降低"三率"和提高妇幼卫生状况的任务仍然比较艰巨。

表16-3　监测地区儿童和孕产妇死亡率

年份	婴儿死亡率（‰）			5岁以下儿童死亡率（‰）			孕产妇死亡率（1/10万）		
	城市	农村	合计	城市	农村	合计	城市	农村	合计
1992年	18.4	53.2	46.7	20.7	65.6	57.4	42.7	97.9	76.5
2002年	12.2	33.1	29.2	14.6	39.6	34.9	22.3	58.2	43.2
2012年	5.2	12.4	10.3	5.9	16.2	13.2	22.2	25.6	24.5
2020年	3.6	6.2	5.4	4.4	8.9	7.5	14.1	18.5	16.9
2021年	3.2	5.8	5.0	4.1	8.5	7.1	15.4	16.5	16.1

数据来源：《中国统计年鉴2021》

2015年9月联合国峰会上通过了“2030年可持续发展议程”，改善妇女和儿童健康状况仍是健康领域的重要目标。近20年，中国妇幼卫生取得举世瞩目的成就，但目前仍有众多研究结果表明，我国妇幼卫生服务利用在不同城乡、地区和人群间存在不同程度的不公平问题。总体来说，我国妇幼卫生服务体系的主要问题是服务能力明显不足，不能满足妇女儿童日益增长的多样化卫生服务需求。从服务供给的角度来看，妇幼健康的优质资源总量不足。2020年，中国0～14岁儿童人口2.53亿，占中国人口总数的17.95%。然而，儿童专科医院数量仅151家，相当一部分省会城市和地级市没有独立设置的儿童医院，综合医院中仅有50%左右设置儿科。同中国庞大的儿童人口相比，儿童医疗资源相对短缺，难以满足服务需求，大多数医院儿科病床使用率超过100%，长期处于超负荷运行状态；从妇幼医疗机构的分布角度来看，妇幼医疗资源分布不均衡，妇幼医疗优质资源稀缺而且主要集中在少数专科医院及综合医院儿科和妇产科；从服务能力角度来看，基层妇幼保健院和基层卫生机构的人员整体学历和职称水平较低，卫生技术人员短缺，处理危急重症的能力严重不足。以上问题都需要从优化社会资源配置方面加以解决。

二、影响妇女卫生服务的主要因素

（一）影响妇女健康的社会因素

1. 社会传统 由于历史原因，某些地区妇女的社会地位较低，在社会和家庭中参与决策方面受到限制，使得她们不能平等地得到良好的医疗保健服务，受到的健康威胁和伤害也相对较大。“重男轻女”是影响妇女健康的重要因素，在某些地区，女性一出生就受到各方面的歧视，这对她们的身心健康产生了巨大影响。

2. 教育、就业及经济因素 在某些地区，女性受教育程度明显低于男性。教育水平低者防病治病的知识、意识和能力较差，容易出现健康问题。受过良好教育的妇女更容易接受科学的保健知识，善于表达自己的思想，可以和医护人员进行良好的沟通。接受更好的教育，得到更高收入的机会相应增加。研究显示，有独立经济收入的妇女，在家庭和社会的地位较高，对健康有保护作用。就业与个人经济都源于教育，部分文化程度较低的成年妇女难以获得就业机会，造成妇女没有独立的经济收入，使她们在家庭和社会中处于附属地位，从而影响她们的健康。

3. 家庭暴力 是指家庭成员中一方对另一方实施暴力的行为，其形式包括殴打、罚跪、捆绑、拘禁等体罚形式，也包括威胁、恐吓、辱骂等精神虐待。家庭暴力直接作用于受害者身心，使受害者身体或精神感到痛苦，损害其身心健康和人格尊严。家庭暴力发生于有血缘、婚姻、收养关系等生活在一起的家庭成员之间，在某些地区妇女受丈夫的暴力侵害较为普遍，严重侵犯了妇女的身心健康和生命安全。

4. 未婚先孕和婚前流产 随着社会经济的发展，人们的婚姻与性观念正经历着快速变化。调查结果表明，青年人对于婚前性行为、婚前同居的接受度越来越高。在婚前性行为和婚前同居现象快速增加的同时，有些青年人的避孕意识与避孕行动却没有同步跟上，由此导致的非意愿的未婚先孕和婚前流产数量增加。在某些地区，公众对上述现象形成的未婚先孕、婚前流产，以及单身妈妈情况多数持否定态度，由此导致的女性身心健康问题较为突出。

5. 心理因素 以上几个方面都会对女性心理产生一定程度的影响，从而影响身心健康。例如，产后抑郁、全职母亲的家庭地位对女性心理的影响，以及“丧偶式育儿”产生的心理压力等。

（二）妇女健康服务

妇女在生理上比男性更加脆弱，需要更多的保护。女性一生中的后四个时期，在每个时期均应有针对性的健康服务（图16-1）。

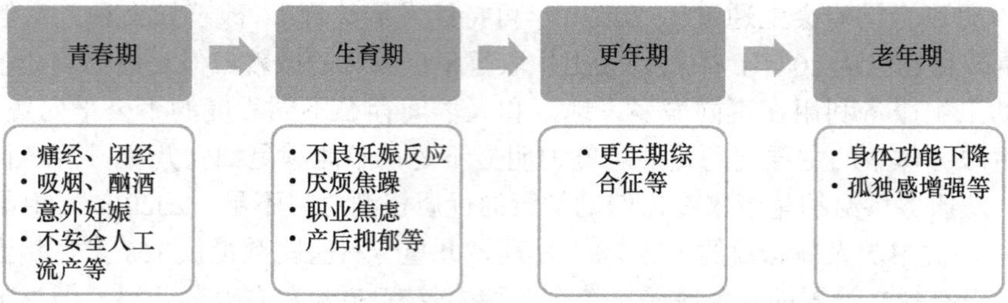

图 16-1 妇女生命后四个时期可能存在的健康问题

三、影响儿童卫生服务的社会因素

（一）影响儿童健康的社会因素

1. 社会经济状况 世界各国儿童的健康状况与其社会经济发展程度明显相关。自19世纪以来，随着全球经济的迅速发展，大多数国家儿童生长速度加快，生长水平提高，性发育提前。但生长的长期变化是有一定限度的，达到最大限度的迟早与营养、经济、卫生以及教育文化水平等因素密切相关。目前，在发达国家的部分人群中，身高增长已呈停滞现象，月经初潮年龄也无明显提前。

2. 家庭因素 家庭是社会的重要组成部分。社会的经济、文化、生活环境等许多因素往往是通过家庭直接或间接地影响儿童的健康。家庭因素包括家庭在社会中所处的阶层，父母的受教育程度、职业、性格和育儿方式，家庭生活方式、饮食习惯等。其中，最重要的是家庭经济状况、父母的文化素质和育儿方式。这些因素会潜移默化地作用于儿童，影响他们的身心发育。

3. 营养 是生长发育最重要的物质基础。儿童常见的营养问题有进食过多，造成肥胖而引发各种疾病；进食过少或偏食、挑食，造成营养缺乏或各种营养素的摄入不均衡、膳食结构不合理，引起生长发育迟缓，免疫功能低下。

4. 体育锻炼 是促进身体发育和增强体质的最有利因素。在保证营养充足和均衡的前提下，体育锻炼可以充分发挥机体的生长潜能，全面提高儿童身体形态、功能的发育水平，并可提高细胞免疫活性及体内非特异性免疫水平。

5. 生活作息方式 合理安排儿童青少年的生活作息方式，使其有规律、有节奏地生活，保证足够的户外活动和适当的学习时间，定时和充足的睡眠可以促进儿童健康成长。

（二）儿童健康服务

儿童期分为婴儿期（含新生儿期）、幼儿期、学龄前期、学龄期、青春期五个时期，儿童保健包括这五个时期的健康服务（图 16-2）和儿童心理卫生服务。

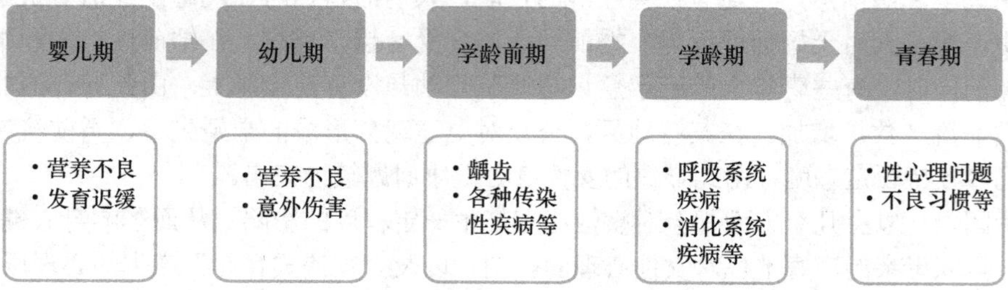

图 16-2 儿童生命各期可能存在的健康问题

（三）留守儿童的健康服务

留守儿童是指父母双方或一方流动到其他地区，孩子留在户籍所在地，不能和父母双方共同生活在一起的不满 16 周岁的未成年人。这些孩子主要是社会转型时期农村大规模劳动力到城市就业后出现的一个特殊的社会群体，但留守儿童并不是问题儿童。留守儿童问题已经成为我国一个重要的社会问题。

留守儿童的健康问题并不单纯是指因父母长期外出所引起的孩子情感缺失或心态异常的问题，而是社会、学校、父母、监护人与留守儿童自身等多种因素交互作用的产物。留守儿童的健康问题主要表现在：①营养不良。这是隔代照顾留守儿童所造成的严重健康问题，儿童家长及其主要监护人营养知识缺乏是导致留守儿童营养不良的主要原因。②心理行为问题。在缺乏父母关爱和正常家庭氛围环境下成长起来的儿童，往往缺乏安全感，容易表现出孤僻、胆小、自卑等心理特征，并且其人际交往能力也较差。部分留守儿童因缺乏父母监管，较早染上吸烟、酗酒等不良行为习惯。③意外伤害。由于监管不力等多方面原因，留守儿童溺水、触电、车祸等意外伤亡事故时有发生。④传染性疾病。农村留守儿童面临着传染性疾病的威胁，其主要原因包括传染源接触机会增大、免疫接种率相对较低、不能及时就诊等。

解决留守儿童问题的主要社会措施包括：①改革现行的城乡二元结构的户籍制度和与之相关的就业及教育体制，消除城乡差别，从根本上消除留守儿童产生的条件；②发挥社区综合教育功能，调动社会各方面的力量，形成社区-学校-家庭立体式的教育管理网络；③开设心理健康辅导课堂，开展丰富的课外活动，弥补学生放学后或节假日的心理孤独感，同时对留守儿童的安全也是很好的保障。

第二节　老年人的健康服务

人口老龄化是指老龄人口在总人口中所占比例不断上升的动态发展趋势，是经济社会发展的结果。按照老龄化社会的划分标准，65 岁及以上老龄人口占比超过 7% 但低于 14% 的为轻度老龄化，65 岁及以上老龄人口占比超过 14% 但低于 20% 的为中度老龄化，65 岁及以上老龄人口占比超过 20% 但低于 40% 的为重度老龄化，65 岁及以上老龄人口占比超过 40% 的则为超重度老龄化。第七次全国人口普查数据显示，截至 2020 年底我国 60 岁及以上人口的比重达到 18.70%，其中 65 岁及以上人口比重达到 13.50%。

一、老年群体的特点、健康特征及卫生服务需求

（一）老年群体的特点

1. 老年人的生理特点　40 岁之后，人体的形态和功能逐渐出现衰老。通常认为，45～64 岁为初老期，65 岁及以上为老年期。老年人身体在形态和功能方面均发生了一系列变化，主要表现在：①机体组成成分中代谢不活跃的部分比重增加，而细胞数量和细胞内液减少，出现脏器萎缩；②器官功能减退，尤其是消化吸收、代谢功能、排泄功能及循环功能减退。

2. 老年人的心理特点　除了生理上的变化，衰老还与其他一些生命转折点，如退休、搬迁到更合适的住所，以及朋友或伴侣的死亡等生活事件有关。此时，老年人的社会角色发生了急剧改变，容易引起一些不良心理变化。若再有子女分离，伴侣生病或去世，常会导致老年人神经精神调节的障碍。例如，老年人容易有动辄发怒、抑郁、焦虑、孤独、悲凉等体验，还可能出现自卑、衰老感、失落感等消极心理状态，并常伴有食欲缺乏、睡眠不宁、血压波动和疲劳等各种不适感。空巢老人是我们国家存在的另一类特殊群体。子女常年在外工作致使老年人缺少基本的情感关怀及日常生活照料。所以，这类老年人多数有“空巢综合征”，具体表现为失落、孤独、衰老、焦虑和抑郁。

（二）老年人的健康特征

1. 老年人患病模式发生改变　慢性病成为影响老年人健康的主要疾病。随着社会的发展，我

国老年人口的疾病谱和死因谱发生了明显变化，由原先的以呼吸系统疾病和传染病为主转变为以心脏病、脑血管病、恶性肿瘤和呼吸系统疾病为主。同时，老年人在疾病的表现、诊断、治疗及预后方面均有着与其他年龄组人群不同的特点：多病共存，发病缓慢，临床表现不典型，发病诱因不典型，易发生并发症或脏器功能衰竭，药物治疗易导致不良反应等。

“老年病”也是随之产生的一个医学名词，可以概括为以下三类：①仅仅发生在老年人中的疾病，如阿尔茨海默病、前列腺增生、更年期综合征等；②老年期多发病，如高血压、慢性支气管炎、恶性肿瘤等；③各种年龄都有可能罹患的病，由于老年人身体功能的降低和免疫功能的下降而导致其高发，如感冒、一般性外伤和结核病等。

2. 老年人健康服务需求增加 从生物学角度来看，衰老是各种分子和细胞损伤随时间逐步积累的结果。这会导致身体能力逐渐下降，患病及最终死亡的风险日益增加。2018 年调查显示，60 岁及以上老年人口慢性病患病率为 59.1%，比 2013 年增加 8.9%；老年人口多病共患情况较为严重，60 岁及以上老年人口中 23.8% 同时患有 2 种及以上慢性病，比 2013 年增加 7.6%。按照 2018 年老年人口数测算，2018 年老年人口中慢性病患病人数达到 1.47 亿，2 种及以上慢性病患病人数为 5926.2 万人，3 种及以上为 1867.5 万人。

随着我国老年人数量及其患病规模的急剧增加，其对医药、卫生、保健、照护等方面的需求也逐渐增加。此外，人口加速老龄化与农村城市化、家庭小型化、老人空巢化及经济类型转变时期产生的各种矛盾相伴生，老年人的流动率和留守率逐渐上升，更多家庭出现缺少老年人照护者的现象。

二、老年人健康服务需求及其影响因素

老年人生理、心理和社会角色的变化直接影响了老年人的身体健康，导致老年人对卫生服务的需求增加。根据我国最近 3 次卫生服务调查资料显示，老年人两周患病率和慢性病患病率均是人群中最高的，说明老年人有较高的卫生服务需求。

1. 老年人两周患病率和慢性病患病率在各年龄组人群中最高 老年人口数的增加，给现有卫生服务体系带来巨大挑战，如果按 2030 年老年人口 3.98 亿，以 2018 年调查两周就诊率推算，2030 年 60 岁及以上老年人就诊人次将达到 41.5 亿人次，相当于 2018 年全国总就诊人次（83.1 亿）的 50%，即 2018 年现有的卫生资源一半将用于老年人口的医疗服务。同时，老年人健康服务利用也较高，但由于社会经济能力较弱、活动受限及心理问题等多方面的原因，造成老年人未满足的卫生服务需求也较高。

2. 影响老年人健康需求的因素 从既有研究来看，影响老年人健康状况的因素可以大致分为自然属性（性别、年龄、民族），社会经济状况（婚姻状况、居住地、居住方式、教育、职业、生活来源、医疗保险），生活行为方式（吸烟、饮酒、体育锻炼、参加各种活动），患病状况（慢性病患病率、患病种类、住院情况），心理因素（有无抑郁、难过等情绪）五大类，符合生物-心理-社会医学模式。

拓展阅读

我国社会人口老龄化的特点

第一，老年人口规模庞大。我国 60 岁及以上人口有 2.6 亿人，其中，65 岁及以上人口 1.9 亿人。我国有 16 个省份的 65 岁及以上人口超过了 500 万人，其中有 6 个省份的老年人口超过了 1000 万人。

第二，老龄化进程明显加快。2010～2020 年，60 岁及以上人口比重上升了 5.44%，65 岁及以上人口上升了 4.63%。与上个 10 年相比，上升幅度分别提高了 2.51% 和 2.72%。据联合

国经济与社会事务部预测，到2050年我国60岁以上老年人口数将达到4.79亿，占总人口数比重35.1%，中国将成为全球老龄化最严重的国家。

第三，老龄化水平城乡差异明显。从全国看，乡村60岁、65岁及以上老年人的比重分别为23.81%、17.72%，比城镇分别高出7.99%、6.61%。老龄化水平的城乡差异，除了经济社会原因外，与人口流动也是有密切关系的。

第四，老年人口质量不断提高。60岁及以上人口中，拥有高中及以上文化程度的有3669万人，比2010年增加了2085万人；高中及以上文化程度的人口比重为13.90%，比10年前提高了4.98%。10年来，我国人口预期寿命也在持续提高，2020年，80岁及以上人口有3580万人，占总人口的比重为2.54%，比2010年增加了1485万人，比重提高了0.98%。

人口老龄化是社会发展的重要趋势，也是今后较长一段时期我国的基本国情，这既是挑战也是机遇。

三、老年人健康服务的内容

老年人健康服务是一项社会服务的系统工程，需要医疗卫生部门和社会各个方面的密切合作。老年人健康服务在老龄工作中占有重要的地位，其基本任务在于从社会经济、社会保障、医药卫生事业发展的现实出发，结合广大社会力量，动员个人、家庭、社会参与保健，形成自我保健、家庭保健和社区服务相结合的模式，从微观、宏观、横向、纵向等不同层次研究解决老年人健康服务问题，使老年人不脱离社会生活，做到老有所养、老有所医，达到健康长寿的目的。

1. 老年病防治　老年病的特点是病因不明确、病程长、恢复慢，有时会突然恶化。患者常无明显的症状和体征，初期不易察觉，症状出现后又呈多样化。一名老年患者通常同时患有多种疾病，而同一疾病在不同的老年人身上的表现差异很大，不少老年病迄今没有特效的治疗和控制办法。因此，预防老年病的措施应该是综合性的：①因人而异地开展老年人体育活动，增强体质；②加强老年人膳食指导，合理营养；③戒除烟酒等不良生活方式，避免有害刺激；④讲究个人卫生，避免长期卧床，预防呼吸道感染、便秘、劳累、跌倒及其他意外伤害发生；⑤保持精神愉悦；⑥定期体检，长期随访，做到早发现、早诊断、早治疗。

2. 精神卫生　在提高老年人物质生活质量的同时，其精神卫生问题也不容忽视。应通过心理咨询发现老年人心理变化的原因，有针对性地开展干预。例如，增强老年人自主意识，增进生活乐趣；积极健身，劳逸结合；参加社会活动，和谐人际关系；适当运用脑力，培养兴趣爱好；正确对待疾病，培养乐观性格等。此外，整个社会在“未富先老”的特殊条件下，应该特别重视老有所为，从一般的尊老、养老的思维定式中解放出来，充分认识老年人在社会发展中能够起到的重要作用，调动他们的积极性，使他们有机会为社会的发展继续施展智慧和力量，实现老有所为；还要引导老年人选择积极的生活方式，帮助老年人提高对社会发展、周围环境及自身角色变化等的适应能力。

3. 老年人保健

（1）自我保健：是指人们主动行动起来，为个人、家庭、邻里、同事等所进行的有利于保健的活动。它是一种高效益、具有广泛群众性和社会性的保健活动。WHO强调，“个人维护健康的行为比世界上所有的医疗照顾都有用”“主动保健就是预防”。广泛开展自我保健的重要环节就是进行公众健康教育。根据老年人的特点，自我保健教育既要采取深入浅出、喜闻乐见、通俗易懂的宣教与技术指导方法，又要有保健干预措施、健康生活方式的可行措施密切配合，以提高老年人的自我保健能力。

（2）家庭保健：家庭是社会的细胞，对老年人保健具有独特而重要的作用。研究证实，家庭经济状况、文化程度、人员结构、代际关系及住房条件等是老年人保健的先决条件和物质基础。

家庭养老是我国传统的养老模式，大多数老年人的生活照料和日常护理依靠子女，家庭是老年人获得照顾的主要场所。应该重视、利用家庭为老年人提供保健的社会功能，继续保持和发扬家庭养老的优良传统。

4. 老年人的社区服务 随着社会的发展进步，人口老龄化、高龄化的加剧，家庭日趋核心化与小型化及人们价值观念发生改变，我国传统的家庭养老模式正在面临严峻的挑战。同时，人们对养老的需求范围越来越广，质量也越来越高，原有的居家养老模式越来越不能适应未来的需要。社区服务的兴起，为新型养老模式的建立提供了基础。老年人群大部分时间都在社区中度过，在日常生活和精神上比其他群体更依赖社区。社区养老服务将为老年人解决物质供养、生活照料、卫生保健、精神慰藉等问题，每年为老年人提供 1 次免费健康管理服务，包括生活方式和健康状况评估、体格检查、辅助检查和健康指导。同时加强宣传，告知服务内容，使更多的老年人愿意接受服务，做到每次健康检查后及时将相关信息记入健康档案，积极应用中医药方法为老年人提供养生保健、疾病防治等健康指导。随着人口老龄化的加速，社区养老服务已越来越成为社区服务事业发展的重点工程。

5. 医养结合 是指医疗资源与养老资源相结合，集医疗、康复、养生、养老于一体，实现社会资源利用的最大化。医，包括医疗诊治、健康咨询、健康检查、临终关怀等服务；养，包括生活照护、精神心理、文化活动等服务。医养结合的特点可归纳为 8 个字，“有病治病、无病疗养”，就是把医院和养老院合二为一。目前我国失能/半失能老年人数量持续增加，老龄化进程进一步加速，催生了对养老产业的巨大需求，因此应重点发展医养结合型养老机构，增加养护型、医护型养老床位，提高养老服务有效供给。强化养老机构的医疗卫生服务支撑，支持有条件的养老机构开展老年慢性病防治和康复护理服务，鼓励开通养老机构与医疗机构的预约就诊绿色通道。确保老年人在养老的同时，也能得到充分的医疗服务。

6. 老年人的长期护理 根据第四次中国城乡老年人生活状况抽样调查，目前我国不同程度的失能老人数量已增至 4000 万，失能老人的护理成为老年社会保障体系面临的严峻问题，老年护理的需求大大增加。对于老年人群而言，不仅要尽量延长健康寿命，而且要提升独立生活的能力，提高生活质量，从机构、社区和家庭等层面建立完善的照护体系有助于以上目标的实现。国际上，长期照护服务所采取的方式受到不同国家政治、经济、养老体系和文化的影响。较明显的趋势是，许多国家已开始将养老服务从机构养老转向居家养老和社区养老，主要的原因是机构养老的成本较高，且大部分老人更愿意接受居家养老和社区养老。

长期照护服务既不同于养老服务，也不同于临床护理服务。养老服务强调对老年人的日常生活照料，临床护理服务强调对疾病患者治疗后的护理和康复。长期照护介于两者之间，旨在为不同程度的失能人群提供维持身心功能的照料和护理。2016 年 6 月，人力资源社会保障部办公厅印发《人力资源社会保障部办公厅关于开展长期护理保险制度试点的指导意见》分别就长期护理保险制度试点中的指导思想、原则、目标、任务、政策要求及管理服务等方面做了总体布局，全国 15 座城市成为长期护理保险试点，拉开了探索发展长期护理保险的序幕。试点既包括了经济较发达的上海、广州等城市，又有经济发展较为滞后的石河子等城市。2020 年 9 月，国家医疗保障局会同财政部共同印发《国家医保局　财政部关于扩大长期护理保险制度试点的指导意见》，将试点城市增至 49 个。

第三节　残疾人的健康服务

残疾是指由各种原因造成的身心功能障碍，导致不同程度地丧失正常生活、工作和学习能力的一种状态。世界卫生组织根据残疾程度由轻到重，将其分为缺损、残疾和残障。我国《残疾人保障法》第二条规定：残疾人是指在心理、生理、人体结构上，某种组织、功能丧失或者不正常，全部或者部分丧失以正常方式从事某种活动能力的人，一般包括视力残疾、听力残疾、言语残疾、肢体残疾、智力残疾、精神残疾、多重残疾和其他残疾。残疾人问题是一个全球性的问题，他们作为一个在生理和心理上具有困难的特殊群体，需给予特殊的照顾和保健服务。

一、我国残疾人基本情况

根据第六次全国人口普查所得我国总人口数，以及第二次全国残疾人抽样调查所得我国残疾人占全国总人口的比例和各类残疾人占残疾人总人数的比例数据，推算 2010 年末我国残疾人总人数 8502 万人。其中，视力残疾 1263 万人；听力残疾 2054 万人；言语残疾 130 万人；肢体残疾 2472 万人；智力残疾 568 万人；精神残疾 629 万人；多重残疾 1386 万人。按照残疾等级划分，重度残疾 2518 万人，中度和轻度残疾人 5984 万人。尽管残疾人占全国人口的比例不高，但绝对数值较大，通过有效的康复服务融入家庭、融入生活、融入社会是他们作为公民应有的权利，更是社会应当为其提供的健康保障。

二、残疾人的健康问题及其卫生服务需求

残疾人作为社会成员的组成部分，是社会健康服务的主要对象之一。残疾不但给其个体及家庭带来较大痛苦，而且也增加了家庭和社会的经济负担。肢体残疾人由于躯体的残缺，行动不便，极少进行体育锻炼，身体素质差，免疫力低下。一项调查显示，肢体残疾人的两周患病率为 22.92%，慢性病患病率为 31.61%，高于其他人群；而两周内每千人就诊人数为 75.79 人，就诊次数为 81.33 次，均低于其他人群；一年内住院率为 105.40%，高于其他人群；两周患病未就诊率和应住院未住院率分别为 669.4%、662.7%，住院陪护率是全人群的 4 倍。各类残疾人体格检查结果显示，残疾人的妇科疾病、屈光不正、贫血、血脂增高、乙肝表面抗原阳性和心电图异常的发生率均高于正常人。残疾儿童的死亡率远高于正常儿童，营养不良、胃肠感染和呼吸系统感染是失明儿童、智力发育迟缓儿童及行动不便儿童死亡的主要原因。

可见，残疾人的卫生服务需求明显高于普通人。此外，残疾人作为一个特殊群体，有着独特的心理表现，如孤独、自卑、敏感、自尊心强、情绪反应强且不稳定等。这种心理和认知特点往往影响残疾人对卫生服务的需求和利用。

三、残疾的康复与预防

残疾人卫生保健的目的是通过社会各方面的努力，积极预防残疾的发生，为残疾人提供综合的康复保健服务，促进残疾人群健康，实现残疾人“平等、参与、共享”的目标。

（一）残疾预防与康复的主要策略方针

1. 世界卫生组织的策略　WHO 在对残疾问题的策略和方针中指出，要在卫生部门内外，通过采取减少缺损发生的各种措施来预防残疾。如果出现缺损，则采取措施减轻缺损的严重程度，或推迟伤残和残障的发生。根据初级卫生保健原则，提供以基层医疗卫生机构为基础的康复服务，为残疾人提供最基本的保健内容。

2. 我国的策略　我国自 20 世纪 80 年代初开始系统地开展残疾人康复工作，相继颁布了一系列相关政策、法律和法规，要求国家各部门从各个方面协同做好残疾预防工作。不同的历史时期，我国开展的重点残疾预防措施各不相同。如“九五”期间主要残疾预防措施是降低先天性残疾发生率，消灭脊髓灰质炎，降低药物致聋发生率，消除碘缺乏病及碘缺乏致残，减少工伤、交通事故等意外伤害致残等；“十五”期间预防残疾的主要措施是减少出生缺陷；“十一五”期间的主要残疾预防措施是实施大规模的白内障复明手术等早期康复和广泛开展“爱眼日”“爱耳日”“精神卫生日”“防治碘缺乏病日”“防治麻风病日”等重点宣传教育活动；“十二五”期间的主要任务是

"建立综合性、社会化预防和控制网络，形成信息准确、方法科学、管理完善、资源共享、监控有效的残疾预防机制"，并"实施重点预防工程，有效控制残疾的发生和发展"。2008 年 3 月，中共中央 国务院印发的《中共中央 国务院关于促进残疾人事业发展的意见》明确指出，促进残疾人事业发展，改善残疾人状况，已成为全面建设小康社会和构建社会主义和谐社会一项重要而紧迫的任务。2016 年 10 月，中共中央 国务院印发的《"健康中国 2030"规划纲要》明确要求"制定实施国家残疾预防行动计划，增强全社会残疾预防意识，开展全人群、全生命周期残疾预防，有效控制残疾的发生和发展"。

（二）残疾人康复工作

《"健康中国 2030"规划纲要》提出，将残疾人康复纳入基本公共服务，实施精准康复，为城乡经济困难残疾人、重度残疾人提供基本康复服务。完善医疗机构无障碍设施，改善残疾人医疗服务。进一步完善康复服务体系，加强残疾人康复和托养设施建设，建立医疗机构与残疾人专业康复机构双向转诊机制，推动基层医疗卫生机构优先为残疾人提供基本医疗、公共卫生和健康管理等签约服务。国务院办公厅印发《国家残疾预防行动计划（2021—2025 年）》及《"十四五"残疾人康复服务实施方案》，对"十四五"期间残疾预防和残疾人康复工作做出部署。

1. 社区康复 充分利用城乡基层卫生组织（一级医院、社区卫生服务机构、乡镇卫生院、村卫生室）、医务人员、志愿者和家属开展社会调查，去发现残疾人，并帮助他们进行残疾疾病的预防和康复治疗。我国有比较健全的基层卫生保健网络，残疾人康复机构与人才队伍在不断加强，社区康复工作得到了进一步深化（表 16-4）。

表 16-4 残疾人康复机构与人才队伍建设基本情况

项目	2016 年	2018 年	2020 年
视力残疾康复服务人数（万人）	40.0	120.5	114.6
听力残疾康复服务人数（万人）	18.5	66.1	81.6
肢体残疾康复服务人数（万人）	135.7	592.3	542.8
智力障碍康复服务人数（万人）	23.1	83.8	86.4
精神病防治康复服务人数（万人）	62.6	150.8	178.4
残疾人康复机构（个）	7 858	9 036	10 440
辅助器具服务机构（个）	1 711	1 929	2 027

资料来源：国家统计局统计年鉴数据

2. 家庭保健 残疾人时常需要他人的帮助来完成基本日常生活，多数残疾人是独居或大部分时间单独留在家中，因此，家庭保健具有十分重要的意义。家庭残疾人保健是基层康复服务的重要组成部分。开展家庭残疾人保健服务，首先应训练残疾人和他们的家属；其次，训练内容要以着重指导残疾人及家属进行自我保健为主，而非着眼于直接提供治疗。此外，根据需要安排专业人员到残疾人家里进行检查与治疗，帮助他们进行各种锻炼与功能训练，提高其生活自理能力。

3. 恢复社会功能 残疾问题不仅是卫生保健问题，也涉及社会的保障与服务问题。应遵循整合的"社会生态模式"康复理念，强调恢复个人的社会功能。必须把残疾人的问题放在社会环境中，促进其与环境的互动和联系，促使残疾人更好地康复，参与社会生活，增进社会功能，提高生活质量。因此，社区康复服务的内涵必须扩大，应包括心理康复、社会康复、建立残疾人组织、社区志愿服务网络等。真正实现残疾人融入社会、参与社会活动、获得社会支持。

（三）残疾人康复服务面临的主要问题

1. 残疾人康复机构数量不足，各地区发展不均 我国的残疾人数量远超 8500 万，康复需求量较大，目前机构数量尚不能完全满足全国残疾人的全部康复需求。随着一系列法律法规和条例的出台，残疾人康复机构的建设、管理、监督等方面都逐渐完善，但是仍存在着各地区间发展不平衡、康复资源分布不均衡等问题。由于地区经济发展不平衡，各地区的康复机构数量有所不同。比如，在西部地区残疾人康复机构数量基数较小，发展相对较慢，并不能很好地满足该地区残疾人对康复服务的需求。

2. 康复人员按残疾人口数量配置具有明显的地域差异　部分地区现有的康复人员数量和质量尚不能满足日益增长的康复服务需求。此外，残疾人由于残疾的类别和等级多种多样，康复服务的方式也大不相同。残疾人康复服务的需求日益增长，但目前的康复服务供给仍然不平衡，特别是低收入残疾人和重度残疾人，不仅面临着残疾的痛苦，还面临着康复服务问题，与社会生活脱节，这是残疾人康复服务面临的重要问题。

（四）社会保障

截至 2022 年底，参加城乡居民基本养老保险的残疾人数达 2761.7 万。1209.3 万残疾人领取养老金。60 岁以下参保的残疾人中，692.3 万重度残疾人和 285.5 万非重度残疾得到参保缴费资助。

残疾人托养服务工作稳步推进，开展残疾人托养服务的各级各类机构达 8906 个，其中寄宿制服务机构 1763 个，日间照料机构 4135 个，综合性服务机构 1362 个。15.5 万残疾人通过寄宿制和日间照料服务机构接受托养服务，47.2 万残疾人接受居家服务。

（五）残疾的预防

2021 年 12 月 14 日，国务院办公厅印发《国家残疾预防行动计划（2021—2025 年）》（以下简称《行动计划》），对进一步加强残疾预防，有效减少和控制残疾发生、发展，保障人民群众生命安全和身体健康做出部署，明确了“十四五”期间我国残疾预防工作的指导思想、基本原则、工作目标、主要行动和保障措施，强调要坚持以人民为中心的发展思想，贯彻预防为主的方针，以基层为重点，以改革创新为动力，将残疾预防融入经济社会发展各领域，全民动员、科学施策、依法推进，提高全社会残疾风险综合防控能力，有力保障人民群众生命安全和身体健康。到 2025 年，覆盖经济社会发展各领域的残疾预防政策体系进一步完善，全人群全生命周期残疾预防服务网络更加健全，全民残疾预防素养明显提升，遗传和发育、疾病、伤害等主要致残因素得到有效防控，残疾康复服务状况持续改善，残疾预防主要指标处于中高收入国家前列。

针对遗传和发育、疾病、伤害等主要致残因素防控，《行动计划》提出，实施残疾预防知识普及、出生缺陷和发育障碍致残防控、疾病致残防控、伤害致残防控、康复服务促进五大行动，落实好“建立完善残疾预防科普知识资源库”“加强儿童早期筛查和早期干预”“加强慢性病致残防控”、“加强道路交通和运输安全管理”等工作任务。同时，《行动计划》要求从加强组织领导、健全技术支撑体系、开展监测评估、做好宣传引导等方面做好实施保障，要求各地结合实际研究制订本地残疾预防行动计划，健全工作推进机制，保障工作条件，加强统筹调度，确保实现各项任务目标，各有关部门按照职责分工，将所承担的残疾预防工作任务纳入重点工作安排，逐项抓好落实。

第四节　流动人口的健康服务

流动人口（floating population）是指离开户籍所在地市、县或市辖区，到户口所在地以外的地区从事务工、经商、社会服务等各种经济活动的人群，排除旅游、上学、访友、探亲、从军等人群。衡量流动人口的基本尺度是其涉及的空间及持续时间。在空间尺度上，可按流动距离对流动人口分类或按一个社会的政治、经济活动的空间组织形式（区域）分类，可以按区域划分为省际、县际、乡际流动人口，还可按城市、农村区分。在时间尺度上，可按流动人口出行规律分为定期流动人口和非定期流动人口，在定期流动人口中，又可根据当事人离开常住地在外居留时间的长短，划分为每日流动、季节性流动和周期性流动人口。

流动人口问题是影响中国未来社会发展的重要议题。自改革开放及20世纪末放松对人口流动的管制以来，大规模的人口流动正日益影响着中国的社会变迁和城市化进程。由于户籍与城市基本公共服务相绑定，这些流动人口无法享受与当地城市居民相同的基本公共服务。

一、流动人口的基本特征

1. 年龄和性别结构 此人口年龄结构以青壮年为主，主要集中在25～50岁，其中又以25～35岁占比最高。少年和老年往往作为青壮年的跟随者而流动。

2. 文化和就业结构 绝大部分人受教育程度较低。但有明显的地域和职业区别。就业的流动人口从事行业主要集中在制造业、批发零售业、住宿餐饮业、社会服务业和建筑业。在以上五大行业就业的流动人口占全部就业流动人口的八成以上。接近五成的流动人口在私营企业就业，其次为个体工商户和三资企业。就业的流动人口中以雇员和自营劳动者身份为主，雇主身份者较少。

3. 家庭结构 家庭候鸟式迁移现象越来越突出。在工业化初期，主要是男性重体力劳动流动人口迁居到城市谋工求职，这些人当中也存在家属关系，主要表现为父子外出打工，成年已婚女性留守农村。到工业化中期阶段之后，流动人口尤其是随着女性务工人员在城市就业需求的增加，使得流动人口呈家庭式迁移，表现为夫妻携带子女的迁移。最近几年，伴随城市公共资源向流动人口的逐渐开放，家庭化候鸟式迁移的数量越来越多，这从流动人口子女数量的增加上可以明显感知到。由此可见，流动人口将不再表现为短期的迁徙，而会增加市民化与移民化特征。

4. 规模与发展趋势 国家统计局发布的第七次全国人口普查数据与第六次全国人口普查数据相比，人户分离人口增长88.52%，流动人口增长69.73%（表16-5）。从流向上看，当前我国的人口迁移主要呈现为农村向城市迁移、中西部地区向东部省份迁移两大趋势，人口持续向沿江、沿海地区和内地城区集聚，长三角、珠三角、成渝城市群等地的人口增长迅速，集聚度加大。

表16-5 历次普查流动人口（万人）

普查年份	人户分离人口	流动人口
2000年	14 439	12 107
2010年	26 139	22 143
2020年	49 276	37 582

数据来源：国家统计局第七次全国人口普查数据

5. 劳动力的权益保障 流动人口的主体是农民工，因其整体素质不高且流动性较大，其劳动权益保障较差。根据国家统计局2021年国民经济和社会发展统计公报，全国农民工（年度农民工数量包括年内在本乡镇以外从业6个月及以上的外出农民工和在本乡镇内从事非农产业6个月及以上的本地农民工）总量为29 251万人，比上年增长2.4%。其中，外出农民工17 172万人，增长1.3%；本地农民工12 079万人，增长4.1%，大部分人未签订劳动合同。此外，流动人口平均每周工作时间较长，工作时间强度大，并且时有欠薪的现象发生。与城市非农业户籍的人口相比，流动人口，特别是农民工，一般是在工资较低、工作条件差、就业不稳定、无医疗保险、无社会保障、无升迁机会的城市非正规就业。

二、流动人口的健康问题及其影响因素

流动人口由于健康状况差，客观上需要更多更完善的医疗卫生服务，而我国现有的卫生资源

是根据常住人口而配置的。流动人口的剧增，不但加重了流入地医疗卫生系统的负担，而且流动人口本身也两方都得不到基本的医疗卫生服务。因流动人口主要就业于非正规劳动力市场，收入水平偏低，医疗保险覆盖率低，支付能力弱；医疗服务市场政府失灵，服务价格与费用较高，导致供给与支付能力不匹配。车站、码头及商业网点、人员流动量大的闹市地带和城乡接合部往往成为流动人口的聚集区，而这些恰恰是医疗卫生机构分布最少的地区，使得流动人口看病、就医难问题更加突出。

（一）流动人口的健康问题

1. 妇幼健康 流动人口卫生保健服务利用率低于常住人口，孕产妇死亡率和围产儿死亡率均明显高于常住人口，儿童计划免疫率相比之下较低，麻疹、新生儿破伤风等发病人群主要是流动人口。此外，流动妇女的未婚先孕和婚前流产问题相对较严重，她们进行婚前性行为甚至性交易的风险更高，未婚先孕的比例更高。

2. 传染病

（1）艾滋病：人口流动本身与艾滋病并无关系，但人口流动与艾滋病病毒传播因素相结合，导致了艾滋病病毒的加速传播。艾滋病“青睐”流动人口主要原因是：①流动人口群体大多为正值性活跃期的青壮年，大部分人处于独身或夫妻两地分居但又相对自由的状态，陌生的环境及来自精神、物质、生理上的需求，导致不安全性行为较为活跃；②流动人口具有文化水平低、工作条件差、社交范围窄等特点，且缺乏必要社会支持，较少得到有关艾滋病的信息、卫生服务和预防方法，加上流动性大，使经性途径传播艾滋病的危险处于较高的水平，他们一旦感染了艾滋病，就有可能成为不知情的隐形传播者。

（2）结核病：流动人口结核病患病率较高，卡介苗接种率较低，机体缺乏对结核病的特异性免疫力。流动人口往往经济状况低下，居住条件简陋，预防保健条件较差。一旦感染，发病的机会增加，特别是有传染源后容易引发流行。流动使结核患者治疗不规律，可导致继发性耐药比例较高，成为结核病控制效果趋缓的重要因素。

（3）疟疾：近年来，在许多疟疾流行程度较低或已达到基本消灭疟疾的地区，如福建、山东、广西和浙江等地，因流动人口大幅度增加而导致疟疾发病率回升，甚至局部地区出现暴发流行。由于人口大量流动、疟原虫和媒介按蚊抗药性的产生与扩散，全国疟疾流行最严重的云南和海南两省的疟疾流行态势趋向回升，向内地输出的病例也日益增多。

3. 精神健康 因为户籍制度及带来的医疗、教育、土地等政策的影响，流动人口无法和当地户籍人口享受同样的福利待遇，呈现出一种“半城镇化”的状态，而“人户分离”的无奈所导致的流动人口无法融入城市，他们的幸福感不仅会降低，同时可能衍生出焦虑、自卑等心理问题。流动人口面临的环境变化和生活压力经常是造成不良精神和心理状态的原因。例如，往返交通中长时间的拥挤疲劳，流水线上单调紧张的工作，失业或意外事件造成的焦虑，因婚姻等问题造成的烦恼，以及孤独无助等感觉，都可能诱发精神疾病。

（二）流动人口健康状况的影响因素

流动人口社会融入过程中，流动人口在与当地居民相互接触和相互适应等互动关系过程中，往往处于被动或弱势，在医疗等资源分配与流入地居民相互竞争利益领域，绝大部分流动人口被排斥和边缘化，无法在基本公共服务方面得到同等待遇。

对流动人口而言，社会经济地位会影响其健康状况，其收入水平越高，健康状况越好。从个人心理因素来看，年龄、性别、婚姻状况、教育水平是健康状况的影响因素。个人健康自评调查结果显示，没有医保的流动人口健康状况优于有医保的人群，可能是因为其感觉自身健康状况良好。

值得注意的是，流动人口的社会融合及流入地的卫生服务对其健康状况也有较大影响。流动范围小、持有当地暂住证、在当地建档情况较好的人，其健康状况更好。此外，社会融合对流动人口的健康有正向影响，被接纳进流入地的社会生活以及取得当地居民和政府的社会认同，有利于流动人口的健康。对于大多数流动人口而言，流入地的公共卫生服务水平是影响其迁移决策的重要因素，较高的地区公共卫生服务水平吸纳流动人口向这一区域聚集。

三、改善流动人口健康和卫生服务的策略

医疗卫生服务是流动人口的基本健康需求，在缺乏城市资源积累的情况下，流动人口在迁入地需要交纳基本医疗费用，不利于其融入城市的生活中。然而良好的健康状况是流动人口从事经济生产和参与社会事务的必要前提条件，但由于目前的医疗资源相对有限，所以医疗价格常常处于高位，导致医疗卫生在促进行为、经济和社会融入路径受阻。因此，为了增强流动人口的社会融入度，一方面，要建立更为全面的医疗保险制度，降低基本医疗费用；另一方面，在健康中国战略和流动人口公共卫生服务均等化背景下，政府应介入优化公共卫生资源配置，提高健康教育服务水平，落实和完善健康档案登记，以实现健康公平视角下的服务“均等化”，提高公共服务和资源的利用率。

1. 制定相应的政策、法规 把流动人口的卫生服务纳入“人人享有”的卫生法治轨道，为流动人口提供公平、便利的服务。扩大医疗保险覆盖面，将流动人口纳入流入地的社会医疗保障体系。

2. 合理配置卫生资源 根据流动人口的分布，在落实已有的基本公共卫生服务项目和资源分配的基础上，更重要的是增加人流聚集地带、城乡接合部的医疗卫生机构设置和卫生人力资源的结构分布，针对不同经济社会地位群体实施差异化的医疗卫生服务政策。

3. 加强流动人口健康知识和技能培训 健康知识和技能培训对于提高居民自我保健意识、改善自我健康行为、最终提升生活质量具有重要作用。教育形式和内容应注意针对流动人口的特点，普及传染病防治和意外伤害防范知识。必要时在流动人口集中务工企业或集中居住地开展健康促进专项活动。

4. 建立和健全流动人口健康管理体系 根据流动人口的特点、流动过程及不同行业的特点，开展性传播疾病、艾滋病监测工作，摸清疾病流行特点。建立健全流动人口健康档案，为居住6个月以上的流动人口建立统一、规范的健康档案，及时掌握流动人口的健康状况；为流动孕产妇、儿童建立统一的保健管理档案；加强妇幼保健知识宣传。

思 考 题

1. 如何正确认识我国妇幼健康服务工作的发展？

2. 为什么说社会老龄化既是机遇又是挑战？

3. 残疾人健康服务最重要的方面是什么？

4. 请从实践的角度，结合我国基本国情，谈谈你对如何提高我国流动人口卫生服务质量策略的认识。

第十七章　不同场景的健康服务

【学习目标】

1. 掌握不同场景健康服务的基本概念及具体内容。
2. 熟悉不同场景健康服务的特点及方式、方法。
3. 了解不同场景健康服务的相关理论或策略。

社区、家庭、职业场所和学校是人类社会生活中最有代表性的场景。不同场景下健康服务的对象、内容和方式等有所不同，健康服务只有落实到不同场景中，才能满足人群多元的健康需求。针对社区、家庭、职业场所和学校开展健康服务，不断提升不同场景下人群的健康水平和生活质量，为社会健康提供坚实保障。

第一节　社区卫生服务

一、社区卫生服务的概念

社区卫生服务（community health service，CHS）是社区建设的重要组成部分，是在政府领导、社区参与、上级卫生机构指导下，以基层卫生机构为主体，全科医师为骨干，合理使用社区资源和适宜技术，以人的健康为中心、以全人群为对象、以家庭为单位、以社区为范围、以需求为导向，以妇女、儿童、老年人、慢性病患者、残疾人等为服务重点，以解决社区主要卫生问题、满足基本卫生服务需求为目的，融预防、保健、康复、健康教育、计划生育技术服务和一般常见病、多发病的诊疗服务等于一体的，有效、经济、方便、综合、连续的基层服务。

二、社区卫生服务的特点

（一）以健康为中心

社区卫生服务以人的健康为中心，就需要从身体、心理、社会适应和道德“四维健康观”的角度去看待健康，而不是以患者或疾病为中心。因此，社区卫生服务提供者不仅要及时地筛查、诊断、治疗疾病，而且要从“整体人”的角度全面考虑服务对象的健康需求，有针对性地为其提供个性化服务，倡导和动员社区人群主动选择健康生活方式，以达到预防疾病、促进健康的目的。

（二）以全人群为对象

社区卫生服务的对象为社区、社区居民及其家庭，包括辖区内的常住居民、暂住居民及其他有关人员。具体包括以下几类。

1. 健康人群　指符合 WHO 健康标准的人群，即不仅是没有疾病，而且在躯体健康、心理健康、社会适应良好和道德健康四个方面皆健全的人群。

2. 亚健康人群　指机体虽然无明显的疾病，但呈现活力降低、适应能力不同程度减退状态的人群。亚健康状态是由机体各系统的生理功能和代谢过程低下所导致的，是介于健康和疾病之间的一种“中间状态”或“灰色状态”。

3. 高危人群　指容易受到疾病侵扰的人群，包括处于高危环境的人群、对环境有高危反应的人群及有高危行为的人群。高危环境包括高危自然环境（地震、水灾、环境污染等）、高危社会环境（战争、经济危机等）和高危心理环境（人际关系紧张、失业等）。高危反应是指机体对刺激缺乏适应或耐受，当身心和社会刺激达到一定强度和持续时间后，可导致一些疾病，如过敏。高危行为包括吸烟、过量饮酒、药物滥用等。

4. 重点保健人群 指由于自身生理、心理和社会适应状态等因素，容易出现各种健康问题，需要社区予以系统保健的人群，如儿童、妇女、老年人、慢性病患者、残疾人、低收入居民等。

5. 亚临床疾病状态人群 指随着诊断技术的提高，那些没有症状和体征，但是通过实验室检查和影像学检查发现机体出现异常的人群。

6. 患病人群 一般为社区常见健康问题的门诊患者，需要家庭照顾、护理院照顾、院前急救或临终关怀的患者，以及其他一些不需要住院治疗的患者等。

（三）以家庭为单位

家庭是社区的基本组成单位。一个家庭内的每个成员之间有着密切的血缘和经济关系，以及相似的行为生活方式、居住环境、卫生习惯等。因此，在健康问题上通常会有相同的危险因素或保护因素。家庭会通过生理、心理和行为的途径直接或间接影响家庭成员的健康，而家庭成员的疾病或健康状况对其家庭也将产生较大影响。以家庭为单位的服务，需要社区卫生服务提供者根据家庭生活周期的理论，了解在家庭生活周期的不同阶段可能会出现或存在的压力事件，发现可能威胁家庭成员健康的潜在因素，把家庭看作一个整体进行家庭评估，提供家庭服务、家庭咨询，采取家庭治疗。

（四）以社区为范围

许多健康问题不仅仅是个人或家庭的问题，而是源于社区。社区人群特有的文化背景、生活方式、认同意识、生活服务设施、生活制度和管理机构，甚至社区成员的社会网络关系都会影响健康。因此，开展社区卫生服务要从社区的角度入手，发现社区独有的特征，以社区为范围开展群体性干预，改善社区居民健康状况。

（五）以需求为导向

社区卫生服务是以社区全人群为服务对象，其内容和形式都应符合所在社区居民的卫生需求，并充分利用社区资源，发展和应用适宜的技术为社区居民提供经济有效的基本卫生服务。社区卫生服务既要利用对社区背景的熟悉去把握居民个体的相关问题，又要从个体身上总结出群体问题。坚持以需求为导向，一切从实际出发，从社区居民的需求着手开辟服务领域。

（六）综合性服务

社区卫生服务就服务内容而言，包括健康教育、预防、保健、康复、计划生育技术服务和一般常见病、多发病的诊疗服务；就服务对象而言，包含不同年龄、性别、文化背景、社会经济状况和疾病类型；就服务层面而言，涉及生理、心理、社会等各个方面；就服务范围而言，覆盖个人、家庭与社区；就服务手段而言，主要采用适宜技术，充分调动社区资源，利用一切对服务对象有利的方法与工具，包括现代医学、传统医学、替代医学的知识和技能；就服务时间而言，涵盖了人生命周期的各个阶段，从产前咨询开始，包括分娩、婴幼儿生长发育指导、儿童青少年保健、中老年的慢性病管理到濒死患者的临终关怀；就疾病发生、发展过程而言，在健康—疾病—康复的各个阶段，社区卫生服务提供不间断的一级预防、二级预防、三级预防、诊疗和康复服务，从健康促进、危险因素的监测，到疾病的早、中、晚期管理。

三、社区卫生服务的内容

社区卫生服务中心是公益性、综合性的基层医疗卫生机构，承担着常见病和多发病诊疗、基本公共卫生服务和健康管理等功能任务，是城乡医疗卫生服务体系的基础。社区卫生服务的内容可分为基本公共卫生服务和基本医疗服务两部分。

（一）基本公共卫生服务

基本公共卫生服务是指由疾病预防控制机构、城市社区卫生服务中心、乡镇卫生院等城乡基本医疗卫生机构向全体居民提供的服务，是公益性的公共卫生干预措施，主要起到对疾病的预防与控制作用。

1. 居民健康档案管理　服务对象为辖区内常住居民（指居住半年以上的户籍及非户籍居民），以0～6岁儿童、孕产妇、老年人、慢性病患者、严重精神障碍患者和肺结核患者等人群为重点。居民健康档案内容包括个人基本信息、健康体检、重点人群健康管理记录和其他医疗卫生服务记录。管理内容包括居民健康档案的建立、使用、终止和保存。

2. 健康教育　服务对象为辖区内常住居民。健康教育内容包括宣传普及《中国公民健康素养——基本知识与技能（2015年版）》。配合有关部门开展公民健康素养促进行动。对青少年、妇女、老年人、残疾人、0～6岁儿童家长等人群进行健康教育。开展合理膳食、控制体重、适当运动、心理平衡、改善睡眠、限盐、控烟、限酒、科学就医、合理用药、戒毒等健康生活方式和可干预危险因素的健康教育。开展心脑血管、呼吸系统、内分泌系统、肿瘤、精神疾病等重点慢性非传染性疾病和结核病、肝炎、艾滋病等重点传染性疾病的健康教育。开展食品卫生、职业卫生、放射卫生、环境卫生、饮水卫生、学校卫生和计划生育等公共卫生问题的健康教育。开展突发公共卫生事件应急处置、防灾减灾、家庭急救等健康教育。宣传普及医疗卫生法律法规及相关政策。服务形式包括提供健康教育资料、设置健康教育宣传栏、开展公众健康咨询活动、举办健康知识讲座和开展个体化健康教育。

3. 预防接种　服务对象为辖区内0～6岁儿童和其他重点人群。服务内容包括预防接种管理，根据国家免疫规划疫苗免疫程序对适龄儿童进行常规接种和疑似预防接种异常反应处理。

4. 0～6岁儿童健康管理　服务对象为辖区内常住的0～6岁儿童。服务内容包括新生儿家庭访视、新生儿满月健康管理、婴幼儿健康管理、学龄前儿童健康管理和健康问题处理。

5. 孕产妇健康管理　服务对象为辖区内常住的孕产妇。服务内容包括孕早期、中期和晚期的健康管理，产后访视和产后42天健康检查。

6. 老年人健康管理　服务对象为辖区内65岁及以上常住居民。服务内容为每年为老年人提供1次健康管理服务，包括生活方式和健康状况评估、体格检查、辅助检查和健康指导。

7. 慢性病患者健康管理　服务对象为辖区内35岁及以上常住居民中原发性高血压患者和2型糖尿病患者。服务内容包括筛查、随访评估、分类干预和健康体检。

8. 严重精神障碍患者管理　服务对象为辖区内常住居民中诊断明确、在家居住的严重精神障碍患者，主要包括精神分裂症、分裂情感性障碍、偏执性精神病、双相情感障碍、癫痫所致精神障碍、精神发育迟滞伴发精神障碍。服务内容包括患者信息管理、随访评估、分类干预和健康体检。

9. 肺结核患者健康管理　服务对象为辖区内确诊的常住肺结核患者。服务内容包括筛查及推介转诊、第一次入户随访、督导服药和随访管理、结案评估。

10. 中医药健康管理　包括老年人中医药健康管理服务和0～36个月儿童中医药健康管理服务。老年人中医药健康管理服务内容：每年为65岁及以上老年人提供1次中医药健康管理服务，内容包括中医体质辨识和中医药保健指导。0～36个月儿童中医药健康管理服务内容：在儿童6、12、18、24、30、36月龄时，对儿童家长进行儿童中医药健康指导，具体包括向家长提供儿童中医饮食调养、起居活动指导；在儿童6、12月龄给家长传授摩腹和捏脊方法；在18、24月龄传授按揉迎香穴、足三里穴的方法；在30、36月龄传授按揉四神聪穴的方法。

11. 传染病及突发公共卫生事件报告和处理　服务对象为辖区内服务人口。服务内容包括传染病疫情和突发公共卫生事件风险管理，传染病和突发公共卫生事件的发现、登记，传染病和突发公共卫生事件相关信息报告，传染病和突发公共卫生事件的处理。

12. 卫生计生监督协管 服务对象为辖区内居民。服务内容包括食源性疾病及相关信息报告、饮用水卫生安全巡查、学校卫生服务、非法行医和非法采供血信息报告和计划生育相关信息报告。

（二）基本医疗服务

基本医疗服务是指医疗保障制度中对社会成员最基本的福利性照顾，其目标是保障社会成员基本的生命健康权利，使其在防病治病过程中按照防治要求得到基本的治疗，即采用基本药物、使用适宜技术，按照规范诊疗程序提供急慢性疾病的诊断、治疗和康复等医疗服务。

（1）一般常见病、多发病诊疗、护理和诊断明确的慢性病治疗。

（2）社区现场应急救护。

（3）家庭出诊、家庭护理、家庭病床等家庭医疗服务。

（4）转诊服务。

（5）康复医疗服务。

（6）政府卫生行政部门批准的其他适宜医疗服务。

同时，社区卫生服务机构应根据中医药的特色和优势，提供与上述公共卫生和基本医疗服务内容相关的中医药服务。

四、社区卫生服务的方式

社区卫生服务的基本服务方式依据地域环境、卫生服务需求和人口学特征的不同而形式各异。主要分为以患者为中心的个体化服务和以社区为导向的群体性基层医疗服务。在提供社区卫生服务的过程中，组成以患者为中心和社区健康问题为中心的工作团队，提供团队式服务。

（一）以患者为中心的个体化服务

1. 门诊服务 是最主要的社区卫生服务方式，一般包括门诊、留诊观察、急诊，以提供基本医疗服务为主。

2. 出诊或家庭病床服务 是最具特色的社区卫生服务方式。出诊服务多是针对年老体弱者、行动不便者以及病情危急的社区居民等；家庭病床服务的主要对象是慢性病患者、行动不便者、出院后仍需继续观察和康复治疗者以及处于疾病终末期需姑息治疗者等经家庭医生评估确认适合家庭病床治疗者。

3. 社区急救服务 在社区范围内，提供全天候的急诊服务、院前急救等，及时高效地帮助患者利用当地急救网络系统。

4. 家庭医生签约服务 通过与居民签订一定期限服务协议的方式，建立长期稳定的契约关系，全面掌握居民健康状况，为居民提供以基本医疗、基本公共卫生和健康管理为主要内容的连续性健康服务。合理组建家庭医生签约服务团队，明确划分家庭医生服务责任区域，明确签约服务包含的内容（如中医药服务），签订签约服务协议，按照协议提供服务。

5. 转诊和会诊服务 是比较常见的社区卫生服务形式。转诊服务是指在接诊患者过程中，发现患者有转诊指征的，可将患者转诊至二、三级医疗机构专科或专家处就诊；诊疗完毕或病情稳定后，由二、三级医疗机构将患者转回基层医疗卫生机构，接受延续性治疗或健康管理服务。如果因各种原因无法转诊，也可请上级医疗机构的专家来社区会诊。

6. 电话/网络咨询服务 通过电话、网络平台等方式，为社区居民提供健康教育、医疗保健咨询及预约服务等，也可以通过电话、网络平台定期进行随访、督导。

7. 远程医疗服务 远程医疗是通过电子信息和电信技术，进行健康相关服务和信息的远距离交换，以改善患者的健康状况。远程医疗服务是优化医疗资源配置、促进优质医疗资源下沉、提高医疗服务质量和水平、建立分级诊疗制度和解决群众看病就医问题的重要手段。

8. 长期看护服务　主要针对身患多种疾病需要长期医疗护理的老年人，如老年护理院服务。但是，大多数老年人更需要的是长期居家照顾。

9. 临终关怀服务和姑息医学照顾服务　临终关怀又称安宁照顾，姑息医学又称缓和医学，是指给予生命终末期患者的人文关怀、减轻身心痛苦的人性化双重照顾等服务，尽力帮助患者尽可能积极地生活，获得最好的生存质量。

10. 医疗器具租赁服务与便民服务　为减轻患者的经济负担，避免浪费，为家庭照顾中必需的、短期使用的某些医疗器具，如氧气袋（瓶）、简易康复器具等，开展租赁服务，并指导患者或其家属科学有效地使用。

（二）以社区为导向的群体性基层医疗服务

以社区为导向的基层医疗服务是全科医学的基本原则和方法之一，它是一种将社区和个人保健结合在一起的系统性照顾策略。在基层医疗服务中，将以个人为单位、治疗为目的的基层医疗与以社区为单位、重视预防保健的社区医疗两者有机结合起来，即在基层医疗中，重视影响社区人群健康的相关因素，把医疗照顾的范围从单一的临床治疗扩大到社区层面以提供相应的照顾。

以社区为导向的基层医疗服务的实施包括5个基本步骤：①确定社区和目标人群；②确定基层医疗服务机构和团队；③通过社区诊断，确定社区主要问题及其需要优先解决问题的顺序；④根据需要解决的优先问题，制订解决问题的干预方案；⑤监测并评价干预效果。

（三）社区卫生服务的团队工作模式

社区卫生服务团队是为了促进社区健康，使患者得到康复的目标而组成的社区卫生服务工作小组。要形成一个有效的社区卫生服务工作团队，要求团队成员之间必须对社区卫生服务的性质与任务、团队的工作目标高度认同；团队成员之间必须建立良好的沟通机制，并且善于沟通取得处理健康问题或疾病的一致意见；团队成员的知识和技能应该是互补的，通过团队成员的互动和协助，实现共同的工作目标；团队成员愿意共同分享团队所取得的成绩和荣誉。根据团队存在的目的和拥有自主权的大小，可将社区卫生服务团队分为3种类型。

1. 解决患者健康问题的基本医疗工作团队　包括为了解决社区中患者健康问题而组建的门诊工作团队（全科医生、社区护士和相关卫生技术人员）；为了解决患者复杂疾病而组建的门诊会诊团队（全科医生、社区护士、聘请的临床专家等）；为了解决患者特定或重大健康问题或疾病临时组建的门诊照顾团队。

2. 促进人群健康和实施群体健康干预的公共卫生服务团队　通常由预防保健科医生、全科医生、社区护士、社区内政府机构相关人员等组成。

3. 社区卫生服务管理团队　为了保证和不断提高社区卫生服务的质量，卫生行政部门、行业协会或组织，以及社区卫生服务机构内部均可组建社区卫生服务管理团队。

社区卫生服务团队的建设包括6个方面：①明确团队工作的目标和任务；②确定团队成员；③团队成员达成共识；④制定和完善团队工作规划和具体的工作计划；⑤团队成员分工、协作与执行任务；⑥监督和评估。

第二节　家庭保健

一、家庭保健的概念

家庭保健（family care）是以家庭为单位，社区保健人员为帮助家庭成员预防、应对、解决各发展阶段的健康问题，适应家庭发展任务，获得健康的生活周期而提供的服务。家庭保健的目的主要是维持和提高家庭的健康水平及其家庭自我保健功能，具体包括以下三个方面：①提高家庭发展任务的能力；②帮助问题家庭获得健康发展的能力；③培养家庭解决和应对健康问题的能力。

二、家庭保健理论

（一）家庭系统理论

家庭系统理论认为，家庭是受社会文化、历史和环境相互作用的一个“开放系统”，主要用于家庭关系出现问题时，判断家庭在哪个环节、出现了什么问题，用何种方式可以解决。家庭系统具有以下特点。

1. 整体性 家庭成员的变化一定影响家庭整体的变化。例如，丈夫工作忙碌，妻子突然生病住院，那么孩子将会承担相应的家务工作。一旦家庭角色和职务分配发生变化，将会导致家庭整体发生相应的变化。

2. 积累性 家庭整体的功能大于各家庭成员功能的总和。例如，年迈的奶奶生病，生活不能自理，需要人照顾。此时家庭的全体成员（包括夫妻、兄弟姐妹、孙子孙女）聚集在一起，商量如何分工照料老人。家庭成员汇聚一起整体安排的效果好于家庭成员各自安排的效果。

3. 稳定性 家庭系统努力应对家庭内外的变化，维持家庭的安定。例如，新婚期的家庭，夫妻双方各自有婚前家庭的生活习惯，两人组成新的家庭，必然出现难以适应的地方，但他们会尽量互相做出些让步，以适应新的家庭生活，维持家庭的稳定。

4. 周期性因果关系 家庭成员的行为促使家庭内部发生各种变化，产生周期性因果关系。例如，父亲长期酗酒、脾气暴躁，母亲劝说无果、郁郁寡欢导致不能承担家务；孩子看到父母的状态，既害怕又焦虑，造成学习成绩下降；进而使父亲的心情烦躁、借酒浇愁，形成恶性循环。由此可见，家庭成员间的关系不仅仅停留在单一因果关系上，它会连续地影响家庭各成员，而不断出现新的原因和结果，这样周而复始地循环，呈现周期性。

5. 组织性 家庭成员有层次和期望达到的角色。例如，家庭成员是由不同时代和年龄的父母、子女、兄弟姐妹组成，他们既是独立的个体，同时也是相互具有联系的子系统。父母有养育子女长大成人的义务，父母期待子女通过学习而使之社会化，子女遵照父母教诲去做。

（二）家庭压力应对理论

家庭压力应对理论主要阐述当家庭第一次出现或反复出现危机时，要掌握此危机处于哪一阶段，援助该阶段的家庭成员，促进他们提高应对危机的能力，增强其生活能力。此外，还要选择适当的援助方法，挖掘成员中能促进健康家庭的各种潜力，充分发挥其作用。

希尔（Hill）对135个家庭进行了跟踪调查，提出了“ABC-X”模式。A表示压力源事件，B表示家庭应对危机所具有的资源，C表示家庭对事件的认识，X表示家庭危机。该模式主要强调家庭是否产生压力或发生危机，并不是由某些事件直接导致的结果，而是取决于两个变量，即家庭资源和家庭成员对事件的认识。

（三）家庭生活周期理论

1. 家庭生活周期 是指家庭经历从结婚、生产、养育儿女到老年的各个阶段连续的过程。它具有以下特点：①随时间变化；②有起点和终点；③家庭有阶段性的发展趋势，每一阶段都有特定的问题；④有正常的变迁和意外的危机；⑤有生物、行为和社会信息的交流。

2. 家庭生活周期的分期

（1）已婚夫妻无子女阶段：平均2年，主要是与原始家庭脱离，要求彼此性格相互磨合，符合社会经济要求。

（2）养育幼儿阶段：孩子出生到30个月，此时应制订新的计划，以面对父母角色适应、疲劳、经济压力、家庭休闲活动受限制等问题。

（3）有学龄前儿童的阶段：孩子 30 个月到 6 岁之间，主要是孩子的照料及社会化问题。

（4）有学龄儿童的阶段：孩子 7～13 岁，主要是孩子在身体、社会、情感及智力方面的发展问题。

（5）有青少年子女的阶段：孩子 14～20 岁，主要是孩子青春期发育及性方面的问题。

（6）子女离家阶段：约 8 年，两代关系演变为成人对成人的关系，双亲由关注孩子转化为彼此重新关注。

（7）中年父母阶段：约 15 年，重新评估生活目标，安排优先次序，妇女常有情绪危机。

（8）老年阶段：10～15 年，主要是适应退休后的角色和生活，健康状况衰退，丧偶悲伤、孤独等问题。

3. 家庭生活周期问题的预防性指导　当家庭生活周期由一个阶段转入下一个阶段时，由家庭成员共同评价面临的“危险因素”，并提出必要的指导性或纠正性意见，称为预防性指导。其目的是预防家庭内的冲突并缓解压力，预防疾病和促进健康，以及促进家庭功能的健康发展。家庭各生活周期阶段的预防性指导事项如表 17-1 所示。

表 17-1　家庭各生活周期阶段的预防性指导事项

家庭生活周期阶段	主要问题
已婚夫妻无子女	①与原始家庭的关系改变如何；②夫妻双方在财产、情感和价值观方面彼此分享的情况如何；③夫妻双方对时间、金钱、朋友、事业等看法如何；④夫妻之间合作是否默契
养育幼儿及有学龄前儿童	①夫妻间的关系有何改变；②父母对子女的责任应如何分担；③对子女行为应如何处置；④夫妻与其原始家庭之间的关系发生何种改变
有学龄儿童	①婚姻关系的改变和注意力的转移；②儿童对学校的适应情况；③以家庭为单位参与的活动
有青少年子女	①青春期子女如何在责任与自由、依赖与独立之间寻求平衡；②如何讨论性问题；③夫妻与原始家庭之间的关系发生何种改变
子女离家	①夫妻与子女之间的关系如何改变；②家庭角色如何改变；③夫妻的婚姻关系如何改变
中年父母	①子女离家后如何打发时光；②家中成员的失落感发生情况；③身心改变以及由此引发的问题
老年	①夫妻如何适应退休生活；②为老年的到来做了何种准备；③家庭中成员失落感发生情况；④身心改变以及由此引发的问题

三、家庭保健方法

（一）建立家庭健康档案

1. 家庭基本资料　包括每个家庭成员的基本资料，如姓名、性别、出生日期、教育程度、职业、婚姻状况、家庭角色等，以及家庭住址、人数、建档医生和护士姓名、建档日期等。

2. 家系图　以绘图的方式来描述家庭结构及家庭成员的健康和社会资料，是掌握家庭成员健康状况、家庭生活周期、家庭功能及家庭资源等资料的最好工具。

3. 家庭卫生保健记录　记录家庭环境的卫生状况、居住条件、生活起居方式等，是评价家庭功能、确定健康状况的参考资料。

4. 家庭评估资料　包括家庭结构资料、家庭成员资料、家庭生活周期及家庭功能等。

5. 家庭主要问题目录及其描述　主要记录家庭生活周期各阶段存在或发生的生活压力事件及危机的发生日期、问题描述及结果等。对家庭主要问题的具体描述可按照以问题为导向的医疗记录中的 SOAP 形式，即主观资料（subjective）、客观资料（objective）、对健康问题的评估（assessment）、对健康问题的处理计划（plan）。

6. 家庭成员健康资料　在家庭健康档案中，每一个家庭成员应有一份自己的健康资料记录，包括生理、心理、社会方面测量的指标或描述。

（二）开展家庭健康教育

1. 家庭环境健康教育

（1）住宅建设：住宅选址，住宅周围环境布局，住宅建造应注意的具体问题，住宅给水、排水布置，住宅的通风、采暖，室内采光、照明，环境绿化美化要求等。

（2）住宅装修：室内装饰材料的选择、厨房的布置、居室色调、床位和家具的摆放、老年居室的布置、儿童居室及写字桌的正确布置、灯具的选择等。

（3）家庭室内外卫生：居室空气消毒的物理、化学、生物方法，测试和调整居室微小气候，防止空调病，注意开窗通风，扫地除尘，保持厨房的卫生整洁，卫生间的卫生要求，居室养花与空气的关系，庭院绿化与空气净化和气温、空气湿度的关系，保持庭院的卫生与整洁，注意清扫楼道等室外公共卫生区域，注意垃圾和污染物的处理等，警惕来自身边的环境污染（如厨房污染、卧室污染、噪声污染、化妆品污染、吸烟污染等）。

2. 生活方式教育

（1）饮食行为知识教育：人体所需的能量和各种营养物质都来源于饮食。食物的品种、数量、质量、卫生状况及不同膳食方式都与健康密切相关。饮食行为知识教育具体包括：营养知识教育，食品卫生知识教育，食物中毒的防治知识教育，酒、茶及其他饮料相关知识教育等。

（2）起居生活习惯教育：起居生活习惯往往影响家庭成员的睡眠、健康、学习、工作和生活。起居教育内容应包括布置符合卫生要求的居室，正确掌握起居时间，根据不同季节调整冷暖适度的卧具，形成有利于健康的睡眠姿势，孩子的睡眠卫生要求，老年人起居的注意事项等。

（3）休闲、娱乐方式教育：适当的休闲、娱乐有助于人们减轻疲劳、放松紧张的情绪，有利于身心健康，如练习书画、养花种草等。相反，一些不良的娱乐方式或娱乐时间不当，则会对人们的身心健康不利，甚至危及生命安全，如网络成瘾。因此，在家庭中不能忽视休闲、娱乐方式教育。

（4）体育健身活动教育：体育健身活动是现代生活中重要的保健方法之一。跑步、游泳、登山等有氧运动，各种球类运动，太极拳、八段锦等中国传统运动都有着良好的保健作用。家庭成员应根据自身的健康状况和功能特点，选择适宜的体育健身活动类型、持续时间、运动强度和运动频率等。

3. 心理健康知识教育 是家庭健康教育的重要组成部分。在开展家庭心理健康知识教育时，要注意其适应性和针对性，根据家庭成员的不同情况，选择教育内容。具体内容包括：心理健康的标准有哪些，什么叫心理咨询，怎样寻求心理咨询，婴儿期的精神卫生常识，学龄前儿童的精神卫生，中小学生心理障碍的原因和预防措施，如何培养孩子良好的心理素质，怎样对待孩子的逆反心理，青春期可能出现哪些心理状态，恋爱期的精神卫生，失恋心理，父母对子女过严或溺爱的心理危害，父母与子女相处的心理原则，夫妻心理相容的条件，女性月经期的心理表现，妇女孕育期的心理特性，中年人怎样保持心理健康，老年人的心理特点及心理变化，离退休后如何保持心理平衡，怎样摆脱不良情绪的困扰，如何正确面对困难与挫折，嫉妒心理对健康的危害，当有自卑感心理困扰时如何寻求帮助，如何与邻里和睦相处等。

4. 家庭护理与用药知识教育

（1）家庭护理常识：对骨折、腹泻、高热、瘫痪、高血压、冠心病、糖尿病及癌症等患者的家庭护理方法，包括如何预防褥疮，如何做冷/热敷，测体温、数脉搏、看呼吸、量血压的方法，玩具及衣被褥的消毒方法，简单的推拿、按摩及刮痧疗法等。

（2）用药常识：应了解药品的批准文号及有效期，药物的各种剂型，药物的不良反应，正确掌握用药量，失效药物的特征，常备药的收藏保管，旅游用药须知，服用补益、营养药的注意事项，中西药的服用方法，煎中药的方法，忌乱用未经验证的秘方、偏方，注意药物搭配禁忌，滥用药物的危害，烟、酒、茶对药物的影响等。

5. 生殖与性教育 应当本着科学精神，将正确的生殖与性知识采用恰当的形式传播给目标人群。在家庭中开展生殖与性教育，则要巧妙把握传播内容和传播方法，如在夫妻间的教育和在父母与子女间的教育就有较大的区别。

6. 意外伤害教育 可选择人们在日常生活中经常会遇到的问题，例如，煤气中毒后可采取哪些措施，沼气中毒怎么办，怎样防止触电，怎样拯救触电者，怎样防雷击，烫伤、烧伤后如何处理，怎样拯救溺水者，火灾发生后如何脱离危险，怎样做好水灾时的安全防范工作，地震时如何进行自我防护，脑外伤后流血较多怎么办，指压止血法适用于哪些部位的出血，对插入颅腔的致伤物是否能马上拔出，肉中扎刺后怎么办，骨刺鲠喉怎么办，关节扭伤后怎么办，疑有脊柱骨折的患者要采取哪些措施等。

四、家庭健康评估

家庭健康评估目前没有明确的概念，按照健康评估的含义，家庭的健康评估是指在家庭内部实施的综合性健康评估，是为了确定家庭存在的健康问题而收集主观资料和客观资料的过程，其目的是为采取有针对性的干预措施提供科学依据。

（一）家庭健康评估的指征

1. 家庭成员频繁地因非特异性的症状来求诊，如头痛、背痛、腹痛、疲劳、失眠等，特别是没有器质性病变的证据。

2. 过度利用医疗保健机构（资源利用过度）或每个家庭成员都经常就诊。

3. 处理慢性病时遭遇难题，如高血压服药依从性不佳、糖尿病控制血糖不佳及严重气喘发作频繁等。

4. “涟漪”效应，不同的成员出现同样的严重疾病的症状或家庭中接连出现严重疾病。

5. 情绪及行为方面的问题。

6. 配偶间的问题（婚姻及性问题）。

7. “代罪羔羊”或“三角关系”，即将家中未解决的压力以情绪转移的方式移至家庭中成员，如小孩。

8. 与生活方式及环境因素有因果关系的疾病，如酒精性肝病、情绪性消化性溃疡等。

9. 促进健康与预防疾病的活动，包括预防接种、遗传咨询及营养指导等。

10. 家庭发展阶段因预期问题而产生的焦虑，如婴儿的诞生及照顾、青春期叛逆、中年危机、空巢综合征等。

11. 危机，包括失业、意外、死亡、战争、分离等。

（二）家庭健康评估条件

1. 由家庭成员完成。

2. 调查工具简单明确，受教育层次较低的家庭成员也能理解和提供资料。

3. 短时间内可以完成评估。

4. 能适用于不同的社会经济或文化背景的评估对象。

5. 能提供完整的家庭功能资料。

（三）家庭健康评估的内容

1. 家庭生活周期 主要包括：①家庭有几个成员；②家庭成员当前住址在哪里；③家庭处于家庭生活周期的哪个阶段；④这个阶段目前发生的问题有哪些；⑤家庭过去遭遇过的重大问题有

哪些；⑥家庭对这些问题的处理是否满意。

2. 家庭社会心理 主要包括：①谁是这个家庭的决策者；②在这个家庭时期，哪些人应受到重视；③家庭成员各自的期望值是什么，是否已经实现，目前还有哪些期望值；④家庭成员间彼此引起注意的主要因素是什么；⑤家庭成员的个体差异与自我表达方式；⑥家庭成员各自间的容忍度有多大。

3. 社会环境 主要包括：①家庭和亲戚间有多少接触，亲友是前来帮助解决问题还是前来制造问题的；②家庭成员在邻居中是否有很多朋友，成员们参加的社团或团体有哪些；③家庭有无使用社区资源，以后是否还会使用社区资源；④家庭中双亲受教育的程度。

（四）家庭健康评估的工具

1. 家系图 是指将家庭的结构性资料及功能性资料用简单的图谱及文字表述，以形成家庭主要问题的直观性解释。目前家庭评估用的家系图，除了以往的生物医学资料外，还包括家族及家庭成员互动关系的资料。家系图内容主要包括：①家庭结构；②家庭生活周期；③世代间反复出现的模式；④生活经历；⑤家庭关系模式；⑥家庭平衡与失衡。

2. APGAR 家庭功能问卷 该问卷分为两个部分，第一部分为5道封闭式问题，由家庭成员就各问题的满意度分别从经常、有时、几乎很少三个方面进行选择，计分分别为2分、1分和0分。第二部分为个人与其他成员关系的调查，分别选择关系良好、一般和不好。该问卷已被既往研究反复验证，其信效度良好；缺点是特异性较差，且只能测定“主观”满意度。

APGAR是代表家庭功能五个部分单词的首字母，主要内容包括：

A：适应度（adaptation），即家庭面临危机或压力时，内在资源与外在资源的使用情况，以及使用后解决问题的力度。

P：合作度（partnership），即家庭成员对问题的决定权及责任的共享情况。

G：成长度（growth），即家庭成员间相互支持而达到生理、心理和社会适应方面的成熟与自我实现。

A：情感度（affection），即家庭各成员间相互关爱的状况和程度。

R：亲密度（resolve），即家庭成员彼此间享受共同的时间、空间和经济资源的承诺。

拓展资料

家庭APGAR问卷第一部分

填写下列问题，您就能对您的家庭有更好的了解，如果您对您的家庭或本项目还有其他补充，请写在补充说明处。家人是指平常与您住在一起的成员，如果您是一个人居住，请将目前与您最密切的人当作您的家人。

家庭档案号： 填表人： 年 月 日

1. 当我遭遇困难时，可以向家人求助，对此我比较满意。

经常（ ）有时（ ）几乎很少（ ）

补充说明：

2. 家人与我进行问题讨论以及分担问题的方式，对此我比较满意。

经常（ ）有时（ ）几乎很少（ ）

补充说明：

3. 当我希望从事新的事业或发展时，家人能接受并给予支持，对此我比较满意。

经常（ ）有时（ ）几乎很少（ ）

补充说明：

4. 我满意家人对我表达情感的方式，以及对我的情绪（愤怒、悲伤、爱）的反应。

经常（ ）有时（ ）几乎很少（ ）

补充说明：

5. 我很满意家人与我共度时光的方式。

经常（ ）有时（ ）几乎很少（ ）

补充说明：

补充说明：由家庭成员就各问题的满意度分别从“经常”“有时”“几乎很少”三个方面进行选择，计分分别为2分、1分和0分。如总分在7～10分为家庭功能无障碍，4～6分为中度功能不全的家庭，0～3分为重度功能不全的家庭。

医务人员填写：

1. 问卷分数：

2. 家庭功能评估：

签名：

家庭APGAR问卷第二部分

按密切程度将与您住在一起的人（配偶、孩子、重要的人、朋友）顺序写下			与这些人相处的关系（ ）		
关系	年龄	性别	良好	一般	不好

如果你和家人不住在一起你经常求助的人（家庭成员、朋友、同事、邻居）			与这些人相处的关系（ ）		
关系	年龄	性别	良好	一般	不好

3. 家庭圈图 让家庭的每个成员以主观认知分析将代表每一个成员的小圆圈置于代表其家庭的大圆圈内，越大的圆圈代表的权力越大，圆圈之间的距离表示关系密切程度。家庭圈图反映的是成员对家庭的看法及家庭关系网络。家庭圈图的优点是简明，可用来进行各成员比较，也可作进一步切入问题实质的引子，缺点是初看起来不易理解。

4. 生态图 以核心家庭的“家系图”为核心圆，探讨其与外界的其他单位、机构、人员的相互关系。这种生态图有助于指出家庭所处社会环境的基本性质，也可用于治疗，即让家庭成员认识与自身有关的外部环境，引导其思考如何对影响健康问题的因素进行干预，并挖掘和利用相关资源。

第三节 职业健康管理

一、职业健康管理的概念

职业健康管理（occupational health management）是以职业人群为研究对象，以保护和促进职业人群的健康与安全为目标，而采取的各类措施和实施过程的总和。要求各类相关主体包括各级政府及相关卫生行政部门、职业健康服务机构、用人单位、职工及其代表，均采取积极行动以预防和控制职业健康危险因素对从业者的健康造成伤害，创造和维护一个健康和安全的工作环境，从而促进职工的身心健康。

二、职业与健康

（一）职业性有害因素

在生产工艺过程、劳动过程及生产环境中存在的各种可能危害职业人群健康和影响劳动能力的不良因素，统称为职业性有害因素。

1. 生产工艺过程中的有害因素 生产工艺过程是指用特定的方法从各种原材料制成各种成品的全过程，包括原材料的生产、运输和保管、生产准备工作、毛坯制造、零件加工、产品装配、调试、检验和包装等。其过程中影响健康的有害因素主要包括以下内容。

（1）化学因素：在生产中接触到的原料、中间产品、成品和生产过程中的废气、废水、废渣中的化学毒物可对健康产生损害。化学性毒物以粉尘、烟尘、雾、蒸气或气体的形态散布于车间空气中，主要经呼吸道进入体内，还可以经皮肤、消化道进入体内。常见的化学性有害因素包括生产性毒物和生产性粉尘。其中生产性毒物主要包括金属及类金属（铅、锰、砷等），有机溶剂（苯及苯系物、二氯乙烷、正己烷等），刺激性气体（氯、氨、氮氧化物等），窒息性气体（一氧化碳、硫化氢、氰化氢等），苯的氨基和硝基化合物（苯胺、硝基苯、三硝基甲苯等），高分子化合物（氯乙烯、氯丁二烯、丙烯腈等），农药（有机磷农药、有机氯农药、拟除虫菊酯类农药等），生产性粉尘包括矽尘、煤尘、石棉尘、水泥尘及各种有机粉尘等。

（2）物理因素：是生产环境中的构成要素。不良的物理因素可对人体产生危害，如异常气象条件（高温、高湿、低温、高气压、低气压等），噪声，振动，非电离辐射（可见光、紫外线、红外线、射频辐射、激光等），电离辐射（X 线、γ 射线等）。

（3）生物因素：生产原料和作业环境中存在的致病微生物或寄生虫，如炭疽杆菌、真菌孢子（吸入霉变草粉尘所致的外源性变应性肺泡炎）、森林脑炎病毒，以及生物病原物引起的职业性传染等。

2. 劳动过程中的有害因素 劳动过程是指生产中为完成某项生产任务的各种操作的总和，主要涉及劳动强度、劳动组织及其方式等。这一过程中影响健康的有害因素主要包括以下内容。

（1）劳动组织和制度不合理、劳动作息制度不合理，如工休制度不健全或不合理、长期上夜班等。

（2）精神（心理）性职业紧张，如高空作业车驾驶等。

（3）劳动强度过大或生产定额不当，如安排的作业与生理状况不相适应等。

（4）个别器官或系统过度紧张，如发音器官过度紧张、光线不足造成的视力紧张等。

（5）长时间处于不良体位、姿势或使用不合理的工具，如强迫体位导致下肢静脉曲张、颈椎或脊柱变形等。

（6）不良的生活方式，如吸烟或过量饮酒、缺乏体育锻炼、个人缺乏健康和预防的知识、违反安全操作规范和忽视自我保健。

3. 生产环境中的有害因素 生产环境是指职业从事者操作、观察、管理生产活动所处的外环境，涉及作业场所建筑布局、卫生防护、安全条件和设施有关的因素。常见的生产环境中的有害因素主要包括以下内容。

（1）自然环境中的因素，如炎热季节的太阳辐射、高原环境的低气压、深井的高温高湿等。

（2）厂房建筑或布局不合理、不符合职业卫生标准，如通风不良、采光照明不足、有毒与无毒工段均安排在同一个车间等。

（3）由不合理生产过程或不当管理所致环境污染。

（二）职业病

广义上讲，职业病是指职业性有害因素作用于人体的强度与时间超过一定限度，人体不能代偿其所造成的功能性或器质性病理改变，从而出现相应的临床征象，影响劳动能力。《中华人民共和国职业病防治法》将职业病定义为“企业、事业单位和个体经济组织等用人单位的劳动者在职业活动中，因接触粉尘、放射性物质和其他有毒、有害因素而引起的疾病”，同时规定“职业病的分类和目录由国务院卫生行政部门会同国务院劳动保障行政部门制定、调整并公布”。

随着我国社会与经济的发展，2013 年 12 月，国家卫生计生委、人力资源社会保障部、安全监管总局和全国总工会联合组织对职业病的分类和目录进行了调整，印发了新的《职业病分类和目录》，与原有的《职业病目录》相比，仍然将职业病分为 10 类，但对 3 类的分类名称做了调整，并从 115 种增加到 132 种：职业性尘肺病及其他呼吸系统疾病（19 种）、职业性皮肤病（9 种）、职业性眼病（3 种）、职业性耳鼻喉口腔疾病（4 种）、职业性化学中毒（60 种）、物理性因素所致职业病（7 种）、职业性放射性疾病（11 种）、职业性传染病（5 种）、职业性肿瘤（11 种）及其他职业病（3 种）。

人体直接或间接接触职业性有害因素时，是否发生职业病，主要取决于有害因素的性质、有害因素的浓度和强度、个体的健康状况三个方面。基于诱发职业病的主要条件，职业病具有以下 5 个特点。

1. 病因有特异性 只有在接触职业性有害因素后才可能患职业病，在诊断职业病时必须有职业史、职业性有害因素接触的调查及现场调查证据，均可明确具体接触的职业性有害因素。控制相关因素就可以对职业病的发生和发展进行有效防控。

2. 病因大多可以检测 由于职业因素明确，通过对职业性有害因素的接触评估，可检测并评价劳动者的接触水平，而发生的健康损害通常与接触水平有关，并且在一定范围内能判定其剂量-反应关系。

3. 不同接触人群的发病特征不同 由于接触情况和个体差异的不同，可造成不同接触人群的发病特征不同。在不同职业病危害因素的接触人群中，常有不同的发病集丛。

4. 早期诊断，合理处理，预后较好 但仅指治疗患者，无助于保护还在继续接触职业性有害因素的人群健康。

5. 大多数职业病，目前尚缺乏特效治疗，应加强保护人群健康的预防措施 如硅沉着病患者的肺组织纤维化目前仍是不可逆转的。因此，只有采用有效的防尘措施、依法实施卫生监督管理、加强个人防护和健康教育，才能减少、消除硅沉着病的发生和发展。

（三）职业相关疾病

职业性有害因素可使机体的抵抗力下降，造成潜在的疾病暴露或已患的疾病加剧，从而表现为接触人群中某些常见病的发病率增高或病情加重，这类疾病统称为职业相关疾病。世界劳工组织强调高度重视职业相关疾病，将该类疾病列为控制和防范的重要内容，以保护及促进劳动者健康，促进国民经济健康、可持续发展。常见的职业相关疾病，举例如下。

1. 行为（精神）和身心疾病 如精神焦虑、忧郁、神经衰弱综合征，常由于工作繁重、各种类型的职业紧张、夜班工作、饮食失调、过量饮酒、吸烟等因素引起。有时由于对某一职业性有害因素产生恐惧心理，而致心理效应和器官功能失调。

2. 非特异性呼吸系统疾病 包括慢性支气管炎、肺气肿和支气管哮喘等，是多因素引起的疾病。吸烟、环境空气污染、呼吸道反复感染常是主要病因。因生产环境中的化学、生物有害因素主要由呼吸道进入，而许多物理因素又可影响呼吸系统的功能，因此，在许多行业，职业性有害因素导致急、慢性呼吸系统疾病高发，如慢性阻塞性肺疾病、肺癌、下呼吸道感染等。

3. 心脑血管疾病与代谢性疾病 在慢性非传染性疾病中，心脑血管疾病是导致我国预期寿命下降的最重要疾病，糖尿病发病率也在持续增长。生产环境中的各种有害因素能影响血压、心率、血脂和血糖等的系列改变，进而加快了上述疾病的发生和发展。越来越多的研究表明，不合理的轮班作业导致冠心病和糖尿病的发病率显著增加。

4. 其他 如消化性溃疡、腰背痛等疾病，常与某些工作有关，例如，高温作业可引起和加剧消化性溃疡的发生、发展。骨骼肌肉系统疾病在许多职业中高发，不仅严重降低职业生命质量和劳动效率，而且会降低退休后的生活质量并增加疾病的经济负担。

（四）早期健康损害

职业性有害因素对人体的作用可以在分子、细胞、组织、器官、个体及人群水平上表现出来，而职业性有害因素与机体内的各种分子（如DNA、蛋白质等）的交互作用导致了健康损害的早期效应。职业性有害因素大都主要经呼吸道进入人体，直接和（或）代谢后引起一系列反应。如果有害因素过强或机体反应异常，就会出现各种早期健康损害，如血压、血脂和血糖的不良改变，肺功能下降等。

三、职业人群健康管理

（一）职业健康监测

1. 职业健康检查 是指通过医学手段和方法，针对劳动者所接触的职业病危害因素可能产生的健康影响和健康损害进行临床医学检查，了解受检者健康状况，早期发现职业病、职业禁忌证和可能的其他疾病及健康损害的医疗行为。2018 年最新修订的《中华人民共和国职业病防治法》规定，对从事接触职业病危害作业的劳动者，用人单位应当按照国务院卫生行政部门的规定组织上岗前、在岗期间和离岗时的职业健康检查，并将检查结果书面告知劳动者。职业健康检查费用由用人单位承担。

（1）上岗前职业健康检查：对拟从事接触职业危害因素作业的新录用人员或拟从事有特殊健康要求作业的人员进行上岗前职业健康检查。其目的是掌握劳动者的健康状况，发现有无职业禁忌证，建立接触职业病危害因素人员的基础健康档案。上岗前健康检查均为强制性职业健康检查，应在开始从事有害作业前完成。

（2）在岗期间职业健康检查：长期从事规定的需要开展健康监护的职业病危害因素作业的劳动者，应进行在岗期间定期健康检查。其目的是早期发现职业病患者、疑似职业病患者以及劳动者的其他健康异常改变，及时发现有职业禁忌证的劳动者；通过动态观察劳动者群体健康变化，评价工作场所职业病危害因素的控制效果。定期健康检查的周期根据不同职业病危害因素的性质、工作场所有害因素的浓度或强度、目标疾病的潜伏期和防护措施等因素决定。

（3）离职时职业健康检查：劳动者在准备调离或脱离所从事的职业病危害的作业或岗位时，应进行离岗时健康检查。如最后一次在岗期间的健康检查是在离岗前 90 日内，可视为离岗时检查。其目的是确定其在停止接触职业病危害因素时的健康状况。

（4）应急健康检查：①当发生急性职业病危害事故时，根据事故处理要求，对遭受或者可能遭受急性职业病危害的劳动者应及时组织健康检查。依据检查结果和现场劳动卫生学调查，确定危害因素，为急救和治疗提供依据，控制职业病危害的继续蔓延和发展。应急健康检查应在事故发生后立即开始。②从事可能产生职业性传染病作业的劳动者、在疫情流行期或近期密切接触传染源者，应及时开展应急健康检查，随时监测疫情动态。

2. 职业健康监护档案 是健康监护全过程的客观记录资料，是系统地观察劳动者健康状况的变化、评价个体和群体健康损害的依据。职业健康监护档案包括劳动者职业健康检查个人档案和用人单位职业健康监护管理档案，均应妥善保管。

（1）劳动者职业健康检查个人档案内容：①劳动者职业史、既往史和职业危害接触史；②相应工作场所职业病危害因素检测结果；③职业健康检查结果及处理情况；④职业病诊断、治疗、鉴定、工伤鉴定、劳动能力鉴定等健康资料。

（2）用人单位职业健康监护管理档案内容：①用人单位职业卫生管理组织组成、职责；②职业健康监护制度和年度职业健康监护计划；③历次职业健康检查的文书，包括委托协议书、职业健康检查机构的健康检查总结报告和评价报告；④工作场所职业病危害因素监测结果；⑤职业病患者登记表，职业病诊断证明书和职业病报告卡；⑥用人单位对职业病患者、患有职业禁忌证者和已出现职业相关健康损害劳动者的处理和安置记录；⑦用人单位在职业健康监护中提供的其他资料和职业健康检查机构记录整理的相关资料；⑧安全监督管理部门、卫生行政部门要求的其他资料。

（二）职业健康风险评估

职业健康风险评估是通过对毒理学研究、环境监测、生物监测、健康监护和职业流行病学调查获得的研究资料进行综合分析，定性和定量地评价职业性有害因素的潜在健康危害及程度，对其进行职业健康风险管理，制订控制风险的对策措施的方法和过程。

1. 职业健康风险评估的步骤

（1）风险辨识：鉴别可能对健康产生有害影响的活动或暴露、可观察的有害影响的可能原因，对潜在职业病危害进行识别、判别；分析风险的性质、种类、模式、发生的时机和空间条件、发生的实际可能性、影响范围、风险的严重程度等。

（2）剂量-反应关系评价：通过对流行病学资料和动物定量研究资料进行分析，确定暴露量与人群特定健康效应的出现频率之间的关系。

（3）暴露评估：通过询问调查、环境监测、生物监测等方法，对化学毒物进行定性评价和定量评价；职业人群暴露于化学毒物的程度或估测的可能程度，为剂量-反应关系评价和风险评价提供可靠的暴露数据。

（4）风险表征：通过对前三个阶段的评价结果进行综合、分析和判断，获得暴露人群发生职业病危害的可能性，即劳动者由于接触某种化学毒物可能导致某种健康效应的发生概率和预期危害程度的预测，并确定风险可接受性。

（5）风险应对：在分析出风险概率及其风险影响程度的基础上，根据风险性质和决策主体对风险的承受能力而制订风险源控制；回避、降低或者分担职业风险的应对计划。

2. 职业健康风险评估常用方法

（1）检查表法：是职业卫生工作中最传统的一种方法，将对一系列分析项目的分析以表格的形式列出，以确定整个系统的状态。这些项目包括设备、操作、控制、职业病防护设施和职业卫生管理等各个方面。通常由一些对工艺过程、机械设备和作业情况熟悉并富有安全技术和管理经验的人员，事先对分析对象进行详尽分析和充分研究讨论，以确定检查的单元、项目、要求和各项的赋分标准，并将这些内容列成表格。在对系统进行评价、验收时，对照检查表逐项检查、赋分，从而评价出系统的职业病防护设施与措施，并针对查找出的缺陷或隐患提出相应的职业危害防护措施建议。

（2）化学毒物职业病危害风险分级方法：新加坡有害化学品职业暴露半定量风险分析方法以其所需数据简单、可操作性强、结果合理等特点，适用于我国目前工作场所职业暴露健康风险评估的实际情况。风险等级评估的主要内容包括风险辨识、危害等级评价、暴露等级评价、风险等级确定及评价风险。

（3）化学致癌物职业暴露定量风险评估方法：其步骤一般包括：①进行化学致癌物职业暴露的危害辨识，搜集职业暴露情况、剂量-反应关系等相关资料；②对工作场所空气中化学致癌物质的浓度进行测定或预估，计算终身平均调整浓度，进行化学致癌物暴露评价；③通过毒理学资料、人群流行病学资料研究或动物实验数据等资料，确定某化学致癌物职业暴露的吸入单位风险；④将终身平均调整浓度代入致癌风险的剂量-反应关系式，计算暴露人群致癌的超额风险；⑤评价风险的可接受性，并采取风险应对措施。

（4）急性中毒事故的定量风险评估方法：其步骤一般包括：①进行工程分析，现场职业卫生学调查，搜集化学毒物特性的资料及泄漏和气象参数，辨识危害因素、接触化学毒物的量、暴露途径和频次等；②选择泄漏场景，模拟计算空气中化学毒物的浓度，确定泄漏毒气影响区域；③选择化学毒物的急性中毒致死概率计算参数；④选择查表法或公式计算法确定急性中毒致死概率；⑤评价风险的可接受性，并采取风险应对措施。

（5）噪声职业病危害定量风险评估方法：其步骤一般包括：①通过对生产过程的噪声职业暴露情况调查，分析劳动者职业暴露的特点；②当劳动者职业暴露的噪声强度等效声级≥80dB（A）时，应进行噪声职业暴露评估；③按国际标准化组织（ISO）1999 规定的方法对噪声暴露所致听力损失进行定量风险评价；④按噪声暴露所致听力损失的风险评价结果对噪声职业病危害风险进行分级，并指导采取相应的噪声职业病危害风险管理对策。

（三）职业健康干预

为保护和促进职业人群的健康，可按照三级预防体系加以干预。

一级预防又称病因预防，是从根本上消除或控制职业性有害因素对人的作用和损害。如职业卫生立法和制定相关法规、标准，强化职业卫生监管，改进生产工艺和生产设备，合理利用防护设施及个人防护用品，控制已明确能增加发病危险的社会经济、行为和生活方式等危险因素，加强职业健康教育，自觉提高自我防护能力等。

二级预防又称“三早”预防，即早发现、早诊断、早治疗，是指早期检测和诊断人体受到职业性有害因素所致的健康损害并予以早期治疗、干预。如定期监测职业性有害因素、定期对接触者进行体格检查等，以早期发现病损和诊断疾病，特别是发现早期健康损害，及时预防、处理。

三级预防又称临床预防，是指在患病以后，给予积极治疗和促进康复的措施。如对已有健康损害的接触者调离原有工作岗位并进行合理的治疗；根据接触者受到健康损害的原因，对生产环境和工艺过程进行改进，既能治疗病人，又能加强一级预防；促进患者康复，预防并发症的发生和发展。

第四节　学校健康管理

一、学校健康管理的概念

学校健康管理（school health management）是以在学校就读的儿童、少年和青年人群为主体，获得其生长发育与健康状况指标等相关健康信息，对学生健康状况进行监测与评估，针对个体或群体的健康危险因素，采取系列健康干预措施和健康教育与健康促进活动，积极动员学校、家长和所属社区所有成员共同努力，最终达到保护、促进、增强儿童青少年身心健康的目的。

二、学校健康管理的作用和意义

由于儿童青少年个体正处于旺盛的生长和发育时期，正处于接受教育、学习各类知识和技能阶段，具有明显的社会脆弱性和健康易损性。该阶段是决定个体生理、心理、社会能力及道德情感的关键时期，也是健康危险行为的相对高发阶段，因此，学校健康管理的任务艰巨且意义重大。

（一）有利于促进儿童青少年的健康成长

儿童青少年时期的身心健康是人一生健康的重要基础。大量研究证实，成年期慢性病，如心脑血管疾病和癌症，都与儿童青少年时期的危害健康行为有密切关系。通过学校健康管理，监测学生的生长发育和各类常见病的发生情况，有利于促进他们的健康成长。

（二）有利于促进儿童青少年健康行为的形成和巩固

儿童青少年的可塑性大，是形成“动力定型”的关键时期。他们较易形成良好的行为、卫生习惯和生活方式，并对他们一生的行为与身心健康产生深远的影响。学校能够使儿童青少年获得为保持健康和避免严重健康问题所需要的知识、态度、价值观、行为技能及服务等，养成良好的促进健康行为从而使学生终身受益，提高生命质量。

（三）有利于奠定传染病防治和慢性病早期预防基础

学校是学生学习和生活的主要场所，是人群高度聚集、群体性事故和公共卫生事件多发的特殊场所，也是传染病预防的重要场所。同时，大部分与慢性病有关的危险行为开始于儿童青少年时期。因此，学校的健康管理将为传染病防治和慢性病预防奠定基础。

三、学校健康管理需求

（一）学生阶段学生生理和心理特征的主要变化

1. 小学阶段（学龄期） 是自6～7岁至11～12岁。此期特点如下。

（1）体格生长稳定进展：未进入青春期的学龄期儿童体格发育稳步增长，每年体重增加约2kg，身高增加5～7cm。部分女生在学龄期的中后期，少部分男生在学龄期的后期进入了青春期。

（2）容易发生某些常见病：由于不良的学习生活条件和习惯，近视等学生常见病患病率增高，单纯性肥胖、儿童高血压等生活方式致病的卫生保健需求大，是接受健康教育的最佳时期。

（3）心理发育的重要转折时期：此期课程学习取代游戏成为主要学习方式，随着进入学习阶段，与学业相关的生理心理问题逐渐显现；有意注意记忆逐步取代无意注意记忆；注意力集中时间延长；思维水平从具体形象思维逐步过渡到抽象逻辑思维，情绪开始成熟，初步出现爱、憎恨、美感、义务感等高级情感；心理发育更具有社会性，学习困难、人际关系适应不良、品行障碍等成为主要的心理问题。

2. 中学阶段（青春期） 是儿童到成人的过渡阶段。女童从9～12岁开始到17～18岁，男童从11～13岁开始到18～21岁，覆盖中学阶段。此期特点如下。

（1）体格生长加速：随着青春期发育，体格生长加速，身高、胸围、臂围、腿围、肩宽、盆宽等形态指标均出现第二次生长突增，最终形成肩部宽、骨盆窄、肌肉发达的男性体态，以及骨盆较宽、肩部较窄、体脂丰满的女性体态。

（2）生理功能日臻成熟：各内脏组织器官体积增大、重量增加，功能日臻成熟。

（3）内分泌功能活跃：通过下丘脑-垂体-性腺轴调节，与生长发育有关的激素（如生长激素、甲状腺素、雄性激素、雌性激素等）分泌明显增加。

（4）生殖系统功能发育骤然增快：青春期发育之前，人体内外生殖器官几乎没发育，进入青春期后男女外生殖器和生殖系统功能发育骤然增快并迅速成熟，到青春期晚期已具有繁殖后代的能力。

（5）第二性征迅速发育：进入青春期后，男女由于受到不同性激素的影响而出现一系列与性别有关的机体外部特征，男童表现为阴毛、腋毛、胡须发育和变声、喉结出现，女童表现为乳房、阴毛、腋毛发育，从而使男女两性的外部形态特征差别更为明显。

（6）心理发展加速：随着体格的迅速增长和生殖系统的迅速发育与成熟，青春期儿童的心理发展特别是性心理发展也发生着快速的变化。虽然青春期的生理发育已基本成熟，然而其心理发展相对滞后，是一个半幼稚、半成熟时期，是独立性和依赖性、自觉性和幼稚性错综矛盾的时期，从而容易出现青春期特有的心理-行为问题。

（二）当前我国学生体质健康状况及主要的健康问题

近年来，我国学生的体质与健康状况总体上得到了改善。我国于 1985 年、1991 年、1995 年、2000 年、2005 年、2010 年、2014 年、2019 年进行了 8 次全国学生体质与健康调研工作。第八次全国学生体质与健康调研结果显示，我国学生体质健康达标优良率逐渐上升，学生身高、体重、胸围等形态发育指标持续向好，学生肺活量水平全面上升，中小学生柔韧、力量、速度、耐力等素质出现好转，学生营养不良持续改善。但也发现了学生视力不良和近视率偏高、学生超重肥胖率上升、学生握力水平有所下降、大学生身体素质下滑等一些学生体质与健康状况亟待解决的问题。因此，开展学校健康管理，全面加强和改进学校体育、卫生与健康教育工作，对提升学生体质健康水平有着至关重要的作用。

1. 伤害成为儿童青少年第一位死因 近年来，儿童青少年伤害的问题日益突出，给家庭和社会带来了沉重的经济负担和社会负担。根据 WHO《世界预防儿童伤害报告》显示，伤害是全球范围内导致儿童死亡的主要原因。2019 年我国约有 5.5 万 20 岁以下的儿童青少年死于各类伤害事件，1518 万儿童遭受了非致死性伤害事件。导致儿童死亡的伤害主要包括溺水、道路交通伤害、跌倒/坠落、中毒、烧烫伤、窒息、自杀等。非致死性伤害主要包括跌倒/坠落、道路交通伤害、动物咬伤等。根据《中国儿童青少年儿童伤害现状回顾报告》，溺水、道路交通伤害和跌倒/坠落是我国儿童青少年的前三位死因。2019 年《中国儿童发展纲要（2011—2020 年）》统计监测报告显示，18 岁以下儿童伤害死亡率为 11.42/10 万，比 2018 年下降 2.7%，比 2010 年下降 49%。

2. 心理健康问题日益突出 随着社会快速发展，儿童青少年心理行为问题发生率和精神障碍患病率逐渐上升，心理健康问题日益突出。2018 年《中国青年发展报告》显示，中国 17 岁以下儿童青少年中，有约 3000 万人受到各种情绪和行为问题的困扰。在对中国 15 个城市 73 992 名 6～16 岁的儿童青少年所作的调查表明，儿童情绪和行为问题发生率为 17.6%，其中 12～16 岁青少年情绪和行为问题检出率高达 19.0%，男孩发生率高于女孩，且发生率近年来一直在升高。2019 年中国青少年研究中心与中国科学院心理研究所针对青年进行的心理健康专题调查显示，14～18 岁青少年有 7.7% 存在抑郁高风险，5.1% 存在重度焦虑情况。目前，儿童青少年心理健康工作已成为健康中国建设的重要内容。

3. 肥胖和近视成为影响儿童青少年健康的常见疾病 近年来，中国城乡儿童青少年超重和肥胖率迅速攀升，已经成为我国关注的重要公共卫生问题。据 2015 年全球疾病负担报告估算，2～19 岁的中国儿童青少年中，有 1500 万存在超重或肥胖。《中国居民营养与慢性病状况报告（2020 年）》显示，中国 6～17 岁儿童青少年的超重（包括肥胖）流行率为 19%。若不采取针对性行动，肥胖所带来的威胁可能造成严重的短期和长期后果，引发慢性病、残障，甚至导致死亡。

由于我国儿童青少年近视患病率持续升高，低龄化、重度化日益严重，儿童青少年近视问题也成为当前社会重要的公共卫生问题之一。2020 年，中国儿童青少年总体近视率为 52.7%，其中 6 岁儿童为 14.3%，小学生（6～11 岁）为 35.6%，初中生（12～14 岁）为 71.1%，高中生（15～17 岁）

为 80.5%；近 10% 的近视学生为高度近视，而且占比随年级升高而增长，高中阶段达到了 17.6%。有研究结果证实，增加儿童青少年户外活动时间是预防和控制近视发生最经济、最有效的手段。

4. 慢性病低龄化日渐突显 既往少见于儿童青少年的成人期慢性疾病如高血压、高血脂、高尿酸血症及代谢综合征等在儿童青少年中呈增高趋势。2022 年《柳叶刀-儿童青少年健康》最新研究称，2020 年全球有 2.8% 的儿童和 4.8% 的青少年患有代谢综合征。2013 年儿童代谢综合征中国工作组报道，代谢综合征在 7～16 岁儿童青少年中的患病率为 2.4%。2021 年发表的一篇 Meta 分析结果显示，中国儿童高血压合并患病率为 9.1%，且肥胖是影响高血压发生的主要因素之一。因此，早期预防肥胖可有效降低成人期慢性病在儿童青少年中的高发。

5. 传染病防控形势严峻 儿童青少年的免疫功能不够完善，学校的集体生活方式增加了他们罹患传染病的机会。一些传统的传染病如流行性腮腺炎、手足口病、风疹等在儿童青少年中时有暴发流行；一些曾被控制的传染病如肺结核，因病原体的变异和环境的变化而死灰复燃；近年来艾滋病、SARS、中东呼吸综合征等对儿童青少年的健康造成了新的威胁。因此，传染病仍然是儿童青少年主要健康问题之一，做好常见传染病预防控制的同时，重点要解决好再发传染病和新发传染病的预防控制。

6. 性与生殖健康问题需全面纳入疾病防治体系 进入青春期后容易产生一些异常，男生可能会出现包皮过长与包茎、遗精、梦遗现象，女生可能会出现经前期综合征；此外，还有危险性行为，如导致各种性传播疾病和非意愿妊娠的性行为，包括多性伴性行为、不安全性行为、被迫性行为等。因此，为保护青少年免受性与生殖健康的困扰，科学、规范、全面的性健康教育有助于青少年做出明智的性健康决定，减少危险性行为，促进性与生殖健康。

四、学校健康管理策略和内容

（一）学校健康管理的策略

担任学校健康管理工作的人员可以是团队（包括医务工作者、体育教师、健康教育课程教师），也可以培养专门针对学生群体的健康管理师。学校健康管理也可以在未来纳入对教师队伍的健康管理。

1. 学校健康监测 定期收集学生健康信息、健康行为及生活方式相关因素等信息，建立有效和持续的健康档案，通过了解学校学生的健康状况，发现影响健康问题的有关因素，为后期干预和评价提供基础数据。在开展实际工作时，在常用监测指标的基础上，也可以根据现实需要和人力、物力资源等，适当增加一些额外的监测项目。常用的监测指标包括：①生长发育状况，包括身高、体重、胸围等形态指标，肺活量、血压、脉搏等功能指标，柔韧、力量、速度、耐力等身体素质指标。②疾病或异常状况，包括近视、肥胖、营养不良、缺铁性贫血、龋齿、脊柱异常弯曲等。③因病缺课状况。④新发传染病的监测和预防，研究各种急、慢性传染病和集体食物中毒的发生、消长规律，从建立应急反应机制、预防传染源、切断传播途径和保护易感人群等方面着手采取切实预防措施。⑤健康行为监测，如吸烟、酗酒、药物滥用、意外伤害、暴力、自杀、不良生活方式、网络成瘾、不良性行为等健康危险行为。⑥成年疾病相关的危险因素监测，对肥胖、高血压、糖尿病、高脂血症、代谢综合征等成年疾病进行早期预防。⑦心理健康监测，了解学生的个性、人际交往、社会适应等精神卫生状况；针对儿童青少年各种常见心理、情绪和行为问题，研究其发生、发展与个体心理素质、自然人文环境、社会环境间的相互关系。

2. 学校健康危险因素评估 根据监测信息，对学生的健康状况及发展趋势做出预测，对生长发育水平和健康状况进行群体及个体的评价，以达到健康预警的作用，并根据危险因素监测信息，分析其存在的主要身心问题及影响因素，为干预措施和干预效果的评价提供科学依据。在此评估的基础上，可以为群体和个体制订健康计划，以可改变或可控制的指标为重点，明确健康改善目标，提供行动指南及相关的健康改善模块。

3. 学校健康促进干预 在健康管理策略的前两个步骤的基础上，进一步分析学生的生长发育、疾病与健康、健康需求、学校服务、政策和环境状况、可干预的有利因素和不利因素，实施优先管理（干预）项目。

（1）发挥同伴教育在学校健康促进中的作用：同伴教育就是同伴在一起分享信息、观念和行为技能，以实现教育目标的一种教育形式。根据同伴教育的组织形式可以分为正式同伴教育和非正式同伴教育。正式同伴教育通常具有明确的目标和比较严格的教学设计及组织；非正式同伴教育可以发生在任何人们感到方便的地方，可以使任何具有同伴特征的人们在一起分享信息、观念或行为技能，向同伴们讲述自己的经历或体会，唤起其他同伴共鸣，从而影响他们的态度、观念乃至行为，但目的并不十分明确，也没有事先确认的教育目标。

（2）健康促进与学校各类课程结合：将健康管理的知识和理念融入各类课程的教学内容及教学过程中，特别是健康教育课程，促使学生获得较系统的健康知识、拥有健康态度和科学健康观，学习基本保健技能，帮助学生建立有利于健康的行为；同时，专业人员要抓好课时、教材的落实，保证课程能够顺利开展。

（3）加强教师对学生健康管理的示范作用：充分利用教师的示范作用，引导学生树立正确的健康观，消除危害健康行为，建立起良好的行为与生活方式，有利于促进学校健康管理的效果。

（4）营造学校健康支持性环境：学校的健康支持性环境建设在学校健康管理和学生健康促进中具有突出的作用。学校基础物理环境的改善，如教室的采光、照明、课桌椅、操场面积和运动设施等，都可能减少学生的健康风险；此外，学校内师生之间、员工之间、员工与学生之间、学校与家长之间营造的健康社会环境氛围，也会激发和促进学生参与健康活动，主动培养健康意识。

（5）完善学校健康管理制度：包括学校禁烟政策、学生健康档案制度、晨午检制度、常规体检制度、传染病报告制度、传染病消毒隔离制度、传染病应急处理方案、因病缺勤登记与追查制度等。

4. 学校健康管理的效果评估 学校健康管理的评价是学校健康促进总体规划的重要组成部分，它贯穿于整个计划的全过程，是衡量学校健康管理的科学性、可行性的尺度，并为管理者、教师、学生及家长提供客观的反馈信息。

（二）学校健康管理评估内容

根据风险监测的内容和干预的内容设定效果评估内容，包括学生健康状况、学生健康行为、健康知识、学校环境建设、学校制度建设等。学校健康管理效果评价可以通过健康检查、问卷调查、深入访谈、专题小组讨论等方法获得资料，并对获得的数据进行定性、定量分析。

通常采用如下指标分析学生群体健康状况，进而评价学校健康管理的效果。

1. 检出率 在一定时间调查的患某病人数占受检人数的百分率。

$$\text{某病检出率}(\%)=\frac{\text{某病患病人数}}{\text{接受检查总人数}}\times 100\%$$

沙眼、肝炎、营养不良等的检出率属此类。肠道蠕虫感染可用感染率表示。

2. 发病率 在一定时期内某群体中发现的患某病的百分率。

$$\text{发病率}(\%)=\frac{\text{某期间内发病的例数}}{\text{同时期该群体或地区的平均人数}}\times 100\%$$

发病率的分子表示在一段时间（一学期或一学年）内的总发病例数，包括现患者、新发病者和重复罹患（感染）者，因为某些疾病（如急性传染病、外伤、沙眼等）患者在该时期内可能不止一次患病。

3. 新发病率　某些慢性病（如近视）的新发病者所占比率。

$$新发病率（\%）=\frac{某期间内新发病人数}{同时期该群体平均人数-原患病人数}\times 100\%$$

4. 因病缺课率　以月为单位，计算因病缺课的人时数或人日数占授课总时数的比率。为适应学校教学日历，可以 4 周代替 1 个月来登记和统计，故又称月病假率。

$$月病假率（\%）=\frac{某月病假总人时（节或日）数}{同月授课总人时（节或日）数}\times 100\%$$

5. 平均因病缺课日数　全校（或全班）学生一学期内平均每人因病缺课日数。

$$学生平均因病缺课日数=\frac{全学期因病缺课人日数}{该学期全校学生平均数}$$

因病缺课率和平均因病缺课日数是反映学生健康情况的重要指标。应逐月认真做好登记，并确定缺课是否因罹病引起；尽可能明确疾病诊断，进行病因分类。若遇学生因病缺课率突然增加，须立即查明原因，采取必要措施。

与学校健康管理有关的常用考察指标还包括：

$$行为流行率（\%）=\frac{有特定行为的人数}{被调查者总人数}\times 100\%$$

$$行为改变率（\%）=\frac{在一定时期内改变某指定行为的人数}{观察期开始有该行为的人数}\times 100\%$$

$$卫生知识均分=\frac{受调查者知识得分之和}{被调查者总人数}$$

$$卫生知识合格率（\%）=\frac{卫生知识达到合格标准人数}{被调查者总人数}\times 100\%$$

$$卫生知识知晓率（正确率）（\%）=\frac{知晓（正确回答）某卫生知识的人数}{被调查者总人数}\times 100\%$$

思　考　题

1. 社区卫生服务的内容包括哪些？

2. 家庭生活周期具体可以分为哪几个阶段？各阶段的预防性指导事项包括哪些？

3. 如何开展职业人群的健康管理？

4. 学校健康管理的内容主要包括哪些？

第十八章　传染病与慢性非传染性疾病健康管理

【学习目标】

1. 掌握传染病和慢性非传染性疾病的控制措施。
2. 掌握我国对传染病和慢性非传染性疾病的管理办法。
3. 熟悉传染病和慢性非传染性疾病的主要影响因素。
4. 了解传染病和慢性非传染性疾病的发病过程。

疾病与人类社会相伴而生。疾病作为一项基本参数和决定因素影响着社会的发展与进步，而不同社会背景下人类的疾病谱也同样经历着重大转变。过去的几十年中，我们在研究个体疾病危险因素方面取得巨大成功，但疾病的种类和患者的数量却不降反升。也许，正如一些学者所说“社会因素才是造成疾病的根本原因”。对于疾病的管理，我们不可局限于个体治疗方案的研究，更应着眼于社会的健康管理策略。

第一节　传染病的控制策略

一、传染病的基本概念

在人类漫长历史中，传染病（communicable diseases）曾是造成人类疾病和死亡的主要危险。传染病是由病原微生物（病原体）感染引起的，能在人与人、动物与动物或人与动物之间相互传播的一类疾病。每种传染病都与特异的病原体入侵人体相关，常见的有细菌、病毒、支原体、衣原体、立克次体、螺旋体、真菌、原虫、蠕虫等。19 世纪后半叶，第一次卫生革命浪潮席卷全球，人类借助现代医学和卫生学的新兴技术，如抗生素、巴氏消毒法、免疫接种等，消灭或控制了曾经困扰其几个世纪的传染病，并一度认为取得与传染病斗争的胜利。

自 20 世纪 70 年代以来，多种前所未见的传染病在全球相继出现。同时，一些曾经销声匿迹的传染病再度抬头，因其不确定性、难以预测性，而使人们无法及时做出决策、采取特异性的预防和控制措施，造成高病死率，并严重影响社会稳定和经济发展。新发再发传染病已然成为世界性的重大公共卫生问题。新发传染病（emerging infectious disease，EID）是指在人群中新出现的或过去存在于人群中的，但是其发病率突然增加或者地域分布突然扩大的传染病，包括新发现的病原体引发的传染病，如 SARS、艾滋病等；某些疾病早已存在，但未被认为是传染病或未证实其病原体，后因医学的进步发现并证实其病原体而重新认识的疾病，如军团病、莱姆病、胃溃疡等。再发传染病（re-emerging infectious disease，RID）是指传播水平已降低到不再成为公共卫生问题的传染病又重新恢复到具有流行程度传播状态的疾病，如结核病、疟疾、多重耐药病原微生物引发的疾病等。

我国对传染病问题高度重视，对部分在我国高发或危害严重的传染病以法令规定加强管理，称为法定传染病。2013 年修订的《中华人民共和国传染病防治法》（以下简称《传染病防治法》）根据流行情况和危害程度将法定传染病分为甲类、乙类和丙类。甲类传染病包括鼠疫、霍乱。乙类传染病包括传染性非典型肺炎、艾滋病、病毒性肝炎、脊髓灰质炎、人感染高致病性禽流感、麻疹、流行性出血热、狂犬病、流行性乙型脑炎、登革热、炭疽、细菌性和阿米巴痢疾、肺结核、伤寒和副伤寒、流行性脑脊髓膜炎、百日咳、白喉、新生儿破伤风、猩红热、布鲁氏菌病、淋病、梅毒、钩端螺旋体病、血吸虫病、疟疾等。丙类传染病包括流行性感冒、流行性腮腺炎、风疹、急性出血性结膜炎、麻风病、流行性和地方性斑疹伤寒、黑热病、棘球蚴病、丝虫病，除霍乱、细菌性和阿米巴痢疾、伤寒和副伤寒以外的感染性腹泻病。法定传染病并不是我国现存的全部传染病，只是人为将全国发病率较高、流行面较大、危害严重的传染病规定为法定传染病；同时，法定传染病病种也不是固定不变的，如 2008 年将手足口病纳入丙类传染病管理。

二、流行过程及其影响因素

（一）传染过程

病原体侵入后与机体间相互作用、相互斗争的过程即称传染过程，是传染在个体中发生、发展、结束的生物现象。机体对病原体反应的轻重程度不同，可呈现病原体清除、病原携带状态、潜伏性感染、隐性感染和显性感染五种不同的表现形式。机体感染不同病原体后所产生的传染过程并不完全相同，其范围可以从隐性感染到严重的临床症状或死亡，这种传染过程机体反应轻重程度的频率称为感染谱或感染梯度。

不同传染病具有不同的感染谱，一般可概括为三类：①以隐性感染为主，少数病例在感染后出现明显的临床症状，大部分的隐性感染病例必须通过实验室检查发现，如流行性脑脊髓膜炎、流行性乙型脑炎等；②以显性感染为主，有明显临床症状和体征的感染者居多，隐性感染病例较少，如水痘、麻疹等；③以死亡为结局的传染病，感染者重症和死亡病例多见，如狂犬病等。

（二）流行过程

传染病的流行过程是传染病在人群中从发生、蔓延到终止的过程，表现为疫源地的相继出现。传染源、传播途径和易感人群是传染病流行必须具备的三个基本环节。三个环节只有同时存在，方能构成传染病流行；任何一个环节被中断，新传染病的发生和流行都将被终止。

传染源可以是传染病患者、病原携带者及受感染的动物。因其是否排出病原体、排出量和频率不同，传染源在疾病不同阶段的意义不同。传染病患者和潜伏期病原携带者在潜伏期末就可以排出病原体，因此确定传染病的潜伏期对了解疾病的流行特征、回溯传播途径、确定免疫接种和医学观察的期限等防控措施有重要意义。临床症状期患者体内的病原体繁殖量大且可以通过患者特有的症状体征（如咳嗽、腹泻）大量排出病原，故传染性最强。部分传染病恢复期的患者、病原携带者（如痢疾、伤寒、乙型肝炎等患者）虽然无临床症状表现，但仍能短期甚至终生作为传染源。对于这类隐蔽的传染源，严密监控其职业、卫生习惯、社会活动范围等社会特征尤为重要。

传播途径是病原体从传染源排出后、侵入易感者前，在环境中经历的全部过程。根据传播媒介物的不同可分成经空气传播、经食物传播、经水传播、经接触传播、经节肢动物传播、经土壤传播、医源性传播和垂直传播等途径。前七种传播途径属于人际传播，可统称为水平传播。病原体在体外存活时间、体内定植位置、活动方式的不同可导致传染病传播机制不同，如麻疹病毒只通过空气传播，而鼠疫耶尔森菌可以通过空气、水、食物、接触、节肢动物等多种途径传播。确定传染病的传播途径，对形成针对性防控措施，保护人群健康具有指导作用。

易感者是指对某一传染病缺乏特异性免疫力群体。易感者在人群中的比例反映了人群对某种传染病的人群易感性。人群易感性的高低直接影响传染病的传播程度，如新发传染病通常具有人群普遍易感性，在适宜的传播途径存在的情况下，会涌现大量发病者；而通过人工免疫在人群中建立起免疫屏障，可阻断传染病的流行，保护易感个体。

（三）传染病流行的影响因素

传染病的流行过程受到自然因素和社会因素的双重作用，通过传染源、传播途径和易感人群三个基本环节产生影响。

自然因素能够调控传播疾病的生物因素，如气候影响媒介昆虫的繁殖、传染源的自然生存时间和宿主的免疫水平，导致季节性的传染病高发；地区和气候的特异性导致自然疫源地的形成等。自然因素也能间接影响人口密度、生活习惯等社会因素，从而对传染病的流行产生影响，如冬季外界气温较低，使人们在室内活动的时间延长、室内通风换气频率减低、密切接触机会增多，提升了通过空气传播的呼吸道传染病的发病率。

影响传染病传播的社会因素包括社会制度、经济条件、文化水平、医疗卫生状况、宗教信仰、风俗习惯、生活方式、人口密度、人口流动、职业、社会动荡等。相较自然因素，社会因素的作用更加复杂，各类因素之间交互影响，对传染病流行表现出促进或阻遏的双向性，如社会制度决定人们的行为方式和意识形态，进而影响传染病的发生与流行，西方社会自由主义的意识形态使静脉注射吸毒、不安全性生活等不健康行为泛滥，导致艾滋病的广泛传播流行；我国依靠中国特色社会主义制度集中力量办大事的优势，以爱国卫生运动筑牢社会防线，在应对鼠疫、血吸虫、SARS 等各类重大传染病疫情中取得了显著成果。

三、传染病的社会危害

（一）传染病危害居民身心健康

2016～2020 年，我国法定传染病报告总数为 3779 万例，发病率前五位分别为手足口病、流行性感冒、其他感染性腹泻、乙型肝炎及肺结核。新旧传染病的双重压力造成了更严重的健康威胁，传染病仍然是危害健康的重要疾病。传染病的症状体征不仅引起患者暂时的健康问题，也可造成远期的后遗症和伤残。传染病与非传染性疾病之间也存在协同作用，例如，肺结核使糖尿病患者的死亡风险更高，而糖尿病增加患肺结核的风险、降低常规结核治疗的效果。传染病可以在人际和代际之间传播，不加控制容易在人群中迅速扩散蔓延，导致国家性、世界性的重大公共卫生事件，其带来的社会隔离、恐慌、焦虑，增加了个体尤其是儿童、妇女、老年人和有基础疾病群体的精神压力。

（二）传染病引发全球经济衰退

疫情暴发对经济的影响深远。抗击疫情的准备和预防消耗，如医疗卫生负担等直接支出不可避免，对疫情后遗症的远期支出更是无法估量，如 2015～2017 年，拉丁美洲的寨卡病毒疫情造成了 70 亿～180 亿美元的损失，其中不仅包含直接的医疗费用，还包括寨卡病毒感染小头症患儿专门的育儿补助、患儿父母的生产力损失、患儿家庭的负担、患儿成年后生产力损失及患儿终身所需的资助服务费用。重大范围暴发的传染病可以导致人口死亡率增长，使出生率与死亡率严重失调，甚至造成人口数量骤减，严重损害社会生产力的储备。健康是繁荣、有生产力的社会的核心，而传染病会扼杀生产、消费、娱乐、旅游积极性和整体社会福祉。传染病对经济的间接影响表现在生产、零售、贸易、旅游等一系列产业收入的下降，如 2003 年 SARS 暴发期间，在 WHO 发布疫情预警仅仅 2 个月后，新加坡旅游业收入下降了 70% 以上；2013～2014 年，西非的埃博拉疫情导致相关国家 GDP 增长率、政府收入和金融投资的下降。值得注意的是，新发传染病中人畜共患病占有高比例（60.3%），而染病动物的焚烧、捕杀和深埋作为疾病控制处置的一部分，严重影响了畜牧屠宰行业的发展和收入。此外，疫情造成的长期失业、儿童失学或成为孤儿、市场或农场长期关闭、特定动物产品的长期负面烙印等远期影响都表明传染病会对全球经济造成严重的、不可预测的损失。

（三）传染病影响社会安定

历史上的传染病可以损毁文明、颠覆政权、导致国家的衰亡，当代传染病疫情的发生也对社会的稳定极具危害。除了经济影响产生的社会动荡外，传染病流行期间采取的一系列限制人群接触流动的政策措施，使普通民众工作受限或被迫停止、生活节奏打乱、原有计划搁浅、社会交往减少，对社会现有秩序和居民生产生活造成巨大的冲击。传染病的流行蔓延和防控工作应变能力不足带来未知与变数，容易对普通民众造成心理恐慌，为谣言和不实消息的滋生创造了条件，引发网络舆情、囤积居奇、示威游行、违法犯罪甚至极端暴力事件等社会不稳定因素的出现。在国际关系和交往方面，跨国的政府和非政府交流停止或受限，无良政客和媒体利用不实信息制造国际舆论、挑起摩擦，更加激化了国际矛盾。这一切都将对国家和全球的经济政治环境造成负面影响。

拓展阅读

Infodemics 是 Information Epidemics 的缩写，可译作信息流行病，它于 2003 年针对在 SARS 期间互联网上的流言提出并定义，以形容在疫情期间事实混杂恐惧、猜测和谣言被现代信息技术在世界范围内迅速放大和传递，以与根本事实不匹配的方式影响国家和国际经济、政治乃至安全的现象。信息流行病是一个复杂的社会现象，在很多方面表现出与传染病流行相似的特质。虚拟的病毒随着现代科技构建的发达的网络途径，跨越时间空间雪崩式地扩散传播，极度放大危机下的不确定性，给整个社会秩序、经济、文化带来巨大的冲击，不利于疫情的预防与控制。2020 年 2 月 2 日，WHO 在其报告中特别提到了一场大规模信息流行病的到来，并给予高度重视。只要社会的信息化不断发展，信息病毒和信息流行病必将随之迭代升级。为了应对信息成病的现象，WHO 给出了几点倡议：①培训卫生工作者，他们往往是最值得信赖的卫生信息来源，以便更好地识别和处理卫生错误信息；②针对特定人群制订卫生信息扫盲措施，在错误信息通过数字媒体和其他渠道广泛传播之前设法揭穿错误信息；③努力以不同的数字格式开发高质量、可获取的卫生信息，并通过社交网络实现快速传播；④建立可靠的信息工作者队伍，以便在必要时通过培训工作人员履行这些职能来快速应对信息疫情，并确保与风险沟通和社区参与工作明确相关，并保持一致。

四、传染病的预防控制措施

所有的传染病预防控制措施都是针对传染病流行过程的三个环节而言的，包括控制传染源、切断传播途径和保护易感人群。

（一）针对传染源的措施

对传染病患者应做好“早发现、早诊断、早报告、早隔离、早治疗”工作，一经确诊应按《传染病防治法》的规定实行分级管理：甲类传染病患者必须实施隔离治疗，乙类传染病患者可根据病情在医院或家中隔离至痊愈。对病原携带者应做好登记、管理和随访，直至病原体检测 2～3 次阴性为止；若其在食品、服务及托幼机构从业，须暂时调岗。对有传染源接触史且可能受感染的人，应采取应急接种、药物预防、医学观察、隔离或留验等检疫措施，检疫期限为最后接触之日到该病的最长潜伏期。对于动物传染源采取何种措施，应根据其所患病种及动物本身的经济价值来决定。若经济价值比较高且危害不大，应尽可能采取积极治疗措施；无经济价值且危害大的动物传染源可采取焚烧、捕杀和深埋等措施。

（二）针对传播途径的措施

对传播途径的措施主要是针对被传染源污染的环境所采取的措施，如对经水或经食物传播的肠道传染病，可采取对污染物品和环境进行消毒的措施；对经空气传播的呼吸系统传染病，可以采取空气消毒和通风的措施；经节肢动物传播的虫媒传染病，可以采取杀虫的措施。

消毒是采用物理、化学或生物方法，消灭由传染源排出并污染周围环境的病原体的措施，包括预防性消毒和疫源地消毒。预防性消毒指对可能受到病原微生物污染的物品或场所进行的消毒，如餐具消毒、饮用水消毒等。疫源地消毒指对现有或曾经有传染源存在的场所进行的消毒，包括随时消毒和终末消毒。随时消毒指当传染源存在时对场所、物品及传染源的排泄物和分泌物所进行的及时消毒；终末消毒指当传染源痊愈、死亡或离开后进行的最后彻底的消毒。杀虫指使用杀虫剂杀灭传播病原体的媒介节肢动物，分为预防性杀虫和疫源地杀虫，后者又分为随时杀虫和终末杀虫。

（三）针对易感人群的措施

保护易感人群主要通过提升其免疫力实现，可采取特异性措施和非特异性措施。特异性措施主要指预防接种，分为主动免疫和被动免疫。主动免疫是通过注射或服用某种传染病的疫苗、菌苗或类毒素，使易感者体内产生对某种疾病的特异性免疫力。被动免疫则是通过给易感者注射针对某种传染病的特异性抗体，起到迅速、短暂的保护作用。有时，主动免疫与被动免疫联合使用，可提高预防效果。非特异性措施是通过鼓励人群参加体育活动，增强体质；合理膳食，均衡营养；注意卫生习惯，改善居住环境卫生条件等方式，促进易感人群的身心健康。

第二节　传染病管理

我国传染病管理是依据《传染病防治法》制定的，以“预防为主”为方针，以贯彻“防治结合、分类管理、依靠科学、依靠群众”为原则的活动。传染病管理贯穿预防、控制和消除传染病发生与流行的全周期，以保障公民健康和公共卫生安全。

一、传染病预防控制预案的制定

传染病预防控制预案是指经过一定程序制定的处置传染病暴发流行的事先方案。当地方人民政府和疾病预防控制机构接到国务院卫生行政部门或者省、自治区、直辖市人民政府发出的传染病预警后，应当按照传染病预防控制预案，采取相应的预防控制措施。根据《传染病防治法》规定，县级以上地方人民政府是法定传染病预防控制的主体单位。预案应包含传染病预防控制指挥部的组成和相关部门的职责；传染病的监测、信息收集、分析、报告、通报制度；疾病预防控制机构、医疗机构在发生传染病疫情时的任务与职责；传染病暴发、流行情况的分级及相应的应急工作方案；传染病预防，疫点、疫区现场控制，应急设施、设备、救治药品和医疗器械，以及其他物资、技术的储备与调用等具体内容，并呈报上级人民政府备案。

二、传染病报告

传染病报告是针对传染源管理的一项重要措施，通过早期发现患者，并采取适宜措施（如隔离、治疗），防止疫情的进一步蔓延，实现传染病的二级预防。根据《传染病防治法》及《传染病信息报告管理规范（2015 年版）》的规定，传染病上报遵循分级负责、属地管理的原则，以确保传染病信息报告可以有效运行。

（一）责任报告单位及报告人

各级各类医疗卫生机构（如医院、乡镇卫生院、城市社区卫生服务中心）、疾病预防控制机构、采供血机构、卫生检疫机构为责任报告单位；单位内执行职务的医生、乡村医生、个体开业医生均为责任疫情报告人。

（二）上报病种

对我国法定的甲、乙、丙三类共 40 种传染病进行上报。对乙类传染病中 SARS、脊髓灰质炎、肺炭疽、人感染高致病性禽流感，采取甲类传染病的预防、控制措施。其他乙类传染病和突发原因不明的传染病需要采取本法所称甲类传染病的预防、控制措施的，由国务院卫生行政部门及时报经国务院批准后予以公布、实施。

（三）报告时限及方式

责任报告人发现甲类传染病及乙类传染病中的肺炭疽、SARS、脊髓灰质炎、人感染高致病性禽流感的患者或疑似患者时，或发现其他传染病和不明原因疾病暴发时，应于 2 小时内将传染病报告卡通过网络直报；未实行网络直报的责任报告单位应于 2 小时内以最快的通信方式（电话、传真）向当地县级疾病预防控制机构报告，并于 2 小时内寄送出传染病报告卡。对此之外的乙类、丙类法定传染病患者、疑似患者和规定报告的传染病病原携带者在诊断后，实行网络直报的责任报告单位应于 24 小时内进行网络报告；未实行网络直报的责任报告单位应于 24 小时内寄送出传染病报告卡。县级疾病预防控制机构收到无网络直报条件责任报告单位报送的传染病报告卡后，应于 2 小时内通过网络直报。

三、传染病的监测预警

传染病监测预警是我国传染病管理网络中的重要环节，通过监测早期发现传染病发生的异常先兆或事件发展的不良趋势并及时向传染病防控工作发出警报，可以提高传染病预防控制工作的主动性和预见性。

（一）传染病监测

传染病监测通过长期连续地收集和分析传染病的动态分布及其影响因素的资料，了解传染病现阶段的发病水平及流行特征，及时发现传染病的流行态势，并应用发病率数据和影响因素资料对传染病进行预测，可为有针对性地制定防治对策与措施提供依据。中华人民共和国成立后我国就开始构建全国传染病报告系统，到 2004 年，我国正式启用全球规模最大的传染病监测网络，至 2020 年，我国法定监测的病种为 40 种。

传染病监测职责包括日常监测及对国外和新发现传染病进行监控。监测的方式包括被动监测、主动监测和哨点监测。被动监测指下级单位常规地向上级机构报告监测资料，而上级单位被动接受的常规监测过程，如我国法定传染病监测信息系统的报告；主动监测是上级单位根据特殊需要专门组织调查收集资料的过程，如传染病漏报调查；为了更清楚地了解某些疾病在不同地区、不同人群的分布及相应的影响因素等，根据被监测疾病的流行特点，选择若干有代表性的地区和（或）人群，按统一的监测方案连续地开展监测的方式称为哨点监测，如艾滋病哨点监测、流感样病例监测等。传染病监测的内容包括：①疾病的发生和诊断；②病例的三间分布的动态变化情况；③人群免疫水平；④病原体的血清型和（或）基因型、毒力、耐药性；⑤动物宿主和媒介昆虫的种类、分布、病原体携带状况；⑥干预措施的效果。

（二）传染病预警

传染病预警是基于传染病监测的结果，及时发出的传染病预测和警报。通常由国务院卫生行政部门负责对全国或某个地区发出预警；省、自治区、直辖市人民政府向本地区发出预警。

传染病固有的“源头散、感知慢、决策难”三大特点，使重大疫情监测预警存在巨大难度。因此有专家建议，要高度重视不明原因传染病及新发传染病早期的大数据风险监测，充分发挥大数据在此类不明原因和新发不确定风险的传染病防控应急管理中的监测预警作用。为了提高监测预警的能力，可以在未来工作中考虑：①扩大监测范围，把更多携带着有可能感染人类的病原体的天然宿主纳入目标动物；②监测溢出事件中的人类哨兵，如与野生动物接触密切的牧民、猎人、养殖户、皮毛加工工人等；③监测一般人群，做好传染病的二级预防。

四、传染病社会综合性预防

传染病社会综合性预防主要根据传染病流行过程中三个环节采取相应措施（详见本章第一节），由政府主导，依靠全社会人群的共同参与实现，如保护和改善环境，改造公共基础设施，从源头控制并减少传染病危害；进行计划免疫接种，保护易感人群；开展卫生宣传教育，倡导文明健康的生活方式，提高公众对传染病的防治意识和应对能力；通过规范医疗操作规程，防止医院和医源性感染；落实疫区行程上报，及时发现控制传染源，预防传染病扩散等。

五、传染病的控制

传染病疫情暴发后，除了根据传染病流行特征制订针对性措施、及时对患者进行救治之外，还应注意以下环节：

（一）紧急措施

按照《传染病防治法》的规定，在传染病暴发、流行时，县级以上地方人民政府应当立即组织力量，按照预防、控制预案进行防治，切断传染病的传播途径，必要时，报经上一级人民政府决定，可采取下列紧急措施：①限制或者停止集市、影剧院演出或者其他人群聚集的活动；②停工、停业、停课；③封闭或者封存被传染病病原体污染的公共饮用水源、食品及相关物品；④控制或者扑杀染疫野生动物、家畜家禽；⑤封闭可能造成传染病扩散的场所。

（二）宣布疫区

甲类、乙类传染病暴发流行时，县级以上地方政府报经上一级地方政府决定，可以宣布疫区，在疫区内实行紧急措施，并可对出入疫区的人员物资和交通工具实施卫生检疫。经省、自治区、直辖市政府决定，可以对甲类传染病疫区实施封锁。封锁大、中城市的疫区或跨省、自治区、直辖市的疫区，以及封锁疫区导致中断干线交通或者封锁国境的由国务院决定。疫区封锁的解除由原决定机关宣布。

（三）尸体处理

对于因鼠疫、霍乱和炭疽病死亡的患者尸体由治疗单位负责消毒处理后立即火化。患病毒性肝炎、伤寒和副伤寒、艾滋病、白喉、炭疽、脊髓灰质炎死亡的患者尸体，由治疗单位或者当地卫生防疫机构消毒处理后火化。不具备火化条件的农村、边远地区，由治疗患者的医疗单位或者当地卫生防疫部门负责消毒后可选远离居民点500m以外、远离饮用水源的地方将尸体在距地面2m以下深埋。

（四）药品生物制品供应

医药部门和其他有关部门应当及时供应预防和治疗传染病的药品及器械，生物制品生产单位应当及时供应预防和治疗传染病的生物制品。预防和治疗传染病的药品、生物制品和器械应当有适量的储备。铁道、交通、民航部门必须优先运送卫生行政部门指定的处理疫情的人员、防治药品及生物制品、器械。

第三节　慢性非传染性疾病的控制策略

一、慢性非传染性疾病概念

慢性非传染性疾病（non-communicable chronic disease，NCD），简称慢性病，是一类具有病

程长、病因复杂、损害健康、迁延性、无自愈性和难治愈性等特点疾病的总称，以其高发病率、高死亡率和高致残率已然成为导致当今世界人口死亡和残疾的主要原因，也是我国居民身心健康面临的重大威胁。与传染病不同，慢性病的病因无因果特异性，其发生和流行与经济、社会、人口、行为、环境等多种危险因素紧密关联，是多种不同危险因素长时间共同作用的结果；同时，慢性病之间通常具备共同的危险因素，甚至一种慢性病会成为另一种慢性病的危险因素，例如，2 型糖尿病患者比非 2 型糖尿病患者的心血管疾病风险增加 3 倍，呈现出“一因多果，一果多因，多因多果，互为因果”的交叉关系。

根据《中国防治慢性病中长期规划（2017—2025 年）》，我国常见慢性病包括心脑血管疾病（如高血压、脑卒中和冠心病）、癌症、慢性呼吸系统疾病（如慢性阻塞性肺疾病和哮喘）、糖尿病和口腔疾病，以及内分泌、肾脏、骨骼、神经等疾病。我国慢性病患者基数和慢性病导致的死亡比例随着社会发展持续增加，心脑血管疾病、癌症、慢性呼吸系统疾病及糖尿病已成为我国乃至世界的最主要疾病负担。

为了加强慢性病防治工作，降低疾病负担，单纯从近端提升临床医疗水平的方法显然非常局限，应结合造成慢性病发病的远端因素，如个人、人际、环境（社会和自然环境）和政策（国家、区域和全球）多重背景之下，将干预的重心由临床治疗转移至疾病预防、病因预防、社会预防上来，以提高居民健康期望寿命，实现全方位、全周期保障人民健康。

二、慢性病的自然史

慢性病的发生并非一蹴而就，而是一个相对漫长的发展过程。慢性病的自然病程可划分为六个阶段，分别是无危险阶段、出现危险因素阶段、致病因素出现阶段、症状出现阶段、体征出现阶段、劳动力丧失阶段。在此过程中，危险因素从无到有，作用时间由短及长，损害自可逆到不可逆。临床医学的关注点在这一过程的“果”，即从可以使用诊断手段发现异常症状的出现阶段开始，采取治疗措施可以改善慢性病导致的症状和体征，推迟伤残和减少劳动能力的丧失，而对于慢性病自然史的“因”重视不足。

从疾病自然史来看，危险因素的出现是慢性病的真正起始。把握慢性病危险因素这一起因，可以从根本上维护人群健康。所以，在疾病尚未出现时应及时采取措施，通过评价危险因素对健康的影响，教育人们保持良好的生活习惯，防止危险因素出现；在危险因素已经出现时，测定危险因素，计算它可能造成的危害，预测疾病发生的概率，合理分配有限的医疗资源。因此，危险因素识别和评价是控制慢性病发生、发展的关键。

三、慢性病的危险因素

现代医学模式下，慢性病风险主要与生物遗传、环境、生活行为方式、医疗卫生服务四类健康危险因素相关，而按照其可干预性又可分为不可改变的危险因素和可改变的危险因素。不可改变的危险因素通常不可逆，不能或难以通过常规方法手段纠正，主要包括年龄、性别、家族遗传、环境因素等；而可改变的危险因素则是个体特征与各种社会因素相互作用下建立的特定情感表达或行动表现，可以习得、诱导、纠正、改善，主要与心理、行为因素密切相关。吸烟、有害饮酒、不健康饮食和缺乏体力活动是世界公认的造成多种慢性病的常见行为危险因素。

从疾病自然史的观点来讲，在慢性病尚无危险阶段，就应强调可改变危险因素的干预评价和控制。大量研究表明，消除或改善可改变的风险因素可以使 60% 左右的慢性病风险得到有效控制。反之，若放任其发展，则会导致人体生理参数异常，使可改变危险因素进一步演变为中间危险因素，例如，身体活动缺乏导致体重指数（BMI）超标引起糖尿病。可见中间危险因素既是上游危险因素的结果也是下游疾病的直接原因，在慢性病发生、发展中应引起格外重视。目前，超重或肥胖、血压升高、糖耐量受损、胆固醇异常是导致慢性病的四种主要中间危险因素。

四、慢性病的社会危害

（一）慢性病严重危害居民身心健康

WHO 2018 年的资料显示，每年约有 4100 万人因慢性病死亡。其中，心血管疾病引起的死亡人数最多，为 1790 万，其次是癌症（900 万）、呼吸系统疾病（390 万）及糖尿病（160 万），这四类主要慢性病约占所有慢性病死亡的 80%。如果当前情况继续发展，到 2030 年，每年死于慢性病的人数将增加至 5500 万人，联合国可持续发展目标（sustainable development goals，SDGs）中“到 2030 年，通过预防、治疗和促进身心健康，将非传染性疾病所导致的过早死亡减少三分之一”的愿景将难以实现。在我国，慢性病防控工作形势同样不容乐观。卫生健康服务水平的提高使居民人均预期寿命增加，老年人口数量不断增长，2020 年，我国 60 岁及以上老年人口为 2.6 亿左右，到 2050 年时可能会接近 5 亿。我国有近 1.8 亿老年人患有慢性病，患有一种及以上慢性病的比例高达 75%。同时，社会经济的高速发展，城市化、工业化进程加快，使环境污染、气候异常、不健康的生活方式流行等危险因素凸显，慢性病群体不断扩大。《中国居民营养与慢性病状况报告（2020 年）》显示，2019 年，我国因慢性病导致的死亡人数占总死亡人数的 88.5%，其中心脑血管病、癌症、慢性呼吸系统疾病死亡比例为 80.7%，导致的过早死亡率为 16.5%。《中国心血管健康与疾病报告 2021》则指出心血管疾病死亡占城乡居民总死亡原因的首位（农村为 46.74%，城市为 44.26%），我国心血管疾病患者数约为 3.3 亿（其中高血压 2.45 亿，脑卒中 1300 万，冠心病 1139 万），且患病率仍处于持续上升阶段。

慢性病没有治愈方法，一旦发病将会终身持续，需要长期的医疗照护或家庭护理，且极易造成并发症和伤残。糖尿病发病 10 年后，有 30%～40% 的患者至少会出现一种并发症。以视网膜病变为例，患病 10 年后有 40%～70% 患者并发该病，约 10% 的患者在起病后会发展成严重的视力障碍，2% 的患者将会完全失明。这些不可逆转的伤害不仅会为患者的身体带来痛苦、影响其正常生活，也会给他们的心理健康带来巨大挑战。由于后遗症治疗效果不理想，预后不可逆，慢性病患者的心理问题总是高于一般人群，如抑郁、焦虑和压力是脑卒中后特别常见且持续存在的心理问题，22%～40% 的脑卒中幸存者受到抑郁症状的影响，9.4%～36.7% 受到焦虑症状的影响，约 31% 受到脑卒中后压力的影响。主观感觉异常、消极情绪、被动依赖、敏感多疑、紧张焦虑等情绪，间接影响患者的生活质量。

（二）慢性病不断加重经济负担

慢性病为居民个人、家庭乃至整个经济社会的发展带来了沉重的负担。慢性病的直接经济影响体现在医疗卫生的花费方面，慢性病占据居民个体医疗费用的 70%，个体家庭支出的 7.9%，医保、政府投入等公共支出方面的 7.4%。虽然经过国家医疗体制改革降低了普通居民的医疗费用，但慢性病的发生增加生活和医疗的额外支出，给家庭带来较重的经济负担。同时，慢性病损害劳动人口健康，导致劳动力的过早死亡，直接影响全社会的劳动能力。WHO 将发生在 30～70 岁的死亡定义为过早死亡，而每年 1700 万例因慢性病导致的死亡发生在 70 岁之前，85% 发生在中低等收入国家。这严重制约了中低等收入国家劳动力和市场的发展，加剧了世界经济的不平等。在中国，慢性病已远远超过传染病和其他伤害所造成的疾病负担。据第四次国家卫生服务调查显示，因慢性病全国劳动力休工 36 亿天/年；因慢性病劳动力人口长期失能 37 亿天/年，这些无一不在制约我国乃至世界的经济发展。

五、慢性病的三级预防

慢性病的预防不是聚焦于发生、发展过程的某一个点，而是要围绕慢性病自然史的不同阶段，在预防医学三级预防原则指导之下，从阻止疾病的发生到疾病发生后阻止或延缓其发展，再到最大限度地减少疾病带来的个体及社会损失，有针对性、有侧重地采取措施，维护公众健康。

（一）慢性病的一级预防

一级预防（primary prevention）又称病因预防，是在疾病尚未发生时针对病因采取的措施，也是预防、控制和消灭疾病的根本措施。这就要求慢性病的一级预防应开始在致病因素出现及更早阶段。此阶段未有慢性病的症状体征出现，健康损害尚处于可逆状态，工作的重点应放在尽早识别并消除环境和行为生活方式中的危险因素、减少人群的病因暴露上。

我国慢性病的一级预防常采取双向策略（two pronged strategy），即全人群策略（population strategy）和高危策略（high risk strategy）。前者是以公共卫生思维为导向的实现一级预防的策略，对象是有慢性病发病风险的所有人，不需要对个体慢性病未来发病风险进行估计，主要通过消除人群中危险因素的暴露或针对危险因素暴露的决定因素采取措施，通过降低人群整体有害暴露水平降低人群总的疾病负担。后者是以临床医学思维为导向实现一级预防的策略，对象仅是慢性病未来发病风险高的小部分群体，主要针对致病危险因素采取针对性措施来降低有害暴露水平及其未来的发病风险。人群整体的普遍预防和对高风险人群的重点预防应结合起来，相互补充，以提高慢性病预防工作效率。

慢性病一级预防主要依靠健康教育与健康促进以及健康保护。健康教育（health education）为慢性病预防提供改变行为所必需的知识、技能与服务，并且促使人们合理地利用这些服务，其核心是教育人们树立健康意识、养成良好的行为习惯和生活方式，以降低或消除影响健康的危险因素，强调行为的改变。在健康教育实践中，人们认识到将健康教育和政治、经济干预相结合的积极手段，共同促使行为和环境发生改变，可以更好地改善和保护人们的健康，即健康促进（health promotion），每年开展的健康教育公益广告、健康巡讲、健康促进区县建设、戒烟咨询服务、健康促进医院、健康素养监测、重点疾病和重点领域健康教育等项目都是我国慢性病健康促进的具体实践，而健康教育与健康促进行动的效果则主要由公民健康素养的提升来体现。健康保护（health protection），又称健康防护，是指采取有针对性的措施保护个体或人群免受已知的外界环境的危害因素对健康的威胁。慢性病健康保护具体措施主要包括环境保护、烟草和酒精控制、合理膳食、身体活动促进等。

慢性病的一级预防工作应坚持统筹协调。统筹各方资源，健全政府主导，部门协作，动员社会、全民参与的慢性病综合防治机制，将健康融入所有政策，调动社会和个人参与防治的积极性，促进群众形成健康的行为和生活方式，将健康教育与健康促进贯穿于全生命周期，营造有利于慢性病防治的社会环境，构建自我为主、人际互助、社会支持、政府指导的健康管理模式，以实现“人人参与、人人尽力、人人享有”的目标。

（二）慢性病的二级预防

二级预防（secondary prevention）又称临床前期预防或“三早”预防，在慢性病的临床前期做到早期发现、早期诊断和早期治疗，阻止或延缓疾病的发展和恶化。二级预防主要针对虽未出现临床症状，但生理指标已然超过正常水平的“表面健康”人群，而通过及时干预，其部分指标可逆转为正常水平。

虽然一级预防比二级预防更具积极意义，但由于慢性病的危险因素并未被完全识别，要完全做到一级预防是难以实现的目标，而慢性病的发生、发展具有长期性，做到早期发现、早期诊断和早期治疗是完全可行的。做好早期发现是早期诊断和治疗工作的基础，可通过普查、筛检、定期健康体检、自我检查和设立专科门诊等方式实现。普查与筛检的效果有赖于经济与准确并举的适宜技术，定期体检和自我检查的意识需要居民具备足够的健康素养，专科门诊要求医务工作者不断提升慢性病“三早”业务水平，可见慢性病二级预防效果的提升与社会科技、医疗、教育水平的提高密不可分。

《中国防治慢性病中长期规划（2017—2025年）》中已明确强调我国慢性病二级预防的目标，目前慢性病二级预防将持续以血压、血糖、血脂、体重、肺功能、大便隐血等指标监测为重点，不断推进居民健康体检，逐步开展慢性病高危人群的患病风险评估和干预指导，促进慢性病早期发现和采取措施。

（三）慢性病的三级预防

三级预防（tertiary prevention）又称临床期预防，是对已经患病者采取及时有效的治疗措施，以防病情恶化，降低疾病的不良后果；对已丧失劳动力或因病残障者，促使功能和心理康复，使患者尽可能恢复生活和劳动能力。三级预防的对象是慢性病患者，由于病程不可逆，其目标主要放在尽可能提高病后生命质量、延长寿命上。

慢性病三级预防主要由对症治疗和康复治疗两阶段组成。对症治疗可以在一定程度上缓解患者症状，延缓病情发展，阻止并发症和残疾的发生，争取患者病而不残，避免慢性病引起的过早死亡。康复治疗发生在病情得到有效控制后，是通过运动、推拿、针灸、物理疗法、心理疏导、能力训练等手段促使慢性病造成的身心功能障碍或残疾恢复的手段。慢性病的康复治疗不追求绝对的功能复原，而是促使患者躯体、心理、社会功能进一步康复，尽量恢复日常生活及劳动能力，争取患者残而不废。

慢性病的管理不仅需要医疗机构、医疗卫生服务者提供保健服务，更需要发挥患者的主观能动性，做好慢性病的自我保健。这需要慢性病患者及家属从意识、行为上解除对医院、医生的依赖，向负担个人健康责任做出改变，而这一切都离不开对患者健康素养的提升，尤其是深入浅出、形式多样、生动活泼的自我保健健康教育与促进活动。

第四节　慢性非传染性疾病管理

一、防控政策环境

自WHO第53届世界卫生大会通过了《预防和控制慢性非传染性疾病全球战略》，确定了疾病监测、健康促进和加强卫生保健为主的慢性病全球防控策略以来，慢性病可以通过适宜策略措施有效预防管理已成为全世界的共识。在全球层面，WHO在随后的2003～2010年连续通过了《烟草控制框架公约》《饮食、身体活动与健康全球战略》《减少有害使用酒精全球战略》等一系列针对慢性病相关因素的干预策略，为全球慢性病防控工作起到了指导作用。第65届世界卫生大会审议通过的《全球非传染性疾病预防控制综合监测框架和目标草案》和第66届世界卫生大会上通过的全球非传染性疾病预防和控制综合监测框架（含指标）和自愿性目标，成为国际上评价和监督非传染性疾病国家战略和计划执行情况及进展的纲领。防控慢性病已经逐渐纳入各国政府部门的政策之中，并在实践中积累了丰富的经验和证据。

在国家层面，我国政府坚持以人民健康为核心，对慢性病问题高度重视。在2017年十五部委联合发布的《中国防治慢性病中长期规划（2017—2025年）》是我国第一个国家级慢性病综合防治规划，其中确立了“统筹协调、共建共享、预防为主、分类指导”的基本原则，并提出以控制慢性病危险因素、建设健康支持性环境为重点，以健康促进和健康管理为手段，提升全民健康素养，降低高危人群发病风险，提高患者生存质量，减少可预防的慢性病发病、死亡和残疾，促进全生命周期健康的指导思想。构建由政府、相关部门、全社会人群共同参与的慢性病管理体系，依照三级预防原则对一般人群、高危人群、患病人群采取各有重点的管理手段（慢性病防控“3-3-3”策略，如图18-1所示），力争实现“到2025年，慢性病危险因素得到有效控制，实现全人群全生命周期健康管理，逐步提高居民健康期望寿命，有效控制慢性病疾病负担”的规划目标。

二、慢性病监测

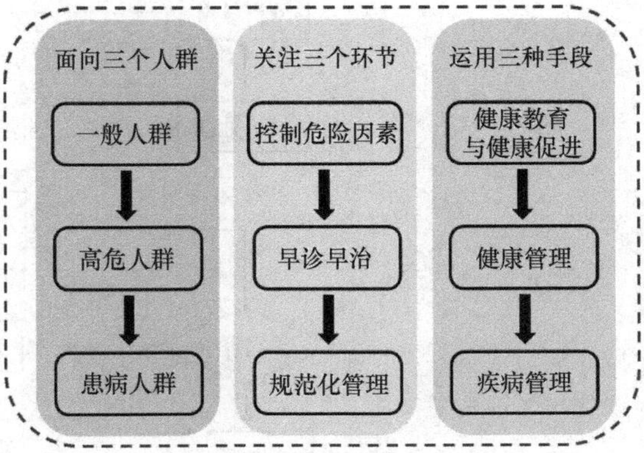

图 18-1　慢性病防控“3-3-3”策略

根据三级预防原则，以人群为基础的慢性病一级预防是控制慢性病流行的最具成本-效益的方法。对已知能影响疾病的发生、发展和主要危险因素进行监测，这对于了解慢性病在不同时间、地区、人群中的流行病学特征和变化趋势，以及制定慢性病防治规划、干预策略、相关政策及评估慢性病预防控制效果提供科学依据有重要意义，是慢性病管理工作的适宜工作起点。疾病监测是长期、连续系统地收集、分析解释、反馈及利用公共卫生信息的过程。WHO 认为，慢性病监测是国家公共卫生的一项基本职能。经过不断努力，我国居民慢性病及危险因素的监测体系得到了极大完善，实现了慢性病发病、患病、死亡和危险因素流行情况及变化趋势的动态监测。在我国，慢性病监测包括慢性病危险因素监测、发病和患病登记、死因监测和不定期的专题调查等。同时，实现了每 5 年向全社会发布全国居民的营养和慢性病状况报告，为国家及时调整完善防控策略提供循证支持。

（一）慢性病危险因素监测

我国慢性病危险因素监测工作自 2004 年开始每年开展 1 次，主要由各级疾控机构在医院和基层医疗卫生机构的配合下完成。所监测的慢性病危险因素应从所属地区的实际情况出发，能反映本地区慢性病实际情况。监测的核心内容应当包括人口统计学信息（年龄、性别、职业等）；慢性病主要行为危险因素状况（膳食、吸烟、饮酒和身体活动等）；主要慢性病（如高血压、糖尿病、心脑血管事件、慢性阻塞性肺疾病等）的自报患病状况、知晓、治疗和控制状况；身体测量指标（身高、体重、腰围、血压等）；生化指标（有条件的地区可监测血糖、血脂等）。具体监测流程如图 18-2。

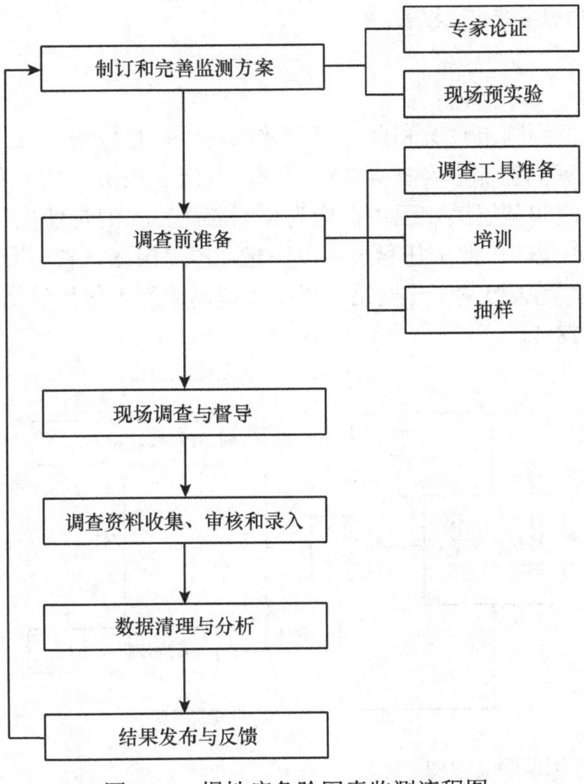

图 18-2　慢性病危险因素监测流程图

（二）慢性病发病或患病监测

慢性病发病或患病监测的主要内容是我国居民中常见且有重大危害的慢性病，监测信息覆盖癌症、心脑血管事件、慢性呼吸系统疾病、糖尿病、口腔疾病等重点慢性病发病/患病、死亡及其危险因素流行情况。各级疾控机构及下属相应办公室为登记报告管理单位，医疗机构为慢性病发病/患病的登记报告单位。县级及城市二级以上医疗机构定期将门急诊、住院和来院已死亡病例数据上报，并由基层医疗卫生机构对病例进行核实、登记、随访，各级疾控机构进行汇总、整理分析、保存的工作。以肿瘤患者登记为例，其具体流程如图 18-3。

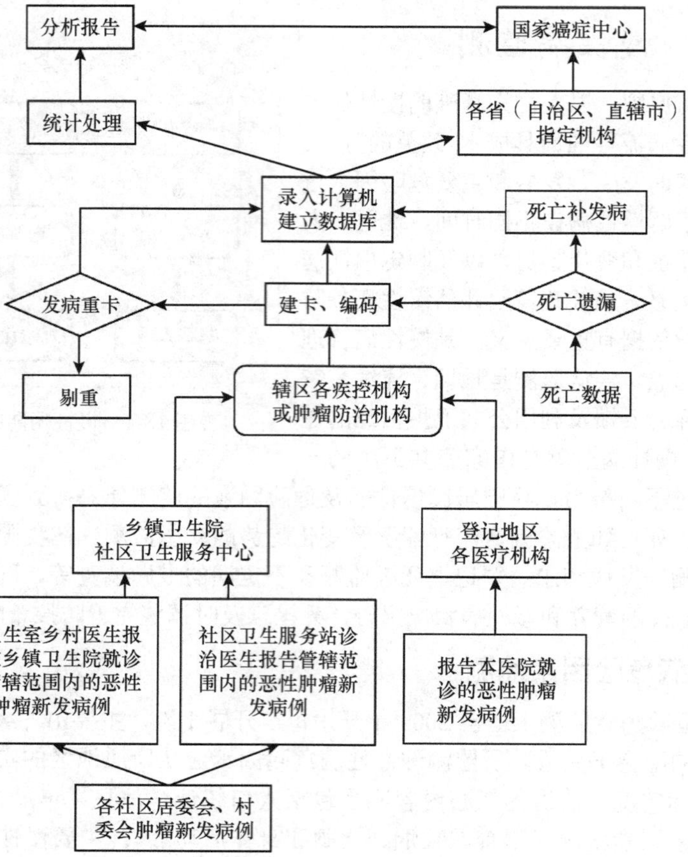

图 18-3 肿瘤患者登记流程图

（三）死因监测

死因监测有助于确定慢性病防控优先领域，为制定政策和评价干预效果提供科学依据，截至2021年底，全国共建立了605个死因监测点。死因监测涉及社会部门广泛，各级疾控机构及下属相应办公室为登记报告管理单位，各级各类医院和基层医疗卫生机构为死因监测工作的责任报告单位，公安、民政、妇幼和计生部门均为协作单位。因此依托科技手段，建立覆盖国家、省、市、县级疾控中心，所有医院和基层医疗卫生机构的死因监测工作网络可以不断提高监测工作科学化、规范化、信息化水平。死因监测具体流程如图18-4。

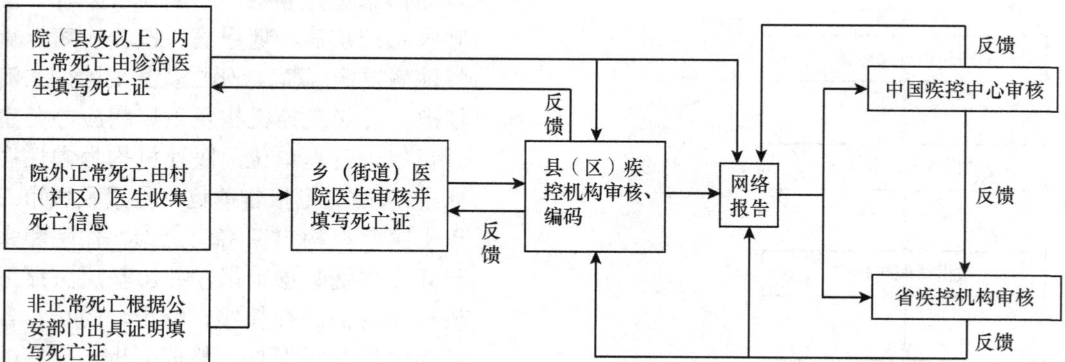

图 18-4 死因监测流程图

三、慢性病危险因素的干预

慢性病一级预防的核心是从源头实施针对慢性病病因的措施。根据我国慢性病及其危险因素流行特征的监测结果，结合 WHO 一系列慢性病防控战略目标，现阶段慢性病危险因素干预的重点是烟草使用、酒精滥用、不合理膳食、身体活动不足四种行为危险因素和超重/肥胖、血压升高、血糖升高、血脂异常四种中间危险因素。通过政策倡导、环境建设、技术支持、健康教育和健康促进活动的开展，营造健康生活方式支持环境，促进全民健康生活方式培养，降低人群慢性病危险因素水平，预防慢性病的发生和发展。

（一）健康生活方式行动

我国自 2007 年启动全国性的健康促进行动，即全民健康生活方式行动，自行动开展以来，已在全国建立起省、市、县三级工作网络，截至 2022 年，行动已覆盖超过全国 96% 的县区。行动倡导政府推动有利于全民健康生活方式行动的政策、策略和措施出台，积极推进各类活动开展；营造有利于健康生活和工作的支持环境，建设健康社区、健康单位、健康食堂、健康餐厅、健康小屋、健康步道等支持性环境，形成全社会支持、参与健康生活方式行动的氛围；充分认识不同社会群体特点，选择适宜方式和途径，利用大众传媒等喜闻乐见的形式，充分调动社会个体参与的积极性，合理规划社区、工作单位和学校等场所健康教育，实现健康知识的广泛传播，提升居民的健康素养水平；开发和推广简便易行适用于个人、家庭和集体单位的辅助性工具，支持社区、学校、单位和公共场所开展推进“三减三健”等专项行动，开展全民健身运动，强化控烟，减少酗酒等；构建强大的公共卫生体系、面向人民生命健康加快科技创新，积极为个人、家庭和集体人群提供咨询和有关技术服务。

（二）烟草控制

加强政策倡导，促进出台室内公共场所和工作场所禁止吸烟法律、法规和制度，禁止烟草广告、促销和赞助制度，改变社会吸烟陋习，创建公共场所和无烟环境；采取多种形式和手段，系统开展全社会人群、高危人群和重点人群（青少年、妇女、医务人员）的烟草危害宣传与健康教育，提高人群烟草危害知识水平；扩大戒烟干预公共卫生服务范畴，依托专业公共卫生机构和医疗机构，通过戒烟咨询热线、戒烟门诊等服务提升戒烟干预能力；开展对慢性病患者和高危人群的烟草依赖评估、戒烟干预、药物治疗等服务，完善国家医学戒烟服务体系；通过家庭医生加强社区戒烟医疗服务，针对有需要签约人提出戒烟建议，提供健康宣教和指导；提高患者获得戒烟药物的可及性，并进一步推进将戒烟干预纳入医疗保险。

（三）适量饮酒

倡导和出台限酒或禁酒的支持性政策；提升酒精的价格和税收，限制未成年人酒精销售，减少酒精的可获得性；限制酒类广告、电影中插入的酒精促销内容及品牌商品等的营销；创造适度饮酒环境，推动个人、家庭、社会充分了解过量饮酒的危害，倡导科学适度的饮酒方式，引导公众摒弃拼酒、赛酒等陋习。

（四）合理膳食

通过系统梳理评估我国在营养整体规划、产业发展、人群营养政策等方面制定出台的政策，不断完善实施合理膳食行动的保障措施；针对全人群、全生命周期营养健康组织制定标准、指南；修订食品营养标签标志等相关标准；引导食品生产企业开发和生产低盐、低脂食品，餐饮行业研制健康食谱，专业技术部门开发合理膳食的支持工具和技术，建设有利于合理膳食的支持环境；多途径宣传合理膳食的知识和技能，辅以合理膳食支持工具推广，更新、推广和普及《中国居民膳食指南》内容，探索适合国人的膳食模式；针对不同群体开展健康饮食分类指导，提升居民健康饮食素养。

（五）健身活动

建设政策倡导与支持性环境，宣传和推进《全民健身条例》，不断丰富完善全民健身的设施、场地；出台鼓励职业人群身体活动的政策，如步行或骑车出行的交通政策、单位职工参加锻炼的政策（如工间操制度）；开展在单位、学校、社区等不同场所的身体活动健康促进活动，开展形式多样、参与性强的身体活动健康教育活动，编制并多途径宣传和普及身体活动关键信息；组织和策划健身活动、赛事活动、全民健身活动，在全国推广群众身边的社区运动会，提高群众的参与积极性；培养健身指导员以指导公众健身。

四、慢性病筛检

慢性病早期，体内组织和器官的病理学改变与临床症状体征可能并不平行，筛检（screening）始于19世纪初的传染病防治工作，旨在运用快速和简便的检查、检验或其他手段从健康人群中识别早期病例，而后逐渐扩大其适用范围至慢性病患者的二级预防。它是一种初步检查，目的可以是预防性地发现某些危险因素，也可以是发现早期病例及时给予必要的治疗，但不能对慢性病做出诊断，筛检的阳性结果还需要进一步的临床诊断确认。

在疾病患病率很高的情况下，可对一定范围内人群的全体对象进行普遍筛查，即整群筛检，如南京建邺区全人群常见慢性病普查；而根据流行病学特征选择高危人群进行筛检又称选择性筛检，如吸烟人群的肺癌筛查、35～64岁妇女的“两癌”筛查等通过筛检可丰富对慢性病自然史的了解和更好开展人群的慢性病流行病学监测。由于这项工作涉及许多方面，还要耗费相当数量的人力、财力和物力资源，设计时应持慎重态度。

实施筛检计划应遵循十条标准：①所筛查疾病或状态应是该地区当前重大的公共卫生问题；②所筛查疾病或状态经确诊后有可行的治疗方法；③所筛查疾病或状态应有可识别的早期临床症状和体征；④对所筛检疾病的自然史，从潜伏期到临床期的全部过程有比较清楚的了解；⑤用于筛检的试验必须具备快速、经济、有效的特点；⑥所用筛检技术应易于被群众接受；⑦对筛检试验阳性者，保证能提供进一步的诊断和治疗；⑧对患者的治疗标准应有统一规定；⑨必须考虑整个筛检、诊断及治疗的成本与效益问题；⑩筛检计划是一连续过程，应定期进行。以上信息概括起来包含三个方面，即适宜的疾病、适宜的筛检方法与适宜的筛检计划。故在设计筛检工作时要兼顾我国慢性病流行状况，协调筛检工作的各种资源与当地卫生经费，选择安全、快速、简便、准确、可靠、可行、经济及群众易于接受的筛检试验方法，考虑实施时的多方面因素，并做好慢性病筛检异常结果的处理工作。

筛检的终极目标是阻止慢性病进入严重的临床阶段，若没有配套医疗或咨询服务，筛检可能收不到任何效果。对于筛检试验的阳性结果，必须引起重视并做出妥善处理，避免“筛而不诊、筛而不治”的现象。慢性病筛检异常结果的处理原则如下：①针对性检查，根据需要和可能选择进一步的实验室或仪器检查，对筛检结果进行确认；②健康教育，分发与筛查疾病有关的健康教育资料，使人群充分认识疾病筛查的意义及早期处理的重要性和必要性；③全方位的治疗方案，提供包括生物、心理和社会适应能力方面的全面咨询及医疗服务等支持手段；④列入随访，对已确诊的患者按医嘱要求进行随访；⑤根据需要和可能对一些有共性的异常结果实施临床预防项目。

五、慢性病高风险人群健康管理

高危人群的及早发现与干预是我国慢性病关口前移政策的重要内容。《全国慢性病预防控制工作规范》（试行）指出，积极发现慢性病高风险人群，通过健康管理和强化生活方式干预，有助于降低个体慢性病危险水平，防止和延缓慢性病的发生。通过医疗卫生机构的日常诊疗结果、单位职工和社区居民的定期体检、从业人员体检、健康档案建立、大型人群研究项目等途径发现慢性病高危人群。同时，创造方便发现慢性病高危人群的条件和政策环境，如建立健康指标自助检测点或健康小屋，引导居民做好自己健康的第一责任人，也是及时发现慢性病高危人群的有效方式。高风险人群的健康管理应从强化标准宣传、生活方式干预、建立健康档案等方面开展。

加强慢性病高危人群标准的宣传，倡导人群关注自己健康指标。具有以下特征之一者可被认定为慢性病高危人群：①血压水平为130～139/85～89mmHg；②现在吸烟者；③空腹血糖水平（FBG），6.1≤FBG＜7.0mmol/L；④血清总胆固醇水平（TC），5.2≤TC＜6.2mmol/L；⑤男性腰围≥90cm，女性腰围≥85cm。对于具有以上任何一项高风险人群特征者，应促进其自身做好动态监测：血压为正常值高值者每半年进行一次血压测量，超重、肥胖者每季度进行一次体重及腰围测量，空腹血糖或总胆固醇水平异常者每年进行一次血糖及总胆固醇监测，吸烟者每半年询问一次吸烟情况；对于具有三项及以上慢性病高危人群危险因素特征者，基层医疗卫生机构应将其纳入管理，定期随访其异常指标变化情况；对伴有多种危险因素和同时伴有其他慢性病的患者，需提高监测频率。

高危人群健康管理的关键步骤是对其生活方式中危险因素的改变，内容主要包括戒烟限酒、合理膳食、减少钠盐摄入、增加身体活动、缓解心理压力等。对于具有任何一项高风险人群特征者，可通过健康教育促进其对自身的生活方式进行自我调整。对于具有三项及以上慢性病高危人群危险因素特征者，基层医疗卫生机构应当对其开展强化干预。强化生活方式干预需要坚持“强度适中，循序渐进；长期坚持，形成习惯；亲友互助，强化习惯；同伴共勉，提高素养”的原则，在医务工作者、高危群体及其亲友的交流、互助、配合之下，建立适宜、可及的目标，养成可长期坚持的良好习惯。强化生活方式干预需遵循以下步骤：①确定个体存在的危险因素和所处水平，了解其知识、态度和行为改变状况。②分析控制各种危险因素对预防慢性病作用的大小，提出循证医学建议。③结合实际情况，综合考虑各种危险因素控制的难度和可行性，制订危险因素控制优先顺序、阶段目标和干预计划。④创造方便的危险因素监测、咨询和随访管理的支持性环境；鼓励高风险个体争取亲友、同事的配合，积极参与有关活动组织。⑤结合经常性的监测与评价，适时调整干预策略和措施。

高风险个体在监测危险因素、生活方式自我调整和强化干预（包括控烟）的同时，也需加强对体重、血糖和血脂等指标的控制，控制或降低其他并存的疾病风险或危险因素。

六、慢性病患者健康管理

个体化的慢性病管理服务可有效延缓慢性病的进程，减少并发症的发生，提高患者生存质量，延长寿命。2021年，我国社会面接受健康管理的高血压、2型糖尿病患者人数分别达到10 938.4万和3571.3万，对慢性病患者的健康管理能有效降低我国主要慢性病的发病率、致残率和死亡率。慢性病患者健康管理不仅注重规范的临床治疗手段，更强调临床和非临床相结合的干预方式，社区卫生服务机构在其中发挥着重要作用。慢性病患者社区健康管理的主要手段包括患者发现、双向转诊、随访监测、自我管理和康复治疗。

双向转诊是引导患者合理利用卫生资源的有效手段。根据慢性病患者病情需要而进行的基层医疗卫生服务机构与上级综合医院或专科医院之间的相互转诊，帮助慢性病患者节约了时间、精力和花费。疑难重症患者、需进一步确诊患者、病情加重患者、条件限制不能诊治患者通过向上转诊获得及时有效的保障，避免延误诊疗时机；诊断明确且病情平稳患者、急性期后需继续管理和治疗患者通过向下转诊接受必要的指导治疗和康复训练。

随访是采用当面或通信工具等方式定期了解患者病情变化和指导患者康复的方法。对于长病程、多变化的慢性病来说，这种动态的管理方式十分必要。随访管理要遵循个体化、综合化和连续化的标准。个体化是实现以患者为中心的重要标准，通过建立患者完善的慢性病健康档案，为发现患者新症状、并发症、危险因素的预警、控制和治疗提供详尽的数据支持。随访管理不是单纯的病情询问，应该是病况了解、问题发现、教育指导、习惯监督等多方面的综合化服务，具体内容应该包括：①了解患者病情，评估治疗情况；②了解患者行为改变情况，调整非药物治疗方案；③了解患者就诊和药物使用情况，指导用药和复查；④督促患者定期检查相关生理指标，发现并发症；⑤健康教育和患者自我管理。通过医疗机构阶段治疗、社区卫生服务机构常规化随访及患者的自我管理组成对慢性病的连续化、动态化管理，有利于更好地控制慢性病的发展。

慢性病患者作为“自身的健康第一责任人”，应积极加入慢性病的治疗过程中，在卫生保健专业人员的协助下，患者本人承担一些预防性或治疗性的卫生保健活动，即慢性病自我管理（chronic disease self-management，CDSM）。采用自我管理方法来控制慢性病，需要卫生保健人员与患者双方的努力。卫生保健人员对自我管理支持包括以下方面：①为患者提供信息；②教授患者保健康复的技能；③鼓励患者选择健康生活方式；④训练患者解决问题的技能；⑤帮助因慢性病而受情感影响的患者；⑥提供规律而持续的跟踪随访；⑦鼓励患者积极参与疾病的控制。慢性病患者在卫生保健人员的帮助下，提升自信心，明确自我管理的任务，掌握自我管理的技能，构建共同参与型医患关系。

在现代医学模式的指导下，对于慢性病的治疗不仅是症状的控制，也要降低对心理、社会功能的负面影响，提升慢性病患者的职业能力、生活自理能力和社会交往能力。慢性病康复的主要任务是：①积极治疗，控制其发展，使其不致造成残疾或严重的功能障碍；②预防并发症或继发性损伤或失用综合征；③对有身心功能障碍的患者进行康复治疗和训练；④提供康复咨询和转介服务。根据患病时间和程度的不同，可以选择住院康复、门诊康复、社区康复、家庭康复、职业康复等不同层次的康复，其中社区康复费用低、实用易行、方便快捷、服务面广，在慢性病康复治疗中值得大力推广。

七、常见慢性病管理规范

（一）高血压患者健康管理

高血压是我国患者数量最多的慢性病，是城乡居民心脑血管疾病（如脑卒中、心肌梗死）死亡的最重要危险因素。高血压一旦发生，就需要终身管理，严重消耗国家医疗资源，给社会和家庭造成沉重的经济负担和情感负担。我国 18 岁及以上居民高血压患者数量为 3 亿，患者数量及患病率呈上升趋势。

1. 高血压患者筛查 对辖区内 35 岁及以上常住居民进行每年一次的定期血压测量服务。对首诊发现收缩压≥140mmHg 和（或）舒张压≥90mmHg 的居民，在去除可能引起血压升高的因素后预约其复查，非同日 3 次血压高于正常，可初步诊断为高血压。建议转诊到有条件的上级医院确诊并取得治疗方案，2 周内随访。对已确诊的原发性高血压患者，应纳入高血压患者健康管理，对可疑继发性高血压患者及时转诊。对有年龄在 55 岁以上，血压高值、超重或肥胖、高血压家族史、长期高盐饮食和长期过量饮酒等高危因素的居民，建议每半年至少测量 1 次血压，并接受医务人员的生活方式指导。

2. 高血压患者随访评估 对原发性高血压患者，每年要提供至少 4 次面对面的随访。随访评估内容包括：①测量血压并评估是否存在危急情况，若存在危急情况或存在不能处理的其他疾病时，须在处理后紧急转诊，并于紧急转诊后 2 周内主动随访转诊情况；②若不需紧急转诊，询问上次随访到此次随访期间的症状；③测量体重、心率，计算 BMI；④询问患者疾病情况、生活方式，包括心脑血管疾病、糖尿病、吸烟、饮酒、运动、摄盐情况等；⑤了解患者服药情况。

3. 高血压患者分类干预 根据患者血压控制情况，对血压控制满意、无药物不良反应、无新发并发症或原有并发症无加重的患者，预约下一次随访时间。对第一次出现血压控制不满意，或出现药物不良反应的患者，结合其服药依从性，必要时增加现用药物剂量、更换或增加不同类型的降压药物，并在2周内随访。对连续两次出现血压控制不满意或药物不良反应难以控制，以及出现新的并发症或原有并发症加重的患者，建议其转诊到上级医院，并在2周内主动随访转诊情况。对所有患者进行有针对性的健康教育，与患者一起制订生活方式改进目标并在下一次随访时评估进展，告知患者出现哪些异常时应立即就诊。

4. 高血压患者健康体检 参照《国家基本公共卫生服务规范（第三版）》中居民健康档案管理服务中健康体检表的具体内容制订。对原发性高血压患者，每年进行1次较全面的健康检查，可与随访相结合。内容包括体温、脉搏、呼吸、血压、身高、体重、腰围、皮肤、浅表淋巴结、心脏、肺部、腹部等常规体格检查，并对口腔、视力、听力和运动功能等进行判断。

5. 高血压患者管理评价指标 常用高血压患者规范管理率、管理人群血压控制率等指标评价高血压患者的管理状况。

（1）高血压患者规范管理率=按照规范要求进行高血压患者健康管理的人数/年内已管理的高血压患者人数×100%。

（2）管理人群血压控制率=年内最近一次随访血压达标人数/年内已管理的高血压患者人数×100%。

（二）2型糖尿病患者健康管理

2型糖尿病是我国常见慢性病，近年来发病率显著升高，且显现出发病年龄提前的趋势。大量研究证实2型糖尿病是心脑血管事件及死亡、终末期肾病及死亡的危险因子，而合并高血压更加重了这种危险性。

1. 2型糖尿病患者筛查 主要服务对象是辖区内35岁及以上常住居民中2型糖尿病高危人群。对工作中发现的2型糖尿病高危人群进行有针对性的健康教育，建议其每年至少测量1次空腹血糖，并接受医务人员的健康指导。

2. 2型糖尿病患者随访评估 对确诊的2型糖尿病患者，至少进行4次面对面随访。随访评估内容包括：①测量空腹血糖和血压，并评估是否存在危急情况，若存在危急情况或存在不能处理的其他疾病时，须在处理后紧急转诊，并于紧急转诊后2周内主动随访转诊情况；②若不需紧急转诊，询问上次随访到此次随访期间的症状；③测量体重，计算BMI，检查足背动脉搏动情况；④询问患者疾病情况、生活方式，包括心脑血管疾病、吸烟、饮酒、运动、主食摄入情况等；⑤了解患者服药情况。

3. 2型糖尿病患者分类干预 根据患者血糖控制情况，对血糖控制满意（空腹血糖值＜7.0mmol/L），无药物不良反应、无新发并发症或原有并发症无加重的患者，预约下一次随访。对第一次出现空腹血糖控制不满意（空腹血糖值≥7.0mmol/L）或药物不良反应的患者，结合其服药依从情况进行指导，必要时增加现有药物剂量、更换或增加不同类的降糖药物，2周时随访。对连续两次出现空腹血糖控制不满意或药物不良反应难以控制，以及出现新的并发症或原有并发症加重的患者，建议其转诊到上级医院，2周内主动随访转诊情况。对所有的患者进行针对性的健康教育，与患者一起制订生活方式改进目标并在下一次随访时评估进展，告诉患者出现哪些异常时应立即就诊。

4. 2型糖尿病患者健康体检 参照《国家基本公共卫生服务规范（第三版）》中居民健康档案管理服务中健康体检表的具体内容制订。对确诊的2型糖尿病患者，每年进行1次较全面的健康体检，体检可与随访相结合。内容包括体温、脉搏、呼吸、血压、空腹血糖、身高、体重、腰围、皮肤、浅表淋巴结、心脏、肺部、腹部等常规体格检查，并对口腔、视力、听力和运动功能等进行判断。

5. 2 型糖尿病患者管理评价指标 常用 2 型糖尿病患者规范管理率、管理人群血糖控制率等指标评价患者的管理状况。

（1）2 型糖尿病患者规范管理率=按照规范要求进行 2 型糖尿病患者健康管理的人数/年内已管理的 2 型糖尿病患者人数×100%

（2）管理人群血糖控制率=年内最近一次随访空腹血糖达标人数/年内已管理的 2 型糖尿病患者人数×100%

思 考 题

1. 简述传染病和慢性非传染性疾病的区别。

2. 简述传染病和慢性非传染性疾病的预防控制策略。

3. 简述传染病和慢性非传染性疾病的管理措施。

第十九章　社会因素相关疾病的防治

【学习目标】

1. 掌握社会因素相关疾病概念及特点。
2. 熟悉不同社会因素相关疾病的根源。
3. 了解社会因素相关疾病的防治措施。

随着生物-心理-社会医学模式的发展，疾病谱和死因谱的改变凸显了社会和心理因素的作用。社会经济的高速发展在改善人们生活质量、延长人均期望寿命的同时，也对居民的健康状况产生了显著负向影响。当前，人类面临的社会风险大大增加，全球疾病负担加重、地缘争端升级、自然灾害频发、收入差距扩大、工作压力加大、亚健康趋于年轻化、精神心理健康等问题层出不穷。社会因素相关疾病对应的健康领域研究面临新挑战，因而研究健康相关的社会问题，深刻探究其宏观与微观、群体与个体不同层面的社会根源和防控措施具有重大意义。

第一节　社会因素相关疾病概述

一、社会因素相关疾病的概念

社会因素相关疾病（social factors related diseases）是指社会因素起主导作用，与个人的行为生活方式密切相关，并与社会发展和进步方向相违背的、危害人群健康的疾病或社会性现象。人的社会属性决定了健康-疾病状态不仅仅由生物属性所决定，而且与其社会属性密不可分。社会因素相关疾病作为社会性的人群健康现象，不单单是个人的行为问题。

在社会学领域中，与“社会因素相关疾病”相关的术语有三个，一是“社会问题”（social problem），二是“越轨行为”（deviant behavior），三是“社会病”（social disease）。“社会问题”是从社会功能和社会发展的角度来看的，涉及所有需要动员社会力量来解决的问题。“越轨行为”是从个人与社会的关系角度来看的，指违背群体标准或期望的行为。“社会病”是从人群健康角度来看的，指由社会环境不良因素导致的，违背普遍意义的伦理道德而致个体社会行为失范的社会性健康问题。“社会病”属于“社会因素相关疾病”的范畴，两者侧重于健康相关的社会问题，且比一般的社会问题与个人越轨行为有着更为密切的联系。上一章中介绍的慢性非传染性疾病也归属于社会因素相关疾病范畴，在此章不作赘述。

二、社会因素相关疾病的特点

1. 公共性　社会因素相关疾病的产生不仅仅与个人的心理状态、心理特征和价值观念密切相关，也可能与个人有限的社会联系相关，且往往对社会发展和社会稳定产生影响。在相当规模的人群中，当只有个别人酗酒，且没有严重影响社会其他成员的生活时，可以将其看作是个人问题。但是，如果有相当比例的成年人经常酗酒闹事，引起家庭暴力、危险驾驶，消耗大量医疗资源，就属于社会问题范畴。

2. 复杂性　社会因素相关疾病的产生根源主要在于社会，个人行为不是主要的决定性原因。对此持不同观点的人之间常常存在争论。例如，吸毒、青少年犯罪是社会造成的观点会遭到反驳：毕竟只有一小部分人吸毒或者犯罪，这些人吸毒或者犯罪的原因不是来源于社会，而是来源于他们个人，或是价值观念有问题，或是个人心理不健康等。

3. 危害性 这种危害性可表现为破坏社会稳定，阻碍社会经济的发展，也表现为对社会生活质量的直接影响。从社会医学的角度看，随着人类健康状况的转变，社会因素相关疾病对人群健康状况的影响越来越重要。例如，WHO 关注的全球范围内三大类死亡原因（第一类为传染病、母婴疾病和营养缺乏性疾病，第二类为慢性非传染性疾病，第三类为伤害），相当一部分可纳入社会因素相关疾病范畴。

4. 群防群治性 社会因素相关疾病的防治需要全社会的共同努力，包括改变不合适的社会制度和社会政策，建立健康的社会文化等。社会医学对社会因素相关疾病研究的主要目的在于揭示其产生的根源，为降低社会因素相关疾病的产生和发展提供防治措施。

第二节 伤 害

一、概 述

（一）伤害的概念

WHO 对“伤害（injury）”的定义是，伤害是由急性暴露于物理因素引起的，如机械能、热、电、化学物质和电离辐射，其数量或速率超过人类耐受阈值。美国疾病控制与预防中心对伤害的定义是，由于运动、热量、化学、电或放射线的能量交换，在机体组织无法耐受的水平上，所造成的组织损伤或由于窒息而引起的缺氧。我国中华预防医学会伤害预防与控制分会明确“伤害流行病学界定标准”是，经医疗单位诊断为某一类损伤或因损伤请假（休工、休学、休息）一日以上。伤害不仅会造成躯体损伤和功能障碍，还会造成精神创伤和心理障碍。基于此，伤害流行病学提出伤害的定义：由于运动、热量、化学、电或放射线的能量交换超过机体组织的耐受水平而造成的组织损伤和由于窒息而引起的缺氧，以及由此引起的心理损伤统称为伤害。作为导致死亡和损伤的一项重要原因，伤害已不再被视为偶然、不可预测的事件，而是有一定的发生模式、相关危险因素和有效预防措施。

（二）伤害的分类

按照造成伤害的意图，可以将伤害分为两类：①意外伤害（unintentional injury），是指无目的性、无意识的伤害，主要包括车祸、溺水、中毒、药物反应、砸伤、穿刺伤、跌倒、爆裂伤、机械性窒息等。②故意伤害（intentional injury），是指有意识有目的地自害或加害于他人所造成的伤害，主要包括自杀、他伤和暴力等。

按照伤害发生的地点，可以将伤害分为：①道路伤害，是由在行驶中的机动车造成的伤害，是最常见的伤害种类。②职业性伤害，是指发生于工作场所的伤害，或由于工作环境中某事件所造成。③家庭伤害，是指发生于家庭的伤害。④公共场所伤害，是指发生于公共场所的伤害，包括最常见的溺水、跌倒和刀割伤等，以及娱乐场所及自然灾害情况下所发生的伤害均属此类伤害。

按照伤害的性质，《国际疾病分类第十一次修订本（ICD-11）》在第 22 章和第 23 章分别列举了损伤、中毒或外因的某些其他后果，以及疾病或死亡的外因（表 19-1）。在 ICD-11 中，伤害是指身体与能量（机械、热、电、化学或辐射，或由于极端压力）相互作用造成的身体或生理伤害，其数量或传递速度超过了身体或生理承受能力。由于缺乏诸如氧气等生命元素造成的损伤，物质中毒和毒性效应，植入装置的损坏或因植入设备造成的损坏等都属于损伤。损伤的外部原因常见于明确界定的事件（如车祸、坠落后触地、饮用强碱性液体、药物过量、手术过程中烧伤）。有害能量可能来自受伤人员和（或）其周围环境（如在炎热的天气跑步会出现热衰竭），也可以由受伤者造成（即故意自害）。此外，损伤包括起病后立即显现的表现，可能持续或不持续，以及在以后才开始显现的表现。

表 19-1　ICD-11 伤害分类表

ICD-11 编码	第 22 章　损伤、中毒或外因的某些其他后果	ICD-11 编码	第 23 章　疾病或死亡的外因
L1-NA0	头部损伤	L1-PA0	意外原因
L1-NA2	颈部损伤	L1-PB8	故意自害
L1-NA8	胸部损伤	L1-PD5	加害
L1-NB5	腹部、下背、腰椎或骨盆损伤	L1-PF4	意图不确定
L1-NC1	肩或上臂损伤	L1-PJ0	暴露于极端的自然力量
L1-NC3	伤及肘或前臂	L1-PJ2	虐待
L1-NC5	腕或手的损伤	L1-PJ4	依法处置
L1-NC7	髋或大腿的损伤	L1-PJ6	武装冲突
L1-NC9	膝或小腿的损伤	L1-PK8	与医疗相关的伤害或损伤的原因
L1-ND1	踝关节或足的损伤		
L1-ND3	累及多个身体区域的损伤		
L1-ND5	躯干、四肢或身体区域未特指部位的损伤		
L1-ND7	通过自然腔口进入异物的效应		
L1-ND9	烧伤		
L1-NE4	冻伤		
L1-NE6	物质的有害效应		
L1-NE8	手术或医疗引起的损伤或损害，不可归类在他处者		
L1-NF0	其他或未特指的外部原因的效应		

（三）伤害的流行概况

1. 地区分布　伤害是人类致死、致残的重要原因之一，目前已成为全球性的公共卫生问题。2019 年全球约有 429.9 万人因伤害而死亡，其中交通运输伤害（transport injury）造成约 127.9 万人死亡，自我伤害（self-harm）造成约 75.9 万人死亡，跌倒（fall）造成约 75.3 万人死亡，溺水（drowning）造成约 23.7 万人死亡，中毒（poisoning）造成约 7.7 万人死亡。伤害死亡均位居全人群死亡顺位的前五位。国际伤害防控学术会议指出全球每 10 人死亡中有 1 人死于伤害。

随着经济的快速发展，城市化、机动化、老龄化及环境和生活方式的改变，伤害死亡已经成为我国继恶性肿瘤、脑血管疾病、呼吸系统疾病和心脏病后的第五大死因。我国不同地区的伤害死亡率也存在明显差异（表 19-2），2021 年我国城市地区损伤和中毒死亡率为 35.22/10 万，其中机动车辆交通事故死亡率为 9.37/10 万，意外中毒死亡率为 1.58/10 万，意外跌落死亡率为 12.12/10 万，溺水死亡率为 2.03/10 万，自杀死亡率为 4.31/10 万；2021 年我国农村地区损伤和中毒死亡率为 52.98/10 万，其中机动车辆交通事故死亡率为 15.55/10 万，意外中毒死亡率为 2.77/10 万，意外跌落死亡率为 15.04/10 万，溺水死亡率为 3.94/10 万，自杀死亡率为 7.09/10 万。总体来讲，2021 年我国农村地区的损伤和中毒总体与各疾病别死亡率均高于城市地区。

表 19-2　2021 年我国不同地区伤害疾病别死亡率（1/10 万）

疾病名称（ICD-10）	城市			农村		
	合计	男性	女性	合计	男性	女性
十七、损伤和中毒小计	35.22	42.93	27.41	52.98	66.62	38.77
机动车辆交通事故	9.37	12.82	5.86	15.55	21.80	9.03

续表

疾病名称（ICD-10）	城市			农村		
	合计	男性	女性	合计	男性	女性
机动车以外的运输事故	0.02	0.02	0.02	0.04	0.07	0.01
意外中毒	1.58	2.25	0.91	2.77	3.98	1.50
意外跌落	12.12	13.27	10.96	15.04	17.01	12.99
火灾	0.37	0.51	0.22	0.63	0.85	0.40
溺水	2.03	2.60	1.45	3.94	4.99	2.84
意外的机械性窒息	0.39	0.57	0.21	0.64	0.91	0.35
砸死	0.33	0.55	0.10	0.66	1.11	0.19
触电	0.27	0.50	0.03	0.60	1.06	0.12
自杀	4.31	5.11	3.50	7.09	8.18	5.96
被杀	0.22	0.23	0.21	0.32	0.35	0.30

2. 时间分布 《中国伤害状况报告（2019）》显示，2004～2017 年，我国人群伤害年龄标准化死亡率从 58.88/10 万下降至 36.47/10 万，其中 15～44 岁人群道路交通伤害致死占伤害总死亡的比例有所下降，18 岁以下儿童溺水死亡率总体呈下降趋势，而 65 岁及以上老年人跌倒死亡率自 2012 年起呈上升趋势。2004～2017 年，我国伤害死因前三位均为道路交通伤害、跌倒和自杀，其中 2004～2011 年，道路交通伤害、自杀和跌倒依次居伤害死因顺位第 1、第 2 和第 3 位，自 2012 年起跌倒上升至第 2 位，自杀下降至第 3 位，道路交通伤害仍为首位伤害死因。

3. 人群分布 不同年龄段伤害死亡的主要构成原因不同。溺水是 0～14 岁儿童死亡的主要原因；在 15～69 岁的人群中，两个最重要的死亡原因分别是道路交通事故和自杀；对于 70 岁以上的老年人来说，死亡的三个最重要的原因分别是自杀、道路交通事故和意外跌倒。就整体趋势而言，我国农村伤害死亡率高于城市，男性伤害死亡率高于女性，5 岁以下年龄组伤害死亡率呈逐年下降趋势，50～69 岁、70 岁及以上年龄组伤害死亡率呈逐年上升趋势。

二、常见伤害的社会根源

（一）道路伤害

道路伤害是 5～29 岁儿童和年轻人的主要死因，每年约有 130 万人死于道路交通碰撞。全世界道路交通死亡者中约有一半是“弱势道路使用者”，即行人、骑车者和摩托车手。2020 年，我国道路交通事故发生数量 244 674 起，同比下降 1.2%；道路交通事故死亡人数为 61 703 人，同比下降 1.7%；交通事故受伤人数为 250 723 人，同比下降 2.1%；交通事故直接财产损失金额为 131 360.6 万元，同比下降 2.4%。道路交通伤害给个人、家庭和整个国家带来巨大经济损失。这些损失包括死伤者的治疗费用，也包括死者、因伤残疾者及需要占用工作或学习时间照顾伤者的家人所丧失的劳动力。

1. 影响因素

（1）人的因素。道路交通伤害的主体主要包括机动车驾驶员、摩托车驾驶员、骑电动车/自行车者、行人。机动车驾驶员原因引起的车祸主要表现在违反规定、措施不当、疏忽大意等，而这些错误可能与驾驶员自身的事故倾向性、驾驶行为和安全态度等有关。头部创伤是驾驶摩托车者死亡的主要原因，而安全头盔能非常有效地避免头部受伤。交通安全意识差和违章骑车，骑车技术不熟练、缺乏经验，刹车或其他部件工作不正常等往往是骑电动车/自行车者发生道路交通事故的主要原因。行人在道路交通事故中是最容易、最严重的受害者，特殊人群比如儿童和老人作为道路使用的弱势人群，更易发生车祸。行人缺乏交通安全意识、不遵守交通规则是事故的重要原因。

（2）车辆和设施因素。公路标志、信号、监控设施及汽车的设计制造都会对道路交通事故的发生产生直接影响。对于机动车乘员的安全保护措施有安全气袋和儿童安全座椅，随着电动汽车等新能源汽车的发展，汽车由电子设备操作的程度加强，与此相关的安全问题也值得关注。此外，科学利用道路和改进路况，扩建、新建高质量的道路，增修地下通道或天桥，建立护栏把行人和行车道分开，都是可以改善道路交通安全的措施。

（3）道路环境因素。道路环境因素与社会经济发展水平密切相关，比如发展中国家交通事故所致伤亡人员中，死亡所占的比例相对较高。相应的医疗条件和急救康复系统不完善、道路规划不合理、交通法规及执法力度不够都会增加道路交通伤亡的危险程度。

2. 干预策略和措施　联合国大会确定了到2030年将全球道路交通碰撞死亡和伤害数量减半的宏伟目标。交通活动中“人-车-路”是一个完整的系统，要预防交通伤害的发生，务必在这三个方面采取相应预防措施。

（1）人员方面。人是其中最活跃、最主动的因素，在加强交通法规宣传，增强安全意识的同时，对不同的道路使用者应采取不同的针对性措施。对驾驶员除了严格的技术培训及考核外，可以增加事故倾向性或驾驶适应性测试，并在健康评价中引入水平视野和血压等指标；使用安全带、严禁酒后驾车、限速等减少伤害的有效措施。行人及非机动车驾驶者是弱势人群，应着重于增加保护性隔离设施，做好人车分流。

（2）车辆和设施方面。我国新修订的《未成年人保护法》中规定：未成年人的父母或者其他监护人应当为未成年人“采取配备儿童安全座椅、教育未成年人遵守交通规则等措施，防止未成年人受到交通事故的伤害”。有效、正确地使用安全工具，如安全带、头盔、儿童安全座椅等，可以大大降低道路交通事故的死亡率。

（3）道路环境方面。在加速道路基础建设的同时，应坚持以人为本，强调科学的道路规划和设计，改善交通环境，强化管理部门的责任，从而有效减少交通伤害的发生。

（二）自杀

自杀是一个严重的全球公共卫生问题。自杀是指有明确的死亡意图或者可以推论出其有死亡意图而采取的致命性的自我毁灭行为。一般将自杀行为分为自杀意念、自杀未遂、自杀死亡三种形式。自杀意念指有寻死的愿望，但没有采取任何实际行动；自杀未遂指有意毁灭自我的行为，但并未导致死亡，包括决心自杀但未死亡和自杀意图不强而蓄意自伤两种情况；自杀死亡指采取有意毁灭自我的行为，并导致了死亡。

自杀既是一个严重的健康问题，又是一个严重的社会问题。2019年，全球估计有70.3万人死于自杀，年龄标准化自杀率为9.0/10万。全球不同区域、性别的自杀率不同，从少于2/10万到80/10万以上，男性的年龄标准化自杀率（12.6/10万）是女性（5.4/10万）的2.3倍，表明全球年龄标准化自杀率男性高于女性。我国的自杀率在过去20多年呈现明显下降的趋势，但绝对数字仍然不可小觑。2019年，我国自杀人数为116 324人（年龄标准化自杀率6.7/10万），其中男性72 515人（8.6/10万），女性43 809人（4.8/10万）。采取积极措施预防自杀至关重要，以减少因自杀造成的生命损失或因失去亲人而产生的悲剧。

1. 影响因素　自杀是一种复杂的、多因素的行为表现。自杀行为在个体层面上与个人性格、价值观念、人际关系、个人所遭受的社会心理压力、个人的应对方式、获得的社会支持及精神、躯体健康状况等多种因素有密切联系。就社会层面而言，自杀行为与社会文化、社会环境、家族倾向性等社会因素有着密切的联系。

（1）风险人群。自杀行为可见于生命周期的各个阶段。2019 年，自杀是全球 15～29 岁年龄组中第四大死亡原因，青少年处于获得社会情感技能的关键时期，面对欺凌、网瘾、厌学、人际关系、情绪心理问题往往容易走向极端。自杀与精神疾病，特别是抑郁症和酒精使用障碍之间存在密切联系。许多成年人自杀是因丧失处理生活压力（如财务问题、关系破裂或慢性疼痛和疾病）的能力而陷入危机时发生的冲动行为。此外，经历冲突、灾难、暴力、虐待、丧失亲友和疏离感也与自杀行为有着密切关系。遭受歧视的弱势人群（如难民和移民、同性恋者、囚犯等）中自杀率也很高。曾经自杀未遂是最重大的自杀风险因素，对曾试图自杀或被认为有风险的人应予以及早识别、评估、管理和跟踪。

（2）自杀手段。据估计，全球大约 20% 的自杀方式是服农药，其中大部分发生在低收入和中等收入国家的农村地区。有毒化学物质广泛的可获得性与自杀的发生有非常密切的关系。在我国农村，剧毒化学品（如农药、鼠药）随手可得，导致服毒成为自杀的主要手段。近年来，随着对高毒性农药的严格控制使用，服农药自杀的比例已呈现下降的趋势。了解自杀手段对制订行之有效的预防策略很重要，可以通过限制人们获得自杀工具的手段降低自杀率。

（3）环境因素。社会环境因素与自杀行为的关系主要表现在社会关系的和谐程度、社会文化对自杀的态度、社会政治经济体系的稳定性等方面。重大的负性生活事件是导致自杀的直接原因或诱因，自杀者在巨大的心理压力下，自信心受挫，容易产生消极观念。随着我国社会经济形势的深刻变革，社会家庭结构和价值观念发生改变，人口的流动性大大增加，家庭养老的观念逐渐淡薄，以个人为中心的价值观念正在取代以家庭为中心的价值观念，这些因素客观上导致社会整合程度下降，加之医疗保健水平的有限性，成为自杀率增长的重要原因。

2. 干预策略和措施 自 2003 年开始，WHO 和国际自杀预防协会将每年 9 月 10 日确定为“世界预防自杀日”，以帮助公众了解诱发自杀行为的危险因素，增强人们对不良生活事件的应对能力，预防自杀行为。自杀是一项复杂问题，预防自杀工作必须具有全面性和综合性。WHO 呼吁包括医疗、教育、劳动、警务、司法、宗教、法律、行政和媒体在内的社会各方面协调行动，关注引发自杀的原因和途径，针对群体和个人采取预防自杀和试图自杀行为的措施。

（1）“LIVE LIFE”：是 WHO 启动自杀预防实施的方法，详细说明了 4 个预防自杀的循证实践措施，以及 6 个作为实施基础的整合支柱（图 19-1）。为了支持各国的努力，WHO 于 2021 年 6 月 17 日发布了全面指导，帮助执行其旨在预防自杀的“LIVE LIFE”方法，其中包括四项策略：①限制自杀手段的获取手段（如高致命性的杀虫剂和枪支）；②与媒体互动促其负责任地报道自杀；③培养青少年的社会情感生活技能；④早期识别、评估、管理和随访任何受自杀行为影响的人。

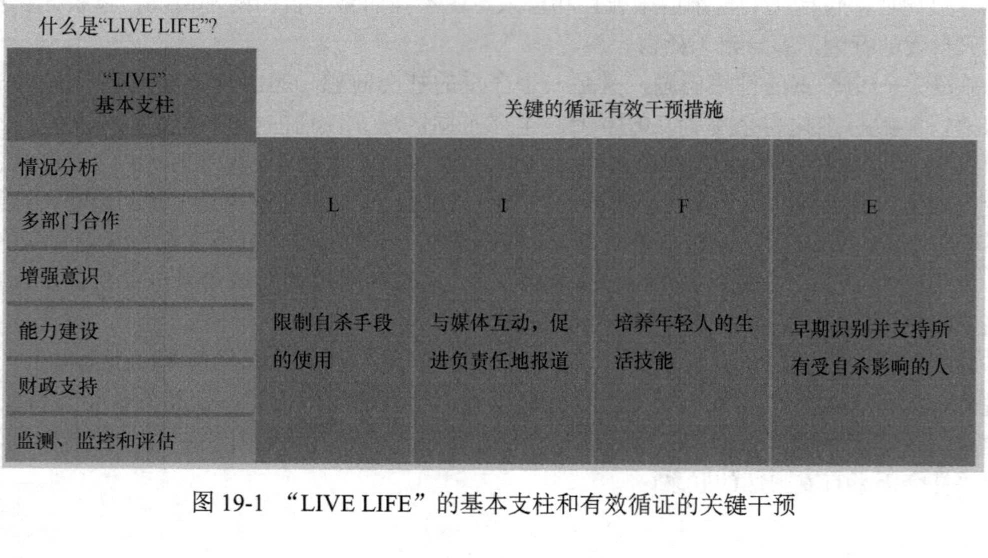

图 19-1 “LIVE LIFE”的基本支柱和有效循证的关键干预

“LIVE LIFE”的6个核心支柱包括：①情况分析——描述自杀和自杀预防的背景和现状，明确自杀预防活动的规划和实施；②多部门合作——建立一种全政府或全社会的方法适用于跨政府机构或部门，包括非政府团体和社区团体合作；③增强意识——针对公开受众的有组织的沟通过程；④能力建设——针对卫生工作者、应急服务人员、教师和青年工作者，以及经常与其客户互动的其他人；⑤财政支持——聚焦于包括政策、战略和计划的制定及执行，而不仅仅是开展服务；⑥监测、监控和评估——自杀和自伤的数据监测，建立专门小组明确监测目标和指标。

（2）自杀的三级预防模式：一级预防指人群的总体预防，预防个体自杀倾向的发展，目标在于降低自杀死亡率。主要措施包括：健全宏观环境和预防策略、开展健康教育普及心理健康知识、加强对精神障碍的识别与防治、减少自杀手段的可获得性（如控制枪支、家用煤气和汽车排出废气的去毒化处理、有毒物质获得途径的控制）、规范新闻报道避免不良诱导。二级预防指危机干预对策，针对处于自杀边缘的人进行早期疏导和干预。主要措施包括：建立自杀或危机干预机构、提供心理热线咨询或面对面咨询服务、控制造成自杀的便利途径、加强急诊服务等。三级预防指防止曾经有过自杀未遂的人再次出现自杀。主要措施包括：①心理咨询和早期危机干预；②加强对高危个体的药物治疗和心理治疗；③开展对导致自杀的环境因素的研究，并通过诸如职业训练、提高教育文化水平、调整易导致自杀的亚文化心态等措施以尽量减少环境文化对自杀观念或行为的影响，从而有效地预防自杀和矫正歪曲的行为方式。开展自杀原因和自杀预防研究的协调工作，有效地宣传精神卫生知识，为不同种类服务机构的工作人员提供培训，更好地识别和处理自杀高危人群，监测普通人群的自杀死亡和自杀未遂特征。

拓展阅读

心理援助热线作为一种行之有效且方便、经济的服务形式，已成为向公众提供心理健康教育和进行心理危机干预的重要途径，在处理心理应激和预防心理行为问题方面发挥着积极作用。心理援助热线具有及时性、匿名性、自控性、经济性、方便性等优势，能够不受时间和地域限制，随时为公众提供帮助。为进一步加强和规范心理援助热线建设，推动全国热线服务质量高质量发展，国家卫生健康委办公厅于2021年1月8日印发了《心理援助热线技术指南（试行）》。

《心理援助热线技术指南（试行）》共分四个部分。一是关于热线服务概述，明确了为来电者提供心理支持、心理健康教育及精神卫生相关知识信息的热线服务目标，确定了热线服务对象及服务的原则和要求。二是关于热线咨询员管理及要求，提出了热线咨询员需具备相关心理专业背景和资质，上岗前需接受必要的培训；在工作中要充分尊重来电者隐私权，不与来电者建立专业服务以外的关系，保证来电者对所接受的热线服务有知情同意的权利。三是规范了热线来电的干预流程，具体包括一般来电、有自杀风险来电、沉默或反复来电等特殊来电的干预步骤。针对自杀风险来电，要求热线咨询员对来电者自杀想法的强度和绝望感进行量化评估，在来电干预结束后做好相关情况的登记备案和交接、随访工作。四是列出了常用的热线服务技术要素，热线服务也要遵循倾听、反馈、沉默、稳定、聚焦和问题解决等一般心理援助服务的基本技术要求。希望通过本指南的落实，科学规范指导各地开展心理援助热线服务工作，做好不同人群心理危机干预和心理疏导，实现维护公众心理健康、促进社会和谐稳定的目的。

如果来电者流露出较强的负面情绪（如痛苦、绝望、抑郁、焦虑等），热线咨询员要对来电者进行自杀风险的研判；如评估为高危来电者，立即进行危机干预。自杀风险包括对自杀想法、自杀计划、自杀未遂史和亲友自杀史等的评估，评估时要表现出专业、自然、冷静（自杀高危来电干预流程见图19-2）。

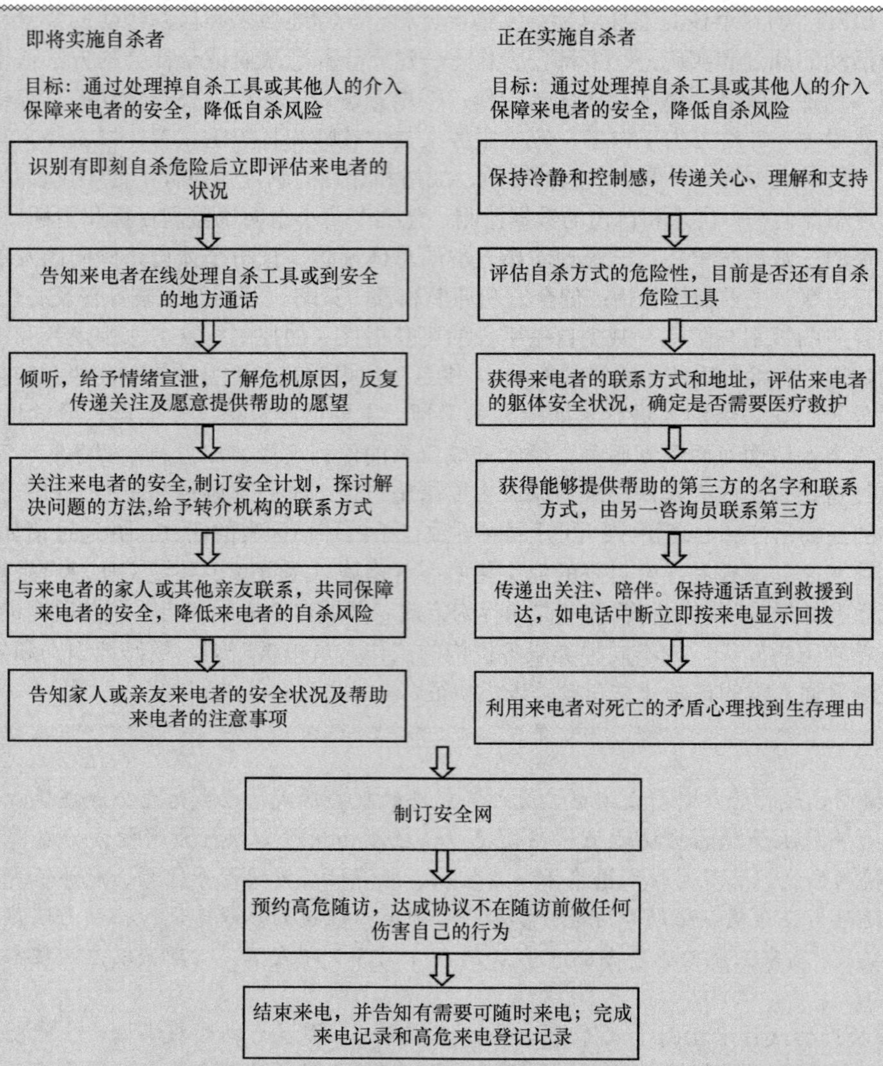

图 19-2　自杀高危来电干预流程

（三）跌倒

1987 年 Kellogg 国际工作组（Kellogg International Work Group）在老年人跌倒预防报告中将跌倒定义为无意图地摔倒在地或一些更低的平面上，但不包括暴力、意识丧失、偏瘫或是癫痫发作所致跌倒。我国卫生部于 2011 年公布的《老年人跌倒干预技术指南》指出：跌倒是指突发、不自主的、非故意的体位改变，倒在地上或更低的平面上。按照国际疾病分类对跌倒的分类，跌倒包括以下两类：①从一个平面至另一个平面的跌落；②同一平面的跌倒。在世界范围内，跌倒是一项重要的公共卫生问题，目前其已成为仅次于道路交通伤害的第二大非故意伤害死亡原因。全球每年估计有 68.4 万人因跌伤而死亡，80% 以上与跌倒有关的死亡发生在低收入国家和中等收入国家，其中西太平洋区域和东南亚区域占 60%。

跌倒的严重性一般与发生时的高度、伤害部位和伤害性质有关。所致伤害分为致命伤害（即死亡）和非致命伤害（如骨折、扭伤、划伤等）两类。跌倒后的颅脑损伤、脊椎损伤及骨折容易导致死亡或终身残疾。此外，跌倒对情绪、心理和认知等方面也会产生长期影响。老年人和儿童是最容易发生跌倒的两个高危群体。其中，跌倒是我国 65 岁以上老年人因伤害死亡的首位原因，骨折、软组织损伤及颅脑损伤是其常见的跌倒损伤类型。

1. 影响因素　跌倒的发生通常不是单一因素的作用而是多个因素共同作用的结果，个体面对的跌倒危险因素越多，发生跌倒的风险越高。影响跌倒的危险因素包括内部（个人）因素和外部（环境）因素，其中内部因素包括生理因素、病理因素、药物因素、心理因素等，外部因素包括物理环境因素及社会经济因素。

（1）内部因素

1）生理因素。老年人因跌倒而死亡或受重伤的风险最大，主要是因为衰老导致身体功能下降：一方面视觉、听觉、触觉、前庭、本体感觉及中枢神经系统的退变，往往影响智力、肌力、肌张力、感觉、反应能力、反应时间、平衡能力、步态及协同运动能力；另一方面骨骼、关节、韧带及肌肉的结构、功能损害和退化也会造成老年人步态不稳及平衡功能受损，使跌倒的危险性增加。除老年人群外，另一个高危群体是儿童。儿童身体尚在发育阶段，对周围事物充满好奇，在独立性逐渐增强的同时会有较具挑战性的冒险行为。如若成年人监督不够，叠加生活困难、单亲，特别是危险外部环境等各种不利因素，很容易发生跌倒。

2）病理因素。跌倒的发生与个体本身慢性疾病状况之间存在高度相关性。神经系统疾病、心血管疾病、影响眼部视力的疾病、心理及认知障碍、昏厥、眩晕、惊厥、偏瘫、足部疾病及足或脚趾的畸形等都会影响机体的平衡功能、稳定性、协调性，导致神经反射时间延长和步态紊乱。感染、肺炎及其他呼吸道疾病、血氧不足、贫血、脱水及电解质平衡紊乱均会导致机体的代偿能力不足，而致机体的稳定能力暂时受损。老年人泌尿系统疾病或其他因伴随尿频、尿急、尿失禁等症状而匆忙去洗手间、排尿性晕厥等也会增加跌倒的危险性。同时，所患慢性病的种类、数量及严重程度也与跌倒发生风险呈正相关。

3）药物因素。药物可以通过影响人们的神志、精神、视觉、步态、平衡等方面而引起跌倒。常见的可能引起跌倒风险的药物包括：①精神类药物，抗抑郁药、抗焦虑药、催眠药、抗惊厥药、安定药；②心血管药物，抗高血压药、利尿剂、血管扩张药；③其他，降糖药、非甾体抗炎药、镇痛剂、多巴胺类药物、抗帕金森病药。老年人大多患有慢性病并需连续服药，由药源性风险导致的老年人跌倒应引起广泛重视。

4）心理因素。一些不良的心理因素，如心急、沮丧、焦虑、抑郁、粗心大意、情绪不佳及其导致的与社会的隔离均增加跌倒的危险。这些因素会削弱个体的注意力，造成潜在的心理状态混乱，导致个人对环境危险因素的感知和反应能力下降。另外，害怕跌倒也使行为能力降低，行动受到限制，从而影响步态和平衡能力而增加跌倒的危险。老年人容易过度忧虑，如担忧自己对子女造成经济负担、照顾成本增加等；对已患疾病的过度紧张等精神压力；对自己的行走能力不自信而害怕摔倒。

（2）外部因素

1）物理环境因素。跌倒的场所分为室内和室外，其中在居家环境中跌倒的占比最高。光线昏暗，地面不平或湿滑，在步行途中的障碍物，座椅或床等家具的高度和摆放不合理，看不清的楼梯台阶，卫生间没有扶栏、把手，地面物品杂乱堆放等都可能增加跌倒的风险，不合适的鞋裤和行走辅助工具也与跌倒有关。室外的危险因素包括台阶和人行道缺乏修缮，雨雪天气、拥挤等都可能引起跌倒的发生。对于成年人来讲，高空作业或其他危险的工作条件带来的职业危险程度更高，容易导致致命跌伤。

2）社会经济因素。收入水平低、教育水平低、居住条件差、卫生保健水平低、医疗服务可及性差、社区服务和资源不足、室外环境的安全设计不合理，以及是否独居、与社会的交往和联系程度等因素均与跌倒的发生有密切关联。家庭经济条件欠佳、失业及社会关系的中断可能会严重影响成人对儿童的看管质量，成人对儿童的看管不到位是导致伤害发生的主要原因。

2. 干预策略和措施　跌倒的发生并不单单是一种意外，而是存在潜在的危险，因此跌倒完全是可以预防和控制的。2019年6月11日，中国老年学和老年医学学会老龄传播分会、中国疾控中心慢病中心等七家机构联合发布《老年人防跌倒联合提示》，呼吁全社会从强化老年人个人意识、促进居家适老化改造等方面努力，重视跌倒对老年人健康和生命的严重威胁。我国《老年人跌倒干预技术指南》根据流行病学危险因素资料、老年人生理特点及环境特点，指出老年人跌倒的预防可通过个人、家庭和社区三个层面来实施。

（1）个人干预措施。利用老年人跌倒风险评估工具和老年人平衡能力测试，社区组织和社区卫生服务机构可协助老年人进行自我跌倒评估，以帮助老年人清楚地了解自己跌倒的风险级别和危险因素。具体的干预措施包括：①增强防跌倒意识，加强防跌倒知识和技能学习；②坚持参加规律的体育锻炼，以增强肌肉力量、柔韧性、协调性、平衡能力、步态稳定性和灵活性；③合理用药；④选择适当的辅助工具，使用合适长度、顶部面积较大的拐杖；⑤熟悉生活环境；⑥衣服要舒适，尽量穿合身宽松的衣服；⑦调整生活方式；⑧有视、听及其他感知障碍的老年人应佩戴视力补偿设施、助听器及其他补偿设施；⑨防治骨质疏松；⑩将经常使用的东西放在不需要梯凳就能够很容易伸手拿到的位置。

（2）家庭干预措施。家庭环境的改善和家庭成员的良好护理可以很有效地减少老年人跌倒的发生。具体的干预措施包括：①家庭环境评估，可采用居家危险因素评估工具（home fall hazards assessments，HFHA）进行评估。②家庭成员从居室环境、个人生活、起居活动、辅助工具、心理干预等方面着手，合理开展预防老年人跌倒的干预措施。

（3）社区干预措施。具体的干预措施包括：①社区相关组织（管理委员会、社区居委会、社区卫生服务机构、物业管理部门等）将预防老年人跌倒列入工作计划，由专人负责；②社区卫生服务机构在老年人跌倒预防中起重要作用；③社区动员与社区健康教育。

（四）溺水

2019年，全球估计有23.6万人死于溺水，溺水造成的死亡占总死亡率的近8%。溺水是非故意伤害死亡的第三大原因，占所有与伤害有关的死亡的7%。溺水造成的全球性负担和死亡遍及所有经济体和地区，低收入国家和中等收入国家占非故意溺水死亡的90%以上；世界上一半以上的溺水事件发生在西太平洋区域和东南亚区域。此外，对于全球溺水死亡数量的估计存在很多不确定性。溺水的官方数据分类不包括故意溺水死亡（自杀或他杀）和因洪灾及水路交通事故造成的溺水死亡，这样的分类方法导致一些高收入国家的溺水总数减少高达50%，严重缺乏代表性。

儿童溺水是指儿童呼吸道淹没或浸泡于液体中，产生呼吸道等损伤的过程。2014年《全球溺水报告》显示，年龄是溺水的主要危险因素之一，溺水发生率最高的是1～4岁的儿童，其次是5～9岁的儿童。《2022中国青少年防溺水大数据报告》显示，因溺水造成的伤亡位居我国0～17岁年龄段首位，占比高达33%；1～14岁溺水事故的比例超过40%，暑期为青少年溺水事故发生高峰期。溺水事件中溺水者的获救率仅有11.34%，而溺亡率高达88.66%。青少年溺水多发生于河道、水库、池塘、海域、泳池等地，其中超六成的溺水事件发生在河道，并且溺亡率高达91.6%。同时，我国儿童溺亡案件存在明显的性别和地域差距，男孩溺死率明显高于女孩，农村儿童溺死率远高于城市。

1. 影响因素 我国《儿童溺水干预技术指南》中利用哈顿（Haddon）矩阵从儿童自身因素、作用物、物理环境和社会经济环境4个方面总结了儿童溺水前、溺水时和溺水后的危险因素（表19-3），并指出儿童发生溺水的因素复杂，相关危险因素包括3个方面：①儿童自身、家长和监管因素（年龄与发育水平、性别、高危行为和同伴影响、游泳能力、儿童和家长对溺水的认知水平低、监管缺失或不足）；②环境因素（暴露于自然水体、家中蓄水容器、工程设施）；③医疗与救护（及时急救处理，接受心肺复苏）。

表 19-3 儿童溺水危险因素 Haddon 矩阵

阶段	因素			
	儿童自身因素	作用物	物理环境	社会经济环境
溺水前	发育水平 性别 缺乏关于水的危险性知识 好奇 冒险 水中嬉戏、捉鱼、酗酒等高危行为 乘坐水上交通工具	缺乏应对危险的水上安全设备	缺乏隔离水域的屏障 不熟悉的环境 没有安全的游泳设施	缺乏监管和看护 兄姐看护 父母无职业或无文化 家庭人口多 缺乏水安全指导和社区警示
溺水时	缺乏游泳技术 未穿救生衣等漂浮器具 施救者不会游泳 高估自己的游泳能力 单独游泳 体力不支 遇险时慌乱 缺乏紧急呼救或知识	深水 江河水湍流 水中寒冷 大浪	水下深度的变化 缺乏帮助逃生的设施	缺乏将危险降至最低的信息和资源 呼叫 120 急救系统的通信或基础设施不足 船上缺乏救生衣 缺乏救生员
溺水后	获救延迟 看护人不知所措 未呼叫救护车	受害者被水流冲离岸边	交通不便妨碍救治	缺乏急救设备 急救和治疗技术不熟练 护理不周 医院内护理和康复服务不到位 受害者及家庭几乎得不到社区支持

2. 干预策略和措施 溺水可以通过特定预防策略来预防，改善社区的公共建设（供水系统、桥梁、堤坝等）、提升公众意识、制定适当的政策和法规、开展相关领域研究，提出新的防溺措施。配套措施包括利用最佳实践方法、使用社群媒体、利用沟通提升公众意识、根据当地情况来修改干预措施（如利用当地资源建造屏障）。WHO 提出的十大防溺措施可分为三类十条。

（1）以大众为主的措施：①设置屏障，控制接近水域；②为学龄前儿童提供远离水域的安全场所；③教学龄儿童（6 岁以上）学会游泳和水上安全技能；④对旁观者进行安全救援和复苏训练；⑤建立应对能力并管理水灾风险及其他危害。

（2）有效的政策及立法：①制定和执行安全划船、航运和渡轮规定；②通过战略沟通，加强公众对溺水的认识；③促进多部门协作，协同其他部门做好预防溺水工作；④制定国家水上安全（预防溺水）计划。

（3）进一步研究：开展研究及通过数据收集和设计良好的调查计划，推动预防溺水的效益。

（五）中毒

中毒（poisoning）是进入人体的化学物质达到中毒量产生组织和器官损害引起的全身性疾病。引起中毒的化学物质称为毒物。根据暴露毒物的毒性、剂量和时间，可将中毒分为急性中毒和慢性中毒两大类。根据毒物来源和用途，可将毒物分为工业性毒物、药物、农药和有毒动植物。根据中毒的原因，可将中毒分为职业性中毒和生活性中毒。儿童作为一个特殊的社会群体，由于缺乏自我保护及安全防范意识，成为意外中毒发生的高危人群，尤其在 5 岁以下儿童，往往因误食而中毒。此外，农药中毒是农村地区常见的致伤和致死的重要原因。在寒冷地区，冬季室内一氧化碳中毒是最常见的中毒原因。

1. 影响因素 可借鉴导致安全事故的4个条件分析中毒的影响因素。

（1）人的不安全行为。能量与危险物质在受控条件下，按照人们的意志在系统中流动、转换，如果发生失控或者疏漏，就会发生能量与有害物质的意外释放和泄漏，造成人员伤亡和财产损失。

（2）物的不安全状态。能量与有害物质是危险危害因素产生的根源，有害物质在一定条件下能损伤人体的生理功能和正常代谢功能，破坏设备和物品的效能，是最根本的危险危害因素。

（3）环境的不安全因素。环境污染、照度不足、作业场所狭窄、恶劣天气等因素可能影响人的主观判断，导致人体接触有毒有害物质，导致不良后果。

（4）管理上的缺陷。人们日常生活、生产、工作秩序需要建立在一定的规则和制度之下，管理不当、操作不规范、标签不健全、注意标志不到位往往会造成疏漏和安全事件。

2. 干预策略和措施 意外中毒伤害虽是偶然发生，但其发生仍有一定的规律性，并不是完全不可以避免的。预防意外中毒关键在于引起全社会的足够重视，强化安全意识，采取综合性的防范措施，从高危人群、毒物管理、环境保护和制度建设等方面着手，消除引起中毒的一切隐患，减少和控制意外中毒的发生。

（1）儿童监护。增强个体安全意识，父母及监护人对各种毒物及药品应严格管理，避免随处放置农药、灭鼠药及各类药物，对于儿童常备药品也要注意防潮、霉变、过期，要在儿科医师指导下服用，切忌随意自行购买药物给儿童服用。对于儿童而言的危险品，如洗发液、煤油、酒类等要妥善保管。

（2）毒物管理。做好毒物的存放和管理，家庭内毒物或潜在毒物的正确储藏是干预的重要环节。毒物及潜在毒物应有明确标签，放置在橱柜中并加锁，尤其是放置于儿童不能拿到的地方。建立健全毒物包装法规，使药品、日用品生产厂家生产出可防止中毒的安全包装，比如强制使用儿童无法开启的装置，是强有力的干预措施。

（3）环境保护。良好的管理是解决环境问题的重要措施，政府需综合运用法律、经济等手段，开展监督管理、制定环境保护目标责任制等制度与措施，加强环境监测和人群健康监测，针对问题制订对策进行干预治理，并对干预的效果进行评价。同时，要鼓励公众参与，促使他们积极主动地维护自己的环境权益，保护居住地区的环境。

（4）制度建设。除了家庭严格管理外，各级政府和有关部门应高度重视，共同努力，加强对农药等毒物生产、销售的监管力度。加强安全教育，开展毒物预防和救助的健康教育，普及安全、合理使用和储存毒物的相关知识，引起社会广泛关注。

（5）建立中毒预防控制中心。许多发达国家设有专门的中毒预防急救中心，能够掌握社区内中毒发生的信息，对中毒采取第一援助和医疗处理。对我国而言，仍需提升对中毒等突发公共卫生事件的反应协调能力，加强培训基层医务工作者，完善中毒预防控制与急救网络，提高各医疗机构的运转协调能力。

三、伤害的预防与控制

伤害一般分为三个阶段：伤害前阶段、伤害阶段、结局阶段。不同类型伤害的影响因素包括宿主因素、致伤因子、环境因素。伤害的预防措施应包括预防伤害发生（一级预防）、院前急救与医院治疗（二级预防）、社区康复（三级预防）。只有把健康促进、自救互救、现场调查、临床救护、功能恢复和基础研究结合起来，建立起地区间多部门的合作，才能使伤害得到有效控制。

目前，“5E”伤害预防综合策略是国际公认的伤害预防策略，包括五个方面：①教育预防策略（education），包括在一般人群中开展改变态度、信念和行为的项目，同时还针对引起或受到伤害的高危个体；②环境改善策略（environmental modification），通过减少环境危险因素降低个体受伤害的可能性；③工程策略（engineering），如制造对人们来说更安全的产品；④强化执法策略（enforcement），包括制定和强制实施相关法律、规范，以创造安全的环境和确保生产安全的产品；

⑤评估策略（evaluation），涉及判断哪些干预措施、项目和政策对预防伤害最有效，通过评估帮助研究者和政策制定者确定预防及控制伤害的最佳方法。该策略的有效性在很多国家的应用实践中都得到证明，在减少与控制伤害发生与死亡方面发挥了重要作用。此外，伤害监测、增加人体对危险因素的抵抗力、伤害后的急救也是减少和预防伤害的基本策略。

第三节　物质使用或成瘾行为所致障碍

一、概　　述

（一）物质使用或成瘾行为所致障碍的概念

物质使用或成瘾行为所致障碍（disorders due to substance use or addictive behaviours）是指由于使用主要的精神活性物质（包括药物）或特定的重复性奖励和强化行为而产生的精神和行为障碍。需要注意的是，ICD-11 中将物质使用或成瘾行为所致障碍和精神障碍都划归至精神、行为或神经发育障碍章节分类中，本章中将两者在第三节和第四节作分开阐述。

在医学上，能够影响人类心境、情绪、行为，或者改变意识状态，并具有致依赖（成瘾）作用的物质被称为精神活性物质（psychoactive substances），或成瘾物质（substances）、成瘾药物（drugs）。精神活性物质的最重要的一个特点就是依赖性，或者称为成瘾性。依赖（dependence）是一组认知、行为和生理症候群，个体尽管明白使用精神活性物质会带来明显的问题，但仍继续使用，不断使用导致耐受性增加，出现戒断症状（withdrawal symptoms）和强制性觅药行为。依赖包括心理依赖（psychological dependence）和躯体依赖（physical dependence）。前者是指患者对成瘾物质的渴求，以期获得服成瘾药后的特殊快感；后者是指反复服用成瘾物质后，中枢神经系统发生了某种生理生化改变，以致需要这些物质长期存在于体内，以避免特殊的戒断综合征的出现。依赖综合征的主要特征为渴望得到精神活性物质为患者生活中压倒一切的、优先考虑的行为，达到难以克制，对个体的社会功能造成严重妨碍的程度（强制性觅药行为）。停止使用这些物质就会出现戒断症状，表现为躯体和精神功能的紊乱，严重时可导致死亡。与此同时，经常使用某一物质，往往使机体对该物质的反应性降低，患者不得不加大剂量来维持其效果，即耐受性（tolerance）增加。用量加大后又必然加大患者对该物质的依赖程度，形成恶性循环，戒断非常困难。

（二）物质使用或成瘾行为所致障碍的流行概况

物质成瘾是全球普遍存在的危害人类健康的公共卫生问题，也是影响社会经济发展、威胁社会和谐与稳定的重要因素。新精神活性物质危机仍在全球蔓延，截至 2019 年底，全球 120 个国家和地区共计报告 950 种新精神活性物质。这些物质变化快、作用强、危害大，又因不受管制而“逍遥法外”，其制贩、走私和滥用问题日益突出。我国通过广泛开展禁毒宣传教育，深入推进吸毒人员“平安关爱”行动，全国毒品滥用规模持续缩小。《2022 年中国毒情形势报告》显示，截至 2022 年底，我国现有吸毒人员 112.4 万名，同比下降 24.3%，占全国人口总数的 0.8‰；戒断 3 年未发现复吸人员 379 万名，同比上升 11.4%；新发现吸毒人员 7.1 万名，同比下降 1.7%。现有吸毒人数连续 5 年下降，戒断 3 年未发现复吸人数连续 10 年上升，毒品滥用治理成效持续显现。

二、社 会 根 源

物质使用或成瘾行为所致障碍的原因不能用单一的模式来解释，生物学、心理和社会文化因素都与吸毒行为的产生、维持、戒断及以后的复发有着密切的关系。这里主要以吸毒为例探讨其社会根源及对应的预防控制措施。

1. 毒品的可获得性 一些国家和地区对毒品种植和走私管控不严，使得毒品可以通过不同途径输入社会，增加其可获得性。对一些成瘾性较弱但也可能成瘾的物质，如果监管不严可导致其可获得性较高，也可能直接或间接引发相关问题。

2. 同伴影响和团伙压力 青少年通常受到同伴的影响和引诱，出于好奇、追求刺激等动机而开始第一次吸毒。在一些青少年团伙中，吸毒行为是团伙成员的一个标志，团伙对其成员保持着一种社会压力，使其成员维持吸毒行为，也是戒毒治疗后复发率居高不下（90% 以上）的重要原因之一。

3. 成长环境的影响 成长环境是否良好，是影响青少年是否远离吸毒的重要因素。研究表明，吸毒者多出身于社会的底层，家庭常常存在各种各样的缺陷，如家庭成员中有吸毒者、酗酒者，成员之间缺乏交流等。

4. 社会文化对毒品的容忍程度 在国家层面上，世界上所有的国家都制定了控制毒品生产、销售和消费的法律、法规。由于种种原因，并非所有的国家均以严厉的态度对待毒品和毒品犯罪。

三、预防与控制

《"健康中国 2030"规划纲要》指出："大力普及有关毒品危害、应对措施和治疗途径等知识。加强全国戒毒医疗服务体系建设，早发现、早治疗成瘾者。加强戒毒药物维持治疗与社区戒毒、强制隔离戒毒和社区康复的衔接。建立集生理脱毒、心理康复、就业扶持、回归社会于一体的戒毒康复模式，最大限度减少毒品社会危害。"具体而言，吸毒的三级预防措施包括：一级预防是针对普通人群的预防，主要目的是提高普通公众对毒品及其危害的认识，主要手段包括各种传播媒介的利用；二级预防为针对易感人群主要是高危人群的预防，重在促进预防对象的健康生活方式，帮助他们形成抵制毒品的能力；三级预防的主要目的在于降低毒品需求，是针对已经吸毒的人群而进行的，包括为吸毒者提供脱毒（戒毒治疗）、康复、重返社会、善后照顾等一系列的服务，以期减少吸毒人数，降低吸毒者对毒品的需求，预防吸毒的各种并发症。

拓展阅读

游戏成瘾也是精神疾病的一种。在最新版的国际疾病分类 ICD-11 中，WHO 正式将沉迷于网络游戏或电视游戏、妨碍日常生活的"游戏成瘾（gaming disorder）"认定为新的精神疾病，作为依赖症的一种。2019 年 8 月 20 日，中国互联网络信息中心发布第 43 次《中国互联网络发展状况统计报告》，截至 2018 年 12 月，中国游戏成瘾人群已达 27.5%，其中，青少年为网瘾的重灾人群，比例高达 30.5%，也就是约 3 个青少年中，就有 1 个"网瘾少年"。

《国际疾病分类》中，专门为"游戏成瘾"设立条目，并明确"游戏成瘾"的多项诊断标准。WHO 表示，确诊"游戏障碍"疾病往往需要相关症状持续至少 12 个月，如果症状严重，观察期也可缩短。

现行标准中一共列出了 9 种症状，一般要满足其中 5 项才可考虑后续判断。

（1）完全专注游戏。

（2）停止游戏时，出现难受、焦虑、易怒等症状。

（3）玩游戏时间逐渐增多。

（4）无法减少游戏时间，无法戒掉游戏。

（5）放弃其他活动，对之前的其他爱好失去兴趣。

（6）即使了解游戏对自己造成的影响，仍然专注游戏。

（7）向家人或他人隐瞒自己玩游戏的时间。

（8）通过玩游戏缓解负面情绪，如罪恶感、绝望感等。

（9）因为游戏而丧失或可能丧失工作和社交。

第四节 精神障碍

一、概 述

（一）精神障碍的概念

我国《精神卫生法》解读中对于精神障碍概念的界定：精神障碍（mental disorder）是指由各种原因引起的感知、情感和思维等精神活动的紊乱或异常，导致患者明显的心理痛苦或者社会适应等功能损害。严重精神障碍，是指疾病症状严重，导致患者社会适应等功能严重损害、对自身健康状况或者客观现实不能完整认识，或者不能处理自身事务的精神障碍。

精神障碍的诊断应当以精神健康状况为依据，并由精神科执业医师做出。判定是否患上精神障碍，可以从以下三个方面进行检查：一是看精神活动表现，就是在各种心理活动过程之间，看患者的认识过程、内心体验和意志活动是否协调一致；二是看个性特征是否具有相对的稳定性，就是在患者的各种心理活动过程和全部行为中，这种个性特征是否能表现得恰当、连贯；三是看行为是否符合个体生活环境的要求，就是看患者的谈吐和各种行为能否被常人所理解，有没有明显离奇和出格的地方。

《中国精神障碍分类及诊断标准第 3 版（CCMD-3)》将精神障碍分为十类：器质性精神障碍；精神活性物质或非成瘾物质所致精神障碍；精神分裂症（分裂症）和其他精神病性障碍；心境障碍（情感性精神障碍）；癔症、应激相关障碍、神经症；心理因素相关生理障碍；人格障碍、习惯与冲动控制障碍、性心理障碍；精神发育迟滞与童年和少年期心理发育障碍；童年和少年期的多动障碍、品行障碍、情绪障碍；其他精神障碍和精神卫生情况。

（二）精神障碍的流行概况

据 WHO 报告，2019 年每 8 人中就有 1 人（即全球共有 9.7 亿人）有精神障碍，其中焦虑症和抑郁症最为常见。大多数精神障碍者未能获得有效医治和护理。更有甚者，患者会遭受羞辱和歧视，人权遭到侵犯。WHO 重点关注的精神障碍疾病包括焦虑症、抑郁症、双向障碍、创伤后应激障碍（PTSD)、精神分裂症、进食障碍、破坏性行为障碍和反社会型人格障碍、神经发育障碍。

2019 年全球约有 3.01 亿人患有焦虑症，其中包括 5800 万儿童和青少年；2.8 亿人患抑郁症，其中包括 2300 万儿童和青少年；4000 万人患双相障碍；2400 万人患精神分裂症；1400 万人患进食障碍，其中包括近 300 万儿童和青少年；4000 万人患品行-反社会型人格障碍。我国首项全国性的精神障碍调查——中国精神卫生调查（CMHS）结果显示，焦虑障碍是国内最常见的精神障碍，我国精神障碍的终身患病率为 16.6%。其中，罹患抑郁障碍的有近 1 亿人，成人抑郁障碍的终身患病率为 6.8%。不同人群特征的抑郁症患者患病率存在差异，女性多于男性，失业者多于就业者，分居、丧偶或离婚者多于已婚或同居者，且大多数抑郁症患者具有社交障碍。

二、社会根源

精神障碍的致病因素有多方面：先天遗传、个性特征及体质因素、器质因素、社会性环境因素等。与其他疾病比较，精神障碍的产生、发展和转归与社会因素有着更为密切的关系，主要包括以下几个方面：①社会文化因素（包括文化信念、社会发展、医学化的影响）；②社会结构因素（如社会地位）；③社会动荡（包括原有社会、经济、文化和心理基础的破坏，以及被动移民和难民增加）；④文化源性应激（如信念、特殊的文化期望、文化标签）；⑤对精神病患者的歧视。

三、预防与控制

《“健康中国 2030”规划纲要》中有关促进心理健康的内容指出：“加强心理健康服务体系建设和规范化管理。加大全民心理健康科普宣传力度，提升心理健康素养。加强对抑郁症、焦虑症等常见精神障碍和心理行为问题的干预，加大对重点人群心理问题早期发现和及时干预力度。加强严重精神障碍患者报告登记和救治救助管理。全面推进精神障碍社区康复服务。提高突发事件心理危机的干预能力和水平。到 2030 年，常见精神障碍防治和心理行为问题识别干预水平显著提高。”具体而言，精神障碍的三级预防措施包括：一级预防即病因预防，通过消除或减少病因或致病因素来防止或减少精神障碍的发生，属于最积极、最主动的预防措施。二级预防的重点是早期发现、早期诊断、早期治疗，并争取疾病缓解后有良好的预后，防止复发。由于许多精神障碍具有慢性或亚急性起病、症状隐匿、临床表现缺乏明确特征性等特点，往往失去及时干预的机会。因此，二级预防是精神障碍防治工作中极为重要的环节。三级预防的要点是做好精神残疾者的康复训练，最大限度地促进患者社会功能的恢复，减少功能残疾，延缓功能衰退的进程，提高患者的生活质量。

第五节 性传播疾病

一、概 述

（一）性传播疾病的概念

性传播疾病（sexually transmitted disease，STD）是以性行为接触为主要传播途径的一组疾病，简称性病。性传播疾病的主要受害者是有性行为的成年人和患者生产的婴儿。通过性行为传播的疾病很多并无自觉症状，故有学者建议使用性传播感染（sexually transmitted infections，STI）这一术语。性传播疾病一直被认为是一个重要的公共卫生问题，一种没有争议的社会病。尽管人类探索出一些控制性传播疾病的手段，然而其危害至今仍然是非常严重的，尤其是 20 世纪 80 年代获得性免疫缺陷综合征（acquired immunodeficiency syndrome，AIDS，即艾滋病）的首次发现，更使性传播疾病成为广受关注的全球性问题。

（二）性传播疾病的流行概况

据《我国 HIV/AIDS 流行病学研究进展》报告，截至 2020 年底，我国共有 105.3 万人感染 HIV，累计报告死亡 35.1 万人，新发现的 HIV 感染人数、诊断延误、主要人群的 HIV 感染风险继续上升。异性恋和同性恋传播的比例分别从 2009 年的 48.3% 和 9.1%，上升到 2020 年的 74.2% 和 23.3%。而注射吸毒者传播 HIV 的比例从 2009 年的 25.2% 大幅下降到 2020 年的 2.5% 以下。此外，我国每年新报告的 HIV 感染者及患者中，50 岁及以上患者占比上升明显，从 10 年前即 2011 年的 22%，上升到 2020 年的 44%。与此同时，青年学生成为 HIV 感染的高发人群，2020 年全国新报告 15～24 岁青年学生病例近 3000 例，性传播占 98.6%。我国的艾滋病处于总体低流行、特定人群和局部地区高流行的态势。

二、社会根源

社会医学认为，决定性传播疾病传播和流行的主要因素是社会因素，病原体不过是社会因素导致性传播疾病的载体而已，因此探究其社会根源有助于制订预防和控制策略。

1. 性禁锢 性禁锢与性传播疾病传播的关系，首先在于性禁锢会阻碍人们获得必要的、正确的性知识和性病防治知识，不能采取合适的措施来进行自我保护。其次，对性的禁忌和神秘化，导致性功能障碍和性传播疾病患者被严重歧视，因其羞于就医，往往会引发新的传播链。

2. 性放纵　性放纵是与性禁锢相反的文化观念和行为取向。性放纵者在观念上主张完全的性自由，在行为上表现为随意性性活动。性行为的放纵是性传播疾病如梅毒、淋病、生殖器疱疹、艾滋病等流行的主要根源，也是我国性传播疾病流行和传播的主要社会基础。

3. 人口流动　从国际上看，经济的全球化和交通事业的发展，导致了世界范围内的大规模人口流动；从国内看，我国商业、服务行业、旅游业的快速发展，使国内流动人口的规模每年都在大幅度扩大。流动人口通常是性行为相对活跃的人群，在性传播疾病的流行和传播方面具有重要的影响。

三、预防与控制

1. 由于性传播疾病的传播主要与性行为方式有关，所以要积极努力形成健康的性观念，提倡健康的性行为。所谓健康的性观念，既不是对性的禁锢，也不是对性的放纵，应以如下四点为基本条件：①对于性欲望，既不过于压制，也不无限地、过分地追求满足；②采取谨慎克制的态度，对性行为所造成的社会后果，要有充分的心理准备；③个人的性行为要符合社会法律和道德规范；④以正确的性卫生知识为基础，防止疾病的产生与传播。

2. 采取适当的形式，广泛宣传性传播疾病防治知识，了解各种常见性传播疾病的传播途径和临床表现、防治方法，推介正规的治疗机构为性传播疾病患者服务。要通过宣传，消除社会公众对性传播疾病的各种错误认识，改变社会公众对性传播疾病患者的歧视，使性传播疾病患者能够正视自己的疾病状况，及时进行有效的治疗。

3. 加强对性传播疾病的监测。监测是防治工作的一个重要组成部分，目的在于及时掌握性传播疾病的流行动态，考核防治效果，为制订社会性的干预措施提供依据。对性传播疾病监测的内容至少要包括如下几个方面：①对高危人群进行重点监测；②对重点疾病如梅毒、淋病、艾滋病进行重点监测；③对性传播疾病的治疗情况进行监测。

4. 对高危人群开展针对性预防工作。性传播疾病高危人群常常与主流社会存在一定的社会和心理距离，各种常规传播媒介难以介入。因此，要采取特殊的措施，向他们介绍性传播疾病预防知识，使他们能够自觉地接受监测，主动采取预防性传播疾病的安全措施，拒绝不安全的性行为。

思考题

1. 简述社会因素相关疾病的概念和特点。

2. 试述伤害的概念和分类，以及常见伤害的社会根源。

3. 谈谈对几个典型社会因素相关疾病的认识和了解。

参考文献

陈大方. 2009. 卫生项目评估方法 [M]. 北京: 北京大学医学出版社.

初炜, 周佳. 2022. 社会医学 [M]. 3 版. 北京: 科学出版社.

郭姣. 2020. 健康管理学 [M]. 北京: 人民卫生出版社.

郝大海. 2007. 社会学研究方法 [M]. 北京: 中国人民大学出版社.

黄仙红, 王小合. 2016. 社会医学案例与实训教程 [M]. 杭州: 浙江大学出版社.

李鲁. 2017. 社会医学 [M]. 5 版. 北京: 人民卫生出版社.

梁万年. 2017. 卫生事业管理学 [M]. 4 版. 北京: 人民卫生出版社.

卢祖洵, 殷晓旭. 2022. 社会医学 [M]. 3 版. 北京: 科学出版社.

毛瑛. 2019. 健康保障 [M]. 北京: 人民卫生出版社.

倪宗瓒. 2001. 卫生统计学 [M]. 北京: 人民卫生出版社.

石华军, 楚尔鸣. 2017. 政策效果评估的双重差分方法 [J]. 统计与决策, (17): 80-83.

童玉芬, 宫倩楠. 2020. 新时期北京市人口调控政策的效果评估——基于三重差分法的准自然实验 [J]. 人口研究, 44(5): 80-91.

王思斌. 2003. 改革中弱势群体的政策支持 [J]. 北京大学学报 (哲学社会科学版), 40(6): 83-91.

吴博生, 陈英耀. 2015. 加强公共卫生项目管理的思考 [J]. 中国公共卫生管理, 31(1): 1-3.

吴擢春. 2009. 卫生项目评价学 [M]. 上海: 复旦大学出版社.

肖桂金, 徐怀伏. 2022. 我国公共卫生项目评价方法研究进展 [J]. 中国公共卫生管理, 38(1): 47-51.

辛丹. 2018. 健康保险与健康管理 [M]. 北京: 中国财政经济出版社.

杨磊, 李卫东. 2020. 职业健康服务与管理 [M]. 北京: 人民卫生出版社.

张岂之. 2023. 中国传统文化 [M]. 3 版. 北京: 高等教育出版社.

郑建中, 吕嘉春. 2021. 预防医学 [M]. 3 版. 北京: 科学出版社.

中华人民共和国国家卫生健康委员会. 2021. 中国吸烟危害健康报告 (2020)[M]. 北京: 人民卫生出版社.

卓志. 2018. 健康保险学 [M]. 北京: 中国财政经济出版社.

Dai X, Gil G F, Reitsma M B, et al. 2022. Health effects associated with smoking: a Burden of Proof study[J]. Nat Med, 28(10): 2045-2055.

David Royse, Bruce A. Thyer, DeBorah K. Padgett, et al. 2001. 公共项目评估导论 [M]. 王军霞, 涂晓芳, 译. 3 版. 北京: 中国人民大学出版社.

GBD 2019 Diseases and Injuries Collaborators. 2020. Global burden of 369 diseases and injuries in 204 countries and territories, 1990-2019: a systematic analysis for the Global Burden of Disease Study 2019[J]. Lancet, 396(10258): 1204-1222.

Michael F. Drummond, Mark J. Sculpher, George W. Torrance, et al. 2008. 卫生保健项目经济学评估方法 [M]. 李士雪, 主译. 3 版. 北京: 人民卫生出版社.

Peter J. Neummann, Theodore G. Ganiats, Louise B. Russell, et al. 2016. Cost-effectiveness in Health and Medicine[M]. 2nd Edition. Oxford: Oxford University Press.